会计学国家一流专业建设点系列教材

大数据审计理论与实务
Theory and Practice of Big Data Audit

主　编　曹立平
副主编　兰　竹　王羽丹

中国财经出版传媒集团
经济科学出版社
Economic Science Press

·北京·

图书在版编目（CIP）数据

大数据审计理论与实务 / 曹立平主编；兰竹，王羽丹副主编． -- 北京：经济科学出版社，2025.3.
（会计学国家一流专业建设点系列教材）． -- ISBN 978 - 7 - 5218 - 6850 - 0

Ⅰ．F239.0

中国国家版本馆 CIP 数据核字第 202576YU84 号

责任编辑：杜　鹏　常家凤
责任校对：齐　杰
责任印制：邱　天

大数据审计理论与实务
DASHUJU SHENJI LILUN YU SHIWU

主　编　曹立平
副主编　兰　竹　王羽丹
经济科学出版社出版、发行　新华书店经销
社址：北京市海淀区阜成路甲 28 号　邮编：100142
编辑部电话：010 - 88191441　发行部电话：010 - 88191522
网址：www.esp.com.cn
电子邮箱：esp_bj@163.com
天猫网店：经济科学出版社旗舰店
网址：http://jjkxcbs.tmall.com
固安华明印业有限公司印装
787×1092　16 开　18.75 印张　450000 字
2025 年 3 月第 1 版　2025 年 3 月第 1 次印刷
ISBN 978 - 7 - 5218 - 6850 - 0　定价：49.00 元
(图书出现印装问题，本社负责调换。电话：010 - 88191545)
(版权所有　侵权必究　打击盗版　举报热线：010 - 88191661
QQ：2242791300　营销中心电话：010 - 88191537
电子邮箱：dbts@esp.com.cn)

前　　言

为了适应信息化发展的需求，大数据技术在审计工作中的应用越来越深入。大数据审计不仅能够显著提升审计效率，改善审计手段，提高审计质量，降低审计成本，促进审计的全面覆盖，还能创新审计方法，提高审计工作的科技含量，并为政策制定提供有力的数据支持。

本教材作为大数据审计理论与实践相结合的教材，是培养具备大数据审计能力的专业人才、推动审计行业转型升级的有力工具。本教材共分上下两篇：上篇为大数据审计理论，共有5章，主要介绍大数据审计的基本理论和常用方法以及审计应用案例等理论知识；下篇为大数据审计实务，共有8章，从教学实践出发，由案例引入，介绍我国目前常用的审计软件和特点，并以鼎信诺审计软件为平台，重点介绍鼎信诺审计软件的实际业务操作和技巧。本教材根据编者多年授课的实践，汇总形成有针对性的实训材料和实训题库，支持利用超星学习通平台进行自由组卷、组题，在实训中强化了理论和操作。

本教材具有以下几个特点：

（1）理论与实务并重。本教材包含了大量的实务案例，这些案例涵盖了大数据审计的各个方面，有助于学习者深入理解和掌握大数据审计的知识。案例具有前沿性、实践性，内容突出审计软件的具体应用，可操作性强，动手能力突出，使学习人员掌握大数据审计的基本知识和技能，提高专业素养和工作能力。

（2）内容新颖、全面。随着大数据技术的发展，大数据审计也在不断发展和变化。本教材从多个角度介绍了大数据审计，包括大数据审计的概念、方法、技术、工具、流程、风险等，使学习者能够全面了解大数据审计。

（3）实用性强。本教材每项内容都配有操作截图、操作注意事项和操作技巧等。每章都含有应用案例和针对性的实训项目，针对授课内容，提供教学课件、演示结果截图，方便教师指导教学实践。

（4）融入思政内容。本教材每章都有思政案例和思政扩展等思政元素，从而起到育人的作用。

本教材为会计学国家一流专业建设点系列教材之一，由长春光华学院会计学国家一流本科专业建设教学团队和企业会计专家合作编写。具体分工为：上篇大数据审计的理论知识（兰竹、王羽丹），下篇大数据审计实务（曹立平）。

　　本教材的编写得到了北京鼎信诺科技有限公司、中审众环会计师事务所（特殊普通合伙）等单位的大力支持和帮助，在此表示衷心感谢。我们诚挚地希望广大读者在使用过程中提出宝贵的意见与建议，以便我们进一步提高和完善。

编者

2025 年 2 月

目 录

上篇 大数据审计理论

第一章 大数据审计概论 ··· 3
  第一节 大数据审计的基本概述 ································· 3
  第二节 大数据审计的重要性 ··································· 8
  第三节 大数据审计产生的背景 ································· 12

第二章 大数据审计技术与工具 ································· 19
  第一节 大数据审计技术分析 ··································· 19
  第二节 大数据审计工具分析 ··································· 27
  第三节 大数据审计的未来展望 ································· 35

第三章 电子数据审计基础方法 ································· 38
  第一节 传统审计方法简介 ····································· 38
  第二节 审计证据及审计取证 ··································· 44
  第三节 电子数据审计原理 ····································· 52
  第四节 审计数据采集 ··· 59
  第五节 审计数据分析 ··· 64
  第六节 审计数据验证 ··· 74

第四章 信息系统审计基础方法 ································· 83
  第一节 信息系统审计简介 ····································· 83
  第二节 信息系统一般控制及审计 ······························· 85
  第三节 信息系统应用控制及审计 ······························· 97
  第四节 IT 治理审计 ·· 102
  第五节 信息系统审计准则与规范 ······························· 105

第五章 大数据环境下的信息系统审计研究与应用 ················· 110
  第一节 大数据环境下信息系统审计的主要变化 ··················· 110
  第二节 基于大数据技术的信息系统用户及权限管理审计方法 ······· 115

下篇 大数据审计实务

第六章 我国审计软件概述 ·· 121
　　第一节 我国审计软件的发展进程 ·· 122
　　第二节 我国审计软件的种类和特点 ···································· 123

第七章 鼎信诺审计软件简介 ·· 132
　　第一节 鼎信诺审计软件的总体结构和功能 ························· 133
　　第二节 鼎信诺审计软件的安装和卸载 ································ 136
　　第三节 鼎信诺审计软件的日常维护和注意事项 ·················· 138

第八章 系统管理 ··· 146
　　第一节 项目管理 ·· 147
　　第二节 用户管理 ·· 161
　　第三节 其他基本设置 ·· 163

第九章 财务数据 ··· 173
　　第一节 数据导入 ·· 174
　　第二节 数据初始化 ·· 180
　　第三节 财务数据维护 ·· 181

第十章 会计报表与总账和明细账 ··· 199
　　第一节 会计报表 ·· 200
　　第二节 未审会计报表 ·· 202
　　第三节 总账和明细账 ·· 211

第十一章 审计分析 ··· 220
　　第一节 测试分析 ·· 221
　　第二节 具体操作 ·· 232
　　第三节 抽样应用 ·· 238

第十二章 审计底稿 ··· 246
　　第一节 底稿管理 ·· 247
　　第二节 底稿编制 ·· 254
　　第三节 底稿生成 ·· 264

第十三章 审计调整 ··· 277
　　第一节 负值重分类 ·· 278
　　第二节 分录维护 ·· 281

主要参考文献 ··· 292

大数据审计理论

第一章 大数据审计概论

【知识目标】

- 了解大数据审计的基本概述。
- 认识开展大数据审计的重要性。
- 熟悉大数据审计产生的背景。

【技能目标】

- 能够识别大数据审计中涉及的关键技术和工具。
- 初步掌握获取大数据审计相关信息资源的能力。

【思政目标】

- 培养学生对大数据审计领域的兴趣,认识到其在现代审计工作中的重要性。
- 培养具有创新精神和社会责任感的审计人才,能够推动大数据审计技术的不断创新和发展。学生将运用先进的技术手段,为解决复杂的审计问题提供新的思路和方法。
- 培养学生具有良好的职业道德能使其在职业生涯中赢得尊重和信任,为其个人的发展奠定坚实的基础;培养学生诚实守信、爱岗敬业等品质,将使其成为行业内的佼佼者。

第一节 大数据审计的基本概述

一、大数据概念的来源

在 2008 年 9 月 4 日《自然》(Nature)上的大数据专题(Big data special)论文中,记者对正在制定的、能最充分地利用海量数据的最新策略进行了探讨,首次提出大数据的概念(Lynch,2008),认为大数据来源有以下三个。第一,天体物理和粒子物理。这些领域的研究产生大量数据,根本来不及处理,连分类都来不及,更谈不上再利用。第二,生物科学,基因、蛋白研究产生的数据。第三,社交网。社交网产生巨量的数据,而且非结构化,尚没有较好的数据库存储。2011 年 6 月,世界著名咨询机构麦肯锡公司（以下简称麦肯锡）发布了报告《大数据：下一个创新、竞争和生产力的前沿》（Bigdata：The next fronier for innovation, competition, and productivity），给出了大数据的定义：大数据指的是大小超出常规数据库工具获取、存储、管理和分析能力的数据集（Many ika et al.，2011）。高德纳咨询公司（Gartner）把大数据定义为：大数据是具有大容量、快速和（或）多样性等特点的信息资产，为了能提高决策、洞察发现和优化流程，这种信息资产需要新形式的处理方法（Gartner，2012）。大数据时代的到来为各行业带来了机遇和挑战。《科学》（Science）杂志 2011 年专刊讨论如何管理大数据（Science，2011）。高德纳咨询公司把大数据技术列入全球未来 5 年十大关键技术趋势之一，并认为大数据技术将会给科学研究、商业、公共管理等领域带来重大变革（Gartner，2012）。

目前，大数据的研究和应用已经成为国内外的热点。世界各国均高度重视大数据相关问题的研究与探索，并从国家战略层面推出研究规划以应对大数据带来的机遇和挑战。2012 年 3 月，美国政府公布了"大数据研究与发展计划"，未来将是一个大数据引领的智慧科技时代。

二、审计信息化

（一）信息化环境给传统审计带来挑战

在我国，20 世纪 80 年代，以查账为主要手段的审计职业遇到了来自信息技术的挑战。金融、财政、海关、税务、民航、铁道等重要行业开始广泛运用计算机、数据库、网络等现代信息技术进行管理，国家机关、企事业单位信息化趋向普及。信息技术对一个组织的运行起着至关重要的作用。以银行为例，银行的业务运行都离不开信息技术的支持，如存款系统、贷款系统、资金交易系统、国际业务系统、身份证识别系统、理财资产管理系统、信用风险管理系统、信用卡审批影像平台，以及当前流行的手机银行系统、直销银行系统、微信银行系统等。

不难发现，信息化环境下审计工作发生了巨大的变化，以查账为主要手段的审计职业遇到了来自信息技术的挑战。审计对象的信息化客观上要求审计单位的作业方式必须及时作出相应的调整，要运用信息技术，全面检查被审计单位的经济活动，发挥审计监督的应有作用。因此，利用信息技术开展审计工作成为必然。

一方面，信息化环境下信息技术成为审计的对象，即如何对被审计单位应用的信息技术进行审计，一般情况下多称为信息系统审计（information system audit，ISA）。另一方面，审计信息化环境下信息技术成为审计的技术，即审计人员如何应用信息技术开展审计工作，即计算机辅助审计技术（computer assisted audit techniques，CAATs）。根据相关文献的研究（Robert et al.，2003；INTOSAI，2004；Lambrechts et al.，2011），CAATs 可以概括为：为了满足信息化环境下审计的需要，基于计算机的应用对信息系统或被信息系统处理的数据进行审计的技术（陈伟等，2007；陈伟，2012；Chen et al.，2012）。概括来说，经典常用的计算机辅助审计技术可以分为以下两类：一类是用于验证程序/系统的计算机辅助审计技术,即面向系统的计算机辅助审计技术;另一类是用于分析电子数据的计算机辅助审计技术,即面向数据的计算机辅助审计技术,也可以称为电子数据审计技术。电子数据审计是目前我国开展审计信息化的重点。国际上也高度关注电子数据审计问题,国际内部审计师协会 2011 年发布的全球技术审计指南《数据分析技术》中重点分析了面向数据的 CAATs 在审计数据分析中的应用(Lambrechts et al.,2011)。

(二) 审计信息化的内容

传统环境下,审计人员可以采用检查法、观察法、重新计算法、外部调查法、分析法、鉴定法等收集审计证据。信息化环境下,审计证据的获取更多是采用计算机技术对被审计电子数据进行分析来完成的,也就是说,通过对被审计数据的分析,发现可疑数据,通过对可疑数据进行确认,最终获取审计证据。因此,信息化环境下,电子审计证据(electronic audit evidence,EAE)成为一种重要的证据形式。

此外,信息化环境下,除了通过审计电子数据获得审计证据之外,审计被审计单位的信息系统,即信息系统审计,也是目前开展审计工作的一项重要工作。例如,《中华人民共和国国家审计准则》(2010)第六十二条和第七十六条指出了信息系统审计的重要性。

另外,为减少纸质文件流转,提高审计工作效率,审计单位需要大力推进无纸化办公,审计管理信息化也越来越重要。分析到这里,不难发现,目前审计信息化可以主要归纳为以下两部分内容:一是审计管理信息化;二是审计作业信息化,其内容与计算机审计相似,主要包括信息系统审计和电子数据审计。

【知识小拓展】 ☆☆☆

《中华人民共和国国家审计准则》

第六十二条 审计人员可以从下列方面调查了解被审计单位信息系统控制情况:

(一) 一般控制,即保障信息系统正常运行的稳定性、有效性、安全性等方面的控制;

(二) 应用控制,即保障信息系统产生的数据的真实性、完整性、可靠性等方面的控制。

第七十六条 审计人员认为存在下列情形之一的,应当检查相关信息系统的有效性、安全性:

(一) 仅审计电子数据不足以为发现重要问题提供适当、充分的审计证据;

(二) 电子数据中频繁出现某类差异。

(三) 审计管理信息化

审计管理一般包括审计公文与文书处理、被审计单位资料信息管理、审计人员信息管理、项目资料管理、项目计划管理、经费安排、法律法规管理、人员培训等,除审计作业外,都可以归入审计管理系统。信息化环境下,审计管理信息化势在必行。办公自动化(office automation,OA)是目前管理信息化的重要实现方式,办公自动化主要是为了改变传统复杂、低效的手工办公方式,推行一种无纸化办公模式,它面向单位的日常运作和管理,采用互联网/移动互联网技术,使单位内部工作人员可以方便快捷地共享信息,高效协同工作,从而实现迅速、全方位的信息采集、处理,为单位管理和决策提供科学依据。办公自动化对审计单位的管理工作同样非常重要,审计单位开展审计管理信息化可以借助 OA 办公,提升审计行政管理水平,实现公文办理等全过程的数字化。

概括来说,开展审计管理信息化的意义主要表现在以下四个方面。

第一,为了减少纸质文件流转,审计单位需要大力推进无纸化办公,审计管理信息化越来越重要。第二,通过建立科学的审计管理系统,实现审计单位管理信息化,可以有效促进审计管理上规范、上层次。第三,通过审计管理信息化,可以加强审计单位的审计管理,规范电子文件的流转处理程序。第四,通过审计管理信息化,可以为审计单位提供风险评估、审计计划制订、审计项目实施、审计整改跟踪、档案管理等方面的全过程规范化管理,从而提高审计单位的管理效率。

(四) 信息系统审计

信息系统审计也是目前常用的概念,一般理解为对计算机系统的审计,信息系统审计的国际权威组织——国际信息系统审计与控制协会(Information System Audit and Control Association,ISACA)将信息系统审计定义如下:信息系统审计是收集和评估证据,以确定信息系统与相关资源能否适当地保护资产、维护数据完整、提供相关和可靠的信息、有效完成组织目标、高效率地利用资源并且存在有效的内部控制,以确保满足业务、运作和控制目标,在发生非期望事件的情况下,能够及时地阻止、检测或更正的过程。

我国对信息系统审计也非常重视,在这方面所做的主要工作如下。

1999 年 2 月,中国注册会计师协会发布了《中国注册会计师独立审计准则》,其中包括《独立审计具体准则第 20 号——计算机信息系统环境下的审计》;2006 年 3 月,中国注册会计师协会发布了《中国注册会计师审计准则第 1633 号——电子商务对财务报表审计的影响》。

中国内部审计协会在 2008 年 11 月发布了《内部审计具体准则第 28 号——信息系统审计》,该准则自 2009 年 1 月 1 日起施行。2013 年 8 月,中国内部审计协会发布了修订后的《中国内部审计准则》,其中包括第 2203 号内部审计具体准则——信息系统审计,自 2014 年 1 月 1 日起施行。

2012 年 2 月,审计署发布了《信息系统审计指南——计算机审计实务公告第 34 号》。

相关行业也高度重视信息系统审计的应用,具体如下。

2009年3月,中国银行业监督管理委员会(以下简称银监会)发布了《商业银行信息科技风险管理指引》,同时废止了2006年11月发布的《银行业金融机构信息系统风险管理指引》。

2008年3月,中国保险监督管理委员会发布了《保险业信息系统灾难恢复管理指引》。

2014年12月,中国证券监督管理委员会发布了金融行业推荐性标准《证券期货业信息系统审计规范》,并于2016年11月发布了金融行业推荐性系列标准《证券期货业信息系统审计指南——第1部分:证券交易所》《证券期货业信息系统审计指南——第2部分:期货交易所》《证券期货业信息系统审计指南——第3部分:证券登记结算机构》《证券期货业信息系统审计指南——第4部分:其他核心机构》《证券期货业信息系统审计指南——第5部分:证券公司》《证券期货业信息系统审计指南——第6部分:基金管理公司》《证券期货业信息系统审计指南——第7部分:期货公司》。

(五)电子数据审计

电子数据审计是目前审计工作的一个重要方面。在实际的审计工作中,为了避免影响被审计单位信息系统的正常运行,并保持审计的独立性,规避审计风险,审计人员在开展电子数据审计时,一般不直接使用被审计单位的信息系统进行查询分析和检查,而是将所需的被审计单位的电子数据采集到审计人员的计算机中,利用相关软件进行分析。目前,电子数据审计工作中,数据对审计人员来说非常重要,审计的过程也是一个"用数据说话、用数据决策"的过程。

对于电子数据审计,目前还没有明确的定义,根据目前对该术语的使用情况,电子数据审计一般可以理解为"对被审计单位的电子数据进行采集、预处理以及分析,从而发现审计线索,获得审计证据的过程"。

(六)远程联网电子数据审计——持续审计(联网审计)

审计人员根据审计任务的需要,到被审计单位现场采集电子数据,然后对这些电子数据进行预处理并完成数据分析,获得审计证据,这种开展电子数据审计的方式可称为现场电子数据审计,这是目前电子数据审计的主要方式。不难发现,相对于现场电子数据审计,联网审计的实现原理可以看成一个采用远程联网方式从被审计单位采集电子数据,并对其进行分析,从而获取审计证据的过程。联网审计技术的应用为审计单位积累了大量的电子数据,这为开展大数据审计提供了条件。

三、大数据审计的内涵

目前,被审计单位信息化程度越来越高,信息系统越来越复杂,需要采集的数据量越来越大,数据类型较多,不仅是数据库中的结构化电子数据,还包括一些与被审计单位相关的会议记录、会议决议、办公会通知、办公文件、业务介绍、部门年度工作总结、风险分析报告、相关审计报告、政策文件、内部控制手册、信息系统使用手册等非结构化数据。因此，审计工作与大数据之间已经密不可分。对于审计工作来说，大数据环境既是机遇，又是挑战，大数据环境下需要考虑如何利用大数据技术审计电子数据、如何审计大数据环境下的电子数据、如何利用大数据技术审计信息系统、如何审计大数据环境下的信息系统等。

综上所述，大数据审计是随着大数据时代的到来以及大数据技术的发展而产生的一种新的计算机审计（审计作业信息化）方式，其内容包括大数据环境下的电子数据审计（如何利用大数据技术审计电子数据、如何审计大数据环境下的电子数据）和大数据环境下的信息系统审计（如何利用大数据技术审计信息系统、如何审计大数据环境下的信息系统）两个方面。

第二节　大数据审计的重要性

一、大数据审计的崛起之势

在当今数字化时代，大数据审计呈现出蓬勃发展的态势。随着信息技术的飞速进步，大智移云物等新技术广泛应用于审计实践，大数据审计模式逐渐成型。本土大型会计师事务所纷纷投入大量资源进行软硬件开发和人才培养，如毕马威在2019年提出将斥资50亿美元加快数字化转型，并与微软签署技术投资协议，推出可扩展的智能审计平台 KPMG Clara。大数据审计以智能化、自动化、数字化等技术为工具，以大数据分析为基础，对传统审计模式产生了巨大冲击。传统审计模式下，审计人员主要依靠纸质资料进行分析，而大数据审计能够在短时间内挖掘财务与非财务、结构化与非结构化数据，精准获取更全面的信息，有效把握审计重点。同时，大数据审计改变了政府审计机构模式，消除信息孤岛化，提高了审计的时效性，降低了审计项目的潜在风险，提升了审计的效率和质量。此外，大数据审计还改变了政府审计范围，消除审计抽样风险，实现了对所有审计数据的整体分析，多维度挖掘信息价值。总之，大数据审计的崛起为审计行业带来了深刻的变革，推动着审计模式不断创新和发展。

二、大数据审计提升审计监督能力和效率

（一）提高审计准确性

大数据审计通过多种方式显著提高了审计的准确性。首先，规范数据采集是基础。例如，在每年2月和7月，审计系统对财政部门进行财政数据采集时，若出现单位代码和单位名称不一致等不规范情况，会影响大数据审计的准确性。在房管审计中，保障房、公租房租赁人员信息因登记格式不一致、身份证号码位数不统一

等,也会影响审计结果。所以,规范性是大数据审计的前提。其次,加深对采集数据的理解至关重要。审计人员需对不同财务和业务软件导出的数据有基本了解,找出关键表并解析列名,获取所需信息,同时可通过询问被审计单位了解业务数据。最后,将法律法规运用到采集的数据中。例如,在财政项目资金管理情况专题审计中,通过筛选全口径预算指标信息表和全口径支付信息表,找出将项目支出用于基本支出的情况。

(二) 降低审计风险

大数据审计采取一系列措施降低审计风险。一方面,搭建数据共享平台,政府建立具备统一数据标准的数据中心,实现数据即时采集、存储和共享,降低数据采集难度。另一方面,建立健全内控制度,严格实施不相容职务分离制度,规范数据拷贝审批手续,采集数据时取得被审计单位承诺书。同时,强化大数据团队人才建设,培养审计人员大数据思维,举办业务技能培训班,总结交流审计经验,加强职业道德培训。此外,加强数据安全控制,加强系统控制和网络安全防范措施,做好平台数据备份。

(三) 节约审计成本

大数据审计通过多种方法节约审计成本。构建数据系统平台,实现相关单位之间的数据共享,节约审计成本,促进审计工作顺利开展。提高对审计数据的筛选鉴别能力,面对数据量增加和价值密度低的情况,利用 SQL Server、Oracle 等进行数据挖掘,替代传统人工或 Excel 表格筛选方法。加强对审计人员的培训,建立复合型审计队伍,对不同层次审计人员进行大数据技术培训,强化其分析和评估能力,提升专业素养,提高审计效率,从而节约审计成本。

三、大数据审计的重要意义

(一) 提升审计工作效率

大数据审计能大大提高内部审计工作的效率。例如,江苏省南京市审计局运用大数据技术,在社保基金审计项目前期,依托政务数据共享平台,汇聚民政、人社、医保等多部门海量数据,通过关联分析,精准定位潜在风险点。在审计实施阶段,借助自主研发的数据分析软件,快速筛查异常数据,为现场审计提供了有力支撑。同时,持续开展大数据审计专题培训,提升审计人员数字化素养,显著提升了审计工作的质量与效率。四川省成都市审计局在国有企业领导人员经济责任审计中,组建大数据审计团队,构建多维数据分析模型,对企业财务、业务等多源数据进行深度挖掘。通过数据可视化技术,直观呈现企业运营状况,及时发现管理漏洞和潜在风险,极大地提高了审计工作效率。大数据审计改变了传统审计方法耗费大量人力和时间进行数据采集、整理和分析的状况,通过先进的技术和工具,如数据挖掘、模型建立和智能算法等,自动化处理和分析大量数据,节约了人力和时间,提高了审计工作效率。

(二) 促进内部审计功能健全

利用大数据审计有利于健全内部审计功能、促进内审绩效的提高。传统手工审计方式下，内部审计工作因人员与技术力量的制约，涉及的范围比较窄，内部审计对违规违纪问题的查处力度不大。而大数据审计可以让审计人员对被单位的财务收支增长率、成本效益率、资金需求预算等多个方面进行分析与预测，为领导者的决策提供实质性的参考，增强内审组织在单位决策层面的建设性作用。例如，借力大数据思维开展企事业单位内部审计，能够改变内部审计环境，解决人手不够、方法不新等问题，提升内部审计工作质量和成效。通过正确认识大数据审计、广泛收集大数据信息、科学应用大数据分析、着力培养大数据人才等方法路径，提升内部审计质量。

(三) 抓住审计重点

大数据审计有利于抓住内部审计的重点。内审人员通过对被审单位大数据的关联分析、汇总分析、阶段特征分析、分布趋势分析、数据字段的比对分析，可以在现场审计实施前发现被审计对象业务数据与财务数据的异常现象与疑点问题，为审计实施抓住重点，进行重点取证，让内审工作有的放矢。例如，在残疾人两项补贴专项审计、职业技能培训补贴专项审计、非税收入征缴管理专项审计中，内审人员通过采集相关数据，运用 SQL 语句进行数据分析，快速发现审计疑点，为审计实施提供方向。

【知识小拓展】 ☆☆☆

- 《中华人民共和国审计法》

这部法律是审计工作的基本依据。虽然它在制定时大数据审计还未像现在这样普及，但其中一些原则对于大数据审计仍然适用。例如，审计机关有权要求被审计单位按照规定提供与财政收支、财务收支有关的资料，在大数据时代，这些资料就包括电子数据等大数据相关资料。

它规定了审计机关的职责、权限和审计程序等。在大数据审计中，审计机关在获取和处理被审计单位数据时，必须遵循法定的程序，保障被审计单位的合法权益，防止权力滥用。例如，审计人员在收集被审计单位的大数据时，需要出示合法的审计通知书，并按照规定的范围和方式进行数据采集。

- 《中华人民共和国网络安全法》

在大数据审计中，涉及大量的数据存储、传输和处理，网络安全法保障了这些过程的安全性。例如，审计机关在构建大数据审计平台时，需要按照网络安全法的要求，采取技术措施和其他必要措施，保障网络安全、稳定运行，有效应对网络安全事件。

该法律规定了网络运营者的安全义务，审计机关作为数据处理者（在大数据审计场景下），有责任保护所获取数据的完整性、保密性和可用性。如果在大数据审计过程中，因审计机关的疏忽导致被审计单位的数据泄露，审计机关将承担相应的法律责任。

- **《中华人民共和国数据安全法》**

大数据审计工作依赖于海量的数据，数据安全法保障了数据的全生命周期安全。审计机关在采集、存储、使用、加工、传输、提供、公开等数据处理环节都要遵循该法的规定。例如，在采集被审计单位的数据时，要确保数据来源合法，在存储和使用数据过程中，要采取相应的数据安全保护措施，防止数据被篡改、泄露或丢失。

该法规定了建立数据分类分级保护制度。对于大数据审计中的不同类型和敏感程度的数据，审计机关需要进行分类分级管理。例如，对于涉及国家机密的审计数据和一般的企业财务审计数据，要采取不同的保护措施。

四、展望未来

尽管大数据审计在发展过程中面临着诸多挑战，但前景依然广阔。从当前的发展趋势来看，大数据审计将持续为审计工作带来新的机遇与变革。

一方面，随着技术的不断进步，大数据审计面临的技术难题将逐步得到解决。例如，对于原始数据质量难以完全保证的问题，随着数据标准的统一和数据管理制度的完善，各单位从事数据录入、审核、管理的人员素质将不断提高，刻意篡改、隐瞒漏报等行为将得到有效遏制。同时，数据采集处理技术也将不断优化，审计人员能够更加灵活地掌握各种采集方式，降低数据采集转换过程中的错误风险。对于数据分析价值难以充分挖掘的问题，随着审计经验与大数据审计能力的深度融合，审计分析应用程度将不断提高，海量数据中的价值将得到更充分的挖掘。

另一方面，大数据审计将推动审计理念和方法的不断创新。在大数据时代，审计人员将更加注重数据的关联性分析，从关注因果关系向关注相关关系转变，突破传统审计视野局限。同时，大数据审计将促进审计方式从现场审计向非现场审计转变，突破时空限制，提高审计效率。此外，大数据审计还将推动审计从抽样审计向全样本审计转变，规避抽样风险，全面提升审计发现问题的能力。

在未来，大数据审计将在更多领域得到广泛应用。随着大数据技术在各行各业的深入融合，审计对象的数据量将不断增加，数据类型将更加多样化。大数据审计将不仅应用于财务审计，还将在绩效审计、环境审计、经济责任审计等领域发挥重要作用。同时，大数据审计将与人工智能、区块链等新兴技术相结合，进一步提高审计的准确性、降低审计风险、节约审计成本。大数据审计虽然面临着挑战，但前景广阔。在未来的发展中，大数据审计将不断创新和完善，为审计工作带来更多的机遇和变革，为国家治理和经济社会发展提供更加有力的保障。

第三节 大数据审计产生的背景

一、大数据审计的背景

(一) 大数据时代的冲击

在大数据时代,数据呈现爆炸式增长的态势。据统计,全球数据量每两年就会翻一番。数据的种类也日益多样化,不仅包括传统的结构化数据,如财务报表中的数字信息,还涵盖大量的非结构化数据,如文本、图像、音频等。传统审计方法主要依赖人工翻阅文件、核对账目等方式,面对如此海量、复杂的数据,往往显得捉襟见肘。传统审计在数据采集、整理和分析等环节耗费大量时间和人力,效率低下;而且传统审计方法难以处理非结构化数据,无法全面挖掘数据中的潜在信息,容易导致审计结果不全面、不准确。

(二) 大数据审计的必要性

随着经济社会的快速发展,人们对审计工作的要求也越来越高。大数据审计能够极大地提高审计效率。通过运用大数据技术,可以快速采集、整理和分析海量数据,大大缩短审计周期。例如,利用数据挖掘技术,可以在短时间内从大量数据中发现异常点和潜在风险,为审计工作提供精准的线索。同时,大数据审计有助于提高审计质量。它能够实现对数据的全面、系统、完整分析,覆盖财务数据与业务数据,减少审计盲区。此外,大数据审计可以满足经济社会发展的需求。在当今复杂多变的经济环境下,需要更加全面、准确的审计结果来保障经济活动的合法性、合规性和效益性,为决策提供可靠依据。

二、大数据审计的发展历程

(一) 政策引领

国家出台了一系列关于大数据审计的政策文件,为大数据审计的发展提供了有力的政策支持。

2014年10月,国务院发布《关于加强审计工作的意见》,提出要探索在审计实践中运用大数据技术的途径,加大数据综合利用力度,提高运用信息化技术查核问题、评价判断、宏观分析的能力。

2015年12月,中共中央办公厅、国务院办公厅印发《关于实行审计全覆盖的实施意见》,要求对公共资金、国有资产、国有资源和领导干部履行经济责任情况实行审计全覆盖,做到应审尽审、凡必必严、严肃问责。审计署发布的《"十三五"国家审计工作发展规划》明确提出要创新审计管理模式和组织方式,全面推广"总体分析、发现疑点、分散核实、系统研究"数字化审计方式。

2018年，审计署发布《关于推进大数据审计工作的指导意见》，强调要加快构建国家审计大数据系统，形成全国审计机关一体化的大数据审计工作体系。推动大数据技术与审计业务深度融合，创新审计理念、组织方式和技术方法。鼓励各级审计机关积极探索大数据审计实践，开展大数据审计试点项目，总结经验并加以推广，促进审计质量和效率的全面提升。通过完善大数据审计工作机制，加强数据资源管理、数据分析团队建设以及数据安全保障等措施，为大数据审计的深入开展提供坚实的保障。

2020年，《中共中央 国务院关于新时代加快完善社会主义市场经济体制的意见》发布实施，要求发挥好审计监督的职能作用，扎实推进审计方式方法创新。以构建集中统一、全面覆盖、权威高效的审计监督体系为目标，认真落实党中央、国务院关于审计全覆盖的部署要求，完善审计制度。以政策落实跟踪审计、财政审计、经济责任审计为平台，统筹安排各项审计任务。加强非现场审计与现场审计的资源配置和协调衔接，健全"数据分析 + 现场核查"工作机制。同时，促进审计监督与纪检监察、组织人事等其他监督的贯通协调。加强对内部审计的指导和监督，利用内部审计和社会审计的力量，增强审计监督合力。

这些政策文件的出台，充分体现了国家对大数据审计的高度重视，为大数据审计的发展提供了明确的方向和有力的政策支持。

【知识小拓展】 ☆ ☆ ☆

- **国家宏观政策推动审计信息化建设**

国务院印发的《关于加强审计工作的意见》提出，探索在审计实践中运用大数据技术的途径，加大数据综合利用力度，提升评价判断宏观分析的能力。这是国家首次在文件中将大数据审计列入审计信息化工作重点，为大数据审计的发展提供了政策方向上的指引，强调了大数据技术在审计工作中的重要性，推动审计部门积极利用大数据提升审计工作的质量和效率。

- **审计署相关政策促进大数据审计实践**

审计署推行的"金审工程"是审计信息化建设的重要举措。该工程为大数据审计提供了技术基础和平台支持，推动各级审计机关加强信息化建设，提高电子数据的综合分析和利用能力，为大数据审计的开展创造了条件。

全国审计工作会议曾要求各级审计机关重点开展大数据产业方面审计，促进以科技创新推动产业创新。这不仅是对大数据相关产业的监督和审查，也促使审计机关在实践中不断提升自身运用大数据技术进行审计的能力。

- **地方政府及基层审计机关的政策探索与实践**

部分地方政府和基层审计机关出台了一系列政策和计划，以推动大数据审计在当地的发展。例如，湖北省武汉市审计局制定了《关于加强大数据审计工作的实施意见》，明确提出要加大对大数据审计的投入，在三年内实现全市审计机关数据采集全覆盖、数据分析常态化。通过搭建大数据审计指挥中心，整合财政、税务、工商等多部门数据资源，为审计工作提供强大的数据支撑。同时，积极开展大数据审计培训与交流活动，提升审计人员的数字化素养，推动全市大数据审计工作迈向新台阶。

（二）技术进步

随着大数据技术的不断发展，其在审计领域的应用也越来越广泛。数字化审计平台的建设为大数据审计提供了重要的技术支撑。例如，福建漳州城投集团构建线上审计平台，以"三到位"谋划推进数字化审计工作，即思想认识到位、组织保障到位、人员培训到位；以"三举措"高效打造数字化审计平台，包括识别风险明确构建方案、注重实效搭建审计平台、融入实践融合贯通多平台；以"两统筹"着力提升数字化审计质效，统筹审计组织方式和人员队伍建设。陕西农信开展数字化审计平台的建设与应用，围绕"数据 + 工具 + 流程"三要素搭建了数字化的审计平台，通过大数据、知识图谱、人工智能等新兴技术的应用，提高审计效率、规范审计流程，提升审计工作的数字化和智能化。

计算机与人工审计相结合的方法也在大数据审计中发挥了重要作用。例如，在江苏省南京市的财政预算执行审计工作中，充分彰显了计算机与人工审计相结合方法的显著优势。南京市审计局积极探索创新审计模式，在大数据审计的框架下，高效整合各类资源。审计前期，借助专业的数据采集软件，广泛收集了来自财政、税务、各预算单位等多渠道的财务及业务数据，共计达 50 余套。以精准的预算指标数据为基石，运用先进的数据分析工具与 SQL 语句，对海量数据进行深度挖掘与分析比对。通过构建复杂的数据模型，集中分析各部门预算执行情况，迅速筛选出潜在的疑点线索。

在后续的核查环节，审计人员充分发挥主观能动性，开展人工审计。审计团队深入各预算单位，对计算机分析出的疑点进行实地核查，与相关责任人沟通交流，仔细查阅原始凭证、合同协议等资料，核实数据背后的真实业务情况。这种"集中分析、分散核查"的审计方式，不仅提升了预算执行审计的效率，还确保了审计结果的准确性与可靠性。通过计算机与人工审计的紧密配合，南京市审计局在财政预算执行审计中取得了卓越成效，为保障地方财政资金的合理使用与高效运行提供了坚实支撑。

此外，人工智能审计作为一种新的审计方式方法，也为大数据审计带来了新的机遇和挑战。例如，连云港市审计局关于人工智能审计的几点思考中提到，人工智能审计运用计算机技术提高审计效率，提升审计质量，发挥审计监督效能，但同时也面临着增加各种成本、缺乏有效的审计沟通、技术人才短缺等挑战。为做好人工智能审计，提出正确看待人工智能审计、加强人工智能知识学习、提升自身综合素质等建议。

三、大数据审计的现状与挑战

(一) 现状分析

1. 优点体现。

涵盖面广:即使面对大量的样本,大数据审计也不再使用抽样的方法,而是通过带有限定条件的数据库语言筛选出所有不符合标准的数据,降低了审计风险,提高了审计结果的准确性。例如,在一些大型企业的审计中,大数据审计能够全面覆盖企业的各项业务数据,不放过任何一个可能存在问题的角落。

不受时间地点限制:大数据环境下审计人员主要通过互联网完成审计工作,无须在被审计单位工作,也不用固定工作时间,增加了审计的灵活性和效率。审计人员可以根据自己的时间安排和工作进度,随时随地进行审计工作,大大提高了工作效率。

充分利用外部数据:大数据审计可以解决传统审计难以获得、利用外部数据的固有弊端。利用外部数据可以从更多的视角发现可能出现的问题,提高审计效率和准确性。例如,通过与工商、税务、银行等部门的数据对接,可以获取企业的更多信息,从而更加全面地了解企业的经营状况。

2. 困难重重。

认识不够:目前基层审计机关大多存在缺乏积极性的情况,仅把对大数据审计的重视停留在口头上,具体工作还是沿用传统的审计方法。这主要是由于部分审计人员对大数据审计的认识不足,认为大数据审计只是一种噱头,实际效果并不明显。

未建立平台:建立大数据平台是一项极为复杂的工作,要不要建立平台、怎样建、建什么样的平台,还缺乏一个确切的方向。建立大数据平台需要投入大量的资金和人力,而且需要专业的技术人员进行维护和管理。目前,很多基层审计机关由于资金和技术的限制,还没有建立起自己的大数据平台。

缺少人才:目前既懂审计又懂计算机的复合型人才偏少,有的基层审计机关甚至还未配备计算机专业人才。大数据审计需要审计人员具备一定的计算机技术和数据分析能力,而目前很多审计人员还不具备这些能力。因此,培养和引进复合型人才是当前大数据审计面临的一个重要问题。

信息对接困难:被审计单位所使用的财务软件五花八门,信息化建设也是参差不齐,再加上可能存在账务处理不规范的情况,加大了数字化审计的难度。不同的财务软件之间数据格式不统一,数据接口不兼容,给数据采集和分析带来了很大的困难。而且,一些被审计单位的信息化建设水平较低,数据管理不规范,也增加了审计的难度。

缺乏保障:推进大数据审计需要大量的资金投入,并且有的地方政府并未将这一项投入纳入财政预算。此外,大数据审计在能否保证数据不丢失、不泄密这方面也无法得到有力的保障。大数据审计需要购买专业的软件和设备,还需要进行人员培训和技术支持,这些都需要大量的资金投入。而且,大数据审计涉及大量的敏感数据,如何保证数据的安全和保密也是一个有待解决的问题。

（二）风险挑战

1. 审计人员技术水平风险。

部分审计人员对大数据技术掌握不熟悉、不全面，可能会导致审计人员在取证、分析大数据时，由于取证不全、分析不透彻而产生审计风险。据统计，目前只有约30%的审计人员具备一定的大数据技术应用能力，而大部分审计人员在大数据技术方面还存在较大的欠缺。在大数据时代，由于数据冗杂、价值不一、格式各异等原因，对审计人员自身技术水平提出了更高的要求。审计人员不仅要掌握传统的审计知识和技能，还要具备一定的计算机技术和数据分析能力。如果审计人员不能及时掌握大数据技术，就可能无法有效地进行审计工作，从而产生审计风险。

2. 信息系统风险。

计算机硬件发生故障或软件受到网络病毒的威胁，之前储存的相关数据信息等会有丢失的风险，进而导致审计工作无法全面获取数据信息，这对于审计人员而言是一个重要的系统安全隐患。随着信息技术的不断发展，网络安全问题也日益突出。审计机关采集的数据涉及被审计单位的商业秘密和个人隐私，如果数据丢失或泄露，将会给被审计单位和个人带来严重的损失。同时，也会影响审计机关的公信力和权威性。因此，加强信息系统的安全防护，是大数据审计面临的一个重要挑战。

【案例拓展】

一、惠民工程项目审计案例

（一）案例背景

南京市"阳光惠民工程"涉及水务、交通、教育、住房等与人民群众切身利益息息相关的领域。雨花台区在开展惠民工程项目审计时，传统审计模式难以实现"项目全面覆盖、流程全面贯通、数据全面互联、平台全面融合"的智能化管理。

（二）审计过程

雨花台区依托智慧审计平台对接南京市阳光惠民办"阳光惠民"系统，探索惠民工程项目全过程、数字化监督体系和监管新模式。"智慧审计系统"根据项目建设的各种程序、环节，将工程立项、招投标、合同、签证变更等各类信息数据进行结构化处理。通过打破数据壁垒，实现线上智慧化监管。对于投资规模超3 000万元以上房建、2 000万元以上道路市政、1 000万元以上环境改造大项目，坚持多部门共同参与的方式，进行数据互联采集、进度更新填报，实现全天候、全过程无缝监管；对于零散小规模、简便审批程序工程，则从建设单位、主管单位、第三方机构采集数据，通过智慧备案管理方式，进行项目后评价管理。

（三）案例成效

通过该方式，能够在第一时间发现如某学校建设工程中的边坡支护项目出现重大签证变更未按规定及时报批、某地块渣土运输项目超进度付款等问题，并将提示信息送达项目建设工程单位和相关主管部门，督促其及时整改，确保惠民工程及工程资金"晒"在阳光下，提升了惠民政策贯彻执行、惠民资金使用管理、惠民项目建设水平。

（四）案例来源

此案例源自中共江苏省委新闻网对南京市雨花台区利用审计信息系统开展大数据审计的报道。该新闻详细介绍了雨花台区在惠民工程项目审计中，通过创新审计方式，借助大数据技术实现对项目的全方位监管，具有较高的参考价值。

二、林业资源审计案例

（一）案例背景

林业资源分布范围广，涉及部门及数据分散性大，传统审计方式难以全面、准确地掌握林业资源变化情况。南京市审计局在对该市绿化园林局经济责任审计中，面临着如何高效审计林业资源的挑战。

（二）审计过程

审计组紧紧围绕绿化造林这一关键指标，全面采集规资、水务、农业等相关部门近10GB的林业资源数据，运用数据比对、面积核查、图斑叠加等地理信息技术重点分析通道、环城、村庄绿化以及沿江造林等林业资源变化情况。对于发现的疑点，审计组坚持"眼见为实"，通过将疑点图斑导入可移动设备后，利用"铁脚板"，深入林间草地，现场勘查测量。同时，积极走访周边群众，了解地块种植物实际变化情况。

（三）案例成效

通过"大数据"+"铁脚板"的方式，将绿色理念贯穿审计全过程，不仅确保了林业审计全覆盖，还提高了审计定性的准确性，促进该市林业发展提质增效，为"绿色南京"建设保驾护航。

（四）案例来源

该案例来源于江苏省审计厅官网发布的工作动态。江苏省审计厅对南京市审计局在林业资源审计中的创新做法进行了总结与推广，为其他地区开展类似审计工作提供了借鉴。

三、生态保护补偿资金审计案例

（一）案例背景

生态保护补偿资金的合理使用对于生态环境保护至关重要。江宁区审计局在开展生态保护补偿资金专项审计中，需要准确核查耕地保护补贴资金的发放情况。

（二）审计过程

审计人员一方面通过大数据审计技术，采集国土变更调查数据、承包经营权地块、历年卫星遥感影像等数据并分析比对，快速筛选出土地性质已变更为非耕地的疑点地块；另一方面发扬"铁脚板"精神，走进田间地头，实地查看疑点地块的现状，并将疑点地块的承包人信息与发放补贴数据比对，审查地块已变更为非耕地仍领取补贴问题。

（三）案例成效

"大数据 + 铁脚板"的审计方式精准锁定疑点线索，大幅减少了审计工作量，有力提升了审计效率,保障了生态保护补偿资金的合规使用。

(四)案例来源

此案例来源于南京市江宁区人民政府官网发布的工作动态。江宁区审计局在实际工作中积极探索创新审计方法,通过总结该案例,展示了大数据审计在生态保护补偿资金审计中的应用成果。

综上所述,南京市审计局在多个领域的大数据审计实践中,通过计算机与人工审计的有机结合,充分发挥了大数据技术在数据采集、分析方面的优势,同时借助人工审计的专业判断与实地核查,有效提升了审计质量与效率,为各领域的健康发展提供了坚实保障。这些案例也为其他地区开展大数据审计工作提供了宝贵的经验借鉴。

资料来源:

[1] 南京市雨花台区"阳光惠民"牵手"智慧审计"[EB/OL].(2022-09-14).中共江苏省委新闻网,http://www.zgjssw.gov.cn/shixianchuanzhen/nanjing/202209/t20220914_7695460.shtml.

[2] "大数据"+"铁脚板"助力南京林业资源绿色审计[EB/OL].(2023-05-25).江苏省审计厅,https://jssjt.jiangsu.gov.cn/art/2023/5/25/art_1104_10903616.html.

[3] 江宁审计:"大数据+铁脚板"跑出江宁审计速度[EB/OL].(2024-05-08).南京市江宁区人民政府,http://www.jiangning.gov.cn/xwzx/gzdt/202405/t20240508_4661010.html.

【课后思考题】

1. 随着信息技术的不断发展,大数据审计在未来的发展趋势是什么?请预测并阐述其可能带来的影响。

2. 在大数据时代,审计机构应如何加强与其他部门或机构的合作,以更好地开展审计工作?请提出你的建议。

【思政小课堂】

1. 大数据审计如何助力国家治理现代化?结合我国国情,分析大数据审计在维护国家经济安全中的责任与使命。

思考方向:我国是一个经济大国,在全球化背景下,面临着诸如金融风险、贸易摩擦等诸多经济安全挑战。大数据审计可以对国有资产运营、跨境资本流动、重要产业发展等进行实时监控。例如,在金融行业,通过大数据审计监测银行等金融机构的信贷业务和资金流向,防止系统性金融风险的发生。这背后体现了审计人员对国家经济安全的守护,如何从思政层面阐述这种责任意识?

2. 在大数据审计过程中,如何确保审计人员坚守职业道德规范?

思考方向:大数据审计涉及大量敏感数据,审计人员可能会面临各种利益诱惑。例如,在企业并购审计中,审计人员可能接触到企业的核心商业机密。如何确保他们能够秉持客观、公正、保密的职业道德?从思政角度来看,这涉及个人品德修养、职业操守以及对社会诚信体系建设的贡献,如何深入剖析?

第二章　大数据审计技术与工具

【知识目标】

- 了解大数据审计技术分析。
- 掌握大数据审计工具的种类及其应用原理。
- 熟悉大数据审计在实际中的应用情况。

【技能目标】

- 学生能够掌握大数据审计技术与工具的基本原理和操作方法。
- 了解大数据审计在企业和社会经济发展中的重要作用。

【思政目标】

- 培养学生的职业道德和诚信意识，让学生明白在大数据审计工作中坚守原则的重要性。
- 增强学生的数据安全和隐私保护意识，使其能够合法合规地运用大数据审计技术。
- 培养学生的创新精神和团队合作精神，鼓励学生在大数据审计领域积极探索和协作。

第一节　大数据审计技术分析

一、大数据的特点

（一）数据体量巨大

在当今数字化时代，大数据审计所涉及的数据体量呈现出前所未有的规模。无论是企业内部的运营数据，还是政府部门监管下的各类经济活动数据，其数量都在不断膨胀。例如，一家大型跨国企业，其每日产生的财务交易记录可能数以万计。这些记录包括各个子公司、分支机构在不同地区、不同业务领域的收支情况、资产变动情况等。在政府层面，以税收征管为例，一个发达城市的税务部门每天要处理海量的纳税申报数据，这些数据不仅来自本地企业，还包括众多在本地有经营活动的外地企业和跨境电商等。

从宏观经济数据来看,国家统计部门收集的数据涵盖各个产业、各个地区的生产、消费、投资等多方面的数据。随着时间的推移,这些数据逐年累积,形成了庞大的数据资源。例如,中国的工业企业生产数据,每年涉及数百万家企业的产量、产值、能耗等,这些数据的存储量以 TB 甚至 PB 级别增长。

(二) 数据类型多样

大数据审计中的数据类型极为丰富,包括结构化数据、半结构化数据和非结构化数据。结构化数据如企业的财务报表数据,这些数据通常以表格的形式呈现,具有明确的字段定义和数据格式,例如,资产负债表中的资产、负债、所有者权益等项目的数据,它们符合特定的会计规范和数据库结构,便于存储和查询。

半结构化数据在大数据审计中也占有重要地位。例如,企业的电子邮件数据,它虽然有一定的格式,但不像结构化数据那样严格遵循固定的表格模式。电子邮件中包含发件人、收件人、主题、正文内容等信息,这些信息可以通过一定的技术手段进行提取和分析。在企业内部审计中,审计人员可以通过分析员工之间的电子邮件来发现潜在的利益输送、商业机密泄露等问题。

非结构化数据是大数据审计中最具挑战性的数据类型,包括图像、音频、视频等。例如,在对政府工程项目的审计中,施工现场的监控视频就是非结构化数据。这些视频记录了工程施工的全过程,包括施工进度、施工质量、人员操作规范等情况。此外,企业的社交媒体数据,如用户在微博、微信等平台上对企业产品和服务的评论,也是非结构化数据。这些评论以文字、表情符号等形式存在,反映了消费者对企业的真实看法,对企业的运营审计有重要价值。

(三) 处理速度快

在当今信息爆炸的时代,大数据处理速度快这一特点显得尤为关键。大数据的处理速度之所以能够如此之快,得益于先进的技术和不断创新的处理方法。传统的数据挖掘技术往往难以应对海量数据的快速处理需求,而大数据技术则能够在短时间内对大量数据进行分析和处理。例如,在金融领域,大数据可以实时监测市场动态,快速分析交易数据,为投资者提供及时的决策支持。在社交媒体领域,大数据能够实时处理用户的发布内容、点赞、评论等数据,为企业提供精准的用户画像和市场趋势分析。

大数据处理速度快还体现在对实时数据的处理能力上。随着物联网技术的发展,各种传感器设备不断产生大量的实时数据,如温度、湿度、压力等传感器数据。大数据技术能够对这些实时数据进行快速处理和分析,实现对物理世界的实时监测和控制。例如,在智能交通领域,大数据可以实时分析交通流量、路况等数据,为交通管理部门提供实时的交通疏导方案。此外,大数据处理速度快也离不开分布式计算和并行处理技术的支持。通过将数据分布在多个计算节点上进行并行处理,可以大大提高数据处理的速度和效率。例如,Hadoop 和 Spark 等大数据处理框架就是采用分布式计算和并行处理技术，从而能够快速处理大规模数据。

（四）价值密度低

大数据价值密度低是其一个显著特点。以视频监控为例，长时间的视频监控中，可能只有几秒钟的画面包含有用信息。例如，在一个商场的视频监控系统中，每天可能会产生大量的视频数据，但真正有价值的可能只是一些特定时间段的画面，如顾客的异常行为、盗窃事件等。

大数据价值密度低的原因主要有以下几点。首先，数据来源广泛，包含大量的无关信息。例如，社交媒体上的大量用户发布内容中，只有一小部分对企业决策或科学研究有价值。其次，数据质量参差不齐，存在大量的噪声和错误数据。这些数据会降低有价值信息的比例。最后，大数据的规模庞大，使得有价值信息在其中所占比例相对较低。

为了应对大数据价值密度低的问题，需要采用先进的数据处理和分析技术。例如，数据挖掘技术可以从海量数据中提取有价值的信息；机器学习算法可以自动识别和分类有价值的数据；数据可视化技术可以帮助用户更直观地发现有价值的信息。同时，也需要对数据进行筛选和清洗，去除无关和错误数据，提高数据质量。

二、大数据的重要作用

（一）信息技术融合应用的结点

大数据的处理分析正成为新一代信息技术融合应用的结点。移动互联网、物联网、社交网络、数字家庭、电子商务等应用形态不断产生大数据。以移动互联网为例，全球数十亿的智能手机用户每天产生海量的数据，包括位置信息、浏览记录、社交互动等。云计算为这些大数据提供了存储和运算平台，通过对不同来源数据的管理、处理、分析与优化，将结果反馈到应用中，创造出巨大的经济和社会价值。例如，在电子商务领域，通过对用户的购买行为、浏览历史等大数据的分析，可以为用户提供个性化的商品推荐，提高用户的购物体验和商家的销售业绩。同时，大数据具有催生社会变革的能量，能够整合不同领域的数据，促进各行业之间的融合与创新。

（二）信息产业增长的新引擎

大数据是信息产业持续高速增长的新引擎。在硬件与集成设备领域，大数据对芯片、存储产业产生重要影响。随着数据量的不断增长，对芯片的处理能力和存储设备的容量提出了更高的要求。大数据还催生出一体化数据存储处理服务器、内存计算等市场。在软件与服务领域，大数据引发数据快速处理分析技术、数据挖掘技术和软件产品的发展。例如，数据挖掘软件可以从海量数据中发现潜在的商业机会和用户需求，为企业决策提供支持。

（三）提高核心竞争力的关键因素

大数据利用成为提高核心竞争力的关键因素。各行各业的决策正在从"业务驱动"向"数据驱动"转变。在商业领域，对大数据的分析可以使零售商实时掌握市场动态并迅速作出应对。例如，通过分析销售数据和顾客行为数据，零售商可以调整商品陈列、优化库存管理、制定精准的营销策略。在医疗领域，大数据可提高诊断准确性和药物有效性。通过整合电子病历、医学影像、基因数据等多源数据，医生可以更全面地了解患者的病情，制订个性化的治疗方案。在公共事业领域，大数据也开始发挥促进经济发展、维护社会稳定等方面的重要作用。

（四）科学研究方法手段的改变

大数据时代科学研究的方法手段发生了重大改变。传统的抽样调查方法在大数据时代有了新的发展。研究人员可通过实时监测、跟踪研究对象在互联网上产生的海量行为数据，进行挖掘分析，揭示出规律性的东西，提出研究结论和对策。例如，在社会科学研究中，通过分析社交媒体上的用户言论和互动数据，可以了解公众的情绪和态度，为政策制定提供参考。在自然科学研究中，大数据可以帮助科学家发现新的现象和规律，推动科学技术的进步。

【拓展小知识】☆☆☆

《中华人民共和国数据安全法》

这部法律于2021年9月1日正式施行，是我国数据安全领域的基础性法律，对包括大数据在内的数据安全进行规范和保障。其主要内容如下。

- **总则**

明确了数据、数据处理、数据安全的定义，为后续的法律规定奠定了基础。例如，数据是指任何以电子或者其他方式对信息的记录，数据处理包括数据的收集、存储、使用、加工、传输、提供、公开等，数据安全是指通过采取必要措施，确保数据处于有效保护和合法利用的状态，以及具备保障持续安全状态的能力。规定了维护数据安全应坚持总体国家安全观，建立健全数据安全治理体系，提高数据安全保障能力。中央国家安全领导机构负责国家数据安全工作的决策和议事协调等。

- **数据安全与发展**

强调国家统筹发展和安全，坚持以数据开发利用和产业发展促进数据安全，以数据安全保障数据开发利用和产业发展。支持开发利用数据提升公共服务的智能化水平，同时要充分考虑老年人、残疾人的需求，避免对他们的日常生活造成障碍。

- **数据安全制度**

  建立数据分类分级保护制度，根据数据的重要程度和一旦遭到篡改、破坏、泄露等对国家安全、公共利益或个人、组织合法权益造成的危害程度，对数据实行分类分级保护。确立了数据安全风险评估、报告、信息共享、监测预警机制，数据安全应急处置机制，数据安全审查制度等。

- **数据安全保护义务**

  规定开展数据处理活动应依照法律、法规，建立健全全流程数据安全管理制度，组织开展数据安全教育培训，采取相应技术措施和其他必要措施保障数据安全。重要数据的处理者要明确数据安全负责人和管理机构，落实数据安全保护责任。要求数据处理者加强风险监测，发现风险时立即采取补救措施，发生数据安全事件时立即采取处置措施并报告。

- **政务数据安全与开放**

  明确各地区、各部门对本地区、本部门的政务数据安全负责，同时鼓励政务数据的开放和利用，但要在保障安全的前提下进行。

- **法律责任**

  对违反数据安全法规定的行为明确了相应的法律责任，包括责令改正、警告、没收违法所得、罚款、暂停相关业务、停业整顿、吊销相关业务许可证或营业执照等，构成犯罪的依法追究刑事责任。

三、大数据审计技术分类

（一）数据采集技术

在大数据审计蓬勃发展的当下，数据采集作为审计工作的首要环节，其技术种类丰富多样，每一种都在挖掘审计数据价值、提升审计效率方面发挥着独特的作用。不同的数据采集技术针对各异的数据源和审计需求，为审计人员提供了全面且精准获取数据的有力手段。

1. 数据库采集技术。

原理：数据库是现代企业和组织存储数据的核心枢纽，分为关系型数据库（如 MySQL、Oracle）和非关系型数据库（如 MongoDB、Redis）。审计人员借助数据库管理系统自带工具或特定数据抽取软件，利用 SQL 等语言，依据审计需求编写查询语句，从数据库表中筛选符合条件的数据。对于非关系型数据库，使用其自带查询语法，从非结构化或半结构化数据中提取信息。

应用：在企业财务审计中，通过编写 SQL 语句可精准筛选特定年度内企业大额资金支出的会计凭证数据，为审查资金流向合理性与支出合规性提供原始素材。在互联网企业审计中，利用 MongoDB 查询语法获取用户登录次数、浏览页面路径、操作记录等数据，助力分析企业业务运营真实状况。

局限性：关系型数据库对于复杂数据结构处理能力有限，在面对海量非结构化数据时性能可能下降。非关系型数据库缺乏成熟的事务处理机制，数据一致性维护相对困难。不同数据库系统语法和特性差异大，审计人员需掌握多种技术，增加学习成本。

2. 文件采集技术。

原理：企业和机构大量业务数据以文本文件（.txt）、电子表格文件（.xls/.xlsx）、PDF 文件等形式存储。借助编程接口或专业文件处理软件，利用编程语言（如 Python）的文件读取函数，结合正则表达式匹配技术（针对文本文件）、专门库（如 openpyxl 处理 Excel 文件）以及 OCR 技术（结合 PyPDF2 库处理 PDF 文件），对文件内容进行读取与解析。

应用：审计企业合同文本的 .txt 文件时，用 Python 结合正则表达式提取合同金额、签约双方、合同期限、关键条款等信息，评估合同合规性、有效性及潜在风险。从制造业企业生产报表 Excel 文件中，运用 openpyxl 库快速采集各生产线产量、次品率、原材料消耗等数据，评估生产效率、成本控制水平及生产过程问题。对于企业重要文档资料的 PDF 文件，结合 PyPDF2 库与 OCR 技术提取审计所需数据。

局限性：文本文件格式不统一，正则表达式编写复杂，易出错。电子表格文件若数据量过大，处理速度会变慢，且可能存在格式兼容性问题。PDF 文件格式复杂，尤其在处理含复杂表格、图形的文件时，OCR 技术识别准确率受字体、排版等因素影响较大，可能导致数据提取不准确。

3. 传感器数据采集技术。

原理：在制造业、能源行业、物流行业等现代化企业生产运营及特定行业中，大量传感器被部署用于实时监测设备运行状态、环境参数、货物运输轨迹等信息。通过特定硬件接口与软件驱动，将传感器产生的实时数据采集并传输至审计数据存储平台。

应用：在制造业工厂，通过温度、压力传感器实时获取设备运行数据，若设备温度或压力异常波动，可预示设备故障隐患，评估企业设备维护管理有效性及生产过程潜在风险。在物流行业，利用车辆 GPS 传感器获取运输车辆行驶轨迹、速度、停留时间等数据，审查运输路线合理性，判断是否存在绕路现象，同时监测车辆停留时间，发现违规停靠问题，保障物流运输安全与高效。

局限性：传感器成本较高，大规模部署会增加企业运营成本。传感器数据受环境干扰大，如电磁干扰、温度湿度变化等可能影响数据准确性。数据传输过程中可能出现丢包、延迟等问题，影响数据实时性。此外，不同传感器数据格式、协议不统一，数据整合难度大。

4. 应用程序接口（API）采集技术。

原理：许多企业内部业务系统及外部第三方服务平台，为实现数据共享与交互提供应用程序接口（API）。审计人员按照规定数据格式和参数要求调用 API，获取所需数据。

应用：企业内部审计部门调用客户关系管理系统（CRM）的 API 获取客户基本资料、交易历史、客户投诉记录等数据，评估企业客户关系管理水平，分析客户流失原因及客户服务投入产出效益。在与第三方金融机构合作的审计项目中，调用金融机构 API 获取企业资金流水、信用评级等数据，与企业内部财务数据结合，验证财务报表资金收支真实性和准确性，评估企业信用风险状况。

局限性：API 接口稳定性依赖提供方，若提供方服务器故障或接口升级，可能导致数据获取失败。数据传输安全存在风险，如遭遇网络攻击、数据泄露等。不同 API 接口文档规范不一致，理解和使用难度较大。部分 API 接口调用可能涉及费用，增加审计成本。且 API 接口返回数据可能受权限限制，无法获取全部所需数据。

（二）数据存储技术

1. 分布式文件系统（如 HDFS）。

原理：HDFS 采用主从架构，由一个名称节点（NameNode）和多个数据节点（DataNode）组成。文件被分成多个数据块，这些数据块存储在不同的数据节点上。名称节点负责管理文件系统的命名空间和数据块的映射关系，数据节点负责存储和读写数据块。数据在存储时会进行冗余备份，通常备份系数为 3，以防止数据丢失。

应用：在大数据审计中，当面对海量的审计数据时，HDFS 可以提供可靠的数据存储解决方案。例如，在对大型金融机构的交易数据进行审计时，这些交易数据量可能达到 PB 级别。利用 HDFS 可以将交易数据分散存储在多个数据节点上，确保数据的安全存储和快速访问。审计人员可以通过相关工具从 HDFS 中获取数据进行分析，如分析交易的合规性、资金流向等。

局限性：HDFS 的名称节点存在单点故障风险，如果名称节点出现故障，可能会导致整个文件系统无法正常工作。虽然可以通过配置备用名称节点来缓解这一问题，但在切换过程中仍可能会出现短暂的数据访问中断。此外，HDFS 的小文件存储性能较差，大量小文件会占用过多的名称节点内存资源。

2. 数据仓库技术。

原理：数据仓库是一个面向主题的、集成的、相对稳定的、反映历史变化的数据集合，用于支持管理决策。它将从多个数据源获取的数据按照一定的主题进行组织和存储，如按照财务、销售、生产等主题进行分类。数据仓库中的数据通常经过了清洗、转换和汇总等处理，便于进行数据分析和查询。

应用：在审计工作中，数据仓库可以为审计人员提供全面、准确的数据支持。例如，在对企业进行年度审计时，审计人员可以从企业的数据仓库中获取历年的财务数据、业务数据等。通过对这些数据的分析，可以发现企业财务状况和经营成果的变化趋势，如分析企业的营业收入增长率、毛利率变化等，从而评估企业的经营绩效和财务风险。

局限性：数据仓库的建设成本较高，包括硬件设备、软件工具和人力成本等。而且数据仓库的数据更新存在一定的滞后性，对于实时性要求较高的审计业务，数据仓库可能无法及时提供最新的数据。

（三）数据分析技术

1. 数据挖掘技术。

原理：数据挖掘是从大量的数据中提取隐含的、先前未知的、有潜在应用价值的信息和知识的过程。它包括分类、聚类、关联规则挖掘、预测等算法。例如，分类算法可以将数据对象划分到不同的类别中，聚类算法则是将数据对象分组，使同一组内的数据对象具有较高的相似性，而不同组的数据对象具有较大的差异性。

应用：在审计中，数据挖掘技术可用于发现异常数据和潜在的审计线索。例如，在对企业的费用报销进行审计时，通过聚类算法可以将员工的费用报销数据进行聚类。如果某个员工的报销模式与其他员工明显不同，可能存在违规报销的情况。再如，通过关联规则挖掘可以发现财务数据中的关联关系，如发现采购金额与销售收入之间的不合理关联，可能暗示着企业存在财务造假行为。

局限性：数据挖掘技术的结果解释可能存在困难。例如，在使用某些复杂的机器学习算法进行数据挖掘时，虽然能够得到准确的分类或预测结果，但很难解释结果产生的原因。此外，数据挖掘算法的选择和参数设置需要一定的经验和专业知识，如果选择不当，可能无法得到有价值的结果。

2. 机器学习技术。

原理：机器学习是让计算机系统通过学习数据中的模式和规律来进行预测和决策的技术，包括监督学习、无监督学习和强化学习等类型。监督学习是在有标记的训练数据上学习模型，如使用已标记的财务欺诈和非欺诈样本训练模型来识别财务欺诈行为；无监督学习则是在无标记的数据上发现数据的结构和模式，如通过无监督学习算法对企业的客户数据进行聚类，以发现不同类型的客户群体；强化学习是通过与环境的交互来学习最优策略，目前在审计领域应用相对较少。

应用：在大数据审计中，机器学习技术可用于风险评估和预测。例如，利用监督学习算法构建企业财务风险预测模型，输入企业的财务指标、行业特征等数据，模型可以预测企业在未来一段时间内发生财务危机的概率。在政府审计中，通过机器学习对公共项目的绩效数据进行分析，可以评估项目是否达到预期目标，并预测项目后续可能出现的问题。

局限性：机器学习模型的训练需要大量的高质量数据，如果数据量不足或数据质量差，模型的性能会受到影响。而且机器学习模型存在过拟合和欠拟合的问题，过拟合会导致模型在训练数据上表现很好，但在新数据上表现不佳；欠拟合则是模型无法很好地拟合数据，导致预测准确性低。

（四）数据可视化技术

1. 图表绘制技术（如柱状图、折线图、饼图等）。

原理：通过将数据以直观的图表形式展示出来，使审计人员能够快速地了解数据的分布、趋势和比例关系等。例如，柱状图用于比较不同类别数据的大小，折线图用于展示数据随时间的变化趋势，饼图用于显示各部分占总体的比例。

应用：在审计报告中，图表绘制技术可以使审计结果更加直观地呈现给利益相关者。例如，在对企业的销售数据进行审计时，用柱状图展示不同产品的销售额对比，用折线图展示企业近几个季度的销售额变化趋势，用饼图展示各地区销售额占总销售额的比例。这样可以帮助企业管理层、投资者等快速了解企业的销售情况，便于作出决策。

局限性：简单的图表绘制技术只能展示数据的基本特征，对于复杂的数据关系和高维数据的展示能力有限。例如，当要展示多个变量之间的相互关系时，单纯的柱状图或折线图可能无法准确表达。

2. 交互式可视化技术。

原理：交互式可视化技术允许用户与数据可视化界面进行交互，如放大、缩小、筛选、排序等操作，以便用户从不同角度观察和分析数据。它通常基于 Web 技术和相关的可视化库实现，例如，使用 D3.js 等 JavaScript 库可以创建丰富的交互式可视化界面。

应用：在大数据审计过程中，交互式可视化技术可以帮助审计人员深入挖掘数据。例如，在对大型企业的复杂财务数据进行审计时，审计人员可以通过交互式可视化界面，对不同部门、不同项目的财务数据进行筛选和对比分析。用户可以点击图表中的某个数据点，查看详细的数据信息，或者通过拖动滑块来调整数据的时间范围，观察财务数据在不同时间段的变化情况。

局限性：交互式可视化技术的开发需要一定的技术能力，包括前端开发和数据处理能力。而且如果数据量过大，可能会导致交互操作的响应时间过长，影响用户体验。

第二节　大数据审计工具分析

一、大数据审计工具概述

大数据审计工具市场呈现出商业软件和开源工具共同发展的态势。商业软件解决方案专注于大数据审计，通常具有较为完善的功能和专业的技术支持，但成本相对较高。开源工具则在不断发展壮大，具有免费、灵活、可定制的优势，吸引了众多用户和开发者的参与。

在选择大数据审计工具时，需要综合考虑规模、功能和成本等因素。对于大型企业和机构来说，可能更倾向于选择功能强大、稳定性高的商业软件，以满足大规模数据处理和复杂审计的需求。而对于中小企业或预算有限的组织，开源工具则可能是更合适的选择，可以根据自身需求进行定制和扩展，降低成本。

例如，一些大型企业在进行大数据审计时，选择了专业的商业软件，投入大量资金用于软件采购、培训和技术支持。这些软件能够处理海量数据，提供强大的数据分析和可视化功能，帮助企业及时发现潜在风险和问题。而一些小型企业则利用开源工具，如 Python 和 R 语言，通过社区支持和自主学习，实现了基本的大数据审计功能，有效降低了成本。

二、常用大数据审计工具

（一）R 语言

R 语言是一种用于统计分析和数据可视化的编程语言。在大数据审计中，R 语言具有强大的数据分析和统计建模能力,可以处理大规模数据集。它提供了丰富的统计函数和算法,能够进行数据清洗、探索性分析、回归分析、聚类分析等多种操作。

例如,在审计项目中,审计人员可以使用 R 语言对财务数据进行分析,通过绘制图表和进行统计检验,发现异常数据和潜在的风险点。R 语言还可以与其他数据源进行连接,如数据库和 Excel 文件,方便数据的导入和处理。

(二) Python

Python 是一种通用编程语言,具有简洁易读、功能强大的特点。在大数据审计中,Python 被广泛应用于数据采集、清洗、分析和可视化等环节。它拥有丰富的第三方库,如 Pandas、NumPy 和 Matplotlib,可以高效地处理大规模数据。

例如,审计人员可以使用 Python 的 Pandas 库进行数据读取、转换和分析,利用 NumPy 进行数值计算,通过 Matplotlib 进行数据可视化。Python 还可以与机器学习和深度学习框架结合,进行更复杂的数据分析和预测。

(三) Tableau

Tableau 是一款数据可视化工具,能够将复杂的数据转化为直观的图表和报表。在大数据审计中,Tableau 可以帮助审计人员快速理解数据,发现数据中的趋势和模式。它支持多种数据源的连接,包括数据库、Excel 文件和云服务。

例如,审计人员可以使用 Tableau 连接审计数据库,创建交互式仪表盘和报表,将审计结果以可视化的方式呈现给管理层和相关人员。Tableau 的可视化功能可以帮助审计人员更好地沟通和解释审计发现,提高审计报告的可读性和影响力。

三、开源大数据审计工具

(一) Apache Hadoop

Apache Hadoop 是一个由 Apache 基金会所开发的分布式系统基础架构。它主要由 HDFS(hadoop distributed file system)和 MapReduce 组成。HDFS 负责大规模数据的存储,能够将数据分散存储在多个节点上,具有高容错性和高扩展性。MapReduce 则用于大规模数据集(大于 1TB)的并行运算,它把对数据集的任务分解为多个子任务,分别在不同的计算节点上处理,最后汇总结果。

在大数据审计中的应用:在审计数据存储方面,Hadoop 的 HDFS 可以解决海量审计数据的存储问题。例如,在对大型金融机构的多年交易数据进行存储时,HDFS 可以将数据分块存储在多个节点上,确保数据不会因为单个节点故障而丢失,并且能够随着数据量的增加而方便地扩展存储容量。

在数据处理环节,利用 MapReduce 可以对存储在 HDFS 中的审计数据进行并行处理。例如,在分析银行的大量客户交易记录时,MapReduce 可以将交易数据按照一定的规则分解,同时在多个节点上进行交易频率、交易金额等特征的分析,快速得出统计结果，帮助审计人员发现异常交易模式。

局限性：Hadoop 的配置和管理较为复杂，需要专业的技术人员进行维护。例如，在设置 HDFS 的存储策略和 MapReduce 的任务调度时，需要深入了解其底层架构和参数配置，否则容易出现数据存储不均衡、任务执行效率低下等问题。

对于小文件的存储和处理性能不佳。在审计过程中，如果存在大量的小文件数据（如一些零散的审计报告文档），会占用过多的 NameNode 内存资源，导致整个系统的性能下降。

（二）Apache Spark

Apache Spark 是一个快速且通用的集群计算系统。它在借鉴了 Hadoop MapReduce 优点的基础上，对其进行了改进，采用了内存计算机制，大大提高了数据处理的速度。Spark 提供了多种数据处理模式，包括批处理、交互式查询、流处理和机器学习等，通过统一的 API 进行操作。

在大数据审计中的应用：在数据处理方面，Spark 的批处理能力可用于对大规模审计数据集进行快速分析。例如，在对大型企业集团的年度财务报表数据进行汇总和分析时，Spark 可以在短时间内读取多个子公司的财务数据，进行合并处理和复杂的财务指标计算，比传统的数据处理工具效率更高。

对于审计中的流数据处理，Spark Streaming 可以实时监控企业的在线交易数据、系统日志等流数据。例如，在电商企业的审计中，可以实时监测订单数据的流入，及时发现异常订单（如短时间内出现大量来自同一 IP 地址的高金额订单），防止财务欺诈行为。

Spark 的机器学习库（MLlib）还可以用于构建审计风险预测模型。例如，通过企业的历史财务数据和经营数据，训练预测模型来评估企业未来的财务风险状况。

局限性：Spark 对内存的依赖较大，在处理超大规模数据时，如果内存资源不足，会导致性能下降甚至任务失败。例如，在处理海量的政府财政支出数据时，如果集群内存配置不合理，可能会无法顺利完成数据处理任务。虽然 Spark 提供了丰富的功能，但对于初学者来说，其学习曲线较陡，需要掌握 Scala 等编程语言和相关的分布式计算概念才能充分发挥其优势。

四、商业大数据审计工具

（一）IBM InfoSphere BigInsights

IBM InfoSphere BigInsights 是 IBM 推出的一款基于 Hadoop 的大数据分析平台。它集成了一系列的数据管理和分析工具，能够帮助企业从海量数据中获取价值。该平台提供了直观的用户界面，便于数据分析师和审计人员操作，同时具备强大的数据集成、数据治理和高级分析功能。

在大数据审计中的应用：在数据采集和集成方面，BigInsights 可以整合来自多个不同数据源的审计数据，包括企业内部的各种业务系统（如 ERP、CRM）和外部的数据来源（如行业数据、监管数据）。例如，在对企业的全面风险审计中，它可以将企业的财务数据、销售数据、市场数据等进行整合，构建统一的数据视图，方便审计人员进行综合分析。

该平台提供了高级的数据分析功能，如数据挖掘和预测分析。在审计中，可以利用这些功能来发现潜在的审计风险。例如，通过对企业多年的成本数据和生产数据进行挖掘分析，预测未来的成本趋势，帮助审计人员评估企业成本核算的合理性。

局限性：作为商业软件，其购买和使用成本较高，对于一些中小型企业或预算有限的审计机构来说，可能会难以承受。它对 IBM 的硬件和软件生态系统有一定的依赖，如果企业或审计机构的现有 IT 基础设施与 IBM 的产品兼容性较差，可能会出现实施困难和性能不佳的问题。

（二）SAS Audit Management

SAS Audit Management 是由 SAS 公司提供的一款专门用于审计管理和数据分析的工具。它涵盖从审计计划制订、审计项目执行到审计报告生成的整个审计流程，并且集成了强大的数据分析功能，能够对结构化和非结构化数据进行处理。

在大数据审计中的应用：在审计流程管理方面，SAS Audit Management 可以帮助审计机构规范和优化审计项目的各个环节。例如，它可以自动生成审计计划，根据风险评估结果分配审计资源，跟踪审计项目的进度，并生成标准化的审计报告。

在数据分析环节，该工具可以对企业的财务数据、运营数据等进行深入分析。例如，在对金融机构的信贷业务审计中，SAS Audit Management 可以分析贷款客户的信用数据、还款记录等，识别高风险的贷款业务，评估信贷审批流程的合规性。

局限性：SAS 软件通常采用自己的编程语言和算法，对于不熟悉 SAS 语言的审计人员来说学习成本较高，可能会影响工作效率。它的定制性相对有限，在面对一些特殊行业或企业的特定审计需求时，可能无法进行灵活的功能扩展和定制。

五、数据库相关审计工具

（一）Oracle Audit Vault and Database Firewall

Oracle Audit Vault and Database Firewall 是 Oracle 公司推出的数据库安全审计和防护工具。它可以监控和审计 Oracle 数据库以及其他主流数据库的活动，包括用户登录、数据访问、数据修改等操作，并能够检测和防范数据库入侵和数据泄露等安全威胁。

在大数据审计中的应用：在数据库审计方面，它可以实时记录数据库的所有操作，为审计人员提供详细的审计线索。例如，在对企业的 Oracle 数据库进行审计时，它可以准确记录每个用户对数据库表的查询、插入、更新和删除操作，以及操作的时间、IP 地址等信息，帮助审计人员发现未经授权的数据访问行为。

作为数据库防火墙，它可以防止外部攻击和内部违规操作。例如，当有外部黑客试图通过 SQL 注入攻击获取企业的敏感财务数据时，Database Firewall 能够识别并阻断这种攻击，保障数据库数据的安全，确保审计数据的完整性和可靠性。

局限性：该工具主要侧重于 Oracle 数据库及其兼容数据库的审计和防护，对于一些非 Oracle 数据库或新兴的数据库技术（如一些 NoSQL 数据库）的支持可能不够完善。其配置和规则设置较为复杂，需要专业的数据库安全人员进行操作，如果配置不当，可能会出现误报或漏报等问题。

（二）MySQL Enterprise Audit

MySQL Enterprise Audit 是 MySQL 企业版中的审计插件。它能够记录 MySQL 数据库服务器上发生的所有事件，包括连接事件、查询事件、存储过程执行事件等，并且可以将这些审计记录存储在文件或数据库表中，方便审计人员查看和分析。

在大数据审计中的应用：在对基于 MySQL 数据库的应用系统进行审计时，MySQL Enterprise Audit 可以提供详细的数据库操作记录。例如，在对一个电商网站的后端 MySQL 数据库进行审计时，它可以记录每个用户的登录时间、查询的商品信息、订单操作等情况，帮助审计人员了解网站的运营情况，检查是否存在内部人员违规操作或外部攻击的迹象。

局限性：作为 MySQL 的插件，它的功能相对较为单一，主要集中在数据库操作的审计上，缺乏对数据库性能优化、数据质量分析等其他方面的支持。它的审计记录存储方式可能会受到数据库性能的影响。如果将审计记录存储在数据库表中，当数据库操作频繁时，可能会增加数据库的负载，进而影响数据库的整体性能。

六、大数据审计技术

（一）图层叠加分析法与遥感影像法对比

1. 图层叠加分析法在涉农审计中的应用及优势。

图层叠加分析法是利用地理信息系统的图层概念和技术，研究地理问题的新手段、新方法。在涉农审计工作中，通过图层叠加，可以将多个数据融合到一张矢量图上，更快捷便利地反映地理问题。例如，在对农田补贴发放的审计中，可以将农田地块信息、农户信息、补贴发放记录等多个图层进行叠加，快速发现可能存在的重复发放、虚报面积等问题。其优势在于能够将多源数据整合在一个可视化的平台上，便于审计人员进行综合分析。

2. 遥感影像法在涉农审计中的应用及优势。

遥感影像法是通过"肉眼"，查看不同年度的遥感影像图，结合资料研究和实地查看方式，发现问题更为直观。在涉农审计中，遥感影像可以清晰地显示农田的实际种植情况、土地利用变化等。例如，通过对比不同时期的遥感影像，可以发现是否存在违规占用农田进行建设等问题。其优势在于直观性强，能够快速发现大面积的土地利用变化情况。

3. 两种方法的劣势分析。

图层叠加分析法虽然能够整合多源数据，但对于数据的准确性要求较高，一旦数据存在错误，可能会导致分析结果出现偏差。同时，图层叠加的过程需要一定的技术水平，对审计人员的专业能力提出了挑战。遥感影像法虽然直观，但受影像分辨率和拍摄时间的限制，可能无法及时发现一些小规模的土地利用变化。此外，对遥感影像的解读也需要专业的知识和经验。

4. 结合使用提升审计效能。

在审计应用中，可以将图层叠加分析法和遥感影像法有机结合。通过多部门收集数据，充分发挥其联动优势，探索形成多角度、多层次、多维度的大数据审计方法。例如，先利用遥感影像法快速锁定可能存在问题的区域，然后再通过图层叠加分析法对该区域的详细数据进行深入分析，更好地助力实现有深度、无盲区、高质量的审计全覆盖，提升审计工作效能。

（二）大数据审计采集技术体系

1. 数据库采集技术。

数据库采集技术是大数据审计采集技术体系的重要组成部分。传统的审计业务往往会应用关系型数据库，如 Oracle、MySQL、Microsoft Access 和 DB2 等数据管理系统，以此来存储被审计单位的各项数据。近年来，审计主体通常会使用 NoSQL、HBase、MongoDB 等数据库采集、存储被审计单位的数据，并应用高端采集技术，如 ODBC 技术、审计接口技术等，以此来连接审计主体和被审计单位的数据库，完成大数据审计的采集工作。

（1）ODBC 技术。ODBC 技术是通用的审计大数据采集方法之一，具有标准性与开放性高、程序集成轻松、用户程序具备高互操作性、开发与运营维护成本低等优点，被广泛应用于计算机辅助审计业务中。审计人员借助 ODBC 技术可以轻松访问被审计单位的审计信息系统，并根据用户的不同数据需求，启动相应的驱动程序，配置对应的参数，将不同的数据格式转换成审计所需的格式。

（2）审计接口技术。针对审计接口技术应用的业务不同，可以划分为通用审计接口与专用审计接口。通用审计接口有三种实现方式，包括直接连接被审计单位的目标数据库采集数据、通过联网方式远程采集数据、在建立直接接口存在困难时先获取生产转换文件再导出。近年来，审计接口技术被广泛应用于计算机医保审计中，对于不同来源和不同结构的审计数据，运用该技术可以实现数据从非数字化转向数字化、从非结构化转向结构化以及从非标准化转向标准化，不断拓展数据的采集范围，并搭配数据清洗、集成等手段，不断提高数据的采集质量，进而形成医保数据存储仓库，满足后续的审计程序对数据方面的需求。

2. 系统日志采集技术。

系统日志采集技术主要涉及 Flume、Scribe、Kafka 等技术。系统日志记录了被审计单位日常系统中关于各种硬件、软件问题的数据，以及对系统运行情况的监控记录，如有关应用程序、系统安全等方面的各种记录。Flume 是一种资源收集系统，主要用于收集被审计单位的系统日志等数据资源,在将服务器中的数据收集完成之后,Flume 会把这些大数据资源统一集中到相应位置,如分布式文件系统(HDFS)。目前 Flume 技术在大气污染防治审计中应用广泛,其应用框架可以分为采集层和汇聚层。

3. 感知设备采集技术。

感知设备采集技术可以收集被审计单位的感知设备数据,如物联网中的终端感知节点和感知网关节点数据。感知设备物理与环境安全审计包括终端感知节点物理与环境安全、感知层网关节点物理与环境安全、感知设备访问控制、感知设备恶意代码与入侵防护等方面。通过对这些方面的审计,可以确保感知设备及其所处物理环境的安全,以及数据采集信息的安全。

4. 网络数据采集技术。

网络数据采集技术可以通过网络爬虫等技术手段,收集被审计单位在网络上的相关数据。例如,可以收集被审计单位的网站信息、社交媒体数据等,以获取更多的审计线索。同时,网络数据采集技术也可以与其他采集技术相结合,共同为大数据审计提供丰富的数据来源。

七、大数据审计工具的特点

(一) 多来源

大数据审计工具的数据来源极为广泛。一方面,它可以从被审计单位自身的财务系统、业务系统等内部渠道获取数据,涵盖财务报表、交易记录、库存信息等多种类型的数据。例如,在对某企业进行审计时,可从其企业资源计划(ERP)系统中获取生产、销售、采购等环节的数据,全面了解企业的运营情况。另一方面,还能从外部渠道收集数据,如政府部门的公开数据、行业协会的数据、社交媒体数据等。以对电商企业的审计为例,可结合市场监管部门的投诉数据、社交媒体上消费者的评价数据等,更全面地评估企业的经营合规性和服务质量。据统计,通过多来源的数据收集,大数据审计工具能够覆盖被审计对象 80% 以上的关键业务信息,为审计工作提供更丰富的信息基础。

(二) 多技术

大数据审计工具涵盖一系列先进的技术方法。在数据采集方面,利用数据库采集技术,如 ODBC 技术和审计接口技术,可轻松连接被审计单位的数据库,实现高效的数据采集。例如,审计人员借助 ODBC 技术,可以将不同格式的数据转换成审计所需的格式,提高数据的可用性。在存储管理方面,采用分布式存储机制,如 Hadoop 和 HBase 等技术,能够安全高效地管理海量数据。同时,通过数据挖掘分析技术,如关联规则挖掘、聚类分析和分类回归等,能够从大量数据中发现隐藏的模式和关系,为审计提供有力的证据。以医保审计为例,运用审计接口技术可以将异构化、大规模的医保数据从非数字化转向数字化、从非结构化转向结构化、从非标准化转向标准化,从而提高数据采集质量，满足后续审计程序的需求。

（三）多关系

大数据审计工具能够反映被审计对象与相关单位的业务关系，为多维度分析问题提供支持。例如，在对企业的审计中，可以通过将企业与供应商、客户、金融机构等相关单位的数据进行关联分析，了解企业的供应链管理、销售渠道、融资情况等。在财政审计中，可以通过纵向关联从中央财政到省市县乃至每个乡镇的资金使用情况，以及横向关联从市财政、市发改委到一级、二级预算单位的各种专项资金，全面掌握财政资金的流向和使用情况。这种多关系的分析方式有助于使审计人员更深入地了解被审计对象的业务运作，发现潜在的风险和问题。

（四）多模式

大数据审计工具采用多种模式提高审计效率。一方面，采用"数据分析＋现场核查"的模式，先通过大数据分析发现疑点，再进行现场核查，确保审计结果的准确性。例如，在对国有企业的审计中，先利用大数据对企业各项数据进行采集和分析，确定审计重点和疑点，然后进行现场核查，核实问题。另一方面，采用常态化数据分析模式，通过设置常态化分析任务，实时预警不符合逻辑、指标和政策的数据，实现审计关口前移。例如，福州市大数据审计监督平台通过设置常态化分析任务，对社保、财政等行业业务数据进行实时监测，及时发现问题，提高审计效率。

（五）多视角

大数据审计工具为审计视角的转变提供了条件。它可以从不同的视角对被审计对象进行分析，如描绘过程效果、了解整体状况等。在过程效果方面，通过对被审计对象的业务流程进行实时监测和分析，了解业务流程的执行情况和效果，发现流程中的问题和风险。例如，某大型互联网公司通过对用户交易数据的实时监测，能够及时发现异常交易行为，防范欺诈风险。在整体状况方面，通过对被审计对象的多源数据进行综合分析，了解被审计对象的整体运营情况和发展趋势。以对金融机构的审计为例，可结合财务数据、业务数据、市场数据等多源数据，全面评估金融机构的风险状况和发展前景。

八、如何选择大数据审计工具

（一）选择合适的工具和技术

在大数据环境中，数据量庞大且类型多样，选择合适的审计工具和技术至关重要。像Hadoop、Spark等技术能够处理大规模数据，提高审计效率和准确性。以某大型企业为例，在引入Spark技术后，数据处理速度提升了50%，审计效率显著提高。Tableau虽然不是专门为审计开发，但可以对被审计单位序时账、科目余额表展开分析，还能对业务流程环节数据进行多方面分析。

（二）采用基于日志的审计方法

基于日志的审计是常见方法，可记录所有数据访问和操作，便于后续审计和分析。例如，通过《基于日志的审计方法及系统.pdf》中提到的方法，由审计部门搭建数据获取平台，待检部门在平台中工作，平台实时生成图数据格式的日志信息。当有审计需求时，基于日志信息可以快速定位相关内容，极大地提高审计效率。

（三）实时监控

实时监控是高效的数据审计策略，能实时监控数据的访问和使用情况，及时识别和解决问题。例如，福州市大数据审计监督平台设置常态化分析任务，对社保、财政等行业业务数据进行实时监测，及时发现问题，提高了审计效率。

（四）数据挖掘

采用数据挖掘技术可以对大数据进行深入分析，识别问题和风险，提高审计效率和准确性。例如，在医保审计中，可运用期望最大化算法挖掘技巧，发现医保住院违规报销线索；在企业资产审计中，运用 K 均值算法挖掘技巧，发现企业资产购入转出价格异常的线索。

（五）分布式审计模式

在大数据环境中，可采用分布式审计模式，将审计任务分配给多个节点进行处理，提高审计效率和可扩展性。例如，在组建联网审计系统时，多采用分布式拓扑结构，根据系统功能和需求，将联网审计系统分成被审计端网络、传输网络、审计端网络三个部分，提高审计效率和可靠性。

（六）保护数据安全

在大数据环境中进行审计时，需保护审计数据的安全性和保密性。采取适当的安全措施，如数据加密、访问控制等。防止攻击者利用系统漏洞窃取、破坏数据，避免审计人员因违规使用非专用设备处理、传输涉密信息导致信息泄露。例如，某大型互联网公司在大数据审计中，面临数据安全挑战，不同数据源的数据格式和标准不一致，增加了数据整合难度，同时也需要加强对数据安全的防护，防止数据泄露。

第三节　大数据审计的未来展望

一、数据安全保障不断强化

随着大数据审计的广泛应用，数据安全问题将更加受到重视。未来，审计机构将进一步加大对数据安全的投入，采用更加先进的加密技术、访问控制策略和安全监测系统，确保审计数据的安全性和保密性。例如，引入量子加密技术，提高数据传输的安全性；建立更加严格的访问权限管理体系，对不同级别的审计人员和相关人员设置不同的访问权限，防止数据被非法访问和篡改。同时，加强对审计人员的安全培训，提高其安全意识和操作规范，减少因人为因素导致的数据安全风险。

二、质量管理体系日益完善

大数据审计的质量直接关系到审计结果的可靠性和有效性。未来，将建立更加完善的大数据审计质量管理体系，从数据采集、存储、处理、分析到报告生成的各个环节，都制定严格的质量标准和控制流程。例如，在数据采集环节，加强对数据来源的验证和筛选，确保数据的真实性和完整性；在数据分析环节，建立严格的模型验证和结果审核机制，提高分析结果的准确性和可靠性。此外，还将加强对大数据审计质量的监督和评估，定期对审计项目进行质量检查和评估，及时发现和解决质量问题。

三、技术创新持续推动

技术创新是大数据审计发展的关键动力。未来，随着人工智能、区块链、物联网等新兴技术的不断发展，大数据审计将不断引入新的技术手段，提高审计效率和准确性。例如，利用人工智能技术实现自动化审计，通过机器学习算法自动识别审计风险和问题；利用区块链技术实现数据的不可篡改和可追溯性，提高数据的可信度和审计的可靠性；利用物联网技术实现对被审计单位资产和设备的实时监测和审计，提高审计的及时性和全面性。

四、跨界融合深度拓展

大数据审计将与其他领域深度融合，拓展审计的广度和深度。未来，大数据审计将与金融、医疗、环保等领域的专业知识和技术相结合，形成更加专业化、多元化的审计服务。例如，在金融领域，结合金融风险管理和数据分析技术，开展金融风险审计；在医疗领域，结合医疗数据分析和临床知识，开展医疗费用审计和医疗质量审计；在环保领域，结合环境监测数据和环保法规，开展环境审计。同时，大数据审计还将与国际审计标准和规范相融合，提高我国审计的国际化水平。

总之，大数据审计在数字化时代具有巨大的发展潜力和广阔的应用前景。虽然目前仍面临一些挑战，但随着技术的不断进步和管理的不断完善，大数据审计将在数据安全保障、质量管理体系、技术创新、跨界融合等方面不断发展，为经济社会的发展和国家治理提供更加有力的支持和保障。

【课后思考题】

1. 大数据审计涉及海量数据的采集，讨论常见的数据采集方法（如 ETL 工具等）在审计中的适用性和局限性。

2. 大数据审计技术带来的数据安全风险有哪些？从数据的采集、存储、处理和传输等环节分别进行分析，并提出相应的防范措施。

3. 结合实际案例，分析大数据审计技术在提高审计效率和审计质量方面的实际效果，同时讨论可能存在的不足之处。

【思政小课堂】

1. 大数据审计技术的发展如何体现科学发展观中的"全面协调可持续发展"？

思考方向：大数据审计技术不断整合多领域的数据资源，如财务数据、业务流程数据、外部环境数据等，这体现了全面发展的理念。在协调方面，它促使不同审计环节、审计人员与被审计单位之间形成更紧密的协作关系，以确保数据的准确获取和分析。从可持续发展来看，技术的不断迭代是否有助于长期稳定地保障审计质量，促进经济社会的良性运行？

2. 在大数据审计技术创新过程中，如何培养和践行创新精神与工匠精神？

思考方向：技术创新需要敢于突破传统思维的创新精神，同时在技术研发和应用中，需要精益求精的工匠精神来保障技术的可靠性和准确性。例如，在开发大数据审计算法时，如何在不断尝试新方法的同时，保证算法的稳定性和审计结果的精准性？其中体现的创新精神和工匠精神对审计人员乃至整个行业发展有何思政意义？

第三章 电子数据审计基础方法

【知识目标】
- 了解传统审计方法及其优缺点、如何收集审计证据及审计取证。
- 掌握电子数据审计原理、流程以及关键技术。
- 熟悉审计数据分析、审计数据采集、审计数据验证具体方法及应用。

【技能目标】
- 培养学生的辩证思维能力。在电子数据审计基础方法的教学中,引导学生辩证地看待数据、分析方法和审计结果。例如,在分析电子数据的真实性和可靠性时,让学生明白数据本身具有多面性,同一组数据从不同角度分析可能会得出不同结论,培养学生综合考虑各种因素、全面分析问题的能力。
- 培养学生的创新能力。鼓励学生在掌握传统电子数据审计方法的基础上,思考如何结合新兴技术(如人工智能、区块链等)对现有方法进行创新和优化。通过案例分析和小组讨论等形式,激发学生的创新思维,培养学生敢于探索、勇于创新的精神。

【思政目标】
- 培养学生具备正确的职业道德观,使学生深刻认识到电子数据审计工作对于维护经济秩序、保障社会公平正义的重要意义。在电子数据审计过程中,每一个数据、每一个审计结论都可能对企业、社会和国家产生重大影响,引导学生树立高度的责任感和使命感,坚守审计职业操守,抵制数据造假和审计舞弊行为。
- 培养学生的爱国主义情怀和民族自豪感。通过介绍我国在电子数据审计领域的先进技术和成功案例,让学生了解我国在该领域的发展成就,激发学生为我国审计事业发展贡献力量的热情,增强学生对国家和民族的认同感。

第一节 传统审计方法简介

一、传统审计方法概述

传统审计方法在审计工作中具有重要地位。检查作为传统审计方法之一,主要是对各类文件及实物进行审查。例如，在合同付款审计中，需检查付款申请手续是否完备，包括验收手续、审批手续、扣款手续等，同时对于物品采买类合同，还可现场检查实物是否存在。监盘在传统审计中也有重要意义，如今其内涵更为丰富，不仅要检查实物资产的数量，更要关注其存在状态。例如，在资源环境审计中，检查有形资产主要是检查用于开发、保护资源环境的各种设施、设备数量是否满足要求、运转是否良好。

观察则是通过现场观察资源环境状况、被审计单位人员业务活动或执行程序是否符合规定等。在合同付款业务中，可参与现场验收，查看验收人员和验收程序的合规性和完整性。查询和函证也是常用方法，查询可通过询问相关人员获取信息，函证主要用于外部单位，确认欠款金额、扣款事件等。计算和分析性复核在审计中同样不可或缺，计算可确保数据准确性，例如，在合同付款审计中，对合同金额、累计付款金额等进行重新计算；分析性复核则是通过比较分析、比率分析等多种方式，找出问题数据，为审计结论提供有力支持。总之，传统审计方法在不同的审计场景中各有其独特价值。

二、传统审计方法的具体内容

（一）常用的传统审计方法

传统审计中一般归纳的七大类方法在不同审计场景中发挥着重要作用。

（1）检查记录或文件：在资源开发利用、环境治理保护资金的流向审计，以及资源环境保护法规、制度的审计中，通过对有关账册、法规、文件、记录进行查阅，确保资金使用合规、制度健全。在合同付款审计中，检查付款申请手续相关文件，保证手续完备。

（2）检查有形资产：资源环境审计中，检查用于开发、保护资源环境的设施、设备数量及运转状态。在合同付款审计中，对于物品采买类合同，可检查实物资产是否与文件记录相符。

（3）观察：资源环境审计中，观察资源环境状况及相关措施效果，人员业务活动是否符合规定。在合同付款业务中，观察现场验收过程及人员操作的合规性和完整性。

（4）询问：资源环境审计中可采取调查问卷和座谈询问方式，如对环境保护情况向相关人员了解，获取更真实信息。在合同付款审计中，询问经办人、审核人等，了解付款流程设置合理性、验收程序等。

（5）函证：主要用于外部单位确认信息。在资源环境审计中可向相关单位函证环境质量数据等。在合同付款审计中，可向收款单位发函确认欠款金额及扣款事件。

（6）计算：在合同付款审计中，重新计算合同金额、累计付款金额等，确保数据准确性。在资源环境审计中，可计算恢复费用、防护费用等，用于计量环境损失或成本。

(7) 分析性复核：在资源环境审计中，通过分析数据关系评价资源环境开发和保护情况。在合同付款审计中，比较分析累计付款和合同金额等，发现超支或提前付款等问题。

（二）新的审计分析方法

为适应不同审计需求，新的审计分析方法不断涌现。

(1) 机会成本法：适用于因水资源短缺、废弃物占地等原因造成的经济损失计量。通过计算放弃方案中的最大经济效益，确定资源利用的机会成本。

(2) 资产价值法：用于宅地周边的森林、草坪等绿色效益的计量。通过回归分析法计算环境条件对地价的贡献度，确定环境资源价值。

(3) 人力资本法：专门评估计量环境污染影响人体健康的经济损失，包括医疗费、丧葬费等直接经济损失和护理费等间接经济损失，适用于对人身危害重大的重污染企业环境污染的计量。

(4) 恢复费用法：用于消烟除尘、污水处理等治理费用的计量，估计恢复或防护一种资源不受污染所需的最低费用。

(5) 防护费用法：衡量环境污染的损失，即人们愿意承担的消除和减少环境污染有害影响的费用。适用于出现噪声污染需安装消音或隔音装置的情况。

(6) 调查评价法：咨询专家或环境利用者，当环境物品的供给数量或质量发生变化时，人们愿意支付或接受补偿的金额，评价环境资源损失价值或保护措施效益。适用于评价如洪水对农田、水利设施等造成的经济损失。

(7) 决策和风险分析法：解决资源环境开发和保护项目多选择性及跨年度项目的成本和效果评价难题，科学决策并评估风险。

(8) 在线监测法：利用资源环境领域的监测网络，如卫星遥感数据接收系统、GPS 全球定位系统等，在审计期间进行定期和不定期的在线监测，提高审计的准确性和时效性。

三、传统审计方法的发展历程

传统审计方法的发展历程是随着经济社会的发展和审计需求的变化而不断演进的。

（一）从详细审计向抽样审计演进

详细审计在早期经济组织中普遍采用。早期经济组织规模小、业务单一、会计业务量少，为详细审计提供了可能。详细审计需对全部资产进行清查，对全部账目进行检查，实际上是重复会计人员的工作，从原始凭证到会计报表逐一全面检查。但这种审计方法耗费大量人力、时间，成本高、效率低。随着经济发展，企业规模扩大，会计业务增多，详细审计的适用范围受到限制，抽样审计应运而生。抽样审计将客户全部经济活动作为总体，抽取一部分与会计凭证、账簿到报表逐一核对，并依据样本审核结果推断总体情况。抽样审计方法经历了从任意抽样法到判断抽样法再到统计抽样法的发展过程。任意抽样法缺乏科学性和可靠性，很快被判断抽样法替代。判断抽样法依据审计人员经验判断抽查样本，但成效取决于经验和判断能力。统计抽样法运用概率论原理，遵循随机原则，有充分的数学依据和健全的内部控制制度依据，允许审计人员计算样本可靠性及风险、确定最优样本容量。在实践中，统计抽样法和判断抽样法常结合使用。

（二）从顺查法向逆查法演进

顺查法是按照会计业务处理先后顺序依次审查的方法，操作简单但费时费力、不易抓住重点、不便于分工。早期被审计单位规模小、业务少、管理制度和内部控制差，顺查法有必要性和重要性。随着审计对象复杂程度和对效率质量要求的提高，顺查法演进为逆查法。逆查法按照与会计核算相反的处理程序，从报表、账簿、凭证依次审查，能从全局出发、明确主攻方向、提高审计效率。

（三）从单一检查方式向系统检查方式演进

早期审计内容和对象单一，决定了审计方式方法的单一与片面。随着经济社会的发展，经济业务内容复杂化，会计核算方法和过程完善科学，单一检查方式不能满足需求，逐渐向系统检查方式演进。

（四）从手工审计向计算机审计演进

传统审计以手工为主，资源耗费多、作业时间久、成本高、管理战线长，已落后于审计工作发展要求。计算机审计是现代审计的"利器"，在西方发达国家是政府审计的基本技术手段。从传统审计向现代审计转型，必须提升计算机审计水平，推进审计实施信息化和管理信息化，促进审计现场实施向规范、高效、智能化转型，建立科学的审计业务管理体系、质量控制体系和资源整合体系，提高审计工作效率和质量。

（五）从账项导向审计向系统导向审计再向风险导向审计演进

（1）账项导向审计模式。账项导向审计模式主要着眼于查错防弊，从会计原始凭证入手追查到会计报表等会计文件的形成，验算其记账金额，核对账证、账账、账表。该模式适用于经济业务不复杂的小规模企业，但随着企业经营规模扩大和资本市场发展，其局限性凸显，逐渐退出主导地位，但在小型会计师事务所对小规模企业审计中仍有一席之地。

（2）制度导向审计模式。随着企业建立内部控制系统，审计人员的注意力转移到内部控制系统的控制功能上。制度导向审计模式将审计重点放在对内部控制制度各个控制环节的审查上，目的是发现薄弱之处，以统计抽样取代单纯判断性和任意性抽样，提高了审计效率。但该模式存在重大缺陷，建立在被审计单位管理层与注册会计师之间的"无利害关系假设"基础上，将防止和揭露差错舞弊的主要责任转移给了被审计单位。

（3）风险导向审计模式。20世纪80年代以来，注册会计师开发出以评估审计风险为中心的风险导向审计模式。风险导向审计模式以被审计单位的经营风险分析为导向，以审计理论、系统理论和战略管理理论为指导，通过自上而下和自下而上相结合的审计思路完成审计工作。它将风险评估的范围拓展，要求考虑被审单位的各种风险，包括控制风险、账户及交易层次风险以及经营风险、行业风险、舞弊风险等。

四、传统审计方法的特点

（一）审计对象主要是会计报表

传统审计将会计报表作为主要审计对象，是因为会计报表集中反映了企业的财务状况和经营成果。通过对会计报表的审查，可以较为全面地了解企业的经济活动情况。例如，资产负债表反映了企业在特定时点的资产、负债和所有者权益状况；利润表展示了企业在一定期间内的收入、成本和利润情况；现金流量表则体现了企业现金的流入和流出情况。审计人员通过对这些会计报表的真实性、准确性进行审查，能够判断企业财务信息的可靠性，为利益相关者提供决策依据。

（二）目标是合法性与合规性

传统审计的目标在于确保被审计单位的财务活动符合法律法规和相关制度的要求。在审计过程中，审计人员会重点关注企业的财务收支是否合法、会计核算是否规范、税收缴纳是否合规等方面。以税收审计为例，审计人员会审查企业是否按照税法规定正确计算和缴纳各种税款，如增值税、企业所得税等。如果发现企业存在偷逃税款等违法行为，审计人员会提出审计意见，要求企业进行整改，以维护国家税收法规的严肃性。

（三）作用主要是批判

传统审计的作用主要是对被审计单位的财务活动进行批判性审查。审计人员通过检查、分析和评价被审计单位的财务信息，发现其中存在的问题和风险，并提出改进建议。例如，在对企业的财务报表进行审计时，如果发现企业存在虚增资产、隐瞒负债等问题，审计人员会指出这些问题，并要求企业进行调整。这种批判性的作用有助于提高企业的财务管理水平，增强企业的风险防范能力。

（四）方法主要是详查法和抽查法

详查法是对被审计单位的全部会计资料和经济活动进行全面、详细的审查。这种方法虽然能够保证审计的准确性和可靠性，但工作量大、成本高，适用于规模较小、业务简单的被审计单位。抽查法是从被审计单位的会计资料中抽取一部分进行审查，根据审查结果推断总体情况。抽查法可以提高审计效率，但存在一定的风险，如果抽取的样本不具有代表性，可能会导致审计结论出现偏差。在实际审计工作中，审计人员通常会根据被审计单位的具体情况，灵活运用详查法和抽查法。

（五）操作是手工

传统审计的操作主要是手工方式，审计人员需要通过查阅纸质会计凭证、账簿、报表等资料进行审计。手工审计方式不仅效率低下，而且容易出现人为错误。例如，在进行数据计算和核对时，可能会因为人为疏忽而出现错误。此外，手工审计方式也难以对大量的电子数据进行处理和分析。随着信息技术的发展，计算机审计逐渐成为主流，传统的手工审计方式正在被逐步取代。

（六）出发点是会计数据和其他有关数据

传统审计的出发点是会计数据和其他有关数据，审计人员通过对这些数据的审查，来判断被审计单位的财务状况和经营成果。会计数据是企业经济活动的记录，包括会计凭证、账簿、报表等。其他有关数据则包括企业的合同、协议、文件等。审计人员通过对这些数据的真实性、准确性进行审查，能够发现企业财务活动中存在的问题和风险。例如，在对企业的销售收入进行审计时，审计人员可以通过审查销售合同、发票、出库单等数据，来判断企业的销售收入是否真实、准确。

五、传统审计方法的优缺点

（一）传统审计方法的优点

第一，方法成熟稳定。传统审计方法经过长期的实践检验，积累了丰富的经验并形成了成熟的操作流程。审计人员对这些方法熟悉度高，能够在特定场景下准确运用，确保审计工作的顺利开展。例如，在对小型企业进行财务审计时，由于业务相对简单，采用详查法可以全面细致地审查每一笔账目，有效发现潜在的问题。

第二，针对性强。对于一些特定类型的审计项目，传统审计方法能够有的放矢地进行审查。例如，在税收审计中，通过对企业的会计凭证、账簿以及纳税申报资料进行详细检查，可以准确判断企业税收缴纳的合法性与合规性。以某企业的税收审计为例，审计人员通过查阅大量的纸质发票和纳税申报表，发现企业存在少报销售收入从而少缴增值税的问题。

第三，可靠性较高。传统审计方法通常基于实际的会计资料和文件进行审查，具有较高的可靠性。在实物资产审计中，通过实地盘点和检查有形资产，可以确保资产的真实存在和数量准确性。例如，在对一家制造业企业的存货进行审计时，审计人员现场检查存货的数量、质量和存储状况，为企业的资产价值评估提供了可靠依据。

（二）传统审计方法的缺点

第一，效率低。传统审计方法主要采用手工审计手段，对被审计单位提供的纸质会计资料及相关资料进行审查，耗费大量的人力和时间。传统的审计方式是审计人员通过账本核对所记录的项目，核查需要很长时间。按照传统的审计方式审计时间长，不利于通过审计结果及时发现问题，促进完善制度机制。以一家中型企业的年度财务审计为例，审计人员采用手工方式查阅大量的纸质凭证和账簿，可能需要数周甚至数月的时间才能完成审计工作，效率低下。

第二，时效缺。传统的审计主要以现场审计为主，而且严重受到了时间和空间的限制，成本高、时间长，只能实现审计工作的后期监督，不能实现审计的事前、事中、事后全方位的监督，在时效上对审计造成了严重的影响。例如，在对一个工程项目进行审计时，传统审计往往在项目竣工后才进行，无法及时发现项目建设过程中的问题，可能导致问题积累，增加整改成本。

第三，范围窄。传统审计主要是以资金和项目为重点进行真实、合法性审查，审计的角度仍停留在反映资金闲置、挤占挪用等表面问题上，在重点揭示和查处决策失误、损失浪费等问题方面缺乏力度；对使用过程中是否贯彻节约、合理、有效原则，未能进行全面综合分析和评价；在促进财政资金使用效益的发挥方面仍有差距，达不到审计全覆盖的要求。例如，在对政府部门的预算执行审计中，传统审计可能只关注资金的收支情况，而对项目的绩效和决策过程缺乏深入审查。

第四，技术差。随着计算机技术的广泛应用，如今无论是会计信息还是其他管理信息，其处理和存储方式都发生了巨大变化，审计人员所面对的已经不是传统意义上的账本，而是无形的电子数据和处理这些电子数据的管理系统，需要专业计算机人员对这些海量数据进行分析，这样就使得现在的审计环境比传统手工模式下的审计环境显得更为复杂，促使审计工作从传统审计走向现代审计发展的转型阶段。以大型企业集团的审计为例，其业务数据量大、信息系统复杂，传统审计方法难以应对，容易出现数据遗漏和分析不全面的问题。

第二节 审计证据及审计取证

一、审计证据的重要性

（一）对审计意见的支撑作用

审计证据是审计人员形成审计意见和结论的基础。审计人员在对被审计单位的财务报表进行审计时，不能仅凭主观臆断或猜测来发表意见。例如，在判断一家企业的应收账款是否真实存在且可收回时，审计人员需要获取销售合同、发货凭证、客户的签收单、对账单以及期后收款的相关证据等。只有这些审计证据相互印证，才能合理地确定应收账款的账面价值是否准确，进而影响对财务报表相关项目的审计意见。如果缺乏足够和适当的审计证据，审计人员就无法准确地判断财务报表的真实性和公允性，所出具的审计意见也就缺乏可靠性。

(二) 审计证据是作出审计决定的基础

审计决定是对被审计单位在财务收支、经济活动等方面存在问题的一种判定和处理措施。审计证据如同基石，保障了审计决定的客观性。例如，在审查某政府部门的专项资金使用情况时，如果发现该部门存在将专项资金挪用于非规定项目的情况，审计人员必须依靠一系列的审计证据来证实这一违规行为。这些证据可能包括资金拨付文件、项目预算明细、实际支出凭证、相关项目的实施情况记录等。只有凭借这些确凿的证据，审计人员才能作出该部门违规挪用专项资金的审计决定，而不是仅凭怀疑或道听途说。

(三) 保证审计质量的关键因素

高质量的审计证据有助于确保审计工作的质量。在审计过程中，审计人员遵循审计准则的要求收集证据。例如，在进行存货盘点审计时，审计人员不仅要观察被审计单位的盘点过程，还要对部分存货进行抽盘，并且获取存货的采购发票、入库单、出库单等凭证。这些审计证据的获取和评价过程严格且规范，能够有效地发现被审计单位可能存在的存货高估或低估、存货保管不善等问题。如果审计人员能够充分地获取并正确地评价这些审计证据，就可以提高审计的准确性和可靠性，从而保证审计工作的质量。

(四) 降低审计风险的保障

充分的审计证据可以降低审计风险。审计风险包括固有风险、控制风险和检查风险。审计证据可以帮助审计人员评估和控制这些风险。例如，当审计人员对被审计单位的内部控制进行测试时，通过获取诸如内部控制手册、审批流程记录、岗位分工文件等审计证据，可以评估内部控制的有效性。如果内部控制有效，那么控制风险就会降低，相应地，在确定实质性测试的性质、时间和范围时就可以作出合理的调整，进而降低检查风险。总体而言，足够的审计证据可以使审计人员对财务报表存在重大错报、漏报的风险作出准确评估，并采取相应措施来降低审计风险。

二、审计证据的种类

(一) 书面证据

书面证据是注册会计师通过实施测试程序和运用不同的方法所获取的以书面资料为存在形式的审计证据，如有关的原始凭证、记账凭证、会计账簿、各种明细项目表、各种合同、会议记录和文件、函件、通知书、报告书、声明书、程序手册等。书面证据是审计中最常见且数量最多的一种证据类型，注册会计师发表审计意见基本上都以书面证据为基础。据统计，在审计工作中，书面证据占审计证据总量的比例通常超过50%。

(二) 实物证据

实物证据是指注册会计师通过实地观察和参加清查盘点所获得的，用以证明有关实物资产是否存在的证据。在对现金、存货、固定资产等项目进行审计时，注册会计师首先考虑通过清查、监督或参与盘点来取得实物证据以证明它们是否存在。例如，在对一家制造企业进行审计时，审计人员通过实地盘点存货，确认了存货的数量和状态，为审计结论提供了有力的支持。然而，实物证据并不能完全证明该项实物资产的价值及其所有权的归属。确定实物资产的价值应以取得时有关资料或中介部门评估确认资料为主要依据。

(三) 视听或电子数据资料

视听或电子数据资料是指以录音带、录像带、磁盘及其他电子计算机储存形式存在的用于证明审计事项的证据。例如，与审计事项相关的当事人讲话的录音带、经济业务发生时现场的录像带、计算机中储存的资料等。随着信息技术的发展，电子数据在审计中的应用越来越广泛。在一些复杂的审计项目中，电子数据资料可以为审计人员提供更加直观和准确的证据。

(四) 口头证据

口头证据是与审计事项有关人员提供的口述证据。由于口头证据可能受到被调查或询问人的记忆模糊、遗漏或有意隐瞒的影响，因而其准确性、完整性可能受到限制。在审计过程中，口头证据通常作为辅助证据，需要与其他类型的证据相互印证。例如，审计人员在询问企业员工关于某项业务的流程时，员工的口头描述可以为审计人员提供一些线索，但不能单独作为审计证据。

(五) 鉴定结论和勘验笔录

专门机构或者专门人员的鉴定结论和勘验笔录是具有专业权威性的审计证据。例如，在涉及复杂的技术问题或法律问题时，审计人员可能会聘请专业机构进行鉴定，其出具的鉴定结论可以作为重要的审计证据。在一些工程项目的审计中，勘验笔录可以记录现场的实际情况，为审计人员判断工程的进度和质量提供依据。

(六) 其他证据

除了上述几种常见的审计证据类型外，还可能存在一些其他证据类型。例如，环境证据包括反映内部控制状况、管理素质和管理水平等方面的证据。这些证据对于评估被审计单位的整体环境，进而判断其财务报表的可靠性具有重要意义。另外，第三方证据是来自外部且对审计事项具有影响的证据，如专门机构或专门人员提供的鉴定结论等。

【拓展小知识】 ☆☆☆

- 《中华人民共和国国家审计准则》

明确规定了审计人员获取审计证据的要求和方式。审计人员应当依照法定权限和程序获取审计证据，所获取的证据要能够为审计结论提供合理基础，包括调查了解被审计单位及其相关情况和对确定的审计事项进行审查所获取的证据。

- 《审计机关审计证据准则》

为规范审计机关收集和使用审计证据的行为而制定。其中对审计证据的定义、种类、收集证据的要求、获取证据的方法以及证据的复核、鉴定、签名盖章等程序都作出了详细规定。例如，审计人员收集审计证据必须客观公正、实事求是，保证证据的客观性；对收集的证据要进行分析、判断，保证其与审计目标相关联的相关性；要足以证明审计事项的真相，保证充分性；严格遵守法律、法规规定，保证合法性。

- 《中国注册会计师审计准则第1301号——审计证据》

规范了注册会计师在财务报表审计中确定审计证据的构成，明确了注册会计师设计和实施审计程序以获取充分、适当的审计证据的责任。对审计证据的定义、充分性和适当性的衡量，以及获取审计证据的具体要求等方面进行了详细的规范，是注册会计师进行审计工作的重要依据。

三、审计取证的方法

（一）检查等常规方法

检查是审计人员对被审计单位的会计凭证、账簿、报表等资料进行审查，以确定其真实性、合法性和准确性。观察是审计人员亲临现场，实地查看被审计单位的经营活动、资产状况等，获取直观的证据。询问是向被审计单位的相关人员了解情况，以获取口头证据。分析是对被审计单位的财务数据进行分析，找出异常情况。外部调查是向与被审计单位有业务往来的单位或个人进行调查，以获取外部证据。重新计算是对被审计单位的财务数据进行重新计算，以验证其准确性。拍照、录音、录像、复制等方法则可以将证据固定下来，便于后续审查。

例如，在对一家企业进行审计时，审计人员通过检查企业的会计凭证，发现了一笔可疑的支出。通过询问企业的财务人员，了解到这笔支出的用途。为了进一步核实，审计人员进行了外部调查，向与企业有业务往来的单位进行了询问，最终确定了这笔支出的真实性。

（二）技术检测法

随着科技的不断发展，无人机、卫星遥感、地质雷达等技术在公共投资建设项目实体检测中得到了广泛应用。无人机可以对大型建设项目进行高空拍摄,获取项目的全貌和施工进度等信息。卫星遥感则可以对大面积的土地进行监测,发现土地利用情况的变化。地质雷达可以对地下工程进行检测,了解地下结构和质量情况。

以盐城市审计局在南海未来城基础设施项目滨湖环路工程竣工决算审计为例,审计组进行地下管道检测,"机器人"进入地下管道拍摄管道内部影像,反馈的影像可实时、直观、准确地监测管道材质、长度、内径及施工质量情况,有效提升了地下隐蔽工程的审计质量与效率。

武汉市江汉区审计局在对某市政道路维修改造工程审计的过程中,引入地质雷达无损检测技术,通过无线电波对隐蔽工程内部介质分布进行扫描,确定其内部结构形态和位置,查出施工单位虚报钢筋隐蔽工程量近60吨的问题,及时挽回了财政资金损失。

(三) 顺查法

顺查法指审计的取证顺序与反映经济业务的会计资料形成过程相一致的方法。优点是审计过程全面细致,不容易遗漏错弊事项,审计质量较高,方法简单易于掌握。缺点是事无巨细,不突出重点,机械繁杂,工作量大,不利于提高审计工作效率。适用范围是业务规模较小、会计资料较少、存在问题较多的被审计单位。

例如,对于一些小型企业,由于业务相对简单,会计资料较少,采用顺查法可以全面审查企业的经济业务,确保审计质量。

(四) 逆查法

逆查法是取证顺序与反映经济业务的会计资料形成过程相反的方法。优点是可从被审计事项的总体上把握重点,在发现问题的基础上明确主攻方向,目的性、针对性比较强,节省人力和时间,提高审计工作效率。缺点是由于不要求对被审计事项进行全面详细审查,可能遗漏重要错弊事项,且技术上比顺查法复杂,掌握起来难度较大。适用范围是业务规模较大,内部控制系统比较健全,管理基础较好的被审计单位。

(五) 详查法

详查法是对被审计的某类经济业务和会计资料的全部内容毫无遗漏地进行全面详细审查的方法。优点是能全面揭露会计工作中的错弊行为,能较全面地查明问题并作出精确的稽查结论。缺点是工作量大,费时费力,审计成本相对较高。适用范围是经济业务比较简单的被审计单位、内部控制比较混乱的被审计单位,以及可能存在重大违反财经法纪行为的被审计单位。

例如,对于一些内部控制混乱的单位,采用详查法可以全面审查其经济业务,找出存在的问题,加强管理。

(六) 抽查法

抽查法是对被审计单位的部分经济业务和会计资料进行检查,并根据检查结果推断总体状况的方法。优点是能使审计人员从单调、复杂的工作中摆脱出来,极大地提高审计工作效率，节省审计资源。缺点是由于以部分资料的检查结果去推断总体的状况，有可能对审计质量产生影响，尤其是对于那些发生频率不高的错弊行为，该方法的运用具有一定的局限性。其适用范围比较广泛，凡对规模较大、经济业务多、内部控制健全有效、会计基础工作较好、组织机构健全的单位进行审计，都可以运用抽查法。

四、审计取证过程中的问题及对策

（一）常见问题

1. 缺乏规范性，如超越审计范围、违规封存资料、无依据开具查询通知书等。

在审计实践中，部分审计人员由于对审计实施方案理解不透彻，或者为了追求更多的审计成果，可能会随意扩大、延伸审计实施方案中确定的单位和事项范围，超越审计范围获取与审计项目无关的资料。这种行为不仅违反了审计的基本原则，还可能导致审计资源的浪费和审计结论的不准确。例如，在某企业审计项目中，审计人员在未得到明确授权的情况下，对企业的关联公司进行了调查，获取了大量与审计项目无关的资料，影响了审计工作的效率和质量。

违规封存被审计单位的有关资料和资产也是缺乏规范性的表现之一。审计人员在执行审计任务时，必须严格遵守法律法规和审计程序，只有在具备合法依据的情况下才能对被审计单位的资料和资产进行封存。然而，在实际工作中，有些审计人员可能会在没有充分依据的情况下进行封存，给被审计单位带来不必要的损失和困扰。

无依据或依据不充分开具银行账户查询通知书也是常见的问题之一。银行账户查询是审计工作中的重要环节，但审计人员必须在有合法依据和充分理由的情况下才能开具查询通知书。如果随意开具，不仅可能侵犯被审计单位的合法权益，也会影响审计工作的权威性和公信力。

此外，部分审计证据无证据提供者的签字或者盖章，且审计人员也未注明原因、签字确认，以及未及时取得被审计单位负责人对本单位提供资料真实性和完整性的书面承诺，这些都属于缺乏规范性的表现，可能会影响审计证据的可信度和有效性。

2. 缺乏适当性，包括选择性收集证据、证据与审计事项不相关等。

选择性收集证据是审计取证过程中常见的问题之一。有些审计人员可能会根据自己的主观判断或者特定的目的，选择性地收集对自己有利的证据，而忽略了其他可能存在的重要证据。这种行为会导致审计结论的片面性和不公正性。例如，在对某项目进行审计时，审计人员为了证明项目的合规性，只收集了支持项目合规的证据，而对可能存在问题的方面没有进行深入调查和取证。

证据与审计事项不相关也是缺乏适当性的表现之一。在审计过程中，审计人员必须确保收集的证据与审计事项具有相关性，能够为审计结论提供合理的支持。然而，有些审计人员可能会收集一些与审计事项无关的资料，却用来支持审计结论，这显然是不合理的。例如，在对企业财务状况进行审计时，审计人员收集了大量企业的市场推广资料，这些资料与企业的财务状况并无直接关系，不能作为审计结论的依据。

此外，在不同来源和不同形式的审计证据存在不一致或者不能相互印证时，根据审计经验确定一个为可靠的审计证据，而未追加必要的补证措施，也是缺乏适当性的表现之一。审计证据之间的不一致可能是由于各种原因造成的，如证据来源的可靠性不同、证据收集的时间不同等。在这种情况下，审计人员应该追加必要的补证措施，以确定哪个证据是可靠的，而不能仅凭经验进行判断。

3. 缺乏充分性，如证据不足以支撑结论、未考虑成本效益原则等。

在审计取证过程中，证据不足以支撑结论是一个常见的问题。有些审计人员可能会在没有充分收集证据的情况下就得出审计结论，这会使审计结论缺乏可信度和说服力。例如，在对某企业的资产负债情况进行审计时，审计人员只对企业的部分资产进行了盘点和核实，就得出了企业资产负债情况良好的结论，这显然是不充分的。

未考虑成本效益原则也是缺乏充分性的表现之一。审计工作需要耗费一定的资源，包括时间、人力、物力等。在收集审计证据时，审计人员应该考虑成本效益原则，尽量以较少的资源耗费获取足以支持审计结论的证据。然而，有些审计人员可能会为了追求证据的充分性而不计成本地收集大量证据，这不仅会浪费审计资源，也会影响审计工作的效率。

此外，审计调查了解记录后附证据不能完全支持审计调查了解的内容，同时也不能为评估被审计单位存在重要问题的可能性提供支撑，以及在获取审计证据时用审计证据的数量弥补其在质量上的缺陷，都是缺乏充分性的表现。例如，在对某项目进行审计调查时，审计人员虽然收集了大量的证据，但这些证据与审计调查了解的内容关联不大，无法为评估项目存在的问题提供有力的支持。

（二）完善对策

1. 严格依照法定权限和程序获取审计证据。

在获取审计证据的过程中，审计人员必须牢固树立依法取证的意识，严格执行审计法律法规，遵守审计准则等规章制度，依法获取审计证据。这是确保审计证据适当性、充分性和审计结论合法性、恰当性的前提条件。

首先，审计人员要明确自己的法定权限，不得超越法定权限进行审计取证。例如，在对被审计单位进行调查时，审计人员不能采取强制手段获取证据，而应该通过合法的途径和方式进行。其次，审计人员要严格遵守审计程序，按照规定的步骤和方法进行审计取证。例如，在开具银行账户查询通知书时，必须有充分的依据和合法的审批程序。

审计人员超越法定权限和违反法定程序获取的资料，不能作为审计证据，在此基础上得出的审计结论、审计建议也无法律效力。因此，审计人员必须时刻保持警惕，确保自己的审计取证行为合法合规。

2. 满足适当性要求，确保证据相关性和可靠性。

审计人员获取审计证据要满足适当性的要求，即审计证据在质量上必须同时具备相关性和可靠性。

一方面，审计人员获取的审计证据既要与审计事项之间具有相关性，还要与该事项具体审计目标之间相关联。针对一项具体审计目标，审计人员可以灵活地选用取证方法，从不同来源获取审计证据或获取不同形式审计证据，来满足审计取证需要。例如，在对企业的销售收入进行审计时，审计人员可以从企业的销售合同、发票、出库单等不同来源获取证据，以确保证据的相关性。

另一方面，审计人员获取的审计证据必须是真实和客观存在的，并能证明所审计事项的完整性。审计证据之间存在不一致时，审计人员应当追加必要的审计措施，直至有充分的依据将虚假证据排除。例如，在对企业的资产进行审计时，如果发现不同来源的资产清单存在差异，审计人员应该进行进一步核实和调查，以确定真实的资产情况。

3. 满足充分性要求，保证证据数量足以支持审计结论。

审计人员获取审计证据要满足充分性的要求，即审计证据在数量上应当足以支持所要得出的审计结论。

足够数量的审计证据是得出客观公正审计结论的基础，但还要考虑成本效益原则，尽量以较少的审计资源耗费获取足以支持审计结论的高质量审计证据。审计人员对审计证据数量的需要，取决于被审计事项存在问题可能性的评估结果和对审计证据质量的评价。存在重大问题的可能性越大或审计证据质量越低，所需证据数量越多。

审计人员需从所要实现的具体审计目标出发，灵活选用取证方法、多渠道获取审计证据以满足需要。例如，在对企业的财务报表进行审计时，审计人员可以通过检查会计凭证、账簿、报表等资料，以及进行函证、实地盘点等方式获取证据，以确保证据的充分性。

审计过程中，审计人员在遵守法定权限和程序的基础上获取的审计证据，要同时具备充分性和适当性，两者缺一不可。审计证据质量控制是审计项目质量控制的关键一环，加强审计证据质量控制，将促进整个审计进程质量的优化，推动提升审计管理水平，进一步提高审计监督的专业化、规范化、科学化水平。

五、保证审计证据可靠性的方法

（一）选择合适的审计程序

审计程序应根据被审计单位的性质、规模、审计目的和审计风险进行选择。不同的被审计单位在业务类型、内部控制水平等方面存在差异，因此，需要针对性地选择审计程序。例如，对于内部控制健全的企业，可以适当减少对某些环节的详细审查，而对于内部控制薄弱的单位，则需要更加严格地执行审计程序，以确保审计证据的可靠性。据统计，合理选择审计程序可以使审计证据的可靠性提高30%以上。

（二）采用多种审计程序

审计证据的来源应多样化，包括询问、观察、检查文件和记录等。通过采用多种审计程序，可以从不同角度获取证据，相互印证，提高证据的可靠性。例如，在对一个工程项目进行审计时，可以同时采用检查合同文件、实地观察工程进度、询问相关人员等多种程序，从而更全面地了解项目情况。多种审计程序的综合运用能够降低单一程序可能带来的误差风险，使审计证据更加可靠。

（三）评估证据可靠性

审计人员应评估审计证据的可靠性，包括证据来源的可靠性、证据的可信度、证据的完整性和证据的时效性等。对于证据来源，来自独立第三方的证据通常比来自被审计单位内部的证据更可靠。例如，外部专业机构出具的评估报告比被审计单位自行编制的报告更具可信度。同时，审计人员要关注证据的时效性，确保证据与审计时间相关且未过时。及时更新和评估证据的可靠性是保证审计工作准确性的重要环节。

（四）进行交叉验证

审计人员应对同一事项采用不同的审计程序进行交叉验证，以提高审计证据的可靠性。例如，对企业的销售收入进行审计时，可以通过检查销售合同、发票以及对客户进行函证等多种方式进行交叉验证。如果不同程序获取的证据相互一致，则可以大大增强证据的可靠性。交叉验证能够发现单一程序可能遗漏的问题，提高审计的准确性和可靠性。

（五）保留审计证据

审计人员应保留审计证据，包括原始记录、工作底稿和审计报告等。保留审计证据便于审计人员和审计机构审查和评估审计工作的质量。在后续的审计质量检查或出现争议时，完整的审计证据可以为审计结论提供有力的支持。同时，规范的证据保留制度也有助于提高审计人员的责任感，促使他们更加谨慎地收集和处理审计证据。

第三节　电子数据审计原理

一、电子数据审计概述

电子数据审计是以被审计单位信息系统产生的电子数据为审计对象的审计活动。在现代审计中，电子数据审计具有至关重要的地位。

随着信息技术的飞速发展，企业和组织的业务活动越来越依赖信息系统，产生了大量的电子数据。这些电子数据不仅包括财务数据，还涵盖业务数据、管理数据等。电子数据审计能够揭示突出问题，发现风险隐患，促进体制机制完善。

从数据质量的角度看，电子数据的真实性、完整性、一致性、自治性和可用性直接影响审计质量。真实准确的数据能确保审计结果反映实际情况；完整的数据可避免遗漏重要信息；一致的数据保证逻辑的连贯性；自治的数据满足内部约束；可用的数据便于审计人员理解和利用。

新修订的审计法进一步拓展了审计数据类型与来源，明确和提高了审计数据质量要求，赋权和规范了审计数据利用方式。这为电子数据审计工作提供了更坚实的法律保障，使其在审计监督体系中发挥更大的作用。

电子数据审计在现代审计中的关键地位还体现在其能够提升审计效率和效果。相比传统审计方法，电子数据审计可以利用先进的技术工具，快速采集、清理、转换和分析数据，发现问题疑点，为审计工作提供有力支持。

二、电子数据审计流程

（一）数据采集

数据采集是指根据审前调查所提出的数据需求，按照审计目标，采取一定的方法和工具对被审计单位数据库中的数据进行采集的工作。其特征具有明确的选择性和目的性。数据采集的内容包括被审计单位数据库中的各类业务数据、财务数据等。数据采集的方式有直接拷贝和直接读取、利用嵌入审计模块采集数据、利用财务软件标准接口采集数据、网上采集、文件传输、开放数据互联（ODBC）等。数据采集的过程为：先发出数据需求说明书，然后进行数据采集，在采集完成后，审计人员和被审计单位人员应办理交接手续，交接时审计人员获取被审计单位对数据真实性和完整性的承诺，最后对被采集数据进行真实性和完整性验证。

（二）数据清理

数据清理是对所采集到的被审计单位的源数据进行一系列操作，使之规范化的过程。其作用在于提高数据质量，为后续审计分析提供可靠的数据基础。数据不规范的情形包括值缺失、数据值为空、冗余数据、数据值明显错误以及其他不规范的地方。数据清理的方法有利用通用软件提供的功能进行清理、通过 SQL 语句进行清理、利用审计及办公软件提供的功能进行清理。数据清理的过程为：对数据进行清理后，应对清理前后的业务金额数、记录数或者借贷是否平衡进行核对，以验证清理后数据的正确性、完整性。

（三）数据转换

数据转换是指对数据清理后得到的数据进行语法和语义上的转换，得到适合审计分析数据的过程。数据转换的情形包括数据类型不一致、数据格式不一致、字段名和字段不能一一对应、事先设定的代码以及数据库加密措施等。数据转换的方法有使用数据转换工具（例如，数据库管理系统自带的数据转换工具如 Microsoft SQL Server 自带的 DTS 工具，或者审计软件附带的转换工具，甚至是 EXCEL 等）、使用 SQL 语句（大部分数据库都支持 SQL 语句，可通过 SQL 语句对数据库进行查询替代等转换操作）、使用程序语句（对于一些固定的数据转换情形，需要重复使用的，可以采用程序编码的方式来转换数据）。转换后可以利用核对总金额、勾稽关系法或确认数据结构法对数据进行验证。

（四）数据验证

数据验证是指在数据的采集、清理、转换等过程中，对数据进行检查，验证其真实性、准确性和完整性等目标的过程。数据验证的方法有：通过核对总记录数和总金额数来验证，其原理是数据在采集、清理和转换过程中总记录数和总金额数应保持不变；通过观察顺序码的断号和重号来进行验证，顺序码是对会计凭证的限制措施，能够保证凭证的真实性和完整性；通过会计的勾稽关系来进行验证，会计账目和报告存在许多勾稽关系，可保证电子数据在采集、清理和转换过程中的准确性。

（五）创建中间表

中间表可以分为基础性中间表和分析性中间表。电子数据经过清理、转换和验证后，就可以得到基础性中间表。对基础性中间表进一步处理，如按照审计分析模型进行字段选择、连接处理，就可以得到分析性中间表。分析性中间表的主要目的是实现分析模型，得到审计结果。

（六）数据分析

数据分析是指通过建立审计分析模型对数据进行核对、检查、复算、判断等操作，将被审计单位数据的现实状态与理想状态进行比较，从而发现审计线索，收集审计证据的过程。数据分析的类型根据分析对象的不同，可以分为总体分析和具体分析。建立审计分析模型的依据有：根据业务数据的勾稽关系进行建模，如资产等于负债与所有者权益之和等；根据业务逻辑进行建模，被审计单位的经济技术条件在一定时期是不变的，反映这些经济技术条件的指标在一定条件下也是保持不变的；根据法律法规的规定进行建模；根据审计人员自身经验来进行建模。数据分析方法有查询型分析、验证型分析和发掘型分析。查询型分析是指审计人员对数据库中的记录进行访问和查询，可以采用 SQL 语句、开发工具定制查询软件等，查询最大、最小、平均值等；验证型分析是指审计人员先提出自己的假设，再利用各种工具通过反复的、递归的检索查询来验证自己的假设，在验证性分析中，一般要用到联机分析处理技术和数据仓库技术；发掘型分析是指审计人员从大量数据中发现蕴含的数据模式，预测趋势和行为的数据分析方法。数据分析完成后，应针对分析得到的问题和线索，进行审计取证。审计取证可以采取直接和间接两种方式。

三、电子数据审计关键技术

（一）建立审计中间表

审计中间表是利用被审计单位数据库中的基础电子数据，按照审计人员的审计要求,由审计人员构建,可供审计人员进行数据分析的新型审计工具,是实现数据式审计的关键技术。

审计中间表按照目的不同,可以分为基础性审计中间表和分析性审计中间表。前者可以帮助审计人员选定审计所需的基础性数据;后者可以帮助审计人员实现对数据的模型分析。

中间表有两大特点:一是"面向主题",即中间表需要根据不同的审计项目的主题来创建;二是"面向历史",即任何对中间表的创建都不应该增加和修改其历史数据,而只能是对历史数据的选择和整理。例如,在一个企业的财务审计项目中,审计人员根据审计主题创建中间表,从企业的大量历史财务数据中筛选出与特定审计目标相关的数据,不改变历史数据的内容,确保数据的真实性和可追溯性。

在实际操作中,电子数据经过清理、转换和验证后,就可以得到基础性中间表。对基础性中间表进一步进行处理,如按照审计分析模型进行字段选择、连接处理,就可以得到分析性中间表。分析性中间表的主要目的是实现分析模型,得到审计结果。例如,在对企业销售数据的审计中,通过创建中间表,审计人员可以分析不同时间段、不同地区的销售情况,发现销售趋势和潜在问题。

(二) 基于网络基础的信息系统安全审计

在大数据环境下,信息系统的安全审计至关重要。基于神经网络的安全审计技术是一种有效的方法,它能够对被审计单位信息系统进行实时跟踪,并提供数据记录,捕捉系统存在的安全隐患,生成管理日志。

神经网络由许多称为单元的简单处理元素组成,一个神经网络知识根据单元和它们权值间连接编码成网络结构。网络通过改变单元状态,改变连接权值,加入一个连接或者移去它们来指示一个事件异常。例如,在网络安全审计中,神经网络可以通过对大量的网络数据进行学习,识别出正常的网络行为模式和异常的网络行为模式。当出现异常行为时,神经网络可以及时发出警报,提醒审计人员进行进一步的调查和处理。

为了确保安全审计顺利开展,还需要不断探索和完善基于神经网络的安全审计技术。一方面,可以通过增加神经网络的层数和节点数,提高神经网络的学习能力和泛化能力,使其能够更好地适应不同的网络环境和安全威胁。另一方面,可以结合其他安全审计技术,如专家系统、代理技术、免疫系统和数据挖掘技术等,形成多元化的安全审计体系,提高安全审计的准确性和可靠性。

四、电子数据审计在实际中的应用案例

(一) 某立交桥工程审计案例

在某立交桥工程项目审计中,传统审计方法面临诸多难题。审计组按常规"三核对"方式核查,发现部分路段存在施工范围重叠的情况,但由于旧路被路面加铺的沥青面层覆盖,表面无明显痕迹,无法确定隐蔽工程实际情况。若采用传统调查方

法，风险大，操作性也不强。

在此情况下，审计组创新思维，利用信息技术进行精准审计。首先，通过百度地图的全景地图找到了该工程在路面加铺前的历史数据，确定了旧路保留利用的情况。其次，利用地图下载器将工程的现状卫星地图下载下来，导入 CAD 与建设单位提供的竣工图层叠，以现状两侧的建筑物作参照物，确定本次新建道路的桩号。通过这种方法，审计组发现该项目多报新建道路面积 1 700 平方米，涉及多计造价金额 123 万元。

(二) 信创环境下数据审计工具应用实例

应用背景：随着我国信创环境的逐步建立，数据审计工作面临新挑战，如审计人员需适应计算机审计知识技能新要求、旧的数据审计工具无法在信创环境中使用、审计人员如何实施大数据审计等。荆门市审计局积极应对挑战，开发了基于信创环境运行的数据审计工具。

应用功能：主要有连接本地或远程达梦数据库、增删改查达梦数据库表、调用达梦数据库存储过程、读写 UOS 文件系统、读写电子表格数据以及自定义电子表格样式。

应用数据：包括财政、财务电子数据（格式为达梦 dmp 文件，采集来源为荆门市财政局）和部门预算执行数据分析模型库（格式为 SQL 文件，采集来源为单位自有）。

应用步骤如下。

准备阶段：安装达梦数据库、部署数据审计工具、进行数据导入。

应用阶段：配置数据库连接参数、运行部门预算执行数据审计分析模型库、导出疑点数据、汇总已审核的疑点数据。

应用效果：解决了从传统 Windows 环境向信创环境转换下如何顺利开展大数据审计的难题，为审计人员提供了可用工具。

(三) 市审计局电子数据审计案例获表彰

四平市审计局电子数据审计案例获表彰。吉林省审计厅评选优秀电子数据审计案例，四平市审计局选送的《大数据强效助力医院药品审计》《利用年终一次性奖励套取公务经费的问题》两个案例脱颖而出，获评优秀电子数据审计案例。

近年来，四平市审计局大力推进大数据审计工作，高度重视大数据技术在审计项目中的运用和成果提炼工作，加强审计干部大数据审计技术培养，在社保、医疗、财政等领域多次开展计算机辅助审计工作，取得了良好的效果。此次获奖激励广大审计干部不断总结大数据审计经验与不足，增强运用电子数据技术核查问题、评价判断、宏观分析的能力，在电子数据审计领域不断探索创新。

五、提高电子数据审计效率的方法

(一) 审计计划和策略的制订

在进行电子数据审计前，制订详细的审计计划和策略至关重要。首先，明确审计的范围,确定需要审计的电子数据类型,包括财务数据、业务数据、管理数据等。例如,对于企业的电子数据审计,不仅要涵盖财务报表中的数据,还需涉及销售、采购、库存等业务环节的数据。其次,确定审计的频率,根据企业的业务性质和风险程度,决定是定期进行审计还是不定期抽查。对于高风险行业或业务频繁的企业,可以适当提高审计频率。再次,选择合适的审计方法和工具。考虑到电子数据的特点,可采用数据分析软件、数据挖掘工具等,以提高审计效率和准确性。同时,制订应急方案,应对可能出现的突发情况,如数据丢失、系统故障等。

(二)采用自动化审计工具

自动化审计工具能够极大地提高电子数据审计的效率和准确性。例如,利用自动化数据采集工具,可以快速从被审计单位的信息系统中获取所需的电子数据,减少人工操作的时间和错误。目前市场上有许多专业的审计软件,它们具备数据清理、转换、验证等功能,能够自动处理大量的电子数据。据统计,采用自动化审计工具可以节省约30%~50%的审计时间,同时降低人工干预带来的错误率。此外,自动化审计工具还可以实时监控被审计单位的信息系统,及时发现异常情况并发出警报,为审计人员提供及时的线索。

(三)采用数据挖掘技术

数据挖掘技术可以对大量的电子数据进行深入分析,发现潜在的问题和风险。在电子数据审计中,常用的数据挖掘技术包括关联分析、聚类分析、预测分析等。关联分析可以找出不同数据之间的关联关系,如发现财务数据与业务数据之间的异常联系。聚类分析可以将相似的数据归为一类,帮助审计人员发现数据的分布模式和规律。预测分析则可以根据历史数据预测未来的趋势和行为,为审计人员提供前瞻性的线索。通过数据挖掘技术,审计人员可以在海量的电子数据中快速找到关键信息,提高审计效率和准确性。

(四)实时监控

实时监控是提高电子数据审计效率的重要手段之一。通过建立实时监控系统,可以对被审计单位的电子数据进行实时跟踪和分析,及时发现异常情况。例如,利用基于日志的审计方法,记录所有的数据访问和操作,以便后续的审计和分析。实时监控系统还可以设置预警机制,当发现异常数据或行为时,及时发出警报,提醒审计人员进行进一步的调查。相关研究表明,实时监控可以将审计响应时间缩短至数小时甚至几分钟,大大提高了审计的及时性和有效性。

(五)采用分布式审计模式

在大数据环境下,电子数据量巨大,采用分布式审计模式可以提高审计效率和可扩展性。分布式审计模式将审计任务分配给多个节点进行处理,每个节点负责一部分数据的审计工作。这样可以充分利用多台计算机的计算资源,提高审计速度。同时,分布式审计模式还可以提高系统的可靠性,当某个节点出现故障时,其他节点可以继续进行审计工作,不会影响整个审计进程。例如,在对大型企业集团的电子数据审计中,可以采用分布式审计模式,将审计任务分配给各个子公司的审计部门进行处理,然后将结果汇总到总部进行分析。

(六)采用增量审计策略

采用增量审计策略可以仅审计发生变化的数据,避免对整个数据集进行审计,从而提高审计效率。在电子数据审计中,很多时候数据的变化是局部的,如果每次都对整个数据集进行审计,会浪费大量的时间和资源。采用增量审计策略,可以通过比较不同时间点的数据差异,只对发生变化的数据进行审计。例如,在企业的财务审计中,如果某个月的财务数据与上个月相比只有少数几个科目发生了变化,那么只需要对这些变化的科目进行审计即可。

(七)优化审计流程和方法

优化审计流程和方法可以减少审计工作的重复性和烦琐性,提高审计效率。首先,对现有的审计流程进行梳理,找出其中的瓶颈和冗余环节,进行优化和改进。例如,简化数据采集、清理、转换等环节的操作流程,提高工作效率。其次,采用先进的审计方法,如风险导向审计、持续审计等。风险导向审计可以根据被审计单位的风险程度确定审计重点,提高审计的针对性和有效性。持续审计则可以实现对电子数据的实时审计,及时发现问题并进行处理。最后,加强审计人员的培训和学习,提高其业务水平和技能,使其能够熟练掌握各种审计工具和方法,提高审计效率。

六、电子数据审计原理

(一)电子数据审计的基本原理

电子数据审计,就是对被审计单位的电子数据进行采集、预处理以及分析,从而发现审计线索,获得审计证据的过程。在这个过程中,首先要进行数据采集。数据采集是根据审前调查所提出的数据需求,按照审计目标,采取一定的方法和工具对被审计单位数据库中的数据进行采集。采集的内容包括各类业务数据、财务数据等,方式有直接拷贝和直接读取、利用嵌入审计模块采集数据、利用财务软件标准接口采集数据等多种。采集完成后,须办理交接手续并获取被审计单位对数据真实性和完整性的承诺,之后对采集的数据进行真实性和完整性验证。

其次是数据预处理,包括数据清理、数据转换和数据验证。数据清理是对采集到的源数据进行规范化操作,处理值缺失、数据值为空、冗余数据等不规范情形,提高数据质量。数据转换是对清理后的数据进行语法和语义上的转换,以适应审计分析的需要,处理数据类型不一致、数据格式不一致等问题。数据验证则是在整个过程中对数据进行检查,确保其真实性、准确性和完整性。

最后是数据分析，通过建立审计分析模型对数据进行核对、检查、复算、判断等操作，将被审计单位数据的现实状态与理想状态进行比较，发现审计线索，收集审计证据。数据分析的类型有总体分析和具体分析，建立审计分析模型的依据包括业务数据的勾稽关系、业务逻辑、法律法规规定和审计人员自身经验等。数据分析方法有查询型分析、验证型分析和发掘型分析。

（二）大数据环境下电子数据审计的原理

在大数据环境下，为了从大量电子数据中挖掘有用的信息，一些数据分析工具被开发出来，主要有批处理工具、流处理工具和交互式分析工具等。通过运用这些大数据分析工具，数据处理范围和规模迅速扩大，审计工作效率也得到提升。

例如，在大数据环境下，可以利用数据挖掘技术对海量的电子数据进行深入分析；利用关联分析可以找出不同数据之间的关联关系，如发现财务数据与业务数据之间的异常联系；利用聚类分析可以将相似的数据归为一类，帮助审计人员发现数据的分布模式和规律；利用预测分析可以根据历史数据预测未来的趋势和行为，为审计人员提供前瞻性的线索。

同时，大数据环境下的电子数据审计还可以利用可视化技术，将复杂的数据以图形化的方式展示出来，使审计人员更直观地理解数据，迅速发现问题。例如，数据可视化主要是借助图形化手段，清晰有效地传达信息并进行进一步的信息沟通。数据可视化技术的基本思路是将数据库中每一个数据项作为单个图形元素表示，在大量数据集的基础上构成数据图像，同时将数据的各个属性值以多维数据的形式表示。数据可视化的模式使审计单位可以从不同的维度观察数据，从而为分析数据提供便利。

总之，电子数据审计的原理是通过对被审计单位电子数据的采集、预处理及分析，以及在大数据环境下利用数据分析工具和技术，发现审计线索，获得审计证据，提高审计工作效率和质量。

第四节 审计数据采集

一、审计数据采集的原理

审计数据采集，就是审计人员为了完成审计任务，在审前调查提出的数据需求的基础上，按照审计目标，采用一定的工具和方法从被审计单位信息系统中的数据库或其他来源获取相关电子数据的过程。

审计数据采集的原理主要基于以下几个方面。首先，明确审计目标是关键，只有确定了具体的审计方向，才能有针对性地选择需要采集的数据。例如，如果是对企业财务状况进行审计，那么就需要采集财务报表、会计凭证等相关数据。其次，了解被审计单位的信息系统是基础。不同的信息系统可能采用不同的数据库管理方式和数据存储结构，这就要求审计人员熟悉各种系统的特点，以便选择合适的采集方法。再次,数据采集工具和方法的选择要根据实际情况进行。例如,对于数据库系统,可以采用直接连接目标数据库采集、使用数据采集工作站联网远程采集等方法;对于非数据库数据,可以采用直接拷贝法等。

总之,审计数据采集的原理是在明确审计目标的前提下,充分了解被审计单位的信息系统,选择合适的工具和方法,从不同的来源获取相关电子数据,为后续的审计分析提供准确、完整的数据支持。

二、审计数据采集的特点

(一)数据来源广泛

审计数据采集的来源非常广泛,既包括被审计单位的财务系统数据,如财务报表、会计凭证等,也包括业务系统数据,如销售数据、采购数据、库存数据等。此外,还可能涉及外部数据,如行业数据、市场数据等。以企业审计为例,可能需要从企业的 ERP 系统、CRM 系统、SCM 系统等多个系统中采集数据,同时还可能需要从政府部门、行业协会等外部机构获取相关数据。据统计,在一些大型企业的审计项目中,数据来源可能多达几十个甚至上百个不同的系统和机构。

(二)数据类型多样

审计数据采集涉及的数据类型十分多样,包括结构化数据、半结构化数据和非结构化数据。结构化数据如数据库中的表格数据,具有明确的格式和结构,易于处理和分析。半结构化数据如 XML、JSON 等格式的数据,具有一定的结构但不如结构化数据严格。非结构化数据如文本文件、图像、音频、视频等,没有固定的结构,处理难度较大。例如,在审计过程中,可能会遇到电子邮件、会议记录、合同文件等非结构化数据,需要采用特定的技术和工具进行处理和分析。

(三)数据量大

随着信息技术的发展,被审计单位的数据量呈爆炸式增长。尤其是在大数据时代,企业的业务活动产生了大量的数据,审计人员需要采集和处理的数据量也相应增加。例如,一家中型企业的财务数据可能就达到几十 GB 甚至上百 GB 的规模,而大型企业的数据量则可能达到 TB 级甚至 PB 级。这就要求审计人员采用高效的数据采集和处理技术,以应对大数据的挑战。

(四)数据时效性强

审计数据的时效性对于审计结果的准确性至关重要。被审计单位的业务活动在不断进行,数据也在不断更新。审计人员需要及时采集最新的数据,以确保审计结果能够反映被审计单位的真实情况。例如,在对金融机构进行审计时,需要实时获取交易数据,以便及时发现潜在的风险和问题。同时,审计人员还需要关注数据的时间跨度，确保采集的数据能够涵盖审计期间的所有业务活动。

三、审计数据采集方法

（一）直接拷贝和直接读取

直接拷贝和直接读取是一种较为常见的数据采集方法。这种方法适用于被审计单位信息系统的数据是非数据库数据（如 TXT 文件、XML 文件和 EXCEL 文件等）或者是桌面数据库数据（如 ACCESS 数据库文件、DEB 数据库文件等）的情况。其优势在于操作相对简单，一般情况下，这些数据可以通过相应的数据库管理系统进行处理，审计软件也能直接读取。例如，在一些小型企业的审计中，如果其数据存储形式较为简单，采用直接拷贝和直接读取的方法可以快速获取所需数据，提高审计效率。

（二）利用嵌入审计模块采集数据

利用嵌入审计模块采集数据是一种较为先进的采集策略。嵌入审计模块是写入被审计单位信息系统中的程序代码，能够对系统处理的每一笔业务数据进行实时采集。其特点在于可以实现实时监控和数据采集，确保数据的准确性和及时性。然而，由于其技术要求比较高，因而实施难度较大，应用范围不广。例如，在一些大型企业或对数据实时性要求较高的金融机构审计中，可以考虑采用这种方法，但需要专业的技术人员实施和维护。

（三）利用财务软件标准接口采集数据

通过财务软件标准接口采集数据是一种较为规范的方式。对于符合国家接口标准的数据，审计软件可以直接进行采集。这种方式的意义在于可以提高数据采集的效率和准确性，减少数据转换的工作量。例如，一些主流的财务软件都提供了标准接口，审计人员可以利用这些接口快速获取财务数据，进行审计分析。

（四）网上采集

网上采集数据的流程一般包括利用固定的数据接口，通过数据采集工作站或审计数据服务器从被审计单位的信息系统中采集数据，分为现场采集和远程采集。网上采集需要注意数据的安全性和稳定性，确保采集过程中数据不被篡改或丢失。同时，还需要注意被审计单位信息系统的网络环境和权限设置，以确保能够顺利进行数据采集。例如，在对一些跨地区的企业进行审计时，可以采用网上远程采集的方式，提高审计效率。

（五）文件传输

文件传输在数据采集中起到了重要的作用。文件传输可以将被审计单位的数据以文件的形式传输给审计人员，方便快捷。例如，被审计单位可以将数据以压缩文件的形式通过电子邮件或文件传输协议（FTP）发送给审计人员。在使用文件传输时，需要注意文件的完整性和安全性，确保传输过程中数据不被损坏或泄露。

（六）开放数据互联

开放数据互联（ODBC）技术在数据采集中的应用广泛。ODBC 是一种用于访问不同数据库管理系统的标准接口。通过 ODBC，审计人员可以连接不同类型的数据库，实现数据的采集和整合。例如，在审计过程中，可能需要同时采集来自多个不同数据库的数据，此时可以利用 ODBC 技术实现统一的数据访问和采集。

四、如何进行高效的审计数据采集

（一）了解被审计单位信息系统情况

了解被审计单位信息系统情况对于选取有用的数据库信息至关重要。基本信息如信息系统的版本、开发商，信息系统运行软硬件平台，数据库系统类型版本，系统的业务流程和数据流向关系，主要数据库的数据字典等，这些信息能够帮助审计人员确定所需的数据范围和采集方法。例如，数据式审计的核心技术之一是采集，而了解被审计单位信息系统的基本情况是采集的敲门砖。细化来说，可以针对计算机信息系统概况、硬件设备、系统软件、系统技术文档资料、系统的主要功能、数据库及数据、数据库相关技术情况、系统设计说明书、数据库详细设计说明书以及系统对业务处理流程等方面进行调查了解。

（二）选择合适的数据采集转换方法

其一，通过 SQL Server 数据库采集数据。

在被审计单位生产库允许暂停使用的情况下，最简便的办法是关闭生产库，直接拷贝数据库文件（mdf、ldf 后缀）。

当生产库无法暂停，可以取得被审计单位日常维护所作的近期备份数据库（包含本次审计范围数据），通过还原取得所需数据。

其二，通过 Oracle 数据库采集数据。

直连法：在远端机器中建立 ODBC 数据源，利用 SQL 数据库自带的 DTS 工具采用网络远程采集数据库的方法。将数据采集到远端数据库系统中，再利用移动设备将数据库导入被审计人员数据库系统中。审计人员也可以使用 PL／SQL 这个工具软件，该软件完全是图形化的界面，不用输入命令，方便审计人员的使用，先决条件是审计人员必须获取数据字典，对需采集转换的表才能更熟悉地甄别、导入、转换。

还原法：由被审计单位人员利用 Oracle 的备份功能，将数据库备份出来，数据文件是后缀名为 dmp 的文件，日志文件是一个后缀名为 log 的文件。审计人员在自己的电脑上安装 Oracle 数据库软件，并创建相关的用户。把取得的备份文件在自己的电脑上利用 Oracle 的还原功能将数据库还原，最后把本地机上的 Oracle 中的数据导入审计人员使用的数据库中。

（三）注重工作细节提高采集效率

1. 数据报送需注意的细节。

各级报送单位须填写《审计电子数据报送承诺书》并签字盖章，对提供的电子数据和资料的真实性、完整性负责。

一级报送单位须将本系统所有二级、三级预算部门，直属事业单位，国有独资、控股企业的电子数据归集一并报送，若有代理记账、手工记账等特殊情况需提供纸质说明并盖章。

各级报送单位需指定报送联系人，方便数据采集、分析中必要的核实工作。

由于不同数据库还原方法不同，各级报送单位填写《计算机信息系统调查表》时需标明数据库类型及版本，且报送的电子数据切勿压缩，以防数据损坏需重复报送。

为了保证电子数据安全，数据报送不接收 U 盘等移动存储设备，须刻录光盘报送。

2. 数据采集需注意的细节。

数据采集、分析工作人员须签订《数据安全承诺书》。

数据采集人员应根据分工将各级预算部门，直属事业单位，国有独资、控股企业按顺序全部导入，如需手工输入相关信息，应保证详尽。如单位名称，应手工输入单位全称，以方便数据分析时需作比对。

数据采集情况要做好台账，采集成功的登记归档，采集失败的要标明原因、分类汇总，以便集中解决。

数据的接收、采集与保管应做到专人负责制，做到"谁接收、谁采集、谁保管"，数据接收须登记台账，数据采集须使用专机，数据保管须使用保险柜并做好目录，如需交接数据须做好交接记录。

【拓展小知识】 ☆☆☆

- **《中华人民共和国数据安全法》**

明确了数据处理活动的安全要求，包括数据的收集、存储、使用、加工、传输、提供、公开等环节。规定了开展数据处理活动应采取合法、正当的方式，保障数据安全。对于重要数据的处理者，要明确数据安全负责人和管理机构，落实数据安全保护责任。

强调了数据跨境传输的安全管理，要求数据处理者在向境外提供数据时，应当符合国家的有关规定，进行安全评估等程序，以维护国家主权、安全和发展利益。

- **《中华人民共和国网络安全法》**

  对网络运营者收集、使用个人信息提出了明确要求，网络运营者收集、使用个人信息，应当遵循合法、正当、必要的原则，公开收集、使用规则，明示收集、使用信息的目的、方式和范围，并经被收集者同意。

  规定了网络运营者应当采取技术措施和其他必要措施，保障网络安全，防止数据泄露、毁损、丢失。

- **《中华人民共和国个人信息保护法》**

  详细规定了个人信息处理者在收集个人信息时的义务和责任，例如，应当具有明确、合理的目的，并与处理目的直接相关，采取对个人权益影响最小的方式等。

  赋予了个人对其个人信息的多项权利，如知情权、决定权、查阅权、复制权、更正权、删除权等，同时规定了个人信息处理者应当为个人行使权利提供便利。

- **《中华人民共和国测绘法》**

  对于涉及地理信息数据的采集活动进行了规范。智能网联汽车等在运行过程中对测绘地理信息数据进行采集、存储、传输和处理的行为，属于测绘活动，应当依照测绘法律法规政策进行规范和管理。

- **《电信和互联网用户个人信息保护规定》**

  针对电信和互联网行业，详细规定了电信和互联网服务提供者在收集、使用用户个人信息时应遵守的规则，如收集用户个人信息应当取得用户的同意，明确告知用户收集信息的目的、方式、范围等。

- **《金融数据安全　数据安全分级指南》（中国人民银行发布）**

  适用于金融行业，为金融机构的数据分级提供了参考，针对不同等级的数据提出了相应的安全保护要求，在数据采集环节，金融机构需要依据该指南对所采集的数据进行分类和管理。

第五节　审计数据分析

一、审计数据分析的重要性

审计数据分析在注册会计师的工作中具有至关重要的意义。它是注册会计师获取审计证据的一种重要手段。通过对内部或外部数据进行分析、建模或可视化处理，能够发现其中隐藏的模式、偏差或不一致，为审计工作提供有力的证据支持。

数据分析能够帮助注册会计师以快速、低成本的方式实现对被审计单位整套完整数据进行检查。2023 年注册会计师《审计》备考知识点指出，数据分析能够在很大程度上提高审计的效率和效果。与传统的抽样技术相比，数据分析可以涵盖更广泛的数据范围，从而减少了抽样风险，提高了审计的准确性。此外，审计数据分析还有助于注册会计师从全局的角度更好地把握被审计单位交易和事项的经济实质。通过对大量数据的分析，可以深入了解被审计单位的业务流程、财务状况和经营成果，从而更好地评估其风险水平和财务报表的真实性。

总之，审计数据分析在注册会计师的工作中具有不可替代的重要作用，它不仅能够提高审计的效率和效果，还能够帮助注册会计师更好地把握经济实质，提高审计质量。

二、审计数据分析的概念与作用

（一）概念解析

审计数据分析是指注册会计师在计划和执行审计工作时，通过对内部或外部数据进行分析、建模或可视化处理，发现其中隐藏的模式、偏差或不一致，从而揭示出对审计有用的信息的方法。在实际操作中，数据分析并非只是对数据的简单汇总或整理，而是深入挖掘数据背后的规律和潜在问题。例如，通过对被审计单位的财务数据进行分析，注册会计师可以发现异常的交易记录或财务指标的波动，从而进一步调查可能存在的审计风险。

（二）作用体现

审计数据分析是获取审计证据的手段。在审计过程中，注册会计师需要收集充分、适当的审计证据来支持审计结论。审计数据分析为注册会计师提供了一种新的获取证据的途径。通过对大量数据的分析，可以发现传统审计方法难以察觉的问题，从而为审计结论提供更有力的支持。据统计，在某些大型审计项目中，数据分析所获取的审计证据占总证据的比例可达30%以上。

审计数据分析可以提高审计质量，价值在于分析和判断及提取的审计证据。审计质量的高低不仅取决于审计工具的先进程度，更重要的是分析和相应判断的质量。审计数据分析的价值不在于数据转换本身，而在于从分析产生的交谈和询问中提取的审计证据。通过深入分析数据，注册会计师可以与被审计单位进行更有针对性的沟通和询问，从而获取更准确、更有价值的信息，提高审计质量。

审计数据分析可以用于风险分析等，为判断提供支撑和见解，为会计估计判断提供支持。数据分析工具可用于风险分析、交易和控制测试、分析程序等多个方面。在风险分析中，通过对被审计单位的历史数据和行业数据进行分析，可以识别出潜在的风险领域，为审计计划的制订提供依据。在交易和控制测试中，数据分析可以帮助注册会计师评估被审计单位的内部控制有效性。此外，一些常规分析工具可以为对于会计估计的计算方法是否适当的判断提供支持，提高会计信息的可靠性。

三、审计数据分析的应用

(一) 在风险分析中的应用

数据分析工具在风险分析方面发挥着重要作用。例如,注册会计师可以通过对被审计单位的财务数据进行趋势分析,识别出异常的财务指标波动,从而发现潜在的风险领域。根据相关研究,在某些审计项目中,通过数据分析工具进行风险分析,能够提前发现约70%的潜在风险点。同时,利用数据分析工具还可以对被审计单位的行业数据进行对比分析,了解被审计单位在行业中的地位和风险状况。例如,如果一个企业的财务指标与同行业平均水平存在较大差异,那么就可能存在潜在的风险。

(二) 在交易和控制测试中的应用

在交易和控制测试中,数据分析工具可以帮助注册会计师评估被审计单位的内部控制有效性。通过对交易数据的分析,可以识别出异常的交易行为,如大额交易、频繁交易等,从而判断被审计单位的内部控制是否存在缺陷。例如,如果常规分析工具显示,大量的交易与特定的供应商或客户有关,那么就需要进一步调查这些交易的合理性和合法性。此外,数据分析工具还可以对被审计单位的控制流程进行模拟分析,评估控制措施的有效性。

(三) 在分析程序中的应用

在分析程序中,数据分析工具可以为注册会计师提供更深入的分析和见解。通过对财务数据和非财务数据的综合分析,可以发现数据之间的关联和趋势,为审计结论提供支持。例如,注册会计师可以将被审计单位的销售数据与市场需求数据进行对比分析,判断被审计单位的销售业绩是否真实可靠。同时,数据分析工具还可以进行预测分析,帮助注册会计师评估被审计单位的未来发展趋势和风险状况。例如,通过对历史销售数据的分析,可以预测未来的销售趋势,为审计计划的制订提供参考。

四、审计数据分析面临的挑战

(一) 数据安全性和完整性检查

在审计数据分析过程中,数据的安全性和完整性至关重要。一方面,随着信息技术的发展,数据泄露的风险不断增加。据相关统计,全球每年因数据泄露造成的经济损失高达数千亿美元。在审计工作中,如果被审计单位的数据遭到泄露,可能会导致审计证据的可靠性受到质疑,进而影响审计结论的准确性。另一方面,数据的完整性也是一个重要问题。如果数据不完整,可能会导致分析结果出现偏差。例如,在进行财务数据分析时,如果缺少某些关键的财务数据,可能会影响对被审计单位财务状况的准确评估。

（二）数据映射挑战

注册会计师需要为每一个大客户的每一系统、按照每一个排列映射所有编码，这是一项极具挑战性的任务。不同的客户可能使用不同的系统和编码方式，这使得数据映射变得非常复杂。而且，随着业务的不断发展和变化，系统和编码也可能会发生调整，这进一步增加了数据映射的难度。据调查，在大型审计项目中，数据映射所花费的时间和精力往往在整个审计数据分析工作中占很大比例。

（三）数据转换难题

获取的数据需要转换为可用数据，这也是审计数据分析面临的一个重要挑战。不同来源的数据可能具有不同的格式和结构，需要进行转换才能进行分析。然而，数据转换过程中可能会出现错误，导致分析结果不准确。此外，数据转换还可能会涉及数据隐私和安全问题，需要采取相应的措施进行保护。

（四）超大数据存储问题

随着数据量的不断增加，超大数据的存储也成了一个难题。传统的存储方式可能无法满足审计数据分析的需求，需要采用更加先进的存储技术。例如，分布式存储、云存储等技术可以有效地解决超大数据存储的问题，但同时也带来了新的安全和管理挑战。

（五）数据保留挑战

注册会计师应考虑用何种方式对数据进行保留才能满足审计准则文件记录的要求。数据保留不仅涉及存储空间的问题，还涉及数据的可用性和可检索性。如果数据保留不当，可能会导致审计证据的丢失或无法检索，影响审计工作的顺利进行。

五、审计数据分析方法

（一）趋势分析法

趋势分析法是审计数据分析中的重要方法之一。通过将被审计单位近年来的资产负债表、收入支出总表、收入支出明细表等财务核算资料进行比较和分析，能够从中找出规律或发现异常变动。例如，在对某企业进行审计时，发现其近几年的收入支出总表中，某项业务的收入呈现逐年下降的趋势，而同期市场上该业务的整体需求却在上升。这一异常变动引起了审计人员的关注，进一步调查发现该企业在该项业务的市场开拓和产品创新方面存在不足。

同时，将被审计单位固定资产卡片账与资产台账、会计资料进行核对，核实账表、账账、账实是否相符，并进行纵向对比分析，重点关注基建工程、大型设备等增减变动。据统计，在一些大型企业的审计中，通过对基建工程和大型设备的趋势分析，能够发现约30%的潜在风险点。例如，某企业在近几年中频繁进行基建工程建设，但资金来源却不明确，通过深入调查发现，存在违规融资的问题。

（二）结构分析法

结构分析法在审计数据分析中也具有重要作用。通过分析被审计单位财务报表中功能分类科目所占的比重及增减情况，可以将所占比重较高的科目和增减变化较大的科目作为重点审计的事项。例如，在对一家制造业企业进行审计时，发现其原材料采购成本在总成本中的比重较高，且近几年呈现上升趋势。审计人员进一步分析发现，该企业在原材料采购环节存在管理不善的问题，导致采购成本增加。

此外，通过结构分析还可以发现企业财务状况的变化趋势。例如，在某企业的负债结构中，长期负债的比重逐年增加，而短期负债的比重逐年下降。这一变化可能意味着企业的融资策略发生了调整，需要进一步关注其偿债能力和财务风险。

（三）合规分析法

合规分析法是确保被审计单位财务活动合法合规的重要手段。首先，核对财务数据与报表数据是否一致，确定被审计单位会计资料的真实性和完整性。在实际审计中，经常会发现一些企业存在财务数据与报表数据不符的情况，这可能是由于会计核算错误、财务造假等原因引起的。例如，某企业在财务报表中虚报收入，导致财务数据与实际情况不符。

同时，关注各项支出是否按预算批复的项目和标准执行，是否按照会计制度的规定进行了记账和反映。关注各项经费的使用是否贯彻了中央八项规定中"厉行勤俭节约"的原则，经费使用过程中是否存在浪费和滥支乱用的问题，有无擅自扩大支出范围，提高开支标准，超范围超标准使用资金现象。例如，在对某政府部门进行审计时，发现其在会议费、差旅费等方面存在超标准支出的问题。

审查被审计单位收入来源渠道，重点关注是否有收费项目。复核被审计单位往来款项，有无长期债务，债务规模是否合理。重点关注固定资产、购买服务等采购管理情况，检查其采购行为是否合法合规，重点查找采购控制的薄弱环节。例如，某企业在采购固定资产时，未按照规定进行招标，存在违规采购的问题。

（四）点面结合分析法

点面结合分析法在审计数据分析中能够全面把握被审计单位的情况。

一方面，在全面把握上级政策要求、单位工作发展、取得的成绩及社会影响的总体基础上，关注被审计单位各项内控制度是否建立健全，从而进行综合分析和重点筛选。对"三重一大"等具体项目或事项进行重点审计或调查，进一步调阅相关资料，如决策性文件、合作协议、设备采购合同等资料，审查执行中有无漏洞，是否存在"有章不循"等现象。例如，在对某国有企业进行审计时，发现其重大投资项目决策过程中，未严格执行"三重一大"决策制度，存在决策不规范的问题。

另一方面，在全面了解被审计单位项目资金使用情况的基础上，重点关注其绩效目标管理情况、绩效评价和绩效监控开展情况、绩效评价开展及结果运用情况。通过对项目资金的绩效分析，可以评价项目的实施效果和资金的使用效益，为改进项目管理和提高资金使用效率提供依据。例如，某政府部门在实施一项民生项目时，由于绩效目标不明确，导致项目实施效果不佳，资金使用效益低下。

（五）数据分析法

数据分析法是利用 SQL 语句、Excel 公式等数据分析方法，将审计思路转化为分析语句，对照采集的数据资源，对所需数据进行精准剥离，筛查出审计疑点，分步开展审计复核。例如，通过编写 SQL 语句，对被审计单位的财务数据进行查询和分析，找出异常交易记录和财务指标的波动。或者利用 Excel 公式对大量数据进行汇总、分析和可视化处理，发现数据中的规律和潜在问题。

灵活有效地运用数据分析法，既可作全面分析，又可作专项分析；既从静态方面加以分析，又可从动态方面加以分析。这有助于审计人员从宏观上把握被审计单位的整体情况和发展趋势，准确定位审计目标，制订审计实施方案，确保审计工作快速顺利进行。同时，有助于审计人员确定审计重点，把握审计方向，提升审计效率，更好地发挥审计监督服务职能，促进被审计单位理好财、用好权、尽好责。例如，在对某大型企业进行审计时，利用数据分析法对其财务数据进行全面分析，发现了多个潜在的审计疑点，经过进一步调查核实，为企业挽回了巨大的经济损失。

六、利用审计经验构建数据分析模型的方法

（一）异常资金流向分析法

业务交易对手异常，业务交易背景可疑，资金流向至不符合常理的账户。当数据特征表现为无法解释原因时，通过合理怀疑交易的真实性来达到查找重大违规事项和案件线索的目的。当某类交易符合一定特征时，模型大胆假设具备此特征的交易可能存在重大违规事项和案件线索。例如，在某审计项目中，发现一些交易的对手方为新成立的公司，且交易背景模糊，资金流向了与业务无关的账户。经过深入调查，最终发现了重大违规行为，涉及金额高达数百万元。

（二）模糊匹配分析法

个别模型在编写时可能会无法准确地关联对方交易，只能采取模糊匹配，查找资金走向。例如，在对一些复杂的交易数据进行分析时，由于交易双方的信息不完整或不准确，无法直接进行准确匹配。此时，可以采用模糊匹配的方法，通过关键词、交易时间等因素进行近似匹配，从而找到可能的资金走向线索。

（三）情理推测分析法

当某些交易的可疑特征用正常思维无法合理解释原因时，通过建立模型查找具有

这类特征的疑点，供现场分析核实是否存在重大违规或案件线索。例如，在审计中发现一笔交易的金额巨大，但交易目的和用途却不明确，这种情况用常理难以解释。通过情理推测分析法，建立相应的模型，对类似的可疑交易进行排查，以确定是否存在违规行为。

（四）关键特征分析法

主要通过总结以往案件或重大违规事项表现出来的交易特征，或通过对业务交易摘要进行某些关键字词的搜索，建立疑点模型。例如，以往的一些重大违规案件中，交易往往存在特定的关键词或交易特征。通过对这些特征进行总结和分析，建立关键特征模型，能够快速发现类似的违规线索。

（五）比较分析法

将被审计单位电子数据与既定标准或常规数据之间进行比较，如果偏离合理值较大，就应特别关注，以获取有关审计线索。例如，将某企业的财务数据与同行业平均水平进行比较，发现该企业的某项费用支出明显高于行业平均水平。经过进一步调查，发现该企业存在虚报费用的问题。

（六）趋势分析法

审计人员将被审计单位若干期财务或业务数据进行比较和分析，从中找出规律或发现异常变动的方法，从中看出被审计事物发展的总体趋势，并结合审计经验来判断被审计单位某些财务数据或业务数据存在错弊的可能性。例如，对某企业连续几年的销售数据进行趋势分析，发现近几年销售增长缓慢，但市场需求却在不断增加。经过深入调查，发现该企业在市场开拓和产品创新方面存在不足。

（七）分层分析法

选取一个数值类型的字段作为分层字段，将这一字段划分为若干个相等或不等的区间，通过观察对应的其他字段在分层字段的各个区间的分布情况来确定需要重点考察的范围。它是通过数据分布来发现异常的一种常用方法。分层结果反映了被统计字段在分层字段各个区间上的分布情况，审计人员可以根据这些线索来发现异常或确定审计重点，结果集中或显著的区间应引起审计人员的注意。例如，在对企业员工工资数据进行分析时，以工资水平为分层字段，将其划分为不同的区间。通过观察其他相关字段在各个区间的分布情况，发现某个区间内的员工人数明显较多，且绩效评价普遍较低。经过进一步调查，发现该区间内的员工存在薪酬分配不合理的问题。

（八）分类分析法

根据数据的属性以某一项或几项属性作为标准，对数据进行划分，使得具有相同属性的数据聚合在一起。通过观察其他对应字段在分类字段各个取值点上的分布情况来确定需要重点考察的对象或发现异常情况，确定审计线索。例如，根据企业的业务类型对交易数据进行分类,然后观察不同业务类型下的收入、成本等字段的分布情况。如果发现某个业务类型的收入明显低于其他类型,或者成本过高,就需要进一步调查该业务类型是否存在问题。

七、审计数据分析工具

(一)财务审计工具箱 AudTool

AudTool 插件是为审计行业推出的一款 Excel 工具箱软件,主要功能包括粘贴未锁定、提取文件、提取工作表、生成附注、单元格透视、添加 round 等,大大提高 Excel 处理效率,是审计人员必备的一款 Excel 插件。这款工具拥有数据清洗、round 添加、生成对方科目、工作表填充、尾差检查、工作表比较、重命名工作表和文件、提取单元格、提取工作表、提取工作簿、智能询证函、联想列表、自定义等众多功能。据了解,AudTool 在审计工作中能够帮助审计人员快速处理大量财务数据,提高工作效率。例如,在进行合并报表和附注生成时,AudTool 可以快速提取多个工作簿中的指定 sheet 的指定区域并进行汇总,极大地节省了时间和精力。

(二)银行客户交易流水分析工具

湖南省审计厅创新开发银行客户交易流水分析工具,专门解决各银行导出数据格式不一致导致的采集问题,以数字化升级助力审计工作效率提升。该工具能批量采集汇总多个文件,自动统一不规范的客户名称,并整理复杂数据源。例如,某行导出个人交易流水表,数据库中的 1 行至少分 3 行导出到电子表格,数据错位严重,无法直接使用,该工具能一键将其转换成标准的数据格式,方便比对分析。该工具还将 4 类共 59 个数据分析模型集成到一个按钮,实现一键分析并将结果导出为电子表格。除常规的分类汇总分析、最值分析、异常数值分析、银行卡号校验分析外,该工具还具有画像分析、财务数据关联分析、多个账户间的连续交易分析、循环交易分析等功能,并为对公账户设置了是否违反中央八项规定精神的专项分析。

(三)好会计财务软件

好会计软件是畅捷通公司旗下的财务软件,在财务管理方面,能够帮助用户快速、准确地录入和整理各类财务数据,包括流水账、应收账款、应付账款、固定资产等,大大提升了财务管理的效率和精度,还支持多种财务报表的生成和查询,如利润表、资产负债表、现金流量表等,帮助用户清晰地了解公司财务状况。在税务管理方面,好会计支持多种税务申报,如增值税、企业所得税、个人所得税等,满足了企业不同阶段、不同税种的申报需求。此外,好会计还支持多个税务优惠政策的自动计算,提供更加全面、准确的税务数据分析,帮助企业实现税务合规和最大化减税。在财务审计维度,好会计还提供了审计管理功能,支持 PDF 导出审计报告,增强了对企业财务管理的风险控制。在审计过程中,好会计能够提供更加丰富的财税数据展示，便于审计专员从财政、税务、财务等各方面快速、准确地了解企业状况，发现问题并及时解决，从另一个角度帮助企业提升治理水平。

八、审计数据分析案例

（一）国有企业审计案例

在国有企业审计中，针对大型国有企业下属企业多、分布广、管理链条长等特点，审计人员运用多种数据分析方法，为审计工作提供了有力支持。

1. 审前调查了解和数据采集情况。

现场审计开始前，审计人员全面调查了解企业基本情况、内部控制及其执行情况等，并对关键财务和业务数据进行采集整理。该省属国有企业资金规模和业务量较大，管理层级多、链条长，下属子企业数量多，涉及行业广。审计组确定将该集团公司企业股权投资和采购销售情况作为审计重点，并通过数据分析辅助审计。成立数据小组，设计企业基本信息、财务账套信息、管理人员信息、业务往来情况、采购和销售情况等明细表，对集团及下属企业财务数据和业务数据进行采集。财务数据主要为 SQL Server 数据库备份文件，运用鼎信诺审计软件进行还原和导入；业务数据通过被审计企业业务管理系统导出，整理为 Excel 标准表格式后转换至 SQL Server 数据库，为数据分析做准备。

2. 数据分析及审计情况。

领导人员廉洁从业情况和企业关联交易审计。运用相关人员户籍信息、全省企业工商信息、企业供应商及客户名录、企业管理人员及重要岗位人员身份信息、企业往来资金明细等数据进行关联分析。审查企业中层以上领导及家庭成员有无在本企业经营范围内以个人名义开办各类企业，查询本企业管理人员参与其他企业任（兼）职情况，分析涉及企业有无关联交易、业务交叉、输出转移利润以及领导人员存在廉洁问题等情况，同时为被审计领导干部在子公司任（兼）职是否取得薪酬等提供线索。比对企业主要往来客户及供应商工商登记信息中经营范围及资质、营业状态等情况，审查其股东中有无公司相关人员，包括审查上游供应商和下游销售商是否存在实际为同一控制人、与其他供销合同比对有无价格显失公正让利现象，审查实际发生业务往来情况，关注未入围而发生业务企业，排查疑点，审查有无同一控制人企业在招标中围标串标等情况。通过相关业务数据分析，重点审查企业管理人员廉洁从业情况，了解掌握集团股权结构和管理层级，以及与其他企业关联交易情况。

3. 货物销售情况审计。

通过图形分析对比价格波动趋势，收集环渤海动力煤价格指数作为煤炭公开市场价，与企业销售收入的财务数据与业务数据进行抓取对比，得出该集团公司地销煤窗口价与环渤海动力煤价格指数波动趋势基本相符的审计结论。通过数据筛选抓取实现"地毯式"排查，对集团所属运销公司煤炭销售价格执行情况进行数据筛选分析，抓取未签订合同且价格未适时调价的销售记录，按比较相近的手选中块煤涨幅同比测算手选小中块煤适时市价，逐笔测算累计少计收入 600 余万元。

（二）人才奖补资金审计案例

1. 消费券奖补资金审计。

审查政策执行情况：申报对象为高层次人才（A、B、C 类人才须与所在企业签订不少于 3 年的工作合同，每年在新区实际工作时间累计不少于 6 个月，每月在新区考勤系统中考勤时间不少于 5 天）和企业员工（与所在企业签订 3 年及以上劳动合同，并按规定依法缴纳社会保险 1 个月以上并处于在保缴费状态，全职在新区工作，每月在新区考勤系统中考勤记录不少于 10 天）。享受政策时限为每个申报人员自首次申报开始，最长可享受两年（24 期）消费券。

审计思路：主要审查有无不符合规定条件的奖补人员，有无超时限享受奖补政策情况。

所需资料：员工考勤表、员工社保缴纳明细表、员工劳动合同情况表、消费券发放明细表。

审计步骤：通过 SQL 查询语句，分别查询劳动合同签订不够年限、高层次人才考勤不合格、普通企业员工考勤不合格、普通企业员工社保缴纳不合格、超时限享受奖补政策等情况。

2. 生活补贴奖补资金审计。

审查政策执行情况：申报对象为高层次人才（A、B、C 类人才须与所在企业签订不少于 3 年的工作合同，每年在新区实际工作时间累计不少于 6 个月）、全日制本科、研究生、博士生、技师、高级技师（企业员工与所在企业签订 3 年及以上劳动合同，并按规定依法缴纳社会保险 3 个月以上）。

审计思路：主要审查有无不符合规定条件的奖补人员。

所需资料：员工考勤表、员工社保缴纳明细表、员工劳动合同情况表、生活补贴发放明细表。

审计步骤：通过 SQL 查询语句，分别查询劳动合同签订不够年限、高层次人才在新区工作时间不合格、全日制本科及以上、技师及以上员工社保缴纳不合格等情况。

3. 租房补贴奖补资金审计。

审查政策执行情况：申报对象为高层次人才（A、B、C 类人才须与所在企业签订不少于 3 年的工作合同，每年在新区实际工作时间累计不少于 6 个月）、全日制本科、研究生、博士生、技师、高级技师（企业员工与所在企业签订 3 年及以上劳动合同，并按规定依法缴纳社会保险 1 个月以上，每月在新区考勤不少于 10 天）。申报条件为本人及配偶未享受新区人才公寓政策，本人及配偶、未成年子女在安庆市区范围内没有自有房产。

审计思路：主要审查有无不符合规定条件的奖补人员。

所需资料：员工考勤表、员工社保缴纳明细表、员工劳动合同情况表、租房补贴发放明细表、人才公寓入住明细表、员工及家属市区房产情况表。

审计步骤：通过 SQL 查询语句，分别查询劳动合同签订不够年限、高层次人才在新区工作时间不合格、全日制本科及以上、技师及以上员工考勤不合格、全日制本科及以上、技师及以上员工社保缴纳不合格、本人及配偶已享受人才公寓政策等情况。

（三）重点人群参保覆盖面审计案例

案例背景：根据审计署2021年审计计划，统一组织开展2020年度社保基金审计，包含医疗保险和养老保险。在养老保险基金筹集方面，审计组关注了重点人群的参保情况，如重度残疾人、低保特困人员等参加社会养老保险情况。审计结果显示，部分困难特殊群体参保未实现全覆盖，政府代缴职能未履行到位。

审计思路与步骤如下。

首先，审计思路。调查了解本地关于对特困人员、低保人员等特殊群体参保政策，了解政策执行情况；从民政、残联等部门，取得特殊群体身份信息及状态的最新数据；通过身份证件号码，关联特殊群体数据和社会保险参保数据，筛选出特殊群体未参加社会保险的疑点数据；根据特殊群体所在区域，按照区划代码分组汇总，查看是否存在特殊群体未参保地域集中的情况；将特殊群体未参保情况的疑点数据，交由社保经办机构进行核实，分析未参保的原因，核实是否存在财政补助资金不到位的情况。

其次，审计步骤。

法规依据：《中华人民共和国社会保险法》《国务院关于建立统一的城乡居民基本养老保险制度的意见》《人力资源社会保障部 财政部 国务院扶贫办关于切实做好社会保险扶贫工作的意见》。

数据来源：人社局信息中心的城乡居民养老保险人员信息表、企业职工养老保险人员信息表、机关事业单位养老保险人员信息表，民政局的低保特困人员信息表，残联的残疾人信息表。

关键字段：身份证号码，人员姓名，户籍地址，社区等。

软件工具：SQL企业版。

主要步骤：分别对重度残疾人的参保情况和低保特困人员的参保情况进行核查，包括整理相关信息表、筛选符合条件的人员、与养老保险数据库中的参保信息进行比对、生成未参保人员信息表交由社保经办机构进行核实等步骤。

审计结果：将特殊群体未参保情况的疑点数据，交由社保经办机构进行核实，最终认定由于未提供户口簿、身份证参保资料等原因，存在低保人员160人、重度残疾人员80人未参加基本养老保险，政府代缴职责履行不到位。

第六节 审计数据验证

一、审计数据验证的重要性

审计数据验证在整个审计过程中起着举足轻重的作用。

首先，在当今数字化时代，企业和机构所产生的数据量呈爆炸式增长，数据的来源也变得更加多样化和复杂。如果不对这些数据进行严格的验证，就会很容易出现错误的数据被纳入审计范围，从而导致审计结果的不准确。例如，在大数据环境下，数据质量良莠不齐，存在缺失、错误、冗余或不符等问题，审计人员需清洗、标注、整合、验证海量数据，这样才能确保数据的准确、可靠。

其次，审计数据验证可以减少审计数据采集、预处理和分析过程中人为造成的失误。在数据采集阶段，可能由于被审计单位提供的数据不完整、不准确，或者审计人员采集方法不当等原因，导致数据存在问题。而通过数据验证，可以及时发现这些问题并加以纠正。在审计数据预处理阶段，每一步预处理工作都有可能影响数据的完整性和正确性，所以进行数据验证也是很必要的。

最后，审计数据验证能够确认所采集数据的真实性、正确性和完整性。这不仅是审计工作的基本要求，也是为了保障审计结果的公信力和权威性。例如，在审计过程中，通过核对总金额、保持借贷平衡、勾稽关系、审计抽样等数据验证方法，可以有效地确认审计数据的真实性和完整性，为审计工作提供可靠的依据。

二、审计数据验证的方法

（一）核对总记录数和总金额数

审计人员通过核对总记录数和总金额数来验证数据的完整性和准确性。例如，在对某企业的财务数据进行审计时，先确定应有的记录总数和总金额范围。如果采集到的数据总记录数与预期不符，可能存在数据遗漏或重复采集的情况。同时，对总金额数的核对也至关重要。假设该企业的销售数据中，理论上所有销售订单的金额总和应与财务报表中的销售收入总额相匹配。若出现较大差异，就需要进一步排查原因，可能是数据录入错误、数据丢失或者存在虚假交易等问题。通过这种方法，可以确保数据在数量和金额方面的一致性。

（二）观察顺序码的断号和重号

顺序码在数据中通常具有特定的规律，审计人员可以利用其特性，检查数据是否存在缺失或重复，以保证数据的有序性和唯一性。例如，在一个订单编号系统中，正常情况下顺序码应该是连续的。如果发现断号，可能意味着有订单未被记录或者数据丢失。而重号则可能表示数据录入错误或者存在重复提交的情况。据统计，在某些大型企业的数据库中，由于数据量庞大，每年可能会出现一定比例的顺序码异常情况。审计人员通过观察顺序码的断号和重号，可以快速定位问题数据，提高审计效率。

（三）借助会计勾稽关系

依据会计的勾稽关系进行验证，是确保数据在财务逻辑上正确性的重要方法。例如，资产负债表中的资产总额等于负债总额与所有者权益总额之和，这是一种常见的勾稽关系。如果这一关系不成立，就说明数据存在错误。再如，利润表中的净利润等于利润总额减去所得税费用等勾稽关系，也可以用来验证数据的准确性。在审计过程中，审计人员通过对这些勾稽关系的审查，可以发现潜在的舞弊行为和错误。例如，某公司的财务报表中，资产负债表和利润表的相关数据勾稽关系不符，经过深入调查，发现是由于财务人员在记录成本费用时出现错误，导致利润计算不准确。通过借助会计勾稽关系进行验证，可以有效提高审计的准确性和可靠性。

三、审计数据验证的流程

（一）数据采集阶段的初步验证

在数据采集阶段，审计人员需要对采集到的数据进行初步验证，以确保数据的真实性和完整性。首先，审计人员会发出数据需求说明书，明确所需数据的范围和要求。在采集数据的过程中，审计人员会与被审计单位人员办理交接手续，确保数据的来源可追溯。同时，审计人员会获取被审计单位对数据真实性和完整性的承诺，以便划分会计责任和审计责任。在这个阶段，审计人员可以通过核对数据的格式、字段名、数据类型等信息，初步判断数据的真实性和完整性。例如，在采集某企业的财务数据时，审计人员可以检查数据文件的格式是否符合要求，字段名是否与预期一致，数据类型是否正确等。如果发现数据存在格式错误、字段名不一致或数据类型不匹配等问题，审计人员可以及时与被审计单位沟通，要求其提供正确的数据。

（二）数据清理阶段的验证

在数据清理阶段，审计人员需要对清理后的数据进行验证，以确保数据的正确性和完整性。数据清理的目的是消除冗余数据、去除重复数据、解决数据中的冲突等问题。在清理数据后，审计人员需要核对业务金额数、记录数或借贷是否平衡，以验证清理后数据的正确性和完整性。例如，在清理某企业的财务数据时，审计人员可以核对销售收入、成本、费用等业务金额数是否与财务报表中的数据一致，记录数是否与预期相符，借贷是否平衡等。如果发现数据存在金额不符、记录数不一致或借贷不平衡等问题，审计人员可以进一步检查数据清理的过程，找出问题所在并进行修正。

（三）数据转换阶段的验证

在数据转换阶段，审计人员需要对转换后的数据进行验证，以确保数据在转换过程中不失真。数据转换的目的是将原始电子数据转换为适合审计分析的数据格式。在转换后，审计人员可以利用核对总金额、勾稽关系法或确认数据结构法对数据进行验证。例如，在将某企业的财务数据从一种数据库格式转换为另一种数据库格式时，审计人员可以核对转换前后的总金额是否一致，利用会计勾稽关系验证数据的准确性，确认数据结构是否符合审计分析的要求等。如果发现数据在转换过程中出现失真、错误或不完整等问题，审计人员可以检查数据转换的过程，找出问题所在并进行修正。

（四）创建中间表阶段的验证

在创建中间表阶段，审计人员需要对基础性中间表进一步处理得到分析性中间表，并验证中间表数据的准确性和适用性。中间表是将被审计单位的电子数据进行清理、转换和验证后，进一步进行投影、连接等操作所创建的适合审计人员进行数据分析的表。在创建中间表的过程中，审计人员需要根据审计分析模型进行字段选择、连接处理等操作。在得到分析性中间表后，审计人员需要验证中间表数据的准确性和适用性。例如，在创建某企业的财务分析中间表时，审计人员可以根据资产负债表、利润表、现金流量表等财务报表的勾稽关系进行验证，确认中间表数据是否准确反映了企业的财务状况和经营成果。如果发现中间表数据存在错误、不准确或不适用等问题，审计人员可以检查中间表的创建过程，找出问题所在并进行修正。

四、审计数据验证的工具

审计数据验证工具多种多样，如数据库活动监控、日志分析、权限管理、数据完整性检查、漏洞扫描、合规性报告、异常行为检测等工具，以及 Kyverno JSON 等特定的数据验证工具，它们为审计数据验证提供了有力支持。

（一）数据库活动监控

数据库活动监控（DAM）在审计数据验证中起着至关重要的作用。DAM 系统能够实时监控所有数据库活动，捕获并记录每一条 SQL 查询、数据修改和用户行为。例如，在一个大型企业的数据库环境中，DAM 可以及时发现异常活动，如未授权访问、潜在的 SQL 注入攻击等。据统计，使用 DAM 的企业能够减少约 70% 的数据库安全风险。通过 DAM，企业可以获得详细的审计日志，确保在出现安全问题时能够快速溯源。此外，DAM 还支持自动化告警功能，当检测到异常行为时能够立即通知相关管理人员，进行及时处置。对于满足合规性要求，如 PCI DSS、GDPR 等法规，DAM 提供了强有力的支持。通过详细的审计日志和实时监控，企业可以确保其数据库操作符合相关法规要求，减少违规风险。DAM 系统通常还支持与其他安全工具的集成，如安全信息和事件管理（SIEM）系统，进一步提升整体安全防护能力。

（二）日志分析

日志分析在审计数据验证中同样不可或缺。通过对数据库日志的深入分析，企业可以发现潜在的安全威胁和操作异常。日志分析工具能够自动收集、解析和存储数据库生成的各种日志文件，包括访问日志、错误日志、操作日志等。利用这些日志数据，安全团队可以进行详细的审计和调查，识别异常行为和潜在的安全漏洞。例如，在一个中型企业的数据库审计中，通过日志分析工具发现了多次未经授权的访问尝试,及时采取措施进行防范。日志分析还可以帮助企业满足合规性要求。许多法规和行业标准要求企业保存详细的操作日志,并定期进行审计。通过日志分析工具,企业可以轻松生成合规报告,证明其数据库操作的安全性和合规性。此外,日志分析还支持自动化告警功能,当检测到异常行为时能够立即通知相关管理人员,进行及时处置。

(三)权限管理

权限管理是确保数据库安全的基础,也是审计数据验证的重要环节。通过严格的权限管理,企业可以控制谁可以访问数据库及其资源,从而减少未授权访问的风险。权限管理包括用户身份验证、角色分配、权限授予和撤销等操作。对于大型企业,权限管理尤为重要,因为它们通常拥有复杂的用户结构和多样化的数据库需求。采用基于角色的访问控制(RBAC)模型可以大幅简化权限管理。在 RBAC 模型中,权限是基于用户角色而非个体用户进行分配的,这样可以有效减少权限分配的复杂性和错误风险。企业还应定期审查和更新权限配置,确保权限设置始终符合实际需求和安全要求。例如,一家跨国企业通过定期审查权限管理,发现并纠正了多个权限设置不当的问题,提高了数据库的安全性和审计数据的准确性。

(四)数据完整性检查

数据完整性检查是确保数据库中数据准确性和一致性的关键步骤。通过定期进行数据完整性检查,企业可以发现并纠正数据错误,确保数据库的可靠性。数据完整性检查包括数据验证、数据校验和数据对比等操作。对于关键业务系统,数据完整性检查尤为重要,因为数据错误可能导致业务中断或决策失误。数据完整性检查工具可以自动化执行各种检查任务,减少人工操作的错误风险。这些工具通常支持多种数据验证规则,如唯一性检查、引用完整性检查和数据范围检查等。此外,数据完整性检查还可以帮助企业发现潜在的数据库设计问题,如表结构不合理、索引配置不当等,从而优化数据库性能和安全性。例如,在一个金融机构的数据库审计中,数据完整性检查工具发现了多个数据不一致的问题,及时进行了修正,避免了潜在的金融风险。

(五)漏洞扫描

漏洞扫描是发现和修复数据库安全漏洞的重要手段。通过定期进行漏洞扫描,企业可以及时发现数据库中的安全漏洞和配置问题,采取相应的修复措施。漏洞扫描工具能够自动检测数据库中的已知漏洞、错误配置和潜在的安全威胁,并生成详细的扫描报告。漏洞扫描工具通常支持多种数据库平台,如 Oracle、MySQL、SQL Server 等,能够全面覆盖企业的数据库环境。此外,漏洞扫描工具还支持与其他安全工具的集成,如防火墙、入侵检测系统等,进一步提升整体安全防护能力。企业应定期进行漏洞扫描,确保数据库环境的安全性和稳定性。例如,一家科技企业通过定期漏洞扫描,发现并修复了多个数据库安全漏洞,提高了数据库的安全性和审计数据的可靠性。

（六）合规性报告

合规性报告是满足各种法规和行业标准要求的关键步骤。通过生成详细的合规性报告，企业可以证明其数据库操作的安全性和合规性，减少违规风险。合规性报告通常包括访问日志、操作日志、权限配置、数据完整性检查结果等内容。合规性报告工具能够自动生成各种法规要求的报告，如 PCI DSS、GDPR、HIPAA 等。这些工具通常支持自定义报告模板，企业可以根据自身需求进行定制。此外，合规性报告工具还支持定期生成报告和自动化告警功能，确保企业始终符合相关法规要求。例如，一家医疗企业通过合规性报告工具，定期生成符合 HIPAA 法规要求的报告，证明其数据库操作的安全性和合规性，避免了潜在的法律风险。

（七）异常行为检测

异常行为检测是发现潜在安全威胁的重要手段。通过实时监控和分析数据库活动，异常行为检测工具能够及时发现异常行为和潜在的安全威胁。异常行为检测通常包括用户行为分析、SQL 查询分析、数据修改分析等操作。异常行为检测工具能够自动检测数据库中的异常行为，如未授权访问、异常数据修改、潜在的 SQL 注入攻击等。这些工具通常支持自动化告警功能，当检测到异常行为时能够立即通知相关管理人员，进行及时处置。例如，在一个电商企业的数据库审计中，异常行为检测工具发现了多个异常订单数据修改行为，及时进行了调查和处理，避免了潜在的商业欺诈风险。

（八）Kyverno JSON

Kyverno JSON 是一款强大的数据验证工具，它将 Kyverno 的强大功能扩展至任何 JSON 或 YAML 格式的数据验证场景中。Kyverno JSON 可以让用户利用 Kyverno 策略轻松校验 JSON 或 YAML 载荷，无论是在云配置、Dockerfile、Terraform 文件还是服务授权请求中。例如，在一个软件开发项目中，Kyverno JSON 被用于验证 API 请求和响应中的数据格式和内容，确保数据符合预期。Kyverno JSON 具有灵活性高、声明式策略、多形态部署、社区活跃、开发者友好等特点，成为一个值得加入工具箱的必备武器。无论是架构师、运维工程师还是开发者，掌握并应用这一工具都将极大增强其数据处理和安全性维护的能力。

【案例拓展】

一、平安集团智能审计系统建设

（一）转型背景

平安集团作为横跨保险、银行、证券等领域的综合金融巨头，业务版图覆盖全球 30 余个国家和地区。随着业务规模扩张，传统审计模式面临严峻挑战：一是数据孤岛问题突出，各子公司采用不同核心系统（如寿险使用 SAP、银行使用 Oracle），数据调取耗时占审计周期的 70% 以上；二是风险识别滞后，2019 年因抽样检查疏漏未能及时发现某 P2P 平台资金池违规操作，直接导致 2.3 亿元损失；三是人力成本高企，300 人的审计团队需覆盖 2 000 余家分支机构，人均年处理项目量仅为 1.2 个，难以满足集团全球化监管要求。

（二）技术架构与实施路径

平安集团于 2020 年启动"智能审计 2030"计划，核心是构建"平安脑"智能审计平台，分为三大模块。

1. 数据湖仓一体层。

通过 API 接口对接集团内外部 56 个系统（包括财务、CRM、反洗钱等），建立 Delta Lake 动态数据湖，存储结构化与非结构化数据超 500TB。开发 DataOps 自动化清洗工具，将合同扫描件、邮件等非结构化数据转化为标签化字段，标签覆盖率从 42% 提升至 89%。

2. AI 风险识别层。

- 异常交易检测：采用孤立森林算法结合时间序列分析，训练超 100 万笔历史交易数据，构建 12 类风险场景模型（如"短时间跨机构资金划转""关联账户循环交易"），实现毫秒级预警，准确率达 92%。

- 关联图谱分析：基于 Neo4j 图数据库构建员工—客户—供应商关系网络，识别围标串标等隐蔽风险。例如，2022 年发现某采购经理通过亲属控股 3 家供应商，涉及违规采购金额 3 800 万元。

3. RPA 流程自动化层。

部署 UiPath 机器人处理 7 类高频低价值流程，例如，自动下载银行流水并比对凭证（耗时从 4 小时/项目压缩至 15 分钟/项目）、生成审计底稿模板（错误率从 23% 降至 5% 以下）。

（三）关键挑战与解决方案

- 数据权限争议：子公司担忧核心业务数据泄露，平台采用联邦学习技术，实现"数据不出域"的联合建模，确保各机构数据主权。

- 审计标准差异：针对保险、银行等不同行业的监管要求，开发动态规则引擎，内置银保监会、证监会等 8 套合规库，支持按需切换审计策略。

（四）商业价值与成果

- 风险拦截：2022 年系统预警高风险交易 1.2 万笔，挽回损失预估超 9 亿元，较 2019 年效率提升 6 倍。

- 效率提升：单项目平均耗时从 45 天缩短至 27 天，团队年度可承接项目量增长 80%，审计覆盖率从 65% 提升至 100%。

- 成本优化：RPA 替代 15% 基础岗位，年节省人力成本约 2 400 万元。

（五）专家评价

普华永道在《金融业智能审计白皮书》中指出，平安集团的实践验证了"数据中台 + AI 建模 + 自动化"三角模型的可行性，其风险特征库（含 3 200 + 个风险标签）

已成为行业标杆。

二、国家电网审计大数据中心

（一）战略动因

国家电网年均工程投资规模超5 000亿元，传统审计面临多重痛点：一是数据碎片化，物资采购涉及ECP、ERP、电子商务等8大平台，数据口径不一致；二是腐败手段隐蔽化，围标串标行为通过壳公司交叉投标等方式规避审查，传统人工审计发现率不足40%；三是证据链薄弱，工程签证单等纸质材料易篡改，2018~2020年因证据不足导致的诉讼败诉率达34%。

（二）核心技术方案

1. 审计云平台建设。

- 数据治理：制定《电力审计数据标准V3.0》，统一56类主数据编码（如物资ID、供应商评级），日均处理数据量1.2TB。
- 混合云部署：敏感数据（如设计图纸）存储于私有云，采用国密算法SM4加密；非敏感数据分析任务运行于阿里云MaxCompute，算力成本降低60%。

2. "电眼"风险监测模型。

- 围标串标识别：提取投标IP地址重合度、历史中标关联度等17个指标，训练XGBoost模型，AUC值达0.93。2021年发现某电缆采购项目中5家关联公司围标，涉及金额1.7亿元。
- 工程超支预警：基于BIM模型比对施工进度与预算消耗，成功预警某变电站混凝土用量超量23%，避免损失800万元。

3. 区块链存证。

采用Hyperledger Fabric构建审计证据链，关键节点数据（如合同签署、工程验收）实时上链，生成不可篡改哈希值。2023年区块链证据在153起诉讼中被法院采信，胜诉率提升至89%。

（三）组织变革与成效

- 管理模式升级：将原27个省公司审计部接入云平台，建立"总部—省—市"三级监控中心，实现审计指令实时下达。
- 能力重塑：培训1 400余名审计人员掌握SQL、Python等工具，2023年数字化审计认证通过率达92%。
- 反腐成效：2021~2023年查处违规供应商372家，追回资金41亿元，工程平均延期率从18%降至7%。

资料来源：

[1] 平安集团. 平安集团2022年可持续发展报告 [R/OL]. (2023-03-20). 平安集团官网, http://www.pingan.cn.

[2] 国务院国资委. 中央企业数字化转型典型案例集（2022）[G/OL]. (2022-11-15). 国资委官网, http://www.sasac.gov.cn.

【课后思考题】

1. 如何理解电子数据的可靠性、完整性和可用性在电子数据审计中的重要意义？结合实例说明。

2. 在电子数据审计中，抽样审计方法有多种，如随机抽样、分层抽样、系统抽样等。请比较这些抽样方法在电子数据审计场景下的优缺点，并举例说明在何种情况下应优先选择哪种抽样方法。

3. 从审计主体（审计机构和审计人员）和审计客体（被审计单位）两个角度，分析在电子数据审计中可能出现的职业道德风险，并探讨如何进行防范。

【思政小课堂】

1. 探讨大数据审计如何促进企业履行社会责任。

思考方向：企业的社会责任包括对环境的保护、对员工权益的保障、对消费者负责等多个方面。大数据审计可以通过分析企业的生产数据、财务数据、环境报告数据等，监督企业是否履行了相关责任。例如，通过对企业能源消耗数据和污染物排放数据的审计，促使企业节能减排，走可持续发展道路。从思政方面，如何引导学生认识到大数据审计在推动社会和谐发展中的作用？

2. 探讨大数据审计在保障公共资源合理分配与可持续利用中的作用。

思考方向：公共资源如自然资源、教育资源、医疗资源等的合理分配和可持续利用关系到社会的长远发展。大数据审计可以对公共资源的分配和使用情况进行评估和监督。例如，在教育资源分配方面，通过审计教育经费的使用情况，确保教育资源能够公平地惠及各个地区和群体。从思政教育视角，如何阐述这对社会公平和可持续发展的意义？

第四章　信息系统审计基础方法

【知识目标】

- 了解信息系统审计的基本概述。
- 认识信息系统审计的重要性。
- 熟悉信息系统审计准则对审计人员的作用。

【技能目标】

- 能够熟悉信息系统审计用到的基础方法。
- 初步掌握应用控制审计的基本步骤。

【思政目标】

- 培养学生的创新精神和团队意识。在大数据课程中，学生需要掌握数据处理和分析的技能，但是，这些技能的应用需要在团队中完成。
- 让学生更好地认识到团队协作的重要性，培养他们的创新精神和团队意识，从而成为具有更高素质的财务人才。
- 能够帮助学生树立正确的人生观和价值观，增强他们对社会、国家以及企业的认同感和责任感，并培养他们的创新精神和团队意识，成为具有更高素质的财务人才。

第一节　信息系统审计简介

一、信息系统内部控制的主要内容分类

信息系统内部控制是指一个单位在信息系统环境下，为了确保业务活动的有效进行，保护资产的安全与完整，防止、发现、纠正错误与舞弊，确保信息系统提供真实、合法、完整的信息，而制定和实施的一系列政策、程序和措施。信息系统内部控制的分类如下。

（一）依据控制内容分类

一般来说，依据控制的内容，信息系统内部控制分类如下。

(1) 一般控制（general controls，GCs）。
(2) 应用控制（application controls，ACs）。

（二）依据控制意图分类

(1) 预防性控制（事前控制）。
(2) 检查性控制（事中控制）。
(3) 纠正性控制（事后控制）。

（三）依据控制层次分类

依据控制的层次，无论是一般控制还是应用控制，都可以分类如下。
(1) 治理控制。
(2) 管理控制。
(3) 技术控制。

其中，治理控制指政策等方面的控制；管理控制指标准、组织与管理、物理环境控制等方面的控制；技术控制指系统软件控制、系统开发控制以及基于应用系统的控制等方面的控制。

（四）依据技术和管理的视角分类

从技术的角度来看，一般控制包括数据库控制、网络控制、操作系统控制等；应用控制主要是针对具体应用系统的控制。从IT管理的角度来看，无论是一般控制还是应用控制，都可以分成IT规划管理、系统运行管理、系统开发管理、供应商管理等。

如第一章所述，信息系统审计一般理解为对计算机系统的审计，国际信息系统审计与控制协会将信息系统审计定义为：信息系统审计是收集和评估证据，以确定信息系统与相关资源能否适当地保护资产、维护数据完整、提供相关和可靠的信息、有效完成组织目标、高效率地利用资源并且存在有效的内部控制，以确保满足业务、运作和控制目标，在发生非期望事件的情况下，能够及时地阻止、检测或更正的过程。根据以上信息系统内部控制的内容，目前开展信息系统审计时一般从以下两个方面出发。

其一，一般控制审计，即对信息系统总体环境控制的审计。
其二，应用控制审计，即对应用系统控制的审计。

二、信息系统审计的基本步骤

一般来说，开展信息系统审计的基本步骤如下。

（一）审计准备阶段

在审计准备阶段，主要工作如下。
(1) 审前调查，了解被审计单位和被审计信息系统的基本情况。
(2) 成立审计小组。

(3) 编制信息系统审计方案。
(4) 下发审计通知书。

（二）审计实施阶段

在审计实施阶段，主要工作如下。

(1) 根据审计方案，进一步调查被审计单位基本情况，识别其信息系统一般控制和应用控制。

(2) 采用访谈、文档查看、现场观察等方法，进行设计和实施测试（design & implementationtest，D&I）以及执行有效性测试（operating effectiveness，OE），收集审计证据。根据国际内部审计师协会的相关文献，设计和实施测试是指针对被审计单位内部控制制度设计的健全性进行测试，即被审计单位的控制政策和程序是否设计适当，是否可识别潜在的风险点并降低其发生的可能性和影响；执行有效性测试是指针对被审计单位内部控制制度执行的有效性进行测试，即被审计单位的控制政策和程序是否得到有效执行以发挥其应有的成效。

(3) 编写审计工作底稿。

（三）审计报告形成阶段

在审计报告形成阶段，主要工作如下。
(1) 整理、评价审计证据。
(2) 起草审计事实确认书，征求被审计单位意见。
(3) 在此基础上，撰写审计报告与审计建议。

（四）审计结果执行阶段

在审计结果执行阶段，主要工作如下。
(1) 执行审计结果。
(2) 审计项目材料的归档和管理。

第二节　信息系统一般控制及审计

一、信息系统一般控制简介

简单来讲，信息系统一般控制是除了信息系统应用程序控制以外的其他控制，它应用于一个单位信息系统全部或较大范围的内部控制。其基本目标为：防止系统被非法侵入、保护信息系统、确保数据安全、保证在意外情况下的持续运行等。

根据以上信息系统一般控制的主要内容及目标，信息系统一般控制审计的主要内容包括信息系统开发、测试和维护审计，信息系统运行管理审计，信息系统安全审计、业务连续性管理审计、IT外包审计等。

二、信息系统开发、测试和维护审计

（一）信息系统开发、测试和维护审计简介

良好的系统开发管理是一个信息系统能否稳健运行的必要前提，而充分的信息系统测试和周密的上线程序是保障信息系统正常稳定运行的重要环节。因此，加强信息系统开发的管理工作，确保充分的系统测试和完善的系统上线程序管理，对确保信息系统的稳定性和可靠性，防范系统风险具有重要意义。

在信息系统上线之后，信息系统维护是一项重要工作，信息系统维护是对信息系统的运行进行控制，记录其运行的状态，进行必要的修改和扩充，以便使信息系统在其生命周期内保持良好的可运行状态，保证其功能的发挥，满足单位的需要。信息系统维护包括纠错性维护、适应性维护、完善性维护、预防性维护。其中，纠错性维护是为了识别和纠正软件错误、改正软件性能上的缺陷；适应性维护是为了使软件适应外部环境（如新的硬、软件配置）或数据环境（如数据库、数据格式、数据输入/输出方式、数据存储介质）可能发生的变化；完善性维护是为了满足在软件的使用过程中，用户对软件提出新的功能与性能要求；预防性维护是为了提高软件的可维护性、可靠性等，预防相关问题的发生。此外，对系统下线应按规范流程妥善处理，确保下线系统敏感数据的安全性和完整性。

为了保证信息系统开发、测试和维护过程的有效性，审计人员需要对其进行审计。概括来说，信息系统开发、测试和维护审计的主要目的如下。

（1）检查信息系统开发、测试和维护的方法与程序是否科学，是否含有恰当的控制。

（2）检查信息系统开发、测试和维护过程中产生的系统文档资料是否规范。

（3）确保信息系统开发、测试和维护目标的实现。

（二）信息系统开发、测试和维护审计主要内容

在开展信息系统开发、测试和维护审计时，审计人员可以关注以下内容。

（1）检查是否有系统开发的可行性研究、成本效益分析、风险评估等报告，是否对项目的可行性、成本效益核算以及可能出现的各种操作风险、财务损失、无效系统规划等进行了深入的分析；查看相关分析结果是否得到其管理部门（如信息科技管理委员会）的认可。

（2）分析其管理部门（如信息科技管理委员会）是否对系统开发的可行性、必要性以及与IT战略规划和业务发展目标的一致有充分认识。

（3）检查在信息系统实施过程中，实施部门是否定期向其管理部门（如信息科技管理委员会）提交进度报告（报告内容包括计划的重大变更、关键人员或供应商的变更以及主要费用支出情况等）。

（4）针对长期或临时聘用的技术人员和承包商，尤其是从事敏感性技术相关工

作的人员，是否制定严格的审查程序，包括身份验证和背景调查。

（5）检查信息系统开发环境和运行环境是否分离，网络是否有效隔离，设备是否独立于生产系统，开发人员是否接触生产系统，开发过程中是否使用了生产数据，使用的生产数据是否得到高级管理层的批准并经过脱敏或相关限制。

（6）检查系统开发过程中，是否对源代码进行有效的管理和严格的审查。

（7）检查在信息系统投产后一定时期内，组织对该系统的后评价，是否根据评价结果及时对该系统功能进行调整和优化。

（8）对于信息系统项目相关的风险（这些风险包括潜在的各种操作风险、财务损失风险和因无效项目规划或不适当的项目管理控制产生的机会成本等），检查是否采取适当的项目管理方法进行控制。

（9）为了确保信息系统开发、测试和维护过程中数据的完整性、保密性和可用性，检查是否制定并落实相关制度、标准和流程。

（10）检查将完成开发和测试环境的程序或系统配置变更应用到生产系统时，是否得到信息科技部门和业务部门的联合批准。

（11）检查是否制定相关制度和流程来控制信息系统升级过程。

（12）检查信息系统升级活动是否接受相关的管理和控制，包括用户验收测试。

（13）检查是否对信息系统变更进行及时记录和定期复查。

（14）检查对生产系统的紧急修复任务，应用程序开发和维护人员进入生产系统是否得到管理层批准执行，所有的紧急修复活动是否都进行了记录。

（15）检查对于设备达到预期使用寿命或性能不能满足业务需求，基础软件（操作系统、数据库管理系统、中间件）或应用软件必须升级时，是否及时进行系统升级，有没有相关的管理制度。

（16）检查为确保全面地追踪、分析和解决信息系统问题，是否建立并完善有效的问题管理流程，是否对信息系统问题进行记录、分类和索引。

（17）检查是否制定了文档管理规范制度，查看项目开发设计、源代码、技术使用和运行维护说明书、用户使用手册、风险评估报告等项目文档管理是否符合规范，是否进行了文档的版本控制。

（18）检查信息系统下线后对应该保留的信息是否进行了有效保管，该删除的信息是否彻底销毁。

（三）信息系统开发、测试和维护审计案例

【案例一】

审计内容：

以某商业银行为例，检查针对长期或临时聘用的技术人员和承包商，尤其是从事敏感性技术相关工作的人员，是否制定严格的审查程序，包括身份验证和背景调查。

审计过程及审计发现：

通过调阅被审计单位提供的"微信银行"项目相关文档发现，在保密协议中缺少现场服务人员×××的身份证复印件材料；通过调阅被审计单位提供的"外网门户"项目文档，在"项目服务报告""服务安全承诺书"现场服务人员名单中两位技术开发人员（×××、×××）没有在"现场服务人员名单"中签名。

【案例二】

审计内容：

以某商业银行为例，检查对生产系统的紧急修复任务，应用程序开发和维护人员进入生产系统是否得到管理层批准执行，所有的紧急修复活动是否都进行了记录。

审计过程及审计发现：

通过现场查看该商业银行的科技管理系统发现，尽管在系统开发与维护过程中，所有变更均在科技管理系统中记录管理，并按照电子流程进行审批，但在科技管理系统中一些变更内容是否被准确地记录到系统中得不到充分的保证，如某资产负债系统版本变更表中变更申请信息和变更内容不一致。

【案例三】

审计内容：

以某商业银行为例，检查是否制定了文档管理规范制度，查看项目开发设计、源代码、技术使用和运行维护说明书、用户使用手册、风险评估报告等项目文档管理是否符合规范，是否进行了文档的版本控制。

审计过程及审计发现：

抽查被审计单位相关文档管理情况，选取了"微信企业号、金融创新论坛、微信银行"等项目文档，通过调阅对方提供的"微信企业号"项目文档材料，发现该材料中："项目尽职调查报告"内容格式不规范；"项目尽职调查报告""项目服务报告"部分归档较乱；"项目质量及风险控制报告"误写成"项目质量风险控制及管理规范"。

经审阅被审计单位提供的"金融创新论坛"项目文档材料，发现该材料中：文档"项目信息安全评估报告""2.8需要的资源配置"中的内容系拷贝的"微信企业号"项目文档"2.8需要的资源配置"的内容，造成"金融创新论坛"项目"2.8需要的资源配置"中内容错误；文档"代码安全监察报告"中提到"项目中存在BUG数量为2个"，但跟踪情况仅列举了一个。

三、信息系统运行管理审计

（一）信息系统运行管理审计简介

信息系统运行管理主要是对上线系统的日常运行进行管理。系统的日常运行要与系统开发和维护分离，确保一个单位信息科技部门内部的岗位制约。信息系统运行管理主要包括以下内容。

（1）人员管理。应加强对员工入职时的身份审查、日常工作管理、离职管理。

（2）职责分离。应将不相容岗位实现职责分离，以减少未授权访问、无意识修改以及故意犯罪给单位造成损失的机会。

（3）账号及权限管理。应保证只有经授权的用户才能访问，防止非授权访问。

（4）物理访问控制。应将关键或敏感的信息处理设施放置在安全区域内，并受到安全边界的保护，安全边界应包括入口控制，以避免未授权访问、损坏和干扰。

（5）逻辑访问控制。应清晰地描述每个用户或一组用户的访问控制规则和权利。

（6）操作管理。应制定详尽的信息系统运行操作程序。

（7）日常监控。应安排值班人员对系统运行情况进行全面监控。

（8）日志管理。应按照有关法律法规要求保存交易记录，采取必要的程序和技术，确保存档数据的完整性，满足安全保存和可恢复的要求。

（9）变更管理。应制定变更管理制度，对信息系统的软件打补丁和升级、硬件修正等变更进行管理，从而控制变更风险。

（10）问题管理。应建立问题管理台账，以确保全面地追踪、分析和解决信息系统问题，及时组织相关人员分析问题发生的根源，从根本上消除问题。信息系统运行管理审计的目的就是确保被审计单位的信息系统运行管理符合以上相关要求。

（二）信息系统运行管理审计主要内容

在开展信息系统运行管理审计时，审计人员可以关注以下内容。

（1）检查被审计单位是否配备有专门的系统维护技术人员，操作人员是否经过培训。

（2）检查是否将信息系统运行与信息系统开发和维护分离，确保信息科技部门内部的岗位制约；是否对计算机中心的岗位和职责作出明确规定。

（3）检查业务系统是否能保证只有经授权的用户才能访问，能否防止非授权访问。

（4）检查是否严格控制第三方人员（如服务供应商）进入安全区域，如确需进入是否得到批准，其活动是否受到监控。

（5）检查是否制定详尽的信息系统运行操作说明，如在信息系统运行手册中说明计算机操作人员的任务、工作日程、执行步骤，以及生产与开发环境中数据、软件的现场及非现场备份流程和要求（备份的频率、范围和保留周期）。

（6）检查是否按照有关法律法规要求保存交易记录，采取必要的程序和技术，确保存档数据的完整性，满足安全保存和可恢复要求。

（7）检查日志管理情况，确保每天记录系统的运行日志、记录出现故障的情况和相应的维护日志、记录操作人员的操作日志和各程序的运行日志、记录相关硬件的升级或更新日志、记录相关软件的升级或更新日志。

（8）检查是否建立事故管理及处置机制，及时响应信息系统运行事故，逐级向相关的IT管理人员报告事故的发生，并进行记录、分析和跟踪，直到完成彻底的处置和根本原因分析。是否建立服务台，为用户提供相关技术问题的在线支持，并将问题提交给相关信息科技部门进行调查和解决。

（9）检查是否建立与服务水平管理相关的制度和流程，对信息系统运行服务水平进行考核。

（10）检查是否建立连续监控信息系统性能的相关程序，及时、完整地报告例外情况；该程序是否能提供预警功能，在例外情况对系统性能造成影响前对其进行识别和修正。

（11）检查是否制定容量规划，以适应由于外部环境变化产生的业务发展和交易量增长。容量规划应涵盖生产系统、备份系统及相关设备。

（12）检查是否及时进行维护和适当的系统升级，以确保与技术相关服务的连续可用性，并完整保存记录（包括疑似和实际的故障、预防性和补救性维护记录），以确保有效维护设备和设施。

（13）检查是否制定有效的变更管理流程，以确保生产环境的完整性和可靠性。包括紧急变更在内的所有变更都应记入日志，由信息科技部门和业务部门共同审核签字，并事先进行备份，以便必要时可以恢复原来的系统版本和数据文件。检查紧急变更成功后，是否通过正常的验收测试和变更管理流程。

（14）检查信息系统是否具有以下重要文档：系统或软件的使用手册和操作指南、系统设计文档、数据库设计文档、软件的概要设计文档、软件的详细设计文档等。

（15）检查文档管理情况，确保文档管理规范，信息系统中重要的技术文档和业务文档由专人保管，信息系统中重要的文档只有通过授权才能阅读，对信息系统中重要的文档进行了备份，技术人员调离岗位时应收回其拥有的技术文档，业务人员调离岗位时应收回其拥有的操作文档。

（16）检查软件管理情况，确保信息系统中重要软件及其文档资料应有专人保管，对信息系统中重要的软件及其文档资料进行了备份，信息系统中重要的软件只有经过授权才能拷贝。

（三）信息系统运行管理审计案例

【案例一】

审计内容：

以某商业银行为例，检查业务系统是否能保证只有经授权的用户才能访问，能否防止非授权访问。

审计过程及审计发现：

通过现场查看该商业银行的管理系统，发现该商业银行手机银行系统的账号及权限管理方面存在一定的问题。例如，离职人员的账号在本管理系统中仍然存在，且账号状态为正常；一些账号为系统开发人员的测试账号，但目前这些账号在本管理系统中仍然存在，且账号状态为正常。

【案例二】

审计内容：

以某商业银行为例，检查是否制定详尽的信息系统运行操作说明，如在信息系统运行手册中说明计算机操作人员的任务、工作日程、执行步骤，以及生产与开发环境中数据、软件的现场及非现场备份流程和要求（备份的频率、范围和保留周期）。

审计过程及审计发现：

通过采取到计算机中心实地查看，验证值班室是否保存有较为完整的操作手册；对比值班人员职责，验证值班室的操作手册能否完整覆盖值班人员的职责，发现值班室没有保存有较为完整的关于信息科技运行的操作手册。

四、信息系统安全审计

（一）信息系统安全审计简介

信息系统安全是通过维护信息系统中信息的机密性、完整性和可用性来管理和保护一个单位所有的信息资产。信息系统安全涉及管理、人员、技术等各个方面，因此，信息系统安全主要包含管理安全（如安全管理制度与管理组织）、人员安全和技术安全（如计算机机房、操作系统、数据库系统、网络通信、软件、硬件等）三个方面，相关内容分析描述如下。

1. 管理安全。

一个单位应在信息系统安全管理方面建立相应的管理制度，并要求严格执行相关管理制度，各项操作要符合制度要求。另外，要建立相应的安全管理职能部门，设置相应的安全管理岗位，为信息系统的安全管理提供组织上的保障。

2. 人员安全。

人员安全要求一方面提高单位员工的安全意识、加强信息系统安全重要性教育，学习并掌握与其岗位相关的信息安全管理制度；另一方面，单位内部在岗位设置和人员安排方面要注意做到职责分离，职责分离的目的是保证不同的人员承担不同的职责，人员之间可以互相监督和检查，从而防止错误和舞弊。其原则是在分工协作的基础上明确各部门、人员的权限与责任。

（二）常见职责分离情况

（1）信息系统部门与业务部门的职责相分离。
（2）信息系统部门与业务部门内部的职责相分离。
（3）交易的授权与交易的执行相分离。
（4）资产的保管与记录相分离。

（三）技术安全

技术安全用来防范信息系统运行环境中影响信息系统正常、可靠运行的安全隐患，保护信息系统中的各种资源免受毁坏、替换、盗窃和丢失的威胁。这些威胁主要包括：自然灾害风险；环境故障风险，如电力故障、设备故障、温度、湿度、静电、恐怖袭击等。为保证技术安全，主要控制措施如下。

(1) 物理位置。远离地下室、蓄水池、化工厂、加油站、储气站、机场等。

(2) 水灾控制。计算机中心具备水灾探测器。

(3) 火灾控制。计算机中心具备防火能力、火灾警报器和灭火系统，要定期检测消防设施。

(4) 电力供应相关风险的控制。计算机中心具备电力中断控制能力，如具有不间断电源系统（uninterruptible power system，UPS）、后备发电机供电等设施；具备电源线中断控制能力，如备份电力系统等。

(5) 防潮和防尘控制。信息系统安全审计的目的就是确保被审计单位的信息系统安全管理符合以上相关要求。

(四) 信息系统安全审计主要内容

在开展信息系统安全审计时，审计人员可以关注以下内容。

(1) 检查是否建立配套的安全管理职能部门，通过管理机构的岗位设置、人员的分工以及各种资源的配备，为信息系统的安全管理提供组织上的保障。

(2) 检查是否对各类信息系统进行风险评估，根据信息系统的重要程度等因素，建立和实施信息系统分类与保护体系，是否保证该体系在单位内部的贯彻落实。

(3) 检查是否针对信息系统安全管理工作建立相应的管理制度，并要求管理人员或操作人员严格执行管理制度；各项操作符合制度要求；信息系统安全制度是否符合国家有关信息管理的法律、法规以及技术标准。

(4) 检查是否建立信息系统安全计划和保持长效的管理机制（如信息系统安全管理机制，包括信息系统安全标准、策略、实施计划和持续维护计划；信息系统安全策略，包括安全制度管理、信息系统安全组织管理、资产管理、人员安全管理、物理与环境安全管理、通信与运营管理、访问控制管理、系统开发与维护管理、信息系统安全事故管理、业务连续性管理、合规性管理等）。

(5) 检查是否采取相应的措施对人员进行管理，如岗位设置是否合理，是否做到分工明确、职责清晰，重要岗位是否相互制约；对涉密人员是否签订保密协议等。

(6) 检查是否定期对管理层、信息部门技术人员、员工、客户等进行信息系统安全教育。

(7) 检查是否提供必要的培训，使所有员工都了解信息系统安全的重要性，让员工充分了解其职责范围内的信息保护流程。

(8) 检查是否定期对信息系统安全情况进行评估，并提交安全评估报告。对安全评估中发现的问题，是否及时整改。

(9) 检查操作系统管理，如账号及密码管理、系统访问控制等。

(10) 检查数据库系统管理，如数据库用户身份认证和权限管理，数据安全、备份及恢复和性能管理等。

（11）检查网络安全管理，如是否建立健全与网络管理相关的内部控制规章制度、技术规范、操作规程等，是否制定网络访问控制措施，是否制定网络日志管理措施，网络通信系统各项文档是否完备，是否定期对网络安全进行评估。

（12）检查是否制定相关策略和流程，管理所有生产系统的活动日志（包括交易日志和系统日志）。

（13）检查交易日志和系统日志的保存期限设定是否符合要求。

（14）检查是否有系统产生的信息安全相关日志记录。

（15）检查为防范涉密信息在传输、处理、存储过程中出现泄露或被篡改的风险，是否采取加密技术。

（16）检查是否建立密码设备管理制度（包括使用符合国家要求的加密技术和加密设备，管理和使用密码设备的员工经过专业培训与严格审查，加密强度满足信息机密性的要求，制定并落实有效的管理流程，尤其是密钥和证书生命周期管理）。

（17）检查是否确保所有终端用户设备（包括台式个人计算机、便携式计算机、柜员终端）的安全，是否定期对所有设备进行安全检查。

（18）检查是否制定相关制度和流程来严格管理客户信息的采集、处理、存储、传输、分发、备份、恢复、清理和销毁。

（19）检查计算机中心是否采取物理控制措施，监控对信息处理设备运行构成威胁的环境状况，并防止因意外断电或供电干扰影响计算机中心的正常运行。

（20）检查计算机中心的安全管理，如计算机中心的选址（如是否接近自然灾害多发区、危险或有害设施、繁忙或主要公路）、基础设施建设、环境要求、安全管理、访问控制、日常维护等。

（五）信息系统安全审计案例

【案例一】

审计内容：

以某商业银行为例，检查是否提供必要的培训，使所有员工都了解信息安全的重要性，并充分了解其职责范围内的信息保护流程。

审计过程及审计发现：

经审阅被审计单位提供的信息系统安全培训材料，发现基本达到了相关要求，但不足的是，从提供的培训记录材料来看，培训的范围较小，没有使所有员工都了解信息系统安全的重要性，安全教育培训的范围应该扩大到所有员工。

【案例二】

审计内容：

以某商业银行为例，检查交易日志和系统日志的保存期限设定是否符合要求。

审计过程及审计发现：

经审阅被审计单位提供的《××商业银行股份有限公司信息系统管理规范》，没有发现关于交易日志和系统日志保存期限的相关规定，不符合"交易日志应按照国家会计准则要求予以保存"和"系统日志保存期限按系统的风险等级确定，但不能少于一年"的要求。

五、业务连续性管理审计

（一）业务连续性管理审计简介

业务连续性管理是为了防止业务活动中断，保护关键业务流程不受信息系统失效或自然灾害的影响，将意外事件或灾难对业务的影响降到最低水平。业务连续性管理包括识别和降低风险，制订业务连续性计划，建立应对意外事件或灾难的响应与恢复机制，测试和检查业务连续性计划的有效性与合规性，维护业务连续性计划。

其中，IT服务连续性管理是业务连续管理的重要领域。该管理的目的是在组织通过业务影响分析、风险分析、确定业务连续管理策略后，通过有效的IT可用性方案、IT响应和恢复预案的设计、培训、测试、维护等措施，确保在意外事件或灾难发生后，在最短时间内恢复业务运作所需的IT基础设施、信息系统和IT服务，最终使机构能够按照IT服务连续管理方案中规定的水平与恢复时间等目标对外提供服务。业务连续性管理审计的目的就是确保被审计单位的业务连续性管理符合相关要求。

（二）业务连续性管理审计主要内容

在开展业务连续性管理审计时，审计人员可以关注以下内容。

（1）检查是否建立一个专门组织或指定一个部门负责本机构业务连续性管理工作（该组织应包含但不限于风险管理部门、业务牵头管理部门、信息科技部门或跨部门的业务连续性管理委员会）。

（2）检查是否制订规范的业务连续性计划。

（3）检查是否评估因意外事件导致其业务运行中断的可能性及其影响，这些意外事件包括内外部资源的故障或缺失（如人员、系统或其他资产）、信息丢失或受损、外部事件（如战争、地震或台风等）。

（4）检查是否能提供业务连续性管理相关规章制度、文件以及人员名单。

（5）检查业务连续性计划是否有年度应急演练。

（6）检查是否制订规范的IT服务连续性计划。

（7）检查是否能提供与IT服务连续性计划执行相关的规章制度、文件以及人员名单。

（8）检查是否能提供与IT服务连续性计划组织相关的会议纪要、演练记录等资料。

（9）检查业务连续性计划和年度应急演练结果是否由信息科技风险管理部门或信息科技管理委员会确认。

(三) 业务连续性管理审计案例

【案例一】

审计内容：

以某商业银行为例，检查是否制订规范的业务连续性计划。

审计过程及审计发现：

通过访谈该银行风险管理部相关人员，了解到目前已制定了详细的业务连续性管理相关规章制度，主要有：××商业银行业务连续性管理制度、业务连续性附件（附件1：业务影响分析模板；附件2：业务资源分析模板；附件3：系统资源部署；附件4：RTO及RPO分析结果；附件5：业务连续性风险评估；附件6：恢复策略模板；附件7：业务连续性总体应急预案；附件8：××业务连续应急预案；附件9：业务连续性演练方案；附件10：业务连续性演练报告模板）等。然而，这些材料仅给出了详细的业务连续性管理制度和具体的执行方案模板，并没有形成规范的业务连续性计划。

【案例二】

审计内容：

以某商业银行为例，检查是否能提供与IT服务连续性计划执行相关的规章制度、文件以及人员名单。

审计过程及审计发现：

经审阅被审计单位提供的材料发现："总体应急预案"（信息系统突发事件应急预案）文件中应急组织人员通信名单中联系方式不完整；文件名单中人员信息缺少更新（部分人员已离职，但仍然在名单中）。

六、IT外包审计

(一) IT外包审计简介

为了满足需要，一些单位除了依靠内部力量开发一些信息系统外，还常常依靠外部力量开发一些信息系统，这种依靠外部力量开发信息系统的行为被称为IT外包。

IT外包审计主要审计被审计单位在进行信息系统外包时是否按照风险控制的原则，合理确定外包的范围和内容，分析和评估外包风险，建立健全相关规章制度，制定风险防范措施。

(二) IT外包审计主要内容

在开展IT外包审计时，审计人员可以关注以下内容。

(1) 检查被审计单位有没有将其IT管理责任外包。

(2) 检查是否建立外包管理制度，明确界定允许外包的内容、范围，对外包进行监督管理。

（3）检查是否制定外包审批制度，所有IT外包协议应经过信息科技风险管理部门、法律部门和信息科技管理委员会的审批。

（4）检查在外包协议方面，是否与外包服务商签订书面合同，明确双方的权利、义务，并明确规定外包服务商在安全、保密、知识产权等方面的义务，外包关系受此书面合同制约。

（5）检查为保证IT外包过程中外包服务商的服务水平，是否与外包服务商签订服务水平协议。外包服务水平协议是否包含以下因素：提出定性和定量的绩效指标，评估外包服务商所提供服务的充分性；通过服务水平报告、定期自我评估、内部或外部独立审计进行绩效考核；针对绩效不达标的情况调整流程，采取整改措施。

（6）检查为确保客户资料等敏感信息的安全，是否采取以下安全保密措施：按照"必须知道""最小授权"原则对外包服务商相关人员授权；要求外包服务商保证其相关人员遵守保密规定；严格控制外包服务商再次对外转包，采取足够措施确保本单位相关信息的安全；确保在中止外包协议时收回或销毁外包服务商保存的所有客户资料。

（7）检查是否充分审查、评估外包服务商的财务稳定性和专业经验，对外包服务商进行风险评估，是否考查其设施和能力能够足以承担相应的责任。

（8）检查对于外包项目，是否建立恰当的应急措施，来应对外包服务商在服务中可能出现的重大缺失（如外包服务商的重大资源损失、重大财务损失和重要人员的变动，以及外包协议的意外终止等）。

（9）检查是否制定IT外包项目监督管理机制，是否对外包服务商的服务水平进行定期的评估。

（10）检查是否妥善保存IT外包所产生的所有文档。

（三）IT外包审计案例

【案例一】

审计内容：

以某商业银行为例，检查是否充分审查、评估外包服务商的财务稳定性和专业经验，对外包服务商进行风险评估，是否考查其设施和能力足以承担相应的责任。

审计过程及审计发现：

通过调阅被审计单位提供的"微信银行"项目相关文档，在"项目尽职调查报告"中，发现服务商在公司规模及注册资金方面较弱（技术人员12人、注册资本100万元），在"微信银行"系统方面相关的开发经验及资质等有待进一步加强。

【案例二】

审计内容：

以某商业银行为例，检查对于IT外包项目，是否建立恰当的应急措施来应对外包服务商在服务中可能出现的重大缺失。

审计过程及审计发现：

通过审阅被审计单位提供的外包项目相关文档，发现被审计单位已建立了恰当的应急措施来应对外包服务商在服务中可能出现的重大缺失，但没有发现相关应急预案演练的记录（针对外包服务商在服务中可能出现的重大缺失），不能证明已建立的应急措施是否得到有效执行。

第三节 信息系统应用控制及审计

一、应用控制简介

（一）应用控制的概念

简单来讲，信息系统应用控制是为了适应各种数据处理的特殊控制要求，保证数据处理完整、准确地完成而建立的内部控制，它针对的是与信息系统应用相关的事务和数据，目的是确保数据的准确性、完整性、有效性、可验证性、可靠性和一致性。

具体来说，应用控制的主要目标是确保如下条件的完成。

（1）输入的数据是准确、完整、授权和正确的。
（2）数据在可接受的时间内得到预期的处理。
（3）数据存储是准确和完整的。
（4）数据输出是准确和完整的。
（5）数据在从输入到存储，再到最终输出的整个过程是可追溯的。

（二）应用控制和一般控制的关系

某些应用控制的有效性取决于一般控制的有效性。当一般控制薄弱时，应用控制就无法真正提供合理保障。因此，良好的一般控制是应用控制的基础，可以为应用控制的有效性提供有力的保障，如果一般控制审计结果很差，应用控制审计就没有必要进行。

（三）应用控制的主要内容

根据以上分析不难发现，应用控制是对数据输入、处理和输出过程的控制。因此，应用控制主要可以分为三类：输入控制、处理控制和输出控制。

1. 输入控制。

输入控制用来确保每笔要被处理的事务都被准确完整地输入、处理和记录。输入控制能够保证只有有效授权的信息才被输入，且事务只被处理一次。输入控制的目的如下。

（1）保证只有经授权批准的数据才能输入信息系统。
（2）保证经批准的数据完整、准确地输入信息系统，没有丢失、遗漏，也没有增加、重复或被做了不恰当的修改。

(3) 被信息系统拒绝的错误数据能正确改正后重新向系统提交。

(4) 能检查数据中是否仍然存在错误。

2. 处理控制。

处理控制是对信息系统进行的内部数据处理活动的控制措施，一般是通过计算机程序实现自动控制的。处理控制的目的是确保应用程序处理的可靠性。

3. 输出控制。

输出控制用来确保数据以一致和安全的方式传递给用户，且数据要符合一定的格式。输出控制的目的如下。

(1) 保证输出信息的准确性、可靠性。

(2) 保证输出信息能按要求及时送到指定的人手中，而未经批准的人不能接触。

(3) 对敏感的电子数据应加密以后再输出。

二、应用控制审计的基本步骤

（一）业务流程分析

在该步骤中，需要通过访谈和现场查看等方法了解被审计应用系统的业务流程，厘清业务流程中的信息流、资金流和文档流等。

（二）应用控制识别

在该步骤中，根据前面分析的业务流程，识别控制活动，并根据控制活动的类别，识别出应用控制或手工控制，同时确定这些应用控制的关键程度。

（三）应用控制测试

在该步骤中，根据识别的应用控制属性和控制活动描述，对其进行控制测试，如采用数据测试法，即在正常运行条件下，将测试数据输入内控流程，穿越全流程和所有关键环节，将运行结果与设计要求对比，从而发现内控流程的缺陷。

（四）控制缺陷确认和审计报告撰写

在该步骤中，对测试发现的控制缺陷进行汇总，并向被审计单位确认。在此基础上，撰写审计报告。

三、应用控制审计案例

在互联网金融时代，银行要快速应对客户使用习惯。从柜面银行，到网上银行、电话银行、手机银行、直销银行，再到微信银行，银行业的信息科技正经历快速的发展。本案例以某商业银行微信银行系统为例，来分析如何开展应用控制审计。该商业银行微信银行系统的功能结构如图4-1所示。

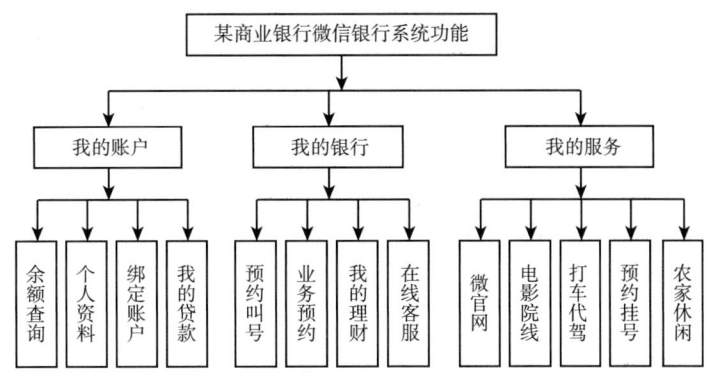

图 4-1　某商业银行微信银行系统的功能结构

以该微信银行系统中的"预约叫号"功能为例，来分析如何开展应用控制审计。

（一）业务流程分析

访谈和查看该微信银行系统"预约叫号"功能。

（二）应用控制识别。

根据上一步分析的业务流程，识别"预约叫号"的控制活动，其关键的应用控制点如下。

1. 用户预约输入。

是否有用户身份信息控制，是否设置了必需选项保证预约叫号关键数据的输入，是否设置了预约叫号关键数据的输入限定范围。

2. 系统预约处理。

"预约叫号"功能中系统能否预防重复预约取号（例如，存在同一个网点、同一个时间段、同一个手机号进行预约叫号）；是否具有同一个时间段内预约取号人数的限制功能；系统是否提供"更改预约"功能；是否具有对同一个手机号"预约叫号"申请次数的限制功能。

3. 系统预约反馈。

"预约叫号"成功的业务是否能给用户一个合理的短信反馈。

4. 用户网点办理"预约叫号"成功的业务是否能在网点方便、顺利地办理业务。

（三）应用控制测试

根据上一步分析的"预约叫号"流程中关键的应用控制点，主要控制活动描述及相关测试如下。

1. 用户预约输入。

用户预约输入控制活动描述（一）。

控制活动：用户身份信息控制。

审计领域：输入控制。

控制描述：预约叫号的录入界面中用户身份信息必须输入，从而预防非法分子随意录入手机号进行预约叫号。

控制活动测试如下。

测试步骤一：进入预约叫号的录入界面。

测试步骤二：查看"预约叫号"申请时系统是否需要用户输入身份信息。

用户预约输入控制活动描述（二）。

控制活动：设置了必需选项保证预约叫号关键数据的输入。

审计领域：输入控制。

控制描述：预约叫号的录入界面中某些字段必须强制输入，某些字段可以选择性输入，从而确保关键的预约叫号信息均被录入。

控制活动测试如下。

测试步骤一：进入预约叫号的录入界面。

测试步骤二：测试当关键的预约叫号信息未被录入时，预约叫号能否成功。

用户预约输入控制活动描述（三）。

控制活动：设置了预约叫号关键数据的输入限定范围。

审计领域：输入控制。

控制描述：系统可以对预约叫号录入界面中必需选项关键数据的输入范围进行限定，从而确保用户输入的关键预约叫号信息在合理的范围内。

控制活动测试如下。

测试步骤一：进入预约叫号的录入界面。

测试步骤二：查看每个字段选择组中的字段输入范围是否符合银行的实际要求。

测试步骤三：测试当字段选择组中的字段输入范围不符合银行的实际要求时，是否仍能预约成功。

2. 系统预约处理。

系统预约处理控制活动描述（一）。

控制活动：能预防重复预约取号（存在同一个网点、同一个时间段、同一个手机号进行预约叫号）。

审计领域：处理控制。

控制描述：系统可以对同一个网点、同一个时间段、同一个手机号的"预约叫号"申请进行限定，使申请次数不能超过1次，从而预防用户重复预约取号。

控制活动测试如下。

测试步骤一：进入预约叫号的录入界面。

测试步骤二：测试当用同一个手机号选择同一个网点和同一个时间段时，是否仍能预约成功。

系统预约处理控制活动描述（二）。

控制活动：具有同一个时间段内预约取号人数的限制功能。

审计领域：处理控制。

控制描述：系统可以对同一个网点、同一个时间段的"预约叫号"申请人数进行限定，使同一个时间段内预约取号人数控制在网点柜台在该时间段内能处理的能力范围内，从而保证预约取号功能的有效性。

控制活动测试如下。

测试步骤一：通过访谈和查看相关文档，了解系统是否有预约取号人数的限制功能。

测试步骤二：若有，进入预约叫号的录入界面。

测试步骤三：根据一个网点某一时间段的处理能力，对该网点同一个时间段的预约叫号以超过处理能力的申请次数进行申请，测试是否仍能预约成功。

系统预约处理控制活动描述（三）。

控制活动：提供"更改预约"功能。

审计领域：处理控制。

控制描述：对于提交成功的预约叫号申请，系统提供"更改预约"功能，即用户可以修改提交成功的预约叫号申请，也可以删除提交成功的预约叫号申请，从而保证"预约叫号"功能的合理性。

控制活动测试如下。

测试步骤一：进入预约叫号的录入界面。

测试步骤二：检查系统是否提供"更改预约"功能，测试是否可以删除提交成功的预约叫号申请。

系统预约处理控制活动描述（四）。

控制活动：具有同一个手机号的"预约叫号"申请次数的限制功能。

审计领域：处理控制。

控制描述：系统可以对同一个手机号的"预约叫号"申请次数进行限定，从而防止利用"预约叫号"功能进行骚扰行为。

控制活动测试如下。

测试步骤一：通过访谈和查看相关文档，了解系统是否有"预约叫号"申请次数的限制功能。

测试步骤二：若有，进入预约叫号的录入界面。

测试步骤三：根据限制申请次数，用同一个手机号进行"预约叫号"，测试超过限定次数时是否仍能预约成功。

3. 系统预约反馈。

系统预约反馈控制活动描述。

控制活动："预约取号"成功业务的短信反馈控制。

审计领域：输出控制。

控制描述："预约取号"成功的业务能给用户一个合理的短信反馈，从而保证用户知道"预约取号"成功。

控制活动测试如下。

测试步骤一：选择某一"预约取号"业务。

测试步骤二：测试该"预约取号"成功的业务能否给用户一个合理的短信反馈。

4. 用户网点办理。

用户网点办理控制活动描述。

控制活动:"预约取号"业务和网点叫号机的对接控制。

审计领域:输出控制。

控制描述:"预约取号"业务必须能和网点的叫号机方便、顺利地对接,从而保证"预约取号"成功的业务能在网点方便、顺利地办理业务。

控制活动测试如下。

测试步骤一:选择某一"预约取号"成功的业务。

测试步骤二:到对应的网点查看"预约取号"成功的业务是否能在网点顺利办理业务。

(四)控制缺陷确认和审计报告撰写

通过以上测试,对发现的一些相关应用控制缺陷需要和被审计单位进行沟通确认。对于本实例,经被审计单位确认后,主要存在的相关应用控制缺陷如下。

1. 系统"预约取号"功能输入控制存在一些问题。

"预约取号"功能中,预约的范围在"9:00—23:30",和银行的工作时间不一致,当选择下班时间进行预约取号时,系统仍然显示预约成功。经深入了解发现,"预约日期"输入框中,"预约日期"的选择范围没有做好最晚时间的设置。

2. 系统"预约取号"功能处理控制存在一些问题。

(1)不能预防重复预约取号(存在同一个网点、同一个时间段、同一个手机号进行预约叫号)。

(2)"预约取号"功能中,系统缺少对同一个网点、同一个时间段的"预约叫号"申请人数限定控制,不能做到使同一个时间段内预约取号人数控制在网点柜台在该时间段内能处理的能力范围内,不能保证"预约取号"功能的有效性。

(3)系统对同一个手机号只能同意预约 3 次,但系统没有提供"更改预约"功能,当用户删除一个已预约时,不能再增加一个,在功能上不够友好。

3. 系统"预约取号"功能输出控制存在一些问题。

"预约取号"成功的业务能给用户一个短信反馈,但短信内容没有考虑到对误发或恶意短信的友好提醒内容。

基于以上确认的问题,审计人员可以完成审计报告的撰写。

第四节 IT 治理审计

一、IT 治理审计简介

IT 治理用于描述一个单位是否采取有效的机制,使得 IT 的应用能够完成组织赋予它的使命,同时平衡信息技术与过程的风险,确保实现组织的战略目标。IT 治理是高级管理层的责任，考虑领导层、组织结构以确保业务目标和 IT 目标一致。例如，对商业银行来说，通过 IT 治理，其董事会和高级管理层应根据本银行的发展战略，运用先进管理理念加强信息科技治理，提高信息技术使用效益，推动商业银行的业务创新，增强核心竞争力和可持续发展能力。

IT 治理的主要目的如下。

（1）促进 IT 与组织战略目标融合互动。

（2）有效利用信息资源。

（3）合理管控信息化过程的风险。

（4）构建信息化可持续发展的长效机制。

IT 治理审计的主要目的是确保被审计单位的 IT 治理符合以上相关要求。

二、IT 治理审计主要内容

在开展 IT 治理审计时，审计人员可以关注以下内容。

（一）高级管理层情况

（1）检查是否设立一个由来自高级管理层、信息科技部门和主要业务部门的代表组成的类似于信息科技管理委员会的专门机构。

（2）检查信息科技管理委员会是否定期向董事会和高级管理层汇报信息科技战略规划的执行、信息科技预算和实际支出、信息科技的总体状况。

（3）对于商业银行，检查是否向银保监会及其派出机构报送信息科技风险管理的年度报告。

（二）信息科技（或信息管理）部门情况

（1）检查是否建立与单位业务相适应的信息科技部门，负责信息科技产品的开发、外包、测试、上线和变更，负责相应信息系统的运行、维护和安全，为单位提供信息科技业务产品。

（2）检查信息科技部门是否根据工作内容，制定完整的内部工作流程和内部控制制度，建立与相关职能部门之间的协调配合机制，保证信息科技工作的有序、高效。

（3）检查为了确保单位所有员工充分理解和遵守经其批准的信息科技风险管理制度与流程，是否安排相关培训。

（4）检查是否对信息科技部门内部管理职责进行明确的界定。

（5）检查各岗位的人员是否具有相应的专业知识和技能。

（6）检查对信息科技部门内部重要岗位是否制定详细完整的工作手册。

（7）检查为了确保员工了解、遵守信息科技策略、指导原则、信息保密、授权使用信息系统、信息科技管理制度和流程等要求，是否同员工签订相关协议。

（8）检查对于关键岗位信息科技员工，当突然调离时，部门是否采取了相应的应急措施。

(9) 检查是否设有信息科技突发事件应急响应小组。
(10) 检查是否设立或指派一个特定部门负责信息科技风险管理工作。

(三) 知识产权保护工作情况

(1) 检查是否能确保购买和使用合法的软硬件产品,禁止侵权盗版。
(2) 检查是否采取有效措施保护本部门所开发相关软件的自主知识产权,如外包服务协议和相关文件中是否有知识产权的保护条款。

三、IT 治理审计案例

【案例一】

审计内容:
对某商业银行进行 IT 治理审计,检查是否成立了信息科技管理委员会。
审计过程及审计发现:
通过访谈该商业银行科技信息部总经理周某,了解到该行成立了信息科技管理委员会。让对方进一步提供信息科技管理委员会的相关文件,主要提供的材料有《××商业银行行长室各专门委员会工作职责》《××商业银行股份有限公司信息科技管理委员会工作规则》。

经审阅以上文件,该商业银行信息科技管理委员会组成人员为:主任委员为行长、执行主任委员为分管科技信息副行长,成员为科技信息部、风险管理部、计划财务部、审计稽核部负责人。符合"设立一个由来自高级管理层、信息科技部门和主要业务部门的代表组成的专门信息科技管理委员会""在建立良好的公司治理的基础上进行信息科技治理,形成分工合理、职责明确、相互制衡、报告关系清晰的信息科技治理组织结构"的要求。

【案例二】

审计内容:
对某商业银行进行 IT 治理审计,检查是否能确保购买和使用合法的软硬件产品,禁止侵权盗版。
审计过程及审计发现:
经审阅被审计单位提供的文件发现,该商业银行科技信息部已制订"正版化推进计划",以及使用正版软件的相关措施,目前大部分软件均采用正版软件,但通过比较对方提供的文件"信息系统调查表"(该表列出了该行所使用的所有应用系统和数据库系统信息)和"软件正版化清单",发现"信息系统调查表"中总行门禁卡权限管理系统等采用的数据库为 SQL Server 2008,而 SQL Server 2008 不在所提供的"软件正版化清单"中,这些盗版软件的使用会给该商业银行业务的运行带来很多安全隐患。

【案例三】

审计内容：

对某商业银行进行 IT 治理审计，检查对信息科技部门内部重要岗位是否制定详细完整的工作手册。

审计过程及审计发现：

通过访谈和审阅被审计单位提供的相关材料发现，该商业银行科技信息部目前不能提供"信息科技部门内部重要岗位的详细完整的工作手册"方面的证明资料，只能提供一些岗位说明书，如软件研发岗岗位说明书、系统管理岗岗位说明书、网络管理岗岗位说明书、数据库管理岗岗位说明书、安全生产管理岗岗位说明书，这说明，该商业银行科技信息部目前在这方面的工作尚存在不足。

第五节 信息系统审计准则与规范

一、信息系统审计准则

信息系统审计准则是审计人员开展审计工作时必须遵循的行为规范与要求，是审计人员执行审计业务、获取审计证据、形成审计结论、出具审计报告的专业标准。为了满足信息系统审计的需要，国内外制定了一系列信息系统审计准则与规范，本节对国内外制定的主要信息系统审计准则与规范进行简单介绍，从而为开展信息系统审计提供参考依据。

二、主要信息系统审计准则与规范简介

（一）SOX 法案

SOX 法案（萨班斯法案）又被称为萨班斯—奥克斯利法案。2002 年，美国爆发了一系列财务和管理丑闻，如安然（美国最大的能源公司）和世通（世界通信公司）事件，这些丑闻严重破坏了美国金融证券制度，彻底打击了投资者对美国资本市场的信心。为了扭转这一局面，美国国会通过了《2002 年公众公司会计改革和投资者保护法案》。该法案由美国参议院银行委员会主席萨班斯（Paul Sarbanes）和众议院金融服务委员会主席奥克斯利（Mike Oxley）联合提出，又被称作《2002 年萨班斯—奥克斯利法案》（Sarbanes - Oxley Act 2002，以下简称 SOX 法案）。该法案对美国《1933 年证券法》《1934 年证券交易法》作出大幅修订，在公司治理、会计职业监管、证券市场监管等方面作出了许多新的规定。2002 年 7 月，美国总统布什将此法案签署为法律。

SOX 法案共分为 11 章。其中，第 1 章至第 6 章主要涉及对会计职业及公司行为的监管，第 8 章至第 11 章主要是提高对公司高管及白领犯罪的刑事责任。

SOX 法案第 404 条款的合规性实践，展示了改善 IT 治理和判断 IT 治理成效的一种有效方法。虽然 SOX 法案第 404 条款合规性的要求有其特有的局限性，因为其主要关注的是和财务报告相关的信息系统，但是由此产生的方法论和合规性实践对 IT 治理的理论发展与实践很有借鉴意义。

SOX 法案第 404 条款要求的 IT 一般性控制的合规性实践一般采用的方法如下。

（1）先进行 IT 一般性控制的现状分析，然后参照 COBIT（信息及相关技术控制目标）的要求建立公司的 IT 控制目标以便进行差距分析，并在此基础上找出和确定能涵盖这些控制目标的 IT 一般性控制的关键控制点。

（2）每个关键控制点的控制活动都被清晰地描述和文档化，同时这些控制活动还必须具备可操作性和可检验性，最终形成所谓的 IT 控制矩阵（IT control matrix）。

（3）相关公司必须完成一整套与 IT 控制相关的文档，即所谓的 SOX 法案合规性文档，如 IT 政策、IT 控制矩阵、IT 控制活动描述、IT 控制的测试方法等。

（4）通过细致扎实的工作落实已被确定的 IT 控制点，从而使 IT 控制得到贯彻实施。

根据 SOX 法案第 404 条款的要求，管理层必须每年对这些控制点进行测试和评估，对测试得出的控制缺陷，则需要增设补救和改进措施，并再次测试。如果在规定的期限内，控制缺陷还是不能得到改正，外部审计人员将根据情况，针对控制缺陷和程度发表审计意见。

（二）COSO 内部控制框架

COSO 内部控制框架实际上是 COSO 组织在 1992 年 9 月发布的一份报告，报告的正式名称是"内部控制—整合框架"。它是美国审计行业最广泛接受并使用的内部控制框架，包括政府审计和会计师事务所的审计都以 COSO 作为检查组织内部控制的标准框架。作为全球最具影响力的内部控制标准，COSO 内部控制框架得到了世界许多国家的一致认可和广泛借鉴。2013 年 5 月，COSO 发布了更新后的《内部控制—整合框架》，受到国际内部控制理论界和实务界的广泛关注。2016 年 10 月，COSO 发布 2016 年版《全面风险管理框架的修订版（征求意见稿）》。

尽管 COSO 框架并不是信息技术方面的内部控制框架，但是由于它在审计领域的重要性，几乎所有信息系统审计的框架和指南都会考虑吸取它的主要思想作为内部控制的考虑出发点。特别是 2002 年《萨班斯—奥克斯利法案》颁布后，美国证券交易管理委员会把 COSO 框架作为组织加强内部控制的唯一参考框架，更进一步提升了 COSO 框架的重要地位。许多组织为了达到 SOX 法案对内部控制和信息真实性的要求，纷纷对信息系统进行控制评估和风险测试，开发了各种信息技术控制框架以符合 COSO 提出的要求，从而把信息技术的一般控制和应用控制方法与 COSO 框架结合起来。

(三) COBIT

COBIT 是由国际信息系统审计与控制协会在 1996 年所公布的控制框架，分别在 1998 年、2000 年、2005 年、2012 年进行了修订，目前的版本是 COBIT5.0。

COBIT 的主要目的是研究、发展、宣传权威的、最新的、国际化的公认信息技术控制目标以供企业经理、IT 专业人员和审计专业人员日常使用。COBIT 框架包括 34 个 IT 的流程、4 个领域，即 PO（计划与组织）、AI（获取与实施）、DS（交付与支持）和 ME（监控与评估）。

2005 年，ISACA 第三次修订了 COBIT4.0，它与 COSO 和 SOX 紧密结合，将 IT 治理和 IT 控制纳入组织治理与组织内部控制范畴，该框架的颁布，加速了信息系统审计与内部管理审计的结合。

(四) GTAG

国际内部审计师协会对信息系统审计的相关内容进行了研究，发布了 GTAG，包括如下版本。

GTAG1：信息技术风险和控制（Information Technology Risk and Controls，2012 年第 2 版）。

GTAG2：信息变更和补丁管理控制（Change and Patch Management Controls：Critical for Organizational Success，2005 年第 1 版，2012 年第 2 版）。

GTAG3：持续审计（Continuous Auditing：Implications for Assurance，Monitoring，and Risk Assessment，2005 年第 1 版，2015 年第 2 版）。

GTAG4：IT 审计管理（Management of IT Auditing，2006 年）。

GTAG5：隐私风险审计（Auditing Privacy Risks，2012 年第 2 版）。

GTAG6：IT 漏洞管理和审计（Managing and Auditing IT Vulnerabilities，2006 年）。

GTAG7：信息技术外包（Information Technology Outsourcing，2012 年第 2 版）。

GTAG8：应用控制审计（Auditing Application Controls，2007 年）。

GTAG9：身份和访问管理（Identity and Access Management，2007 年）。

GTAG10：业务连续性管理（Business Continuity Management，2008 年）。

GTAG11：制订 IT 审计计划（Developing the IT Audit Plan，2008 年）。

GTAG12：审计 IT 项目（Auditing IT Projects，2009 年）。

GTAG13：自动化环境下的舞弊防范和检查（Fraud Prevention and Detectioninan Automated World，2009 年）。

GTAG14：审计用户开发的应用系统（Auditing User-developed Applications，2010 年）。

GTAG15：信息安全治理（Information Security Governance，2010 年）。

GTAG16：数据分析技术（Data Analysis Technologies，2011 年）。

GTAG17：IT 治理审计（Auditing IT Governance，2012 年）。

另外，针对大数据在审计领域中的应用，GTAG2017 年还发布了"理解与审计大数据"（Understanding and Auditing Big Data）。

【理论实训】

1. 下列哪一项能够最佳地确保广域网（WAN）在整个组织内的连续性？（　　）

　A. 内置的备用路由功能

　B. 每天完全对系统进行备份

　C. 与服务提供商签订维修合同

　D. 为每台服务器提供备用机器

2. 一个信息系统审计师正在检查一个组织数据库的安全。对于数据库的加强系列哪个是最重要的考虑？（　　）

　A. 默认配置已经被改变

　B. 数据库中的所有表已经被标准化

　C. 存储过程和触发器被加密

　D. 数据库使用的服务端口被改变

3. 在审计数据库环境中，如果数据库管理员履行下列哪项职责，信息系统审计师最担心？（　　）

　A. 根据管理程序履行数据库改变

　B. 安装补丁或升级系统操作

　C. 设置空间大小和配置表的联系

　D. 履行备份和恢复程序

【思政扩展】

1. 课程思政在信息系统审计课程中的应用思路。

信息系统审计的学习内容就是以计算机辅助审计基本框架及流程为主线，再通过介绍计算机辅助审计的基本理论知识来教给学生利用计算机辅助手段完成审计实务的技术方法，以达到对经济活动进行公平、公正监督的目的。信息系统审计课程有助于培养出基础扎实、视野开阔、适应性强、具有创新精神和实践能力的应用型人才。在教学过程中，要将课程思政融入该章中，并结合审计工作的方向和当下信息系统工作的角度来进行综合性考虑，这样才能更好地发挥育人功能及信息技术教学水平。

2. 课程思政在审计信息系统课程中的应用途径。

借助多种审计案例对学生进行思想教育，使学生形成正确的价值取向，该章要求教师结合学生的实际生活来进行教学，需要引入多种审计案例，激发学生的学习兴趣之后再加深学生对于知识的理解。在信息系统审计课程的教学过程中，教师不仅要让学生阅读案例，更重要的是通过这些审计案例来引起学生的思考，可以使用信息技术教学模式让学生分析财务报表，从而让学生明确案例当中的一些错误行为，之后再向学生介绍职业道德方面的相关内容，使学生能够形成正确的价值取向。

第五章 大数据环境下的信息系统审计研究与应用

【知识目标】

- 了解大数据环境下信息系统审计的概念。
- 了解用户及权限管理审计的数据分析方法。
- 熟悉用户及权限管理审计方法原理。

【技能目标】

- 能够了解大数据环境下信息系统审计的主要变化。
- 初步掌握基于大数据技术的信息系统用户及权限管理审计方法。

【思政目标】

- 培养学生具备全面、扎实的审计理论基础知识和实务操作技能,以及较强的道德品质和社会责任感。
- 培养德智体美劳全面发展的社会主义建设者和接班人纳入课程目标中,注重学生的思想道德修养和审计职业操守。
- 应将该章的思政教学内容与专业知识相结合,突出思政教育的特色,注重思想道德素养的培养。在教学内容结构上,可根据教学内容与道德规范等专业知识的思政教育内容相结合,使思政教学与专业知识学习相互贯通,形成较为完整的课程体系。

第一节 大数据环境下信息系统审计的主要变化

一、大数据环境下传统审计面临的困境

(一) 传统审计取证模式的局限性日益凸显

一是传统的账项基础审计主要依靠查阅和核对账簿凭证等纸质材料,以获取审计证据。但随着企业财务业务的全面电子化,纸质账簿和凭证大量减少,账项基础审计取证成本大幅提高且效率低下。二是制度基础审计通过评价内部控制制度的设计与执行情况来确定审计风险。但在信息系统环境下,内部控制措施已经与系统深度融合,纸质记录难以反映系统控制风险，制度基础审计的针对性不足。三是风险导向审计需要评估关键业务流程的控制风险，但信息系统改变了业务流程的控制方式，传统风险评估手段无法有效识别信息系统中的控制缺陷点。

（二）现代风险导向审计流程的不适应性

一是风险评估环节通过抽样评估控制风险，但在大数据环境下，可以利用全样本数据进行风险评估，抽样评估的意义不大。二是风险应对中的控制测试以人工方式核查关键控制点，而信息系统改变了控制的技术实现方式，需要信息系统审计来评价系统控制有效性。三是风险应对中的实质性测试也需要由数据分析的持续审计技术来实现，以发现业务异常。

（三）传统审计技术方法有待进一步完善

一是传统技术方法以人工方式检查纸质记录，效率低下，需要与数据分析技术相结合，利用系统数据进行持续监控式测试。二是观察方法通过实地查看企业财产来获取审计证据，但信息系统中的数据资产难以采用观察法审计，需要开发新的数据采集技术。三是函证也存在效率低下的问题，需要引入信息技术实现自动化函证，以提高响应速度。

（四）审计效率与效果难以同时提高

一是传统全面审计追求效果提升，但人工处理海量数据效率低下，需要应用信息技术实现全样本数据分析。二是传统审计多采用抽样测试，但这降低了审计的覆盖面，数据分析技术可以实现高效全面测试。三是信息技术为实现传统审计中效率与效果同步提升提供了可能，但需要引入新的审计模式来实现这一转变。

二、大数据审计转型的框架分析

（一）转型的战略定位

一是转型的目标。大数据审计转型的根本目标，是实现从传统人工审计向以信息系统审计和数据审计为主的新型审计模式的战略升级，以彻底适应数字化环境对审计的新要求。二是转型的意义。它将彻底改变传统审计的业务流程、技术方法、组织形式等要素，从根本上提高审计效率、覆盖面和质量，增强审计结果价值，保证审计在数字经济时代的影响力。三是转型的原则。坚持审计工作宗旨不变，始终在提高质量的基础上维护公众利益。同时，要坚持技术中立原则，不为技术而技术，使新技术真正为审计质量提升服务。

（二）转型的系统架构

一是架构层面。大数据审计转型是一场系统性变革，需要从业务流程、技术方法、组织模式、审计规范、人员队伍等多个层面入手,实现整体性的升级转型。二是架构要素。不同层面的转型要素之间相互关联、相互影响。例如,业务流程需要新技术支撑,新技术需要人才和规范保障,人才队伍靠组织变革和规范引导不断优化。三是架构路径。要统筹协调不同层面、不同要素的转型节奏,形成从战略到执行的系统整体推进路径,使各项转型举措相互配合、相互促进,避免出现断层或短板。

(三)转型的效果展望

一是数据效能。能够有效处理海量、高速、多源异构的数据,实现对企业全样本数据的分析处理。二是技术能力。转型后,审计将具备数据分析、信息系统审计、人工智能审计等前沿技术手段,实现数字化审计。三是组织变革。人员结构、业务流程、管理模式等实现数字化升级,形成以信息系统审计和数据审计为主的新型作业体系。四是价值提升。在大数据环境下,可以持续为用户提供更高质量、更及时、更有价值的决策支持服务,从根本上提升审计的作用。

三、实现大数据审计转型的路径

(一)审计取证模式的变革路径

1. 构建信息系统审计流程,评估系统有效性。

审计机构需要制定系统化的信息系统审计流程,明确信息系统审计的目标、范围、方法等要素。在执行审计时,审计人员要对企业核心业务系统及支持系统的设计与执行进行评估,检查关键应用系统是否存在安全漏洞或控制缺陷。同时,要评估系统中的关键自动控制点是否有效。只有证明了信息系统的有效性,才能保证从系统中提取的数据可作为审计证据使用。

2. 收集企业底层数据,通过数据分析发现审计疑点。

在信息系统审计的基础上,审计人员可以直接从企业信息系统中收集大量业务数据和财务数据。审计人员可以使用数据提取、数据转换等技术,实现对企业多源异构数据的高效收集。收集到的数据将作为审计对象,运用数据分析技术进行深入挖掘,发现数据异常点、关联规则等,从中发现潜在的舞弊或错报问题,形成审计疑点。

3. 根据数据分析结果进行延伸取证。当通过数据分析发现审计疑点后,审计人员还需要进行进一步的延伸性检验,以获取确凿的证据支持审计发现。在获取到充分、合理的证据之后,才能形成审计发现。延伸取证为数据分析提供了重要的验证和补充,使审计结果更加客观准确。

(二)审计流程的变革路径

1. 在计划阶段增配信息系统审计和数据审计人才。

在审计计划阶段,需要增配信息系统审计和数据审计方面的专业人员,共同参与审计计划的制订。信息系统审计人员可以帮助评估企业信息系统风险,数据审计人员可以确定关键数据分析点。计划阶段的多方协作，有助于形成系统全面、接续贯通的新型审计流程。

2. 信息系统审计验证系统有效性，保证数据可靠性。

在计划实施阶段，信息系统审计人员要优先开展工作，对企业信息系统的设计与执行进行评估，确认系统没有设计缺陷或操作缺陷，从而为后续的数据审计奠定基础。只有经过系统审计验证的数据才有足够的可靠性，才能为数据分析提供高质量的原始材料。

3. 数据审计进行全面的数据分析，发现审计疑点。

数据审计人员利用数据提取、数据转换等技术，实现对企业各类结构化数据、半结构化数据以及非结构化数据的高效收集。使用热点分析、关联分析、异常检测等方法，对数据进行深入挖掘，发现异常模式或关联规则，形成审计疑点。

4. 根据数据分析进行延伸取证并形成终结意见。

数据分析结果还需要进一步的延伸性检验，以获取确凿的证据材料。对关键疑点进行充分取证之后，审计人员才能形成确定性的审计结果和意见。数据分析与延伸取证的有机结合，使新型审计流程实现"发现— 验证 — 结论"的科学闭环。

（三）审计技术方法的变革路径

1. 运用数据分析技术开展全样本测试。

大数据审计可以利用数据分析技术，基于企业全量业务数据进行测试，大幅提高测试覆盖面。例如，可以在全量销售数据上分析异常销售模式，或在全量采购数据上分析关联规则，发现问题交易。全样本测试降低了事件遗漏率，提高了审计结果的准确性。

2. 应用人工智能、区块链等前沿技术获取多源异构数据。

大数据审计需要面对企业海量、高速、多源异构的数据。为有效获取这些数据，可以利用人工智能、区块链等前沿技术提供支持。例如，使用自然语言处理技术分析非结构化文本数据，使用机器学习算法从半结构化数据中发现模式，使用区块链追溯多方共享数据的真实性。

3. 开发新的数据分析模型，实现对文本、语音等数据的挖掘。

针对非结构化数据，如文本、语音、图像等，需要开发专门的数据分析模型。例如，使用文本挖掘技术分析合同条款，运用语音分析提取电话录音内容，利用图像识别技术检查视频监控信息。开发并应用新型的数据分析模型，可以推进对企业更广泛数据类型的审计利用，形成立体化的审计取证。

（四）审计作业模式的变革路径

1. 区块链技术实现分布式多点同步审计。

传统审计多由单一机构在固定地点开展。区块链技术可以支持多机构在不同地点同步进行数据共享和分析，实现分布式协同的新型审计模式。分布式审计可以发挥各方专业优势，也便于对多中心、多地区企业进行统一审计。

2. 人工智能技术实现审计流程自动化。

使用人工智能和机器学习技术可以实现审计流程自动化，如自动提取和处理数据、自动生成工作底稿、自动完成计算和分析等，大幅提升审计效率。人工智能还可以通过学习历史案例继承审计经验，并通过试错和不断优化，使自动审计达到较高水平。

3. 持续审计技术实现企业业务全流程监控。

依托企业信息系统建立持续审计机制，实时收集和分析业务数据，对企业经营过程进行动态监控。这种全流程监控模式可以发现问题苗头，进而改进风险控制。与间断性传统审计相比，持续审计能更及时地发现异常情况并作出响应，保障企业经营稳健运行。

（五）审计规范的变革路径

1. 制定信息系统审计规范，明确系统有效性评估标准。

现行审计准则仍以财务报表审计为主，无法很好地指导新兴的信息系统审计。需要建立信息系统审计规范，明确系统评估标准、程序、方法等，以指导信息系统审计的规范开展。

2. 制定数据审计规范，规范数据分析流程。

应制定数据审计准则，明确数据提取、转换、分析、评估等步骤的操作规程，提高数据审计规范性。规范是保证数据审计质量的基础，规范建设也应与新技术、新方法的发展相适应。

3. 积极完善信息系统审计和数据审计质量控制规范。

要建立健全相应的质量控制机制，完善两类新兴审计业务的内部质检流程与标准。质量控制可以使新型审计在规范化基础上实现标准化，确保审计结果的准确性与可靠性。

四、大数据环境对信息系统审计的需求越来越强

随着大数据环境的发展，信息系统中的数据量越来越大，数据的存储方式也不断变化，数据的安全性越来越重要。因此，大数据环境对信息系统审计的需求越来越强。当前，人类社会正在经历一个独特而深刻的变革时期。信息技术的蓬勃发展引领着一场规模浩大而内容深刻的数字革命，一个以数字化、网络化、智能化为特征的崭新时代正在开启。这场变革给人类社会带来了巨大的发展机遇，与此同时，也向各行各业提出了前所未有的挑战：如何适应数字化变革的大趋势，实现数字化转型，从而获得新的竞争优势，是所有行业都不可回避的重大命题。作为传统行业，审计也面临着数字化转型的必然要求。近年来，随着企业业务的全面数字化，以及大数据等新技术的快速发展，传统的人工审计模式已经难以适应新的形势，必须实现向大数据审计的转型升级，以保持审计工作的价值和影响力。

随着大数据环境的发展，被审计单位信息化程度越来越高，信息化应用范围越来

越广，对信息化的依赖程度越来越高，使用的应用系统越来越多，业务系统也越来越复杂。因此，大数据环境对信息系统审计的技术要求越来越高。

第二节　基于大数据技术的信息系统用户及权限管理审计方法

一、用户及权限管理审计简介

如前所述，信息系统运行管理审计是信息系统审计的一项重要内容。信息系统运行管理主要是对上线系统的日常运行进行管理。信息系统的日常运行要与信息系统开发和维护分离，确保一个单位信息科技部门内部的岗位制约。其中，用户及权限管理是信息系统运行管理中的一项重要内容，它要求应保证只有经授权的用户才能访问，防止非授权访问。因此，在开展信息系统运行管理审计时，审计人员需要检查业务系统是否能保证只有经授权的用户才能访问，能否防止非授权访问。本节以用户及权限管理审计为例，分析大数据环境下如何开展信息系统审计。

传统环境下，被审计单位信息化程度低，应用系统较少，操作用户较少，因此，对于用户及权限管理审计只需要做简单的访谈或现场查看一下被审计单位的应用系统即可。但目前大数据环境下，被审计单位信息化程度高，应用系统较多，一些单位应用系统多达几百个，甚至上千个。另外，操作用户较多。因此，用户及权限管理是一个重要挑战。特别是对一些员工流动（离职或单位内部岗位调整等）比较频繁的单位，这种问题更为严重。

二、用户及权限管理审计的数据来源

大数据环境下，对于复杂信息系统的用户及权限管理审计需要全方位分析相关数据，一般可以对以下数据进行分析。

1. 数据库中的操作用户信息数据。

从被审计单位信息管理部门采集相关操作用户信息数据，通过该数据，可以掌握目前被审计单位所有应用系统中的操作用户情况，如用户状态、用户相关信息等。

2. 人力资源部门数据。

从被审计单位人力资源部门采集相关员工信息数据，通过该数据，可以掌握目前被审计单位所有员工变化情况，如用户离职或单位内部岗位调整等信息。

3. 系统操作日志数据。

从被审计单位信息管理部门采集相关应用系统操作日志数据，通过该数据，可以掌握目前被审计单位所有应用系统中的员工在该应用系统中的相关操作信息。

4. 被审计单位内部非结构化数据。

除了以上结构化数据之外，还可以从被审计单位采集被审计单位的部门年度工作

总结、风险分析报告、信息系统的相关审计报告等相关非结构化数据。通过这些文本数据，可以了解目前被审计单位应用系统曾经发生过哪些风险，便于审计人员辅助判断应用系统的用户及权限管理问题。

5. 被审计单位外部数据。

除了通过以上方法获得被审计单位的内部数据之外，审计人员还可以通过一些大数据工具抓取相关网上公开数据，或者通过一些大数据工具自动搜索网上关于被审计单位的一些公开报道的风险信息，这些外部数据便于审计人员辅助判断被审计单位在应用系统用户及权限管理方面存在的风险情况。

三、用户及权限管理审计的数据分析方法

大数据环境下，为了开展用户及权限管理审计，对于获得的以上数据可以采用以下审计技术方法进行分析。

1. 大数据多数据源综合分析技术。

大数据环境下，审计人员可以采用大数据多数据源综合分析技术，通过比较数据库中的操作用户数据和人力资源数据，查找离职员工账号仍然正常或员工单位内部岗位调整的相关信息，并可以通过比较离职或单位内部岗位调整员工信息和应用系统操作日志数据，分析这些员工在应用系统中的相关操作信息。

2. 审计软件中的数值分析（重号分析）方法。

数值分析是根据被审计数据记录中某一字段具体的数据值的分布情况、出现频率等指标，对该字段进行分析，从而发现审计线索的一种审计数据分析方法。这种方法是从"微观"的角度对电子数据进行分析，审计人员在使用时不用考虑具体的被审计对象和业务。在完成数值分析之后，针对分析出的可疑数据，再结合具体的业务进行审计判断，从而发现审计线索，获得审计证据。相对于其他方法，这种审计数据分析方法易于发现被审计数据中的隐藏信息。常用的数值分析方法主要有重号分析、断号分析和 Benford 定律分析。其中，重号分析用来查找被审计数据某个字段（或某些字段）中重复的数据。通过数值分析（重号分析）方法，审计人员可以查找被审计系统中用户的账号是否重复。

3. 文本文件可视化分析方法。

大数据环境下，审计人员可以借助大数据可视化分析工具，分析被审计单位的相关会议纪要、部门年度工作总结、风险分析报告、信息系统的相关审计报告等非结构化数据，查找风险，发现用户权限管理方面的问题。另外，审计人员可以借助大数据可视化分析工具，分析不同部门人员的离职、内部调动频率，从而为用户及权限管理审计提供决策依据。

4. 被审计单位外部数据分析。

在必要的情况下，审计人员可以借助数据库工具、审计软件、大数据可视化分析工具、文本分析软件等对采集来的被审计单位外部数据进行分析，便于辅助判断应用系统的用户及权限管理问题。

四、用户及权限管理审计方法原理

根据对被审计单位的调查,在访谈和现场观察等基础上,采集被审计单位的员工变动信息、全单位操作用户信息、用户操作日志等结构化数据,以及相关会议纪要、部门年度工作总结、风险分析报告、信息系统的相关审计报告等非结构化数据;在审计大数据集成和预处理的基础上,基于"总体分析,分散核查"的审计思路,采用大数据可视化分析工具对相关数据进行分析,审计人员通过对可视化的分析结果进行观察,快速从被审计大数据信息中发现异常数据,获得审计线索。另外,审计人员可以根据需要,对异常数据作细化分析,从不同的方面获得对被审计数据的理解,从而全面地分析被审计数据。在可视化分析结果的基础上,审计人员可以借助 SQL 查询方法和审计软件对被审计数据进行建模与分析,进一步获得相关证据。在此基础上,通过对这些结果数据做进一步的延伸审计和审计事实确认,最终获得审计证据。

五、大数据环境下用户及权限管理审计方法应用案例分析

基于大数据技术的信息系统用户及权限管理审计的关键过程环节分析如下。

1. 相关文本数据可视化分析。

为了便于审计人员从总体上把握被审计大数据情况,快速发现可疑数据,提高审计效率,实现"总体分析,分散核查"的审计方式,采集相关文本数据,如被审计单位的相关会议纪要、部门年度工作总结、风险分析报告、信息系统的相关审计报告等,以及从网上采集来的被审计单位相关风险信息,采用大数据可视化分析工具对其进行分析。由此,被审计单位的信息系统在密码、权限、账号等管理上一直受到相关部门的重视。另外,通过查阅从网上采集来的被审计单位相关风险信息发现,被审计单位存在多次被相关监管部门通告的情况,因此,信息系统的用户和权限管理存在一定的风险。

2. 结构化数据分析。

为了进一步分析被审计单位哪些离职、内部调动人员的权限和用户管理是否存在风险,需要对采集来的被审计单位的人力资源部员工信息、全单位操作用户信息、用户操作日志等结构化数据进行分析。例如,分析该数据中"离职人员用户权限尚未销户情况"方面的数据。

3. 审计软件重号分析。

为了进一步确认被审计单位的员工是否存在一人拥有多个账号的情况,采用自主研发的易智通审计软件(电子数据审计模拟实验室软件)对采集来的全单位操作用户信息数据进行分析。

4. 离职、内部调动人员部门分布情况可视化分析。

一般来说,人员变动频率比较高的部门在用户和权限管理方面容易出现问题,需要审计人员重点关注。为了进一步分析哪些部门人员变动频率比较高,可以采用大数

据可视化分析工具对采集来的离职、内部调动人员数据进行综合分析，该被审计单位在营业部、信息技术中心、分公司等部门工作的员工离职和内部调动情况频率较高，建议该被审计单位今后注重对这些部门用户和权限的管理。

【知识补充】☆☆☆

信息系统审计的关键步骤如下。

1. 准备阶段。
2. 初步调查：了解被审计单位信息系统的基本状况，包括硬件配置、软件选用、网络结构、管理结构等。
3. 制订计划：根据调查结果，制订科学合理的审计计划，明确审计范围、重点、时间和人员分工。
4. 送达审计通知书：提前通知被审计单位，并要求其对所提供资料的真实性、完整性作出书面承诺。
5. 实施阶段。
6. 符合性测试：检查信息系统内部控制制度的遵循情况，确认输入资料是否正确完整，计算机处理过程是否符合要求。
  （1）实质性测试：对信息系统的程序、数据、文件进行测试，评估其准确性、可靠性和安全性。测试方法包括测试数据法、受控处理法等。
  （2）利用辅助审计软件：利用现场审计实施系统软件（AO）等工具，直接审查信息系统的数据文件，进行数据转换、查询、抽样审计等。
7. 报告阶段。
  （1）编制审计报告：整理审计工作底稿，编制审计报告，对被审计单位信息系统的处理功能和内部控制进行评价，并提出改进意见。
  （2）征求意见与复审：审计报告完成后，需征求被审计单位的意见，并报送审计机关和有关部门。若被审计单位有异议，可提出复审要求。

下 篇

大数据审计实务

第六章　我国审计软件概述

【知识目标】

- 了解审计软件的发展历程。
- 掌握审计软件的特点和知名软件。
- 熟悉审计软件的使用环境。

【技能目标】

- 能够识别大数据审计中涉及的关键技术和工具。
- 初步掌握获取大数据审计相关信息资源的能力。

【思政目标】

- 培养学生对大数据审计领域的兴趣,并认识到其在现代审计工作中的重要性。
- 培养具有创新精神和社会责任感的审计人才,能够推动大数据审计技术的不断创新和发展。学生将运用先进的技术手段,为解决复杂的审计问题提供新的思路和方法。

【行业领先企业和创新案例】

1. 福州审友软件有限公司(北京用友审计软件有限公司的子公司)专注于审计信息化建设多年,推出了审友 A7-数智化审计平台等解决方案,为内部审计工作提供完整的业务解决方案。

2. 中粮控股。

客户简介:中粮控股是中国最大的粮油食品进出口公司和实力雄厚的食品生产商,被财富杂志列为世界 500 强企业之一。其业务涵盖生化能源、油脂加工、大米贸易及加工等多个领域。

挑战:随着公司业务规模的扩大,经营风险不断提高,内部审计的要求也越来越高。审计部面临的主要挑战包括审计队伍中财务专业背景人员居多、对审计管理流程不熟悉,以及审计底稿编制规范程度不够等。

解决方案:中粮控股选择了用友审计软件作为合作伙伴,进行审计信息化建设。用友审计软件提供了专业的产品解决方案、丰富的实施经验和优质的服务品质,满足了中粮控股对审计软件的需求。

成效：通过用友审计软件的应用，中粮控股提高了审计效率，规范了审计底稿的编制，降低了审计风险，为公司的稳健发展提供了有力保障。

3. 四川烟草。

客户简介：四川省烟草专卖局（公司）是烟草行业的领军企业，下辖多个烟草专卖局（分公司）和专业公司。

挑战：随着计算机网络及信息技术的发展和普及，手工审计已经无法满足全面审计的需求。

解决方案：四川烟草选择了用友审计软件，建设了审计管理和审计作业一体化的应用体系。该系统由审计信息门户、审计管理子系统、审计作业子系统等多个部分组成，实现了审计资源的统一管理和高效协同办公。

成效：通过用友审计软件的应用，四川烟草建立了完善的审计监督体系，提高了审计效率和质量，降低了审计风险。

案例来源：福州审友软件有限公司，官网网址：www.yonyouaud.com，《中国软件优秀案例100精选》之：审计数智化解决方案。

这些成功的案例表明，应用审计软件可以帮助企业提高审计效率、规范审计流程、降低审计风险，为企业的稳健发展提供有力保障。同时，选择合适的审计软件供应商和产品也是非常重要的。

总之，我国审计软件的发展经历了从简单辅助到功能丰富、从单机应用到集成化、从手工操作到智能化应用的转变。随着技术的不断进步和市场需求的变化，审计软件将继续发展并为企业提供更高效、准确的审计服务。

第一节 我国审计软件的发展进程

我国审计软件的发展进程可以概括为以下几个阶段。

一、早期阶段（1988~1992年）

主要以手工审计为主，审计软件的应用还处于初级阶段。审计人员开始将数据录入计算机，通过审计软件的计算产生一些辅助性的结果。固化的表格审计软件最具代表性，通过设定好的勾稽关系来辅助审计人员的工作。

二、第二阶段（1993~1997年）

在WINDOWS平台下开发了一些辅助性的审计软件，如法规查询、审计项目档案管理、PSS票证审计等软件。

这些审计软件在某些审计方面已经可以为审计人员提供服务，如法规查询软件利用数据库技术从大量记录中检索审计相关条目，档案管理软件利用电子手段管理审计项目中的文件等。

三、发展与创新阶段（进入 21 世纪后）

随着信息化建设的推进，审计软件得到了快速发展。出现了更多功能丰富的审计软件，如审计数据分析工具、审计报告生成工具、风险评估工具等。

审计软件开始与企业的 ERP 系统、CRM 系统等数字化解决方案集成，提供更全面和准确的审计服务。

四、当前与未来趋势（近年来）

随着数字化转型的推进，审计软件在风险管理、合规性检查等方面的作用日益突出。

云计算和软件即服务（SaaS）模式的兴起为审计软件带来了新的机遇，企业可以通过云端部署审计软件，降低成本并提高灵活性。

人工智能和机器学习技术在审计领域的应用也逐渐增多，通过自动化和智能化的方式提高审计效率和准确性。

第二节　我国审计软件的种类和特点

一、金审工程

金审工程，全称为审计信息化系统建设项目，是《国家信息化领导小组关于我国电子政务建设指导意见》中确定的 12 个重点业务系统之一。以下是关于金审工程的详细介绍。

（一）背景

随着计算机技术的普及和应用，金融、财政、海关、税务等部门，以及民航、铁道、电力、石化等关系国计民生的重要行业开始广泛运用计算机、数据库、网络等现代信息技术进行管理。这导致会计信息电子化发展的同时出现了会计领域计算机做假和犯罪的情况。为了应对这一挑战，确保审计工作的有效性和准确性，审计署在 1998 年提出了审计信息化建设的意见，并得到国务院有关部门的大力支持，随后开始筹备金审工程。

（二）建设目标

金审工程的总体目标是建成对财政、银行、税务、海关等部门和重点国有企业事业单位的财务信息系统及相关电子数据进行密切跟踪，对财政收支或者财务收支的真实、合法和效益实施有效审计监督的信息化系统。具体来说，金审工程旨在实现以下三个"转变"。

第一，从单一的事后审计转变为事后审计与事中审计相结合，确保审计工作的及时性和准确性。

第二，从单一的静态审计转变为静态审计与动态审计相结合，提高审计工作的全面性和动态性。

第三，从单一的现场审计转变为现场审计与远程审计相结合，扩大审计工作的覆盖范围和效率。

（三）一期建设任务

金审工程分期建设，一期建设工期为两年左右。一期建设的主要任务如下。

（1）应用系统建设。整合审计业务和原有的应用系统，初步建成基于应用平台、实现数据共享的办公和业务应用系统，开展联网审计试点，探索"预算跟踪+联网核查"审计模式的实现途径与方法。

（2）局域网建设。改建、扩建和提升审计署机关和驻地方的18个特派员办事处的原有网络基础设施，使之适应应用系统运行的需要；实施审计机关之间、审计机关与政府部门和重点被审计单位之间、审计机关与审计现场之间的广域连接试点。

（四）进展与成果

金审工程的建设已经取得了显著进展。例如，金审工程三期项目已经开始实施，其应用系统特点是数据共享、提升安全、规范标准、引入新技术、跨平台能力强。该项目的实施应用可进一步提升各级审计部门审计业务总体分析、发现疑点、分散核实、系统研究的能力。

总体来说，金审工程是我国审计信息化的重要项目，旨在通过建设信息化系统，提高审计工作的效率、准确性和全面性，以更好地履行审计法定监督职责，维护经济秩序，促进廉洁高效政府的建设。

二、鼎信诺审计系统

鼎信诺审计系统是一款针对社会审计行业设计开发的审计软件，它符合中国注册会计师执业准则和相关财会法规的要求，并兼顾了中国证监会的相关规定。以下是关于鼎信诺审计系统的详细介绍。

（一）系统特点

（1）全面合规。鼎信诺审计系统严格遵循2006年财政部颁布的《中国注册会计师执业准则》《中国注册会计师执业准则指南》《2006年企业会计准则》的规定，确保审计工作的合规性。

（2）多软件支持。该系统支持从多种常见财务软件中采集数据，包括金蝶、用友、速达、安易、浪潮、新中大等，无须安装即可直接运行。

（3）功能丰富。鼎信诺审计系统涵盖了财务数据、会计报表、数据分析、工作底稿和审计调整等多个方面，为审计人员提供了一站式的审计解决方案。

（4）高效便捷。该系统能自动生成未审会计报表、实质性工作底稿等，大幅减少人工录入工作，提高审计效率。

（5）智能化。支持多种审计抽样方法，并能计算统计数据，保留审计轨迹，使抽样过程更加智能化和准确。

（二）主要功能

（1）前端数据采集。支持从多种财务软件中取出数据，包括金蝶K3、金蝶KIS、用友7系列、用友8系列等，前端完全免费，可直接从公司网站上下载。

报表自动生成与核对：能自动生成未审会计报表，并自动核对账表数据，差异以红色字体标注，便于用户调整。

（2）实质性工作底稿自动生成。能自动生成审计所需的各类底稿，如审定表、明细表等，减少人工录入工作。

（3）便捷审计调整。输入调整分录后，软件能自动更新相关底稿、报表和附注，确保数据一致。

（4）智能化审计抽样。支持多种抽样方法，并能计算统计数据，保留审计轨迹，提升抽样准确性。

（5）函证自动生成与打印。选择需发函证的单位后，软件能自动生成函证模板，并支持打印。

数据测试与分析：支持存货、固定资产等数据的测试，并提供报表、图表和指标分析，帮助用户识别审计风险。

（三）系统优势

（1）操作简便。软件界面设计清晰直观，即使是初学者也能快速上手。

（2）设计规范。严格按照财政部及相关机构的准则进行设计，确保专业性与合规性。

（3）灵活定制。具备高度开放性和灵活性，允许审计人员根据自身需求调整格式、公式和底稿。

综上所述，鼎信诺审计系统是一款功能全面、操作简便、设计规范且灵活定制的审计软件，能够满足审计工作各个方面的需求，是审计人员的得力助手。

三、审计之星

审计之星是一款审计自动化软件，经历了审计之星Ⅰ和审计之星Ⅱ两个版本的更替。它的研发背景主要源于我国会计电算化的发展和普及，以及查账系统信息化的要求。

（一）研发背景

（1）会计电算化的发展。自20世纪80年代以来，我国会计电算化发展迅速。据统计，全国拥有会计电算化软件厂商共有300多家，国有大中型企业会计电算化普及程度达到较高水平。

（2）查账系统信息化的要求。随着审计业务范围的不断扩大以及从传统的事后审计向事前审计、事中审计发展，利用传统方法进行审计已显得力不从心。同时，绕过计算机审计的方法已不能满足要求，利用计算机辅助审计技术对会计电算化系统本身进行审计变得尤为重要。

（二）发展历程

（1）审计之星Ⅰ（查证系统）。该产品由上海博科资讯有限公司和上海大华会计师事务所联合研制开发，于2000年进入市场。它实现了对会计财务系统数据的检查、查询分析，大幅减轻了审计人员查阅电子账簿与记账凭证的工作量。然而，在推广应用过程中，也暴露出数据采集方式单一、系统智能化水平较低等问题。

（2）审计之星Ⅱ。针对审计之星Ⅰ存在的问题，从2001年开始，审计之星查证系统V2.0开始酝酿升级换代。设计思路为：将企业内部审计作为主要客户群，以国家财经法规为依据，以财务系统数据为起点，以财务收支审计为基础，吸收融合国际国内先进审计技术，提高内部审计人员审计水平。

（三）系统特点

（1）数据采集。采用标准数据接口与专用软件相结合的导入方法解决数据采集问题，能采集多种财务软件的数据。

（2）审计方法。采用符合传统审计的逆向检查方法，即先对会计报表与账簿数据进行分析、整理、分类，从中发现疑点进行跟踪查询。

（3）智能化。智能化的会计制度执行情况预警、检查、综合分析。

（四）应用领域

审计之星广泛应用于各类企业的内部审计，以及政府机关的财务审计等领域，帮助审计人员提高审计效率，降低审计风险。

总之，审计之星是一款功能强大、智能化的审计自动化软件，它在我国会计电算化和审计信息化的发展中发挥了重要作用。

四、审计助手

审计助手是一个随着审计工作的数字化转型而出现的新兴软件，旨在通过现代信息技术提升审计效率并降低出错率。以下是对审计助手的具体介绍。

（1）数据收集与处理。审计助手能够快速收集和处理审计数据，这是其基础功能之一。

（2）数据分析与挖掘。这是审计助手最为重要的功能之一。它能够帮助审计人员在庞大的数据量中快速找到有价值的信息，优化审计工作。

（3）风险评估与控制。审计助手还具备风险评估与控制的功能，有助于审计人员在审计过程中更准确地把握风险点。

【特定版本功能】

1. 版本：政府审计版。

（1）审计证据处理。包括审计证明材料录入、查询、修改、打印等，并可以浏览、查询、打印审计成员的审计证据以及进行审计证据数据交换。

（2）审计日记处理。支持审计日记录入、查询、修改、打印等功能，还可以调用审计组成员采集的审计证据，并浏览、查询、打印审计成员的审计日记。

（3）工作底稿处理。包括工作底稿的录入、查询、修改、打印等，可以根据关联审计日记或审计证据自动生成工作底稿，并进行数据交换、分类、复核等操作。

（4）内部审计版。除了上述功能外，还增加了自动生成审计报告、常用审计文书和表格处理、法律法规查询与维护等功能，更加适用于内部审计的需要。

2. 特点。

（1）实用、规范。审计助手在审计业务实践中产生，具有实用性和规范性，易于操作和推广。

（2）数据交换。审计助手具有完整的数据备份和数据交换方案，能够满足审计成员间的各种数据交换需求。

3. 应用与发展。

随着技术的不断发展和应用范围的扩大，审计助手已经成为审计工作中不可或缺的助手，为审计工作提供了更加准确、高效的支持。

综上所述，审计助手是一个功能强大、操作简便的审计辅助软件，通过其强大的数据收集、处理、分析和挖掘能力，以及风险评估与控制功能，为审计工作提供了极大的便利支持和效率提升。

五、博智审计

博智审计是一个专注于提供审计解决方案的系列产品，其产品涵盖多个领域，如主机监控与审计、安全运维审计、工控安全审计等。以下是关于博智审计的详细介绍。

（一）博智主机监控与审计系统

（1）产品简介。实现对主机的集中管控、审计策略的配置及下发。对受控主机实施接入控制、合规性检查、移动存储介质管理、软件分发管理、网络控制、外设控制。采集主机安全配置信息和运行状态信息,加强对内网终端计算机的监管。

(2)市场优势。系统兼容性强,支持多种国产化桌面操作系统,如 Windows、中标麒麟、银河麒麟等。管控方面覆盖宽,支持多种管控场景和操作系统版本客户端。

(3)产品功能。

终端运维:实时查询终端状态,包括资源占用、进程管理、安装服务等。

软件分发:在服务端执行软件分发策略,对客户端进行批量软件分发安装。

终端网络行为管控:支持设置 IP、端口、URL 策略,对终端网络访问行为进行管控。

移动存储介质管理:支持对移动存储介质进行集中注册,实现统一管理。

(二)博智安全运维审计系统

(1)产品简介。一款自主研发的新一代软硬件一体化安全运维审计系统。支持对企业运维人员在运维过程中进行统一身份认证、统一授权、统一审计、统一监控。

(2)市场优势。强大的应用发布系统,方便灵活的可扩展性,高可靠的自身安全性。

(3)产品功能。

集中认证管理:提供多种认证方式,包括本地认证、证书认证等。

集中操作审计:基于唯一身份标识,全程审计用户对从登录到退出的操作行为。

访问控制:能够提供细粒度的访问控制,最大限度保护用户资源的安全。

(三)博智工控安全审计系统

(1)产品简介。采用旁路方式,基于通信报文深度解析技术,实时检测针对工控设备的网络攻击、用户误操作等行为。实时报警,并翔实记录一切网络通信行为。

(2)市场优势。协议深度解析,工控资产重点监管,无风险接入方式。

(3)产品功能。

白名单规则:建立白名单规则,对不符合工控业务异常流量的行为进行告警。

工控网络攻击监测:对网络攻击进行检测,并实时产生告警。

网络通信记录回溯:根据日志和数据包对工控网络通信记录进行回溯。

(四)客户获益

博智审计系列产品能够帮助客户加强对内网终端计算机的监管,有效提升信息系统的安全水平,降低泄密风险。

对于企业而言,博智审计能够集中管理账号,降低管理费用,提高访问安全性,减轻管理压力,并满足等保安全规范要求。

以上是从产品简介、市场优势、产品功能及客户获益等方面对博智审计的详细介绍。

【思政扩展】

康美药业审计失败案例

一、背景

康美药业发布《关于前期会计差错更正的公告》,修改了 2017 年的年报数据,存货、营业收入、现金等多项数据存在重大误差。

康美药业的审计机构是广东正中珠江会计师事务所,为康美药业出具了保留意见的审计意见。后续调查发现,康美药业披露的 2016~2018 年财务报告存在重大造假,涉嫌违反《证券法》相关规定。

二、思政目标

学习审计职业道德基本原则中诚信、独立、客观、公正等原则的内涵与具体要求。

从公正、法制、敬业、诚信等方面,进行社会主义核心价值观培养,树立正确的世界观、人生观和价值观。

三、过程

通过教师讲解职业道德守则等基本原则,展示案例内容,分析审计失败的原因,并给出应对建议。要求学生进一步了解康美药业造假过程及审计失败的更多原因,并从职业道德角度思考应对策略。

四、总结

通过案例分析和思考,认识到职业道德和价值观的缺失会给一个公司甚至一个行业或国家带来严重后果。

【理论实训】

一、单项选择题

1. Excel 函数应用,若在 G1 单元格输入"=ABS(A1:A3)",则 G1 的数值会显示( )。

    A. 显示 A1 到 A3 单元格的绝对值之和

    B. 显示错误,因为 ABS 函数只接受单个数值作为参数

    C. 显示 A1 单元格的绝对值

    D. 显示 0

2. Excel 公式计算,假设 Excel 工作表中 A1=1 000,B2=200,C3=300,D4=600,在 F4 单元格输入"=A1+B2-C3+D4",则 F4 的数值为( )。

    A. 1 500 　　　　B. 600 　　　　C. 100 　　　　D. 900

3. 条件函数判断,若在 H3 单元格输入"=IF(A1-C3>0,A1-C3,B2+D4)",在 A1=1 000,B2=200,C3=300,D4=600 的情况下,H3 的数值为( )。

    A. 700 　　　　B. 500 　　　　C. 100 　　　　D. 0

4. 计数函数使用，若在 H4 单元格输入"＝COUNTIF（A1：F3，500）"，在 A1：F3 范围内有两个单元格的值为 500，则 H4 的数值为（　　）。

A. 0　　　　　　B. 1　　　　　　C. 2　　　　　　D. 错误

5. 数据处理与公式应用，若在 Excel 中，E1 单元格的值为 500，F1 单元格的值为 20%，在 G1 单元格中输入"＝E1＊F1"，则 G1 的数值为（　　）。

A. 100　　　　　B. 0.1　　　　　C. 520　　　　　D. 错误

6. 审计软件功能识别，（　　）功能不是审计软件通常具备的功能。

A. 数据采集　　　B. 数据分析　　　C. 报告生成　　　D. 决策制定

7. 审计软件中的公式应用，在审计软件中，若需计算某列数据（A 列）的平均值，并显示在 B1 单元格中，应使用（　　）公式。

A. ＝SUM（A：A）　　　　　　　B. ＝AVERAGE（A：A）
C. ＝MAX（A：A）　　　　　　　D. ＝COUNT（A：A）

8. 在审计软件中，（　　）抽样方法适用于当总体中的项目具有明显差异，并且需要审计重要性高的项目。

A. 系统抽样　　　B. 货币单元抽样　C. 判断抽样　　　D. 随意抽样

9. 审计软件中的测试类型，在审计过程中，使用审计软件进行实质性测试时，以下（　　）不是常见的测试类型。

A. 分析性程序　　B. 询问客户　　　C. 截止测试　　　D. 细节测试

10. 审计软件中的数据匹配功能通常用于（　　）目的。

A. 预测未来数据　　　　　　　　　B. 验证数据准确性
C. 生成预测报告　　　　　　　　　D. 创建数据可视化图表

二、多项选择题

1. 审计软件功能可以通过审计之星对被审单位资料进行审计的审计程序包括（　　）。

A. 观察　　　　　B. 函证　　　　　C. 询问　　　　　D. 重新计算

2. 审计软件在数据处理方面通常提供（　　）功能。

A. 数据清洗　　　B. 数据验证　　　C. 数据预测　　　D. 数据可视化

3. 审计软件在数据分析中可能会用到（　　）分析工具或方法。

A. 趋势分析　　　B. 比较分析　　　C. 回归分析　　　D. 抽样测试

4. 使用审计软件进行审计测试时，通常涉及（　　）步骤。

A. 设定测试目标　B. 编制测试计划　C. 执行测试程序　D. 编写测试代码

5. 审计软件中的数据验证可能包括（　　）方面。

A. 数据的完整性　B. 数据的准确性　C. 数据的及时性　D. 数据的来源

6. 鼎信诺软件在审计中的应用场景包括（　　）。

A. 财务报表审计　B. 内部控制审计　C. 舞弊调查　　　D. 合规性审计

7. 金审工程是（　　）的结合。

A. 从单一的事后审计转变为事后审计与事中审计相结合

B. 从单一的静态审计转变为静态审计与动态审计相结合
C. 从单一的现场审计转变为现场审计与远程审计相结合
D. 理论与实践的结合

8. 鼎信诺软件的优势包括（　　）。
   A. 跨平台操作支持　　　　　　B. 高性能数据处理
   C. 丰富的数据可视化工具　　　D. 简单易用的界面设计

9. 鼎信诺软件可以直接与（　　）财务软件进行连接，传输数据。
   A. 用友软件　　B. 金蝶软件　　C. 速达软件　　D. 浪潮软件

10. 鼎信诺软件在审计工作中可以解决（　　）。
    A. 数据量大、处理速度慢的问题　　B. 数据格式不统一、难以整合的问题
    C. 审计工作效率低下的问题　　　　D. 数据安全性不足的问题

三、判断题

1. 审计软件应用原则，计算机技术的应用改变了审计目标和风险评估的原则性要求。（　　）
2. 审计取证方式，计算机审计取证的切入点是纸质文件和手工操作。（　　）
3. 审计软件的数据采集能力，审计软件能够自动从被审计单位的系统中实时采集所有数据。（　　）
4. 审计软件在报告生成中的作用，审计软件能够自动生成完整的审计报告，无须人工干预。（　　）
5. 审计软件可以完全自动化审计流程，无须审计人员参与。（　　）
6. 审计软件必须保证存储在其中的数据完全不被未经授权的人员访问。（　　）
7. 有了审计软件之后，可以完全解放审计人员。（　　）
8. 审计软件通常是与财务软件可以直接传输数据的，尤其是和用户量大的财务软件。（　　）
9. 金审工程是我国最有代表性的审计事项。（　　）
10. 审计之星软件的设计思路是将企业内部审计作为主要客户群，以国家财经法规为依据，以财务系统数据为起点，以财务收支审计为基础，吸收融合国际国内先进审计技术，提高内部审计人员审计水平。（　　）

四、简述题

1. 审计作业软件应该有哪些基本功能？
2. 在计算机审计时，审计准备阶段应完成哪些主要工作？
3. 计算机审计特点是什么？
4. 什么是金审工程？
5. 与传统的手工审计相比，会计信息化对审计的影响有哪些？
6. 会计电算化系统的一般控制是什么？
7. 用实例说明什么是意大利腊肠术（Salami Techniques）。

第七章　鼎信诺审计软件简介

【知识目标】

- 了解审计软件的功能和结构。
- 掌握审计软件的安装和卸载。
- 熟悉审计软件的使用特点。

【技能目标】

- 能够识别审计软件的安装和卸载操作。
- 初步掌握鼎信诺审计软件的日常操作能力。

【思政目标】

- 培养学生对大数据审计的操作规范和工作职责，形成审计人员的职业操守。

【案例】

一、案例名称

鼎信诺软件助力大型会计师事务所 A 数字化转型。

二、案例背景

随着信息化和数字化的快速发展，审计行业对高效、准确、智能的审计工具需求日益增长。大型会计师事务所 A 作为行业的领军者，面临着数据量激增、审计风险提高、客户要求日益严格等多重挑战。为了应对这些挑战，某大型会计师事务所决定引入鼎信诺审计软件，以实现审计工作的数字化转型。

三、案例内容

1. 项目导入与数据处理。

该会计师事务所通过鼎信诺软件，成功实现了对多个大型集团项目的快速导入和数据转换。鼎信诺软件支持多种财务软件数据格式的导入，并能在短时间内完成大量数据的处理和转换，大大提高了工作效率。

数据显示，引入鼎信诺软件后，该会计师事务所的项目导入时间缩短了30%，数据处理效率提高了 50%。

2. 智能审计与风险检测。

鼎信诺软件的智能审计功能能够帮助审计人员快速定位审计重点，减少了不必要的工作量。同时，软件内置的风险检测模块能够自动识别潜在的风险点，为审计人员提供重要的参考信息。

通过鼎信诺软件的智能审计和风险检测功能，该会计师事务所成功发现了多个重大风险点，为客户避免了潜在的损失。

3. 团队协作与项目管理。

鼎信诺软件提供了强大的团队协作和项目管理功能，支持多项目并行管理、任务分配、进度跟踪等。这使得该会计师事务所能够更加高效地管理审计项目，确保项目按时按质完成。

引入鼎信诺软件后，该会计师事务所的项目管理效率提高了 60%，项目完成率达到了 90% 以上。

4. 客户反馈与满意度。

由于鼎信诺软件的引入，该会计师事务所的审计工作更加高效、准确和智能，得到了客户的高度认可和好评。客户反馈显示，引入鼎信诺软件后，审计报告的准确性和时效性都有了显著提升。根据客户满意度调查数据，引入鼎信诺软件后，客户满意度提高了 15%。

5. 成功案例总结。

通过引入鼎信诺审计软件，该大型会计师事务所成功实现了审计工作的数字化转型，提高了审计效率和质量，降低了审计风险。鼎信诺软件的智能审计、风险检测、团队协作和项目管理等功能，为该会计师事务所带来了显著的业务效益和客户满意度提升。这一成功案例充分证明了鼎信诺软件在审计行业的优势和价值。

第一节　鼎信诺审计软件的总体结构和功能

一、总体结构图

（一）大数据审计的概念

麦肯锡全球研究所定义大数据是一种数据集合，不管是在数据获取、存储还是在数据管理、分析时，大数据规模都远远超过了一般数据库软件系统的覆盖范围，具备数据规模海量、数据流转快速、数据类型多样、价值密度低四个特点。大数据最大的特征，自然就是数据量巨大，大到传统的数据处理软件如 Excel、Mysql 等都难以全面分析。这也说明，在大数据时代，不管是在数据存储还是加工计算等过程，对应使用的处理技术也会不同，如 Hadoop、Spark 等。

在企业内部，数据从生产、存储，到分析、应用，会经历各个处理流程，如图7-1所示，它们相互关联，形成了整体的大数据架构。

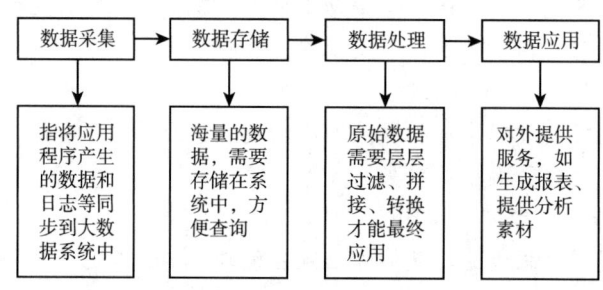

图7-1 数据处理流程

大数据审计的含义是审计人员在大数据资源的基础上，借助大数据方法找到企业与大数据的关联，检验其经济业务的合理规范性。大数据审计是传统计算机审计的升级，其依旧是根据相关证据来评估信息系统是否有效维护数据资产完整，并实现资源使用的经济最大化。随着建设物联网，大数据审计在公司内部控制、信息系统治理、风险安全管控等方面都是非常重要的手段。大数据审计在物联网建设中综合治理大数据风险，保持独立性，以第三方的立场客观地检查和评价大数据，不但保护了搭建在"云"上物联网业务和"云"中大数据的安全，还对大数据处理阶段中的效率、效果、可靠性、合规性等提出审计意见。当前网络信息技术不断发展，大数据早就渗透日常生活，大数据技术也早已运用到各行各业中，如商业智能、咨询服务、通信行业、金融行业等。知名电商平台淘宝网就充分利用了数据管理的优势，通过整理和分析用户的消费数据，进而挖掘其中隐藏的商机。大数据管理分析能够提高企业的竞争能力，让企业作出最准确的决策。因此，提高全民的大数据管理认知，让人人具备大数据思维，可以充分促进大数据技术的进步和业务平台应用的研发推广。审计也是如此，需要不断适应大数据环境带来的一系列变革，审计检查工作也应满足大数据大量化、多样化、快速化的特点，由此产生了大数据审计。

（二）大数据审计与传统审计的比较

相较于传统审计模式，大数据审计的主要特征是信息主导、全面覆盖、技术创新，更加重视审计作业的持续性、整体化和审计流程的信息化，可以将非现场审计系统、云审计平台、大数据审计系统贯通起来，获取和分析海量信息，运用远程审计与现场审计相结合、动态审计与静态审计相结合、事后审计与事中审计相结合的方式全方位、多角度地实现审计目标。传统审计方法与大数据审计方法的比较如表7-1所示。

表7-1　　传统审计方法与大数据审计方法的比较

比较内容	传统审计	大数据审计
审计数据来源	部分结构化数据，主要是财务资料	包含结构化与非结构化的数据
审计数据采集方法	抽样采取数据	多系统整合采集数据

续表

比较内容	传统审计	大数据审计
审计分析方法	账表分析、统计分析等	利用信息技术如 Python、可视化分析等
审计组织方式	现场集中审计	实时监督、开展非现场审计
审计期间	主要事后审计	持续跟踪审计

二、具体功能和特点

（一）鼎信诺系统简介

鼎信诺审计系统是针对注册会计师审计行业设计开发的，它符合《中国注册会计师审计准则》和财政部颁布的《企业会计准则》《企业会计制度》及其补充规定，并且兼顾中国证监会的相关要求及新近颁布的财会法规。鼎信诺审计系统融合了风险导向审计和中国注册会计师协会 2007 年 9 月编制的《财务报表审计工作底稿编制指南》，将风险评估底稿、控制测试底稿以及实质性测试底稿恰当地结合为一个整体，实现了由"了解被审计单位及其环境"到"在被审计单位整体层面了解和评价内部控制"，到"在被审计单位业务流程层面了解和评价内部控制"，经过"项目组讨论"和"风险评估结果汇总"，对进一步审计工作（包括控制测试和实质性测试）作出判断，得出"总体审计策略"。

鼎信诺审计系统既可以对单个公司也可以对集团公司进行审计，并且一个项目中能存放多个年度和多个被审单位，审计时可以很方便地查看一个项目下的不同年度、不同单位数据。系统在规范性和专业性基础上，尽可能地减少操作的步骤，降低操作难度。在业务流程操作向导的指引以及随光盘提供的多媒体教学的帮助下，审计人员可以在短时间内掌握本系统，从而避免或减少审计人员的重复性和复杂性的工作。另外，本公司还提供专业网站，以便审计人员能够更有效地与我们进行信息交流。

随着企业会计电算化进程的推进，财务软件越来越普及，审计人员面对电子账的机会也越来越多，利用企业现有的数据进行查账、抽凭、分析、生成底稿，不仅可以发现异常，找到风险，还能够提高工作的效率、增强数据的准确性以及底稿的规范性。鼎信诺审计前端是用于采集财务电子账套，可导入的财务软件涵盖市场常见的财务软件，包括金蝶、用友、速达、安易、浪潮、新中大、远光、远方、久其、博科、南北财务、润嘉、施易、万能财务、兴竹、永信、中财信、金财、金算盘、九鼎、企业之魂、四方等。

（二）系统特点

（1）设计规范，专业性强。在深入分析审计行业需求和特点的基础上，按照财政部颁布的《中国注册会计师审计准则》《企业会计准则》《企业会计制度》的要求设计，并且兼顾中国证监会的相关要求及新近颁布的财会法规。

（2）开放性、灵活性强。在规范性的同时，各种显示格式、计算公式、工作底稿、打印格式、文档等都可由审计人员进行添加删除和调整修改。系统提供多种数据移植功能，可以从多种专业财务软件采集数据，在不同项目间或不同计算机间进行项目数据的导入、导出、合并。

（3）可靠性、安全性高。软件经过多家会计师事务所测试应用，证明系统运行高效可靠。系统采取科学合理的数据操作模式和细致的审计人员管理方式，确保了审计人员数据的安全存储和对审计人员权限的有效管理。

（4）易用性、实用性强。在长期实践的基础上充分考虑了审计人员的使用需求，向审计人员提供了友好的使用界面，以独特的多级向导形式引导审计人员、简化操作；在快速、准确得出审计结果的前提下提供了多种辅助功能、快捷操作方式和详细的在线帮助，前端程序、工作底稿等功能极大地减轻了审计人员的工作量，提高了准确性。

（三）Windows 基本操作

单击：点击一下鼠标左键或右键。

双击：快速连点两下鼠标（一般是左键），其间隔时间可由 Windows 系统设置修改。

复制：将选中的内容拷贝到计算机内存中。可用 Ctrl + C 键，或单击鼠标右键选"复制"。

剪切：将选中的内容删除后拷贝到计算机内存中。可用 Ctrl + X 键或单击鼠标右键后选"剪切"。

粘贴：将计算机内存中的内容贴到当前位置。可用 Ctrl + V 键或单击鼠标右键后选"粘贴"。

拖动：按住鼠标左键不放，将对象拖拽到指定的地方后再松开鼠标左键。

行选择：按住 Ctrl 或 Shift 键不放，在选定单元格上点击鼠标左键，可以把整行变为蓝色；Ctrl 一次可以选中一行，Shift 键可以选中连续两次点击之间的行；如果 Ctrl 或 Shift 键都没有按下，点击鼠标左键将会取消所做的行选择。

第二节　鼎信诺审计软件的安装和卸载

一、安装条件

（一）最低硬件配置要求

（1）CPU：奔腾 166 及以上。CPU 是计算机的核心部件，负责执行各种运算和控制操作，奔腾 166 及以上的 CPU 可以满足鼎信诺审计软件的基本运行需求。

（2）内存：256M 以上。内存是计算机存储数据的重要部件，256M 以上的内存可以确保鼎信诺审计软件在运行时不会出现内存不足的情况。

（3）磁盘空间：200M 空余磁盘空间。这是为了安装软件和存储相关数据所必需的磁盘空间。

（4）鼠标：需要配备鼠标进行操作。

（二）操作系统要求

Windows 系列：鼎信诺审计软件支持 Windows 系列操作系统，如 Windows XP、Windows 7、Windows 10 等。

（三）其他要求

（1）安装环境：在安装前，请检查电脑是否存在病毒，并确保电脑环境稳定、安全。

（2）软件依赖：如果要使用底稿功能，请另外安装 Word 和 Excel。因为鼎信诺审计软件可能需要与这两款办公软件进行数据交换或文档处理。

（四）加密狗或注册码

（1）加密狗：如果用户购买的是带有加密狗的版本，需要在安装时将加密狗连接到计算机上。加密狗是一种硬件保护设备，用于保护软件的合法使用。

（2）注册码：如果用户是通过网站下载审计软件的方式购买的，系统会生成一个唯一性的用户号。用户需要将这个用户号发送给软件提供商，以获取一串注册码。在安装完成后，使用注册码进行软件注册和激活。

二、安装步骤

本系统是经过 WinRAR 压缩软件压缩成的一个压缩包，不需要任何的安装操作，只需将它拷贝到电脑磁盘的任何位置或者 U 盘里直接解压缩即可。

解压缩以后运行目录下的 DATAGET.EXE 文件即可进入取数系统界面。

三、卸载方法

由于前端取数工具是免安装的，所以卸载只需删除整个文件目录即可。

第三节　鼎信诺审计软件的日常维护和注意事项

一、数据备份

（一）准备阶段

（1）了解备份文件类型：备份出的数据库文件后缀名一般为：BAK、BA_、MDF。

其中，BA_为用友导出备份格式，需要将其后缀名更改为 RAR 进行解压缩，然后手动加后缀名 BAK，使其成为 BAK 文件。

（2）文件传输：如果通过网络传输备份文件，建议对 BAK 和 MDF 格式的文件进行压缩，以节省传输时间，并防止文件在拷贝过程中被损坏。

（二）安装和设置阶段

（1）安装 MSDE 或 SQL Server。在自己电脑上安装 MSDE2000 \ 2005 或完整版 SQL。

【注意】

如果 BAK 文件大于 2G，不能使用 MSDE2000 进行还原；如果 BAK 文件大于 4G，不能使用 MSDE2005 进行还原。这时需要安装完整版的 SQL Server。

安装 MSDE 时，需要解压缩后双击 setup.bat 文件进行自动安装。

安装完毕后，重新启动电脑。

（2）配置数据库连接。打开审计系统，创建新项目，点击"前端数据导入"按钮。

对于 3000 系列用户，点击"直连 SQLSERVER 数据库导致"，找到"设置连接参数"，在 SA 密码里输入 sa，并进行测试连接。对于 5000 系列用户，点击"连接 SQLSERVER"，点击"设置 SQLSERVER 连接参数"，在弹出的窗口 SA 密码里输入 sa，并进行测试连接。

（三）数据导入阶段

（1）选择备份文件。点击前端数据导入按钮，浏览找到 MDF 或者 BAK 文件导入。弹出窗口中，选择财务软件类型（根据审计单位使用的财务软件来选择）。

（2）设置新数据库参数。"新数据库名称"是在后面位置写被审计单位简称（仅支持英文字母，不支持中文）。"新数据库文件存放目录"是当空间不够时，可以选择存放到其他盘符去，确保还原工作顺利完成。

（3）调整参数和开始导入。在弹出的界面中，1~12 可以变动（一般适合预审，如果 1~10 月，可以手动调节 12 变为 10）。点击"下一步"，然后点击"开始导数"按钮，即将备份数据导入当前项目中。

（四）注意事项

（1）文件格式和版本。如果企业导出的备份是特定版本的（如 SQL2008），则需要安装相应版本的 SQL Server 进行还原。

（2）文件大小。根据备份文件的大小选择合适的还原工具（MSDE 或完整版 SQL Server）。

（3）密码和权限。在配置数据库连接时，确保输入的 SA 密码正确，并具有足够的权限进行数据库操作。

二、软件更新

（一）了解更新信息

（1）查看更新通知。用户应定期查看鼎信诺官方网站或相关通知，了解是否有新的软件版本发布。这些通知通常会包含新版本的功能改进、修复的问题、更新日期等重要信息。

（2）确定更新需求。根据通知内容，用户需要判断当前使用的软件版本是否需要更新。如果新版本修复了重要的问题或增加了必要的功能，那么建议进行更新。

（二）准备更新

（1）备份数据。在进行软件更新之前，强烈建议用户备份审计软件中的重要数据。这可以通过导出数据或复制数据库文件来实现。备份数据可以防止在更新过程中发生意外情况导致数据丢失。

（2）检查系统环境。确保计算机满足新版本的最低硬件和软件要求。这包括操作系统版本、内存、磁盘空间等。

（三）执行更新

（1）下载更新包。登录鼎信诺官网（http://www.dxn.com.cn），选择服务支持中的产品下载页面。根据所使用的软件版本，选择相应的下载链接，并下载更新包。

（2）登录并验证身份。使用事务所编号和密码，或者使用事务所编码和售后服务码（售后服务码可以在软件主界面上右下角查看）两种方式中的一种登录。确保输入的信息准确无误，以便成功验证身份并下载更新包。

（3）安装更新包。下载完成后，双击打开更新包并按照提示进行安装。在安装过程中，可能需要用户确认一些设置或选择安装路径等。请仔细阅读每个提示，并根据需要进行选择。

（四）验证更新结果

（1）检查版本号。安装完成后，重新打开鼎信诺软件并检查版本号是否已更新为最新版本。这可以通过在软件界面上查找版本号信息来实现。

（2）测试功能。确保新版本中的功能都能正常使用。这可以通过进行一些简单的测试或检查来验证。如果发现任何问题或错误，请及时联系鼎信诺的技术支持团队进行解决。

（五）注意事项

（1）在更新过程中不要关闭软件或计算机。这可能会导致更新失败或数据损坏。请确保在更新过程中保持软件和计算机的稳定运行。

（2）避免在高峰时段进行更新。这可能会增加服务器的负载并导致更新速度变慢或失败。建议用户在非高峰时段进行更新操作。

（3）备份重要数据。在进行任何软件更新之前，都应该备份重要数据以防止意外情况导致数据丢失。

三、清理缓存

（一）方法一：手动删除缓存文件

操作步骤如下。

（1）定位缓存文件。在 Windows 操作系统中，鼎信诺系统（以及许多其他软件和浏览器）的缓存文件通常保存在本地磁盘的特定文件夹中，如 C:\ 用户 \ Administrator \ AppData \ Local。

（2）删除缓存文件。进入该文件夹后，可以手动删除相关的缓存文件。请注意，在删除文件之前，请确保这些文件确实是缓存文件，并且删除它们不会影响到您的正常操作或重要数据。

【注意事项】

手动删除缓存文件需要谨慎操作，避免误删重要数据。

如果不确定某个文件是否可以删除，请先咨询专业人士或搜索相关信息。

（二）方法二：使用系统优化工具

操作步骤如下。

（1）打开磁盘清理工具。在"此电脑"中右键单击 C 盘（或其他系统盘），选择"属性"，然后点击"磁盘清理"。

（2）选择清理项目。在磁盘清理窗口中，勾选需要清理的文件类型，如系统文件和缓存文件。

（3）执行清理。点击"确定"后，系统将开始清理选定的文件。

【注意事项】

使用系统自带的磁盘清理工具时，请确保勾选了正确的文件类型，避免误删重要文件。

（三）方法三：使用浏览器清理工具

操作步骤（以 Google Chrome 为例）如下。

(1) 打开浏览器设置：点击 Chrome 浏览器右上角的三个点图标，选择"设置"。
(2) 清除浏览数据：在设置页面中，选择"隐私和安全"或"高级"，然后点击"清除浏览数据"。
(3) 选择清理项：在清除浏览数据窗口中，选择需要清理的数据类型（如缓存的图像和文件），然后点击"清除数据"。

【注意事项】

不同浏览器的清理工具可能略有不同，具体操作请参考所使用的浏览器文档。

（四）方法四：使用清理软件

操作步骤如下。
(1) 选择清理软件：从市面上选择一款可信的清理软件，如 CCleaner 等。
(2) 扫描并清理：运行清理软件后，将自动扫描系统和软件保存的缓存文件，并按提示进行清理。

【注意事项】

在使用清理软件时，请确保选择的是可信的软件，避免下载和运行恶意软件。

清理过程中，请仔细阅读软件的提示和警告信息，避免误删重要数据。

四、检查日志文件

（一）了解日志文件的重要性

鼎信诺系统的日志文件记录了系统从开始启动到运行过程中的关键操作、系统和事务故障以及它们的操作时间、操作过程、错误描述等详细信息。

管理员通过分析这些信息，可以发现系统中存在的各种问题，如潜在的运行瓶颈、系统故障发生的原因等。

（二）确定日志文件的位置

鼎信诺系统的日志文件通常保存在系统的特定目录下，具体位置可能因系统配置而异。

管理员应先确定日志文件的具体位置，以便进行后续的检查和分析。

（三）检查日志文件

管理员应定期（建议每天至少一次）查看日志文件，以便及时发现系统存在的问题。

在检查日志文件时，管理员应关注以下内容。
(1) 关键操作。如实例的启动和关闭、数据库的备份和恢复、数据字典的更改等。这些操作的状态和结果反映了系统的运行状况。
(2) 系统和事务故障。当系统发生故障时，会记录故障时间、错误代码、可能的原因以及解决办法等信息。管理员应根据这些信息找出故障发生的原因和处理对策。

如果发现异常或错误日志,管理员应立即采取相应的措施进行处理,以确保系统的正常运行。

(四)日志文件的管理

由于数据库系统不会自动维护这些文件,随着时间的推移,日志文件的尺寸会越来越大,进而影响到系统的运行。

管理员应定期(如每周或每月)对日志文件进行备份,然后删除或压缩旧的日志文件内容,以释放磁盘空间并提高系统的性能。

(五)使用日志分析工具

管理员还可以使用专业的日志分析工具来辅助检查和分析日志文件。这些工具通常提供了强大的搜索、过滤和统计功能,能够帮助管理员更快速地定位问题和解决问题。

五、注意事项

(一)系统配置与安装

(1)系统环境检查。确保计算机满足软件的最低硬件和软件要求,如操作系统版本、内存、磁盘空间等。

(2)安装与更新。使用官方提供的安装包进行安装,遵循安装向导的步骤进行。定期检查并安装软件的更新和补丁,以获得最新的功能和安全性改进。

(二)数据导入与备份

(1)数据导入。在导入数据之前,确保数据文件的完整性和准确性。遵循数据导入的指引,正确选择财务软件类型和数据库类型。注意处理可能出现的乱码问题,如从手工账取数时。

(2)数据备份。在进行任何可能影响数据完整性的操作之前(如软件更新、系统重装等),务必备份审计数据。定期检查备份数据的完整性和可恢复性。

(三)操作与使用

(1)DIY功能。根据审计底稿的需要,合理利用软件的DIY功能进行自定义设置,如添加事务所的LOGO、修改表头等。

(2)抽凭底稿。在抽凭底稿中,确保单据描述的准确性和完整性,以便进行凭证抽查。利用软件提供的抽样方法(如随机抽样、系统抽样、PPS抽样等)进行有效抽样。

(3)财务报表分析。在审计过程中和审计结果中,都要注意财务报表的详细分析，而不仅是报表科目层次的分析。

（4）数据更新。在数据列中的更新选项要谨慎使用，确保数据的准确性和一致性。

（5）底稿管理。使用"重新读入底稿"功能时要格外小心，因为它会覆盖原有的底稿数据。

（6）现金流量表与所有者权益变动表。在编制现金流量表和所有者权益变动表时，确保手动录入数据的准确性，并合理利用软件自动生成的部分数据。

（四）安全性与权限

（1）权限设置。根据需要合理设置用户权限，确保数据的安全性和保密性。

（2）密码管理。定期更换密码，避免密码泄露。不要使用过于简单的密码，增加密码的复杂性。

（五）故障处理与技术支持

（1）故障处理。遇到软件故障时，先尝试通过软件的帮助文档或在线资源进行解决。如果无法解决，及时联系软件的技术支持团队寻求帮助。

（2）技术支持。充分利用软件提供的在线帮助、用户论坛和技术支持团队等资源，获取最新的操作技巧和问题解决方案。

【思政扩展】

银广夏审计失败案例

一、背景

银广夏财务报表审计的中天勤会计师事务所存在重大审计过失行为。中天勤的注册会计师没有运用有效的函证手段验证天津子公司向德国的高出口额，未发现银广夏的造假骗局。

二、思政目标

增强学生的社会责任感，引导学生树立遵纪守法、诚实守信的价值取向。培养学生深入分析及解决问题的能力。

三、过程

教师引入"银广夏审计失败"案例，通过案例探讨应收账款函证漏洞，让学生认识到函证程序对审计质量的重要性。情境模拟应收账款函证案例，培养学生解决问题的能力。引导学生思考审计人员确定样本范围及选定客户的思路，激发学生自主学习和思辨能力。

四、总结

针对案例联系课程的知识点，促进学生职业价值观的养成。强调在填写询证函中需要仔细谨慎，按照审计准则来进行审计，培养审计人员应具备的职业道德。

【操作实训】

上机实训题。

1. 检查自己使用的机器硬盘大小、内存大小,用截图的方式保存在个人文件夹中,命名为"本机大小"。

2. 查看自己所在实验室的网络环境,并找到自己的网络位置(即 IP 地址和局域网),截图保存在个人文件夹中,命名为"本机 IP"。

3. 查看自己机器的 OFFICE,什么版本,是否符合鼎信诺审计软件安装的条件,截图保存在个人文件夹中,命名为"本机 OFFICE"。

4. 安装鼎信诺审计软件实务操作题。

(1) 准备工作。

首先,检查自己的电脑环境,并截图,判断自己的电脑是否适合安装鼎信诺审计软件(软件安装程序由教师提供)。

其次,确保自己的计算机满足鼎信诺审计软件的最低系统要求,如操作系统版本、内存、硬盘空间等。

(2) 安装软件。

第一步,双击安装包:

找到下载的安装包文件,双击打开。

第二步,开始安装:

跟随安装向导的提示,点击"下一步"或"继续"等按钮。

(阅读并同意软件的使用协议和许可条款。)

第三步,选择安装选项:

根据需要选择安装类型(如完全安装、自定义安装等)。

选择安装目录(默认为 C:\ Program Files \ dinkumsj,但可以根据需要变更)。

【注意事项】

√ 安装过程中不要关闭安装窗口:这可能会导致安装失败或软件损坏。

√ 选择适当的安装选项:根据自己的需求选择合适的安装类型和安装目录。

第四步,等待安装完成:

安装过程中,请不要关闭安装窗口或计算机。

安装完成后,通常会显示一个完成对话框或提示信息。

5. 启动安装后的鼎信诺审计软件。

(1) 找到软件图标:

在桌面上或开始菜单中找到鼎信诺审计软件的图标。

(2) 启动软件:

双击软件图标,启动鼎信诺审计软件。

(3) 登录软件:

如果软件需要登录,请在登录界面输入用户名和密码(如果是首次使用,可能需要进行注册或设置初始密码)。

6. 验证安装。

检查功能：在软件界面中，检查各项功能是否可用，如新建项目、添加审计对象、配置审计规则等。

7. 建立一个教师指定的审计项目，观察鼎信诺审计软件的运行是否顺畅、正确。项目详细内容如下。

审计时间：2024年1~12月，项目名称：长春光华学院，审计主管：学生自己，审计类型：财务报告审计，企业类型：学校审计。

8. 查看帮助文档：查阅软件的帮助文档或用户手册，了解更多关于软件的使用方法和技巧。

9. 增加两个审计人员在自己建立的审计项目中，分别为审计小组的审核员和现场审计人，姓名为：王丽和赵菲菲。

10. 备份重要数据：在安装新软件之前，建议备份计算机上的重要数据以防丢失。

第八章 系统管理

【知识目标】

- 了解鼎信诺审计软件系统管理的功能。
- 掌握鼎信诺审计软件的项目和用户等基本功能。
- 熟悉鼎信诺审计软件的使用特点。

【技能目标】

- 能够熟练进行鼎信诺审计软件的系统操作。
- 掌握鼎信诺审计软件的日常操作能力。

【思政目标】

- 培养学生对大数据审计的操作规范和工作职责,形成审计人员的职业操守。

【案例】

一、案例背景

随着企业信息化建设的不断推进,审计行业也面临着数据量大、处理复杂度高、审计风险增加等挑战。鼎信诺审计软件作为一款专门针对社会审计行业设计开发的系统,以其高效、准确、可靠的特点,被越来越多的审计机构采纳。本案例将结合某审计机构的实际应用情况,详细介绍鼎信诺软件在系统管理方面的优势和实践经验。

二、案例概述

审计机构 A 在采用鼎信诺审计软件后,实现了审计工作的数字化转型,提高了审计效率和质量。在系统管理方面,该机构通过以下几个方面的实践,充分发挥了鼎信诺软件的优势。

(一) 用户权限管理

鼎信诺软件提供了灵活的用户权限管理功能,可以根据审计人员的职责和角色,设置不同的操作权限。该机构根据实际需求,设置了多个用户组,并为每个用户组分配了相应的权限。例如,项目经理具有项目创建、修改、删除等高级权限,而普通审计人员则只有数据查询、底稿编制等基本权限。这种设置方式既保证了审计工作的顺利进行，又有效防止了数据泄露和误操作的风险。

（二）项目管理

鼎信诺软件支持多项目并行管理，可以方便地创建、修改、导出和导入审计项目。该机构利用这一功能，实现了对多个审计项目的集中管理。在项目管理过程中，该机构注重项目信息的准确性和完整性，确保每个项目都有详细的审计计划、底稿模板和报告格式。同时，该机构还建立了项目审核机制，对审计项目的进度和质量进行实时监控和评估。

（三）数据管理

鼎信诺软件支持多种财务软件数据格式的导入和转换，可以方便地获取和分析审计数据。该机构在数据管理方面采取了以下措施。首先，建立了完善的数据采集和验证机制，确保导入数据的准确性和完整性。其次，利用鼎信诺软件的数据分析功能，对审计数据进行深入挖掘和分析，发现潜在的风险和问题。最后，建立了数据备份和恢复机制，确保数据的安全性和可靠性。

（四）系统配置与维护

鼎信诺软件提供了丰富的系统配置选项和工具，可以根据审计机构的实际需求进行个性化设置。该机构在系统配置方面注重以下几点。首先，根据审计人员的操作习惯和需求，对软件界面和功能进行了优化。其次，定期更新软件版本和补丁程序，确保系统的稳定性和安全性。最后，建立了系统维护和故障处理机制，对系统出现的问题进行及时响应和处理。

三、案例总结

通过本案例的介绍可以看出，鼎信诺审计软件在系统管理方面具有显著的优势和特点。该机构通过灵活的用户权限管理、多项目并行管理、完善的数据管理和系统配置与维护等措施，充分发挥了鼎信诺软件的优势和作用。这些实践经验对于其他审计机构在采用鼎信诺软件时具有一定的借鉴意义。同时需要注意的是，不同的审计机构在采用鼎信诺软件时可能会面临不同的挑战和问题，需要根据自身实际情况进行灵活调整和优化。

第一节　项目管理

一、建立项目

（一）创建项目

审计人员登录鼎信诺审计系统后，第一步要做的就是创建项目。

审计6500版本分为集团网络版和单机版。集团网络版项目创建、复核底稿在浏览器中进行,该功能配合鼎信诺事务所项目管理系统使用。

单机版创建项目:增加新的审计项目。我们建议要谨慎安放项目数据,使用鼎信诺系统所做的全部审计工作都将存储在这个项目路径中。项目数据默认保存在 C:\ Program Files \ dinkumsj6 的文件夹下,保存项目的路径是可以修改的,审计人员可以在"登录项目"窗口中点击"设置项目路径"按钮(如图 8-1 所示),出现一个"项目路径"的对话框,操作人员即可修改。最后单击"确定"按钮,就可以把新的审计项目保存到所指定的路径。

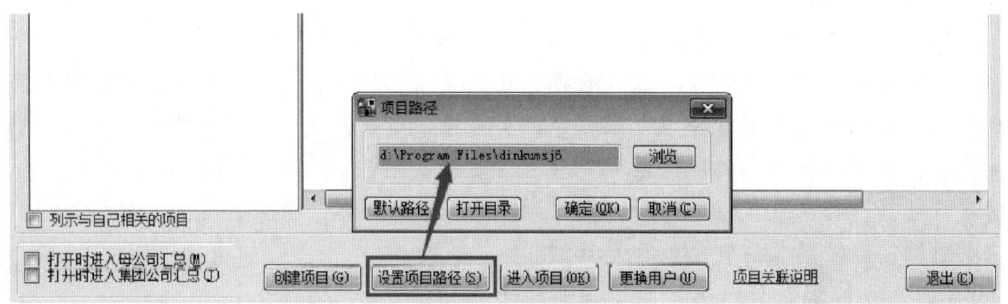

图 8-1 创建项目 -1

本系统提供了以下两种创建项目的方法。

第一种方法:在"登录项目"窗口的左下方点击"创建项目"按钮,该方法适用于初次创建项目。

第二种方法:在登录项目以后,利用"系统"菜单创建项目,具体方法是选择菜单"系统\项目维护\创建项目",如图 8-2 所示。

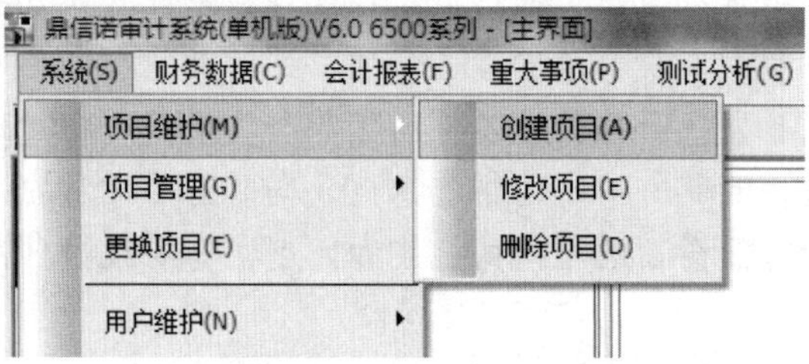

图 8-2 创建项目 -2

具体操作如下。

第一,单击"项目列表"窗口中的"创建项目"按钮,如图 8-1 所示。

第二,系统会弹出"创建项目向导"窗口(如图 8-3 所示),选择创建新审计项目并输入项目的名称,单击"下一步"按钮(项目名称不能有重复的,否则系统会提示)。

【注意】

在"登录项目"窗口中单击"创建项目"按钮创建项目,只能创建新审计项目;如果需要创建子分公司和新的审计年度,必须登录一个已创建好的项目后,选择菜单"系统\创建项目"来完成,如图 8-4 所示。

第八章　系统管理　149

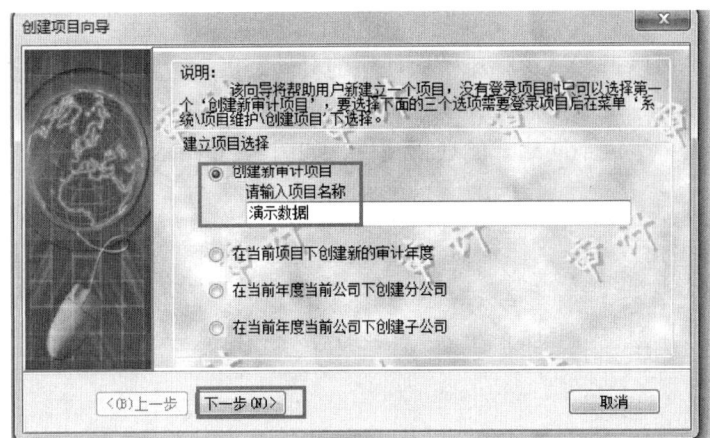

图 8–3　创建项目–3

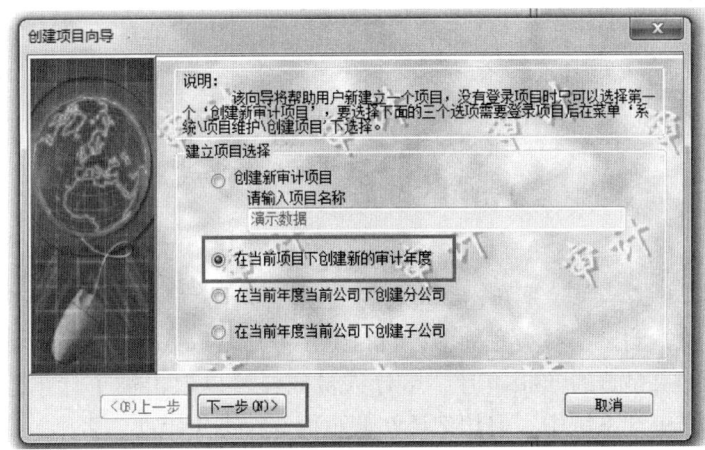

图 8–4　创建项目–4

第三，系统进入"设置审计期间"与"选择创建项目中公司的情况",如图 8–5 所示,审计人员可以修改审计期间或期间说明,选择单一公司或集团公司,完成后单击"下一步"按钮。

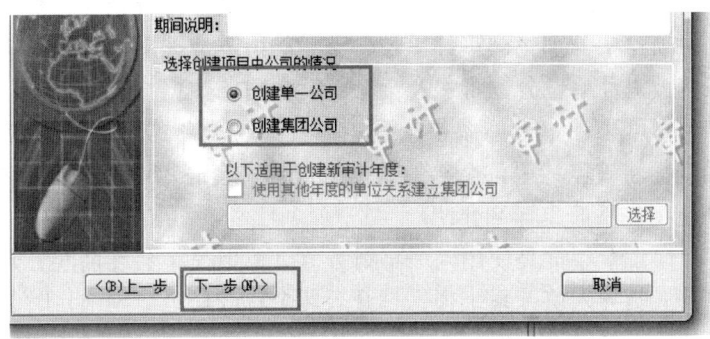

图 8–5　创建项目–5

第四，进入"选择主会计制度""选择附注种类""底稿分类""选择上年年度"窗口，审计人员可以选择被审计单位所使用的会计制度；附注种类在选择时提醒审计人员要同样谨慎，一定要按照审计工作的要求选择附注种类，附注种类不同的选择，会在鼎信诺项目中生成不同格式的底稿文件，如图8-6所示。

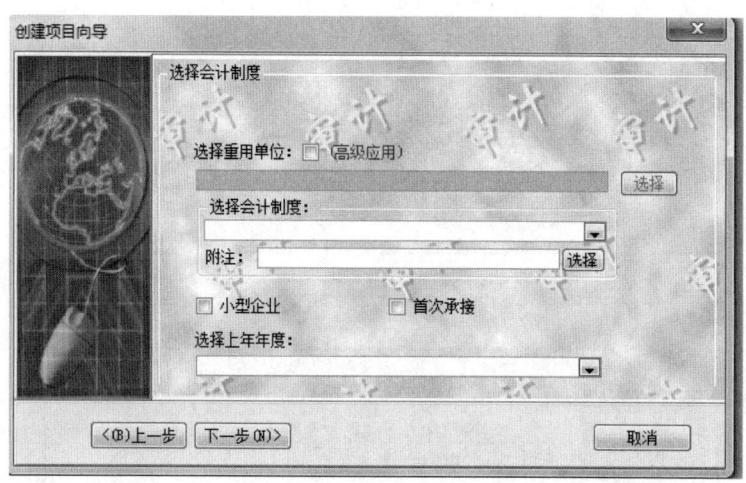

图8-6　创建项目-6

【注意】

（1）"选择上年年度"是在连续审计时使用。审计人员在做IPO一定要选择上年年度，后续实质性测试损益类底稿中各科目上年数是否取数是看这里是否选择了上年年度。同样，如果是普通年报审计，审计人员同样可以取出被审计单位上年财务数据，导入鼎信诺审计系统中，但切记要在此页面选择上年年度，否则，实质性测试损益类底稿文件将无法读出上期数。

（2）基于"（1）"中的说明，"选择上年年度"还可以先导入一个会计年度当中前几个月的账套，然后再导入后几个月的账套，在此页面"选择上年年度"时，可在下拉菜单中选择导入前几个月账套的账套名称，然后单击"下一步"按钮。如果被审计单位审计年度上半年或是审计年度前几个月使用的财务软件和审计年度后半年或是审计年度后几个月不是同一种财务软件，审计人员可以分别导出被审计单位的财务数据，在同一项目中分别将被审计单位一整年的财务数据导入审计系统中。此操作的结果是：虽然被审计单位分别将一个会计年度的财务数据导入，但审计人员执行了此操作，我们同样可以在审计系统中查看被审计单位全年的数据。并使用"生成多年多账套"功能，将被审计单位全年的数据生成到一套底稿中分年度查看。"生成多年多账套"功能将在后面作详细介绍。

如果被审计单位全年都是使用同一种财务软件，但是将会计期间分开两段数据导出的话，当审计人员导入审计系统中，打开后几个月或是后半年项目时，底稿显示的期初数是该会计年1月1日数据。这点不同于多个完整会计年度财务数据导入审计软件的效果。

（3）选择重用单位。可以选择一个已经完成的项目作为重用项目，审计人员可以对已经完成的项目的报表项目、底稿项目、附注项目、风险导向、抽样方案等来选择需要为当前项目所用的数据，如果审计人员审计的是一个集团公司的项目，而且审计项目要求必须用同一种特定的底稿格式，这时，我们可以根据项目要求单独制作出一份底稿，拷入项目中。审计人员在完成一个公司的审计时，需要导入另一个集团下属子公司时，在此页面"选择重用单位"命令，选择上一家已导入特定底稿格式的公司项目后，这时，审计系统会自动把导入特定底稿格式的公司项目底稿中数据全部抽掉，只留用这份特定底稿的格式，用作此项目底稿。这样，就避免了重复导入特定底稿格式的操作问题。具体如图 8-7 所示。

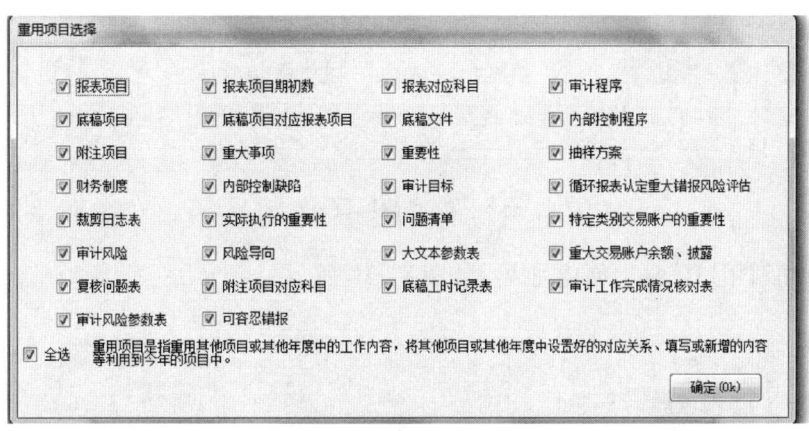

图 8-7　创建项目-7

（4）选择已有单位。用于创建新的年度时创建公司，为了从上一个年度得到公司的信息，需要告诉系统上一个年度的公司是哪一个，对于单一公司系统会自动设置，对于多个公司的时候就需要审计人员认真设置了。

（5）如果选择"创建单一公司"单击"下一步"按钮，系统出现的是一个公司基本信息的录入窗口，被审计单位名称必须填写，如图 8-8 所示。注：此处设置的信息可以在登录项目后在"系统"菜单下的"项目维护 \ 修改项目"中修改。

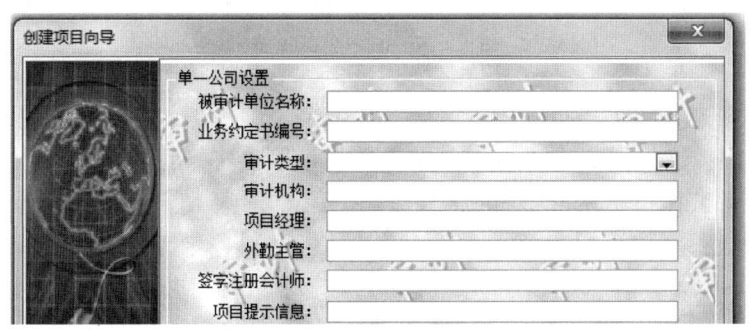

图 8-8　创建项目-8

(6) 选择用户。如果选择"多用户完成项目",必须至少设置现场负责人的角色,如图 8-9 所示。

图 8-9　创建项目-9

(7) 填写用户信息,创建完成,如图 8-10 所示。

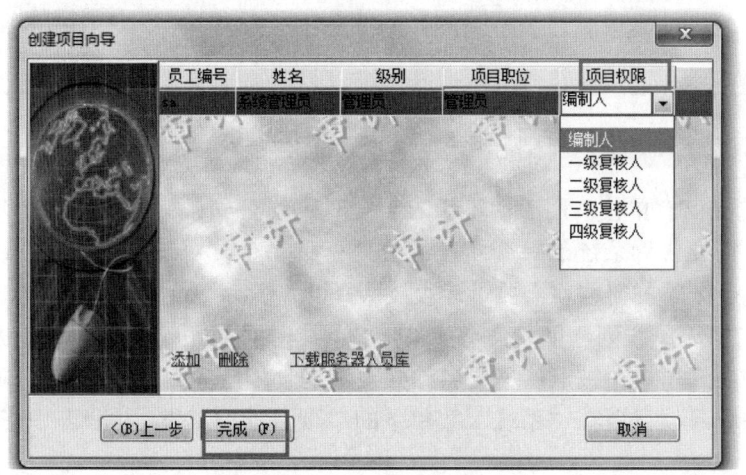

图 8-10　创建项目-10

(8) 如果选择"创建集团公司"单击"下一步"按钮,系统出现集团公司投资关系的建立窗口,如图 8-11 所示。审计人员可以点击"添加分公司""添加子公司"或"删除公司"按钮,增加或删除公司。

(9) 设置好集团公司投资关系后,单击"下一步"按钮,进入设置公司信息,如图 8-8 所示,公司信息包括被审计单位名称、业务约定书编号、审计类型等。

(10) 单击"下一步"按钮,设置集团公司相关信息,如图 8-12 所示。

(11) 填写用户信息,创建完成,如图 8-13 所示。

第八章　系统管理　153

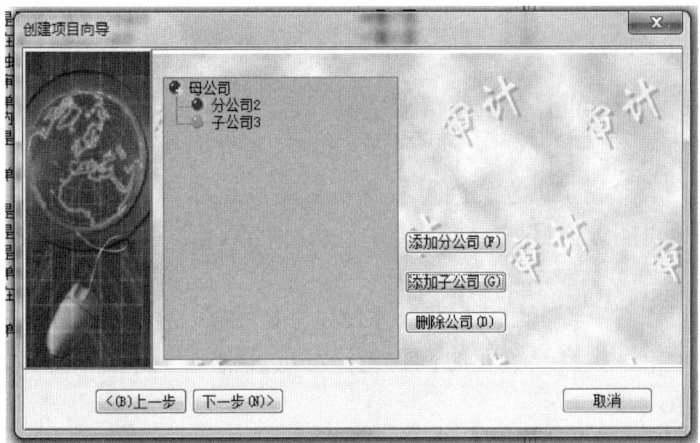

图 8–11　创建项目 –11

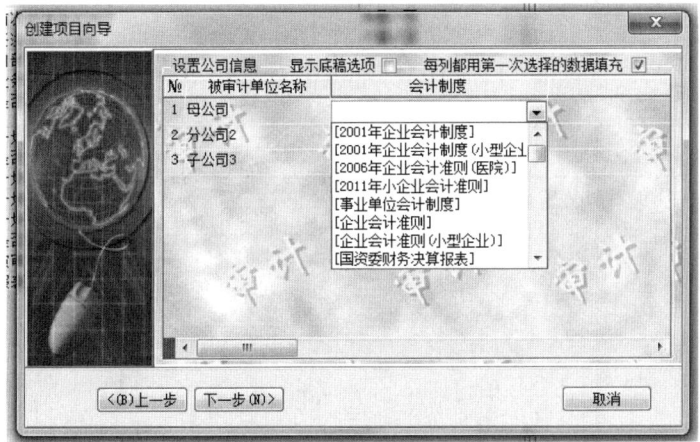

图 8–12　创建项目 –12

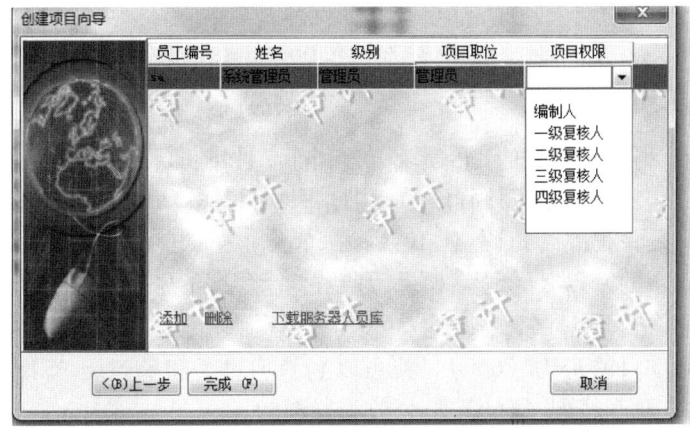

注：超级用户即 ID 为 sa 一般就是项目负责人，拥有审计系统所有权限。

图 8–13　用户信息

(二) 登录项目

创建项目成功后,审计人员便可以登录项目。这时,审计工作就正式地展开了。关于登录项目的一些操作,具体介绍如下。

在"项目列表"窗口的左侧列示所有项目的审计项目、年度以及年度下面的母子公司。用户可以勾选项目列表左下方的"列示与自己相关的项目"过滤出所有自己的项目。

项目列表界面右侧是当前项目的基本信息。显示项目的审计单位、审计期间、业务约定书编号、审计类型及创建时间,用户可以选中项目点击界面下方的"进入项目"按钮,进入项目。

"查找"功能,帮助快速地过滤出符合条件的项目。

"更换用户",在当前登录项目界面,审计人员可以更换为其他用户的用户编号和密码后进入项目,以其他用户的身份登录到当前项目中。该功能适用于多人共用一台计算机的审计工作。更换用户界面的"员工编号"下拉列表只列示了在登录界面登录过的员工编号(如图 8-14 所示),如果需要添加用户必须回到登录界面登录一次后,此界面就会自动显示。

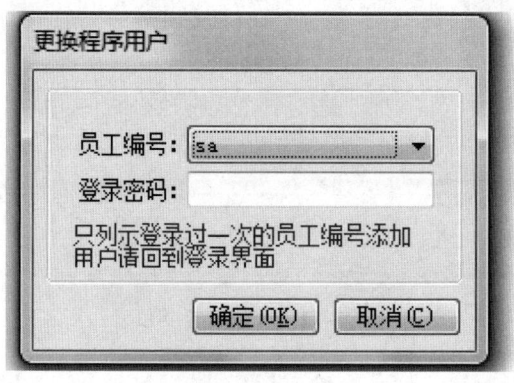

图 8-14 登录项目

【项目密码】

密码分为登录程序密码(详见登录程序章节)和项目密码,登录程序密码在登录界面修改设置,用于登录审计程序的密码;而项目的默认密码为空,例如,在登录程序界面设置了登录程序的密码(如密码为 666),这时进入项目,项目的密码默认记录最近一次登录的密码 (666)。如果后期对登录程序的密码 (666) 做了修改(如修改为 888),再登录项目时,程序会提示"项目密码错报,请输入项目密码",这时输入上一次登录项目的密码 (666),便可以登录项目。如果勾选"用当前程序密码替换项目密码",项目密码 (666) 将修改为 (888)。

"打开时进入母公司汇总"或者"打开时进入集团公司汇总"勾选之后单击"确认"登录系统将进入集团公司工作状态。

(三) 进入项目

选中一个有权限登录的项目进入项目后,展开程序的主界面。

程序主菜单包括系统、财务数据、会计报表、重大事项、测试分析、审计调整、审计分析、底稿管理、联网集团管理、在线查询、帮助,如图 8-15 所示。

图 8-15　进入项目-1

底稿向导:底稿列表以树型结构体现项目的级次,可以选择树上的底稿项目点击,进入一个评价要点,如图 8-16 所示。

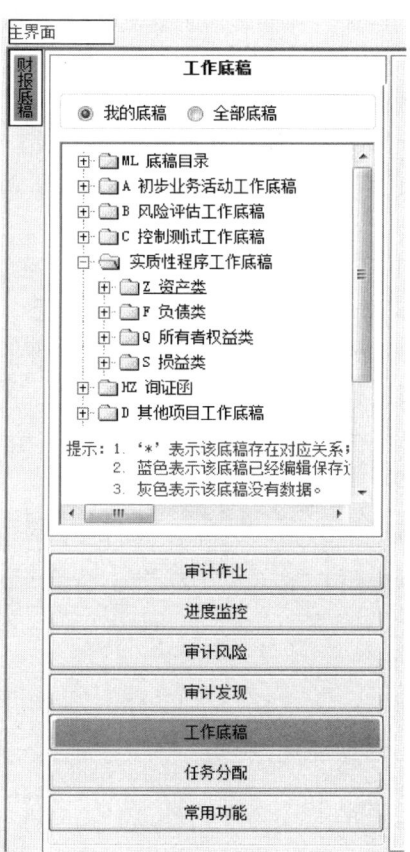

图 8-16　进入项目-2

主界面:主界面显示方式有两种,即业务阶段功能向导(如图 8-17 所示)和风险导向审计业务流程图(如图 8-18 所示),单击 ![icon] 进行切换。

风险导向审计业务流程图主要有以下功能。

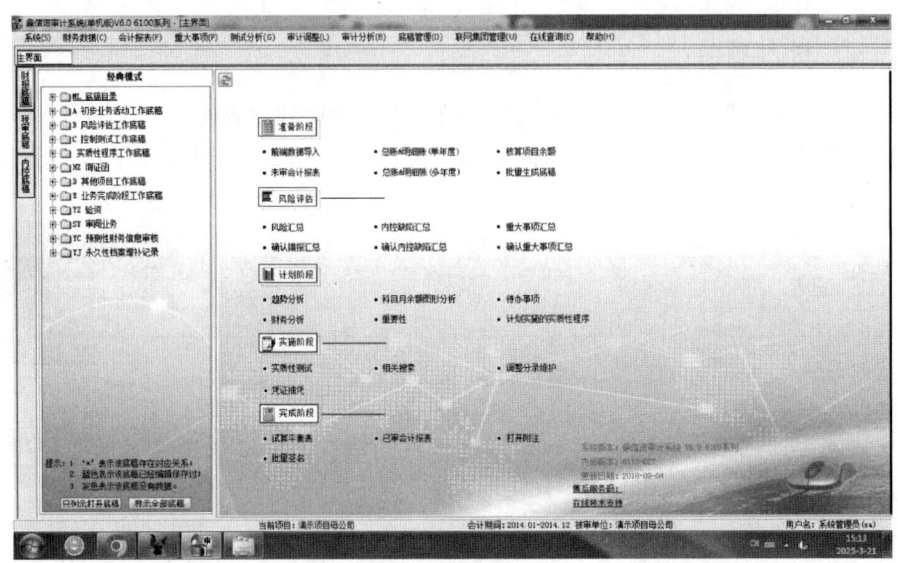

图 8-17 进入项目-3

（1）完成状态显示。上方显示项目完成状态的说明。蓝色表示完成的项目，绿色表示未完成的项目，红色表示已分工的项目，灰色表示无关的项目，黄色表示没有分工的项目。

（2）底稿项目流程图解。如果底稿项目有流程图解的，将鼠标放在底稿项目名称处停留几秒，程序将自动展开流程图，如图 8-18 所示。

（3）底稿链接。将鼠标放到底稿项目名称处，底稿项目名称有显示出下划线的，可以双击直接打开相应底稿，如图 8-19 所示。

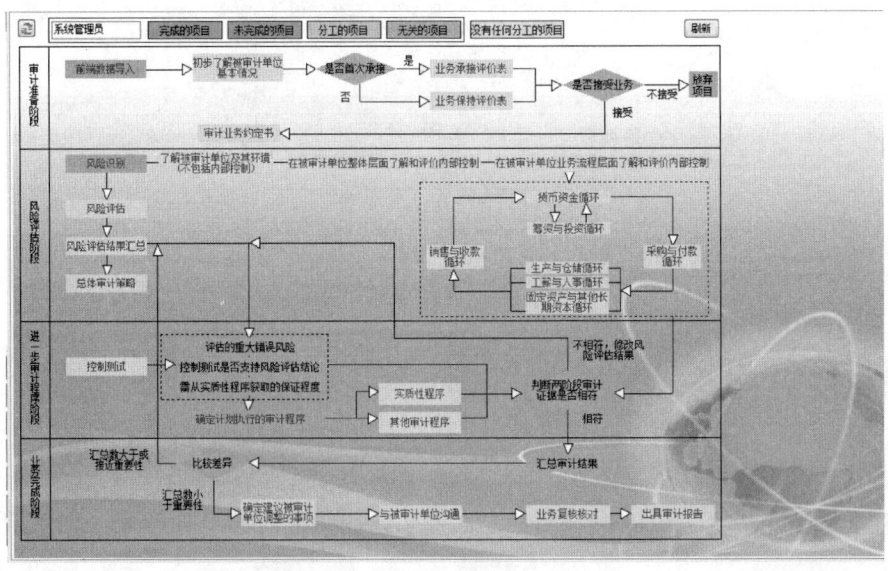

图 8-18 进入项目-4

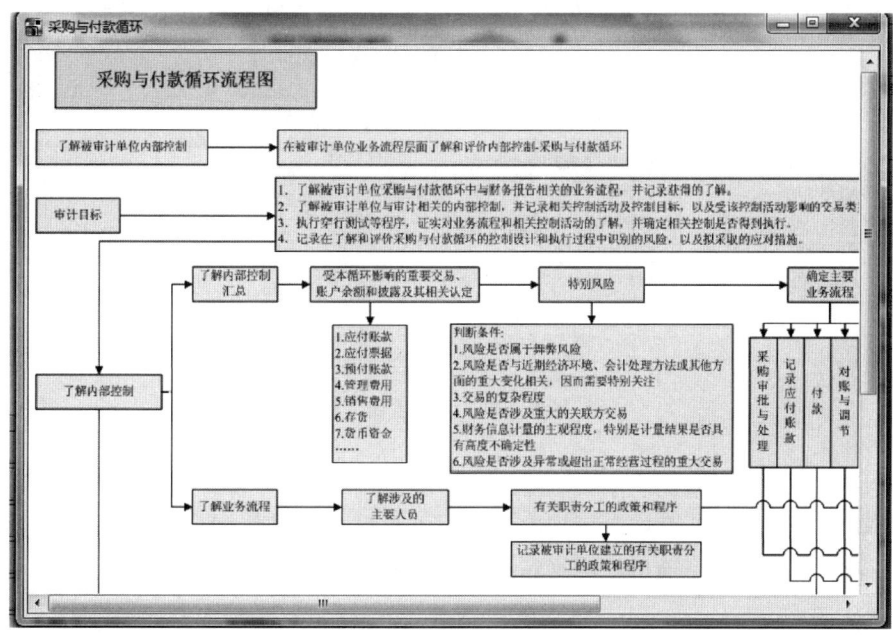

图 8-19 进入项目-5

（四）设置项目路径

系统允许我们按照自己的工作习惯将我们创建的项目更改存放路径，系统默认的项目路径是"C：\ Program Files \ dinkumsj6"。

点击"设置项目路径"按钮，系统弹出项目路径窗口，点击"浏览"按钮选择要存放项目的路径（注意使用更换项目功能时不能设置项目路径。项目路径修改后新创建的项目也就会创建到新的目录中。项目路径改变后以前路径中的项目并不会丢失）。

二、修改项目

修改项目主要是对当前项目信息、会计期间进行修改和重置项目数据。

项目信息包括被审计单位名称（审计报告中反映）、业务约定书编号（业务约定书中反映）、审计类型、审计机构、部门经理、签字注册会计师、项目提示信息和创建项目时间。其中，"会计制度"不允许修改。

审计期间包括期初期末时间、账期和会计期间说明。

重置项目数据包括重置底稿项目、审计目标、审计程序、抽样方案。

【注意】

只有具有修改项目权限的人才能进行修改项目的工作。

修改项目的操作如下。

选择主菜单"系统"下"项目维护"中的"修改项目"(如图 8-20 所示)。

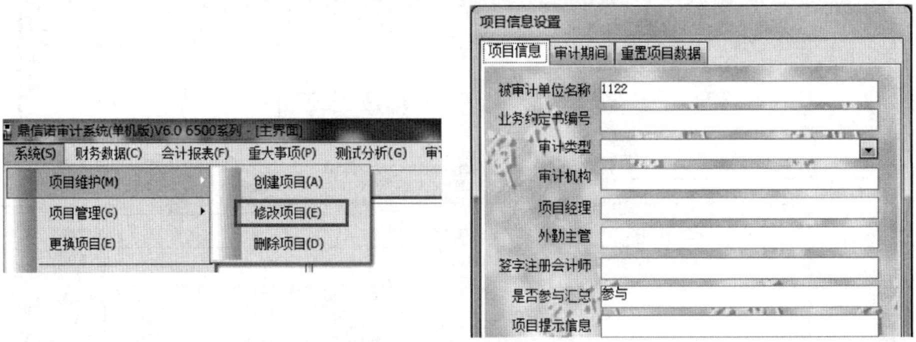

图 8-20　修改项目-1

弹出"项目信息设置"窗口后,在项目信息栏中只有会计制度不能被修改,其他信息审计人员可以任意修改。其中,参与汇总是在生成集团公司合并会计报表时,如果不需要合并某一个项目就可将其设置为"不参与",默认情况所有的项目都是参与汇总的。

"审计期间"栏,系统可以从项目信息切换到审计期间。"审计期间"栏中主要包括期初年、期初月、期末年、期末月、账期和说明内容,审计人员可以对以上内容进行修改。修改后单击"确定"按钮即可保存。

"重置数据"是用于重置当前项目的基础数据,会将当前项目中的底稿项目、审计目标、审计程序、抽样方案等内容重置为模板中的内容,如图 8-21 所示。

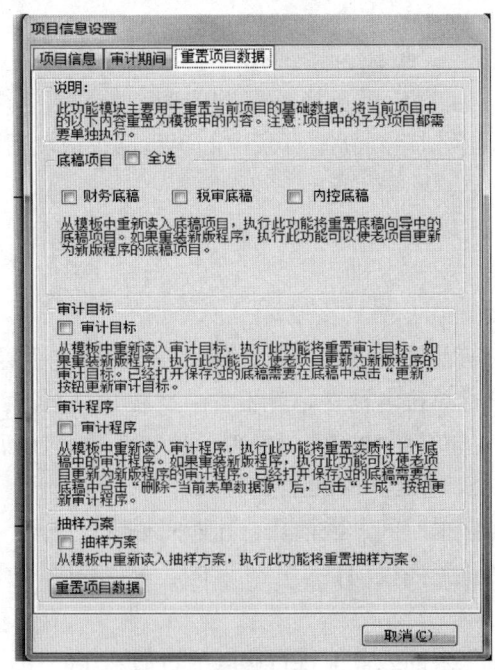

图 8-21　修改项目-2

重置底稿项目：从模板中重新读入底稿向导中的底稿项目，可以使老项目更新为新版程序的底稿项目。

重置审计目标：从模板中重新读入审计目标，可以将老项目更新为新版程序的审计目标。注意如果已经打开保存过的底稿需要在底稿中单击"更新"按钮更新审计目标。

重置审计程序：从模板中重新读入实质性工作底稿中的审计程序，可以使老项目更新为新版程序的审计程序。注意 2012 年 1 月 18 日发布的《财务报表审计工作底稿编制指南（第二版）》中关于审计程序的修改内容，可以重置审计程序更新。如果已经打开保存过的底稿需要在底稿中单击"删除—当前表单数据源"后，单击"生成"按钮更新审计程序。

三、删除项目

删除项目是删除当前打开的项目，删除后不能恢复，请使用该功能时务必小心。请注意，在使用该功能前最好先进行项目导出或项目备份。删除项目可以删除整个集团公司的项目，也可以删除其中一个子公司或者分公司。删除项目的前提是必须登录准备删除的项目，才能删除该项目。

只有有删除项目权限的审计人员才能进行删除项目的工作。

操作如下。

选择主菜单"系统 \ 项目维护 \ 删除项目"（如图 8 – 22 所示）。

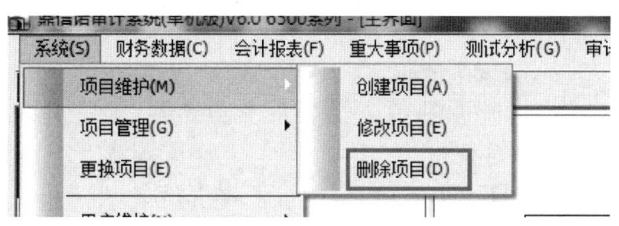

图 8 – 22　删除项目 – 1

系统弹出"删除项目窗口"。

项目子母关系：显示了当前项目及其子分项目的信息，如果当前项目下还包含子分项目，子分项目将一起被删除。

完成按钮：确定要删除当前项目，可单击"完成"按钮。系统弹出"提示"对话框（如图 8 – 23（a）所示），单击"是"按钮，系统弹出"删除项目成功"对话框（如图 8 – 23（b）所示）；单击"否"按钮，返回到"删除项目"窗口。

四、导入项目

由于系统是基于项目进行管理的，项目管理就成为系统管理员（一般是项目负

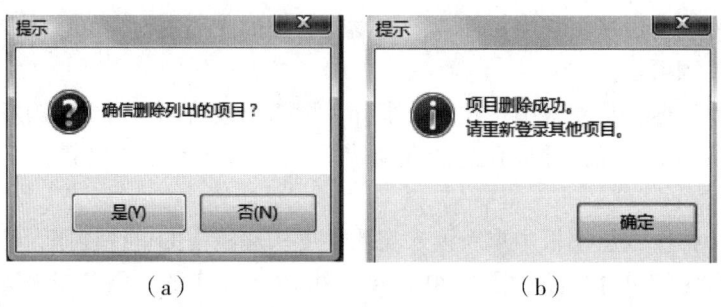

图 8-23 删除项目-2

责人即 sa）的一项重要工作，"项目管理"菜单包括的子菜单有导入项目、导出项目、备份项目、恢复项目、导出合并准备 Excel、设置多年多账套信息。该功能只有具有项目管理相应权限的审计人员才能使用。

在审计工作开始时，当项目经理创建项目并导入被审计单位财务账，做好前期的工作后，可以进行审计工作的分配，把一些科目分配给项目助理。首先，项目经理要做导出项目的操作，而项目助理则要做导入项目。

导入项目是将导出项目产生的文件（后缀名 .sjg）导入当前项目中。"导入、导出项目"功能主要用于数据交换。

【注意】

在"导入项目"时，如果当前项目有数据系统会自动覆盖当前项目的数据。

操作如下。

选择主菜单"系统"下"项目管理"中的"导入项目"（如图 8-24 所示）。

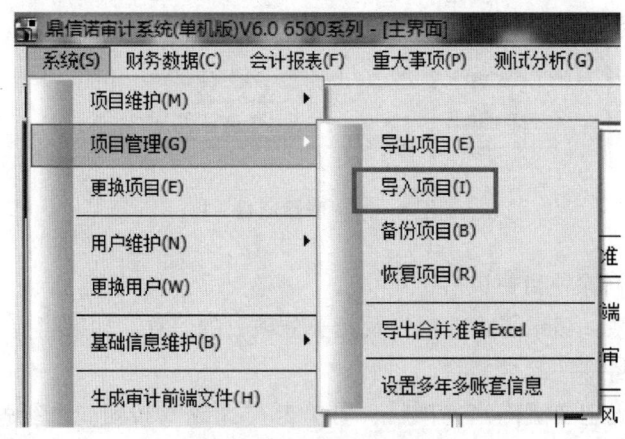

图 8-24 导入项目-1

单击"导入项目"，系统弹出"导入项目向导-选择路径"窗口。

"项目文件路径"显示框：该显示框显示要导入项目文件的路径。

单击"浏览"按钮，系统弹出"选择文件"，完成选择项目文件后，单击"打开"按钮，系统关闭"选择文件"窗口，回到"导入项目向导-选择路径"。

单击"完成"按钮，系统弹出"导入成功"提示窗口（如图 8–25 所示）。

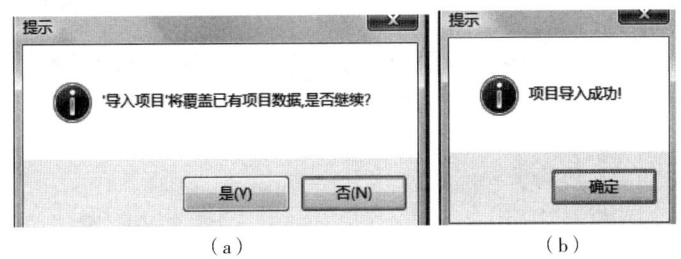

（a） （b）

图 8–25 导入项目–2

第二节 用户管理

如果作为一个项目负责人，需要将一个较大的项目分配给多个人共同完成。在使用本功能时要特别注意，请仔细阅读本节内容。

一、添加用户

项目组成员维护可以对当前项目增加或删除人员，如图 8–26 所示。
添加是指在当前项目中，增加一个用户，并对其分配一定的权限。

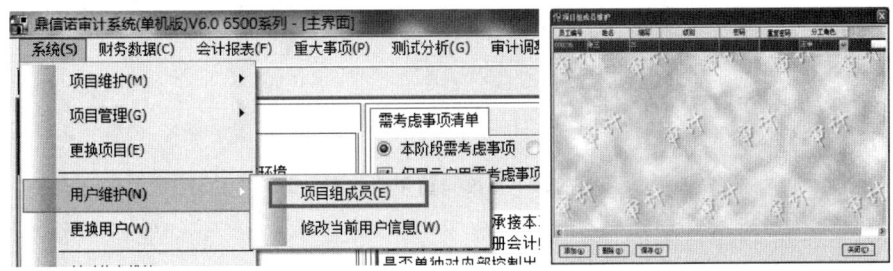

图 8–26 用户维护

【注意】
添加人员后，审计程序会根据不同的角色自动对部分底稿的编制一级、二级、三级复核权限进行分工。

二、设置权限

（一）修改用户信息

审计人员可以修改自己的基本信息。

操作如下。

(1) 选择主菜单下"用户维护"中的"修改当前用户信息"(如图 8-27 所示)。

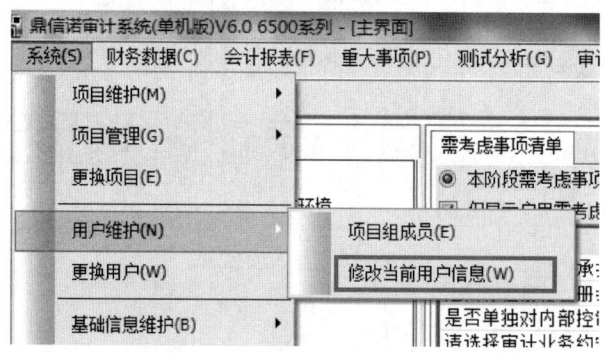

图 8-27　修改当前用户信息-1

(2) 单击打开"修改当前用户信息"窗口(如图 8-28 所示)。用户可以修改自己的姓名和密码。

图 8-28　修改当前用户信息-2

(二) 更换用户

在当前项目下,审计人员可输入其他用户的用户编号和密码,以其他用户的身份登录当前项目。该功能适用于多人共用一台计算机的审计工作。注意:更换用户时以前保留的工作窗口不会发生变化。

操作如下。

选择"系统\更换用户"子菜单,系统将弹出"更换用户"窗口(如图 8-29 所示)。

系统中如果有其他窗口打开,将弹出"提示"窗口。单击"是"按钮,系统弹出"更换用户"窗口。

更换用户窗口包括用户和密码输入框、确定和取消按钮。

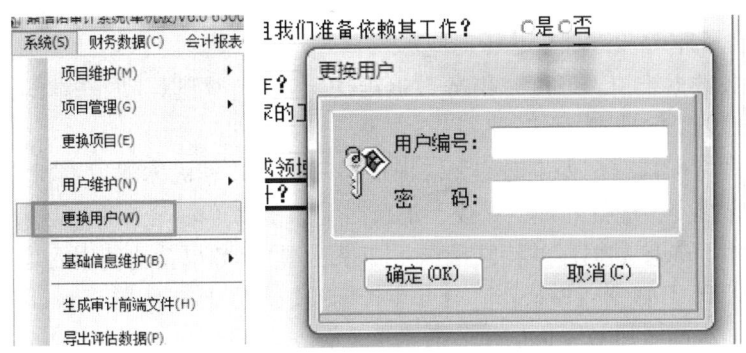

图 8-29　更换用户

用户编号输入框：输入要更换的用户编号名称。

密码输入框：输入要更换的用户密码。

单击"确定"按钮，系统将更换用户，并关闭"更换用户"窗口。

第三节　其他基本设置

一、数据库设置

鼎信诺系统数据库设置主要包括以下几个步骤。

（1）启动数据库服务。通常在"开始菜单-程序-启动"里可以找到数据库服务的启动选项。

如果难以查找，可以通过命令启动，即打开"开始-运行"，输入 net start mssqlserver 并按回车键。

（2）数据转换。如果企业提供了 SQL Server 的备份文件（*.bak，.mdf）或日志文件（.ldf），需要进行数据转换。

选择"诺数据转换"的第三项，浏览输入备份文件（*.bak）的路径，选择财务软件类型。

新数据库目录会根据数据库的安装路径默认设置，如有需要可以更改。

点击"复原数据库到本机 SQL Server"，然后将转换后的数据导入审计系统。

（3）前端数据导入。在鼎信诺系统中，通过"前端数据导入-直连 SQLSERVER 数据库导数"进行连接，并选择刚刚复原的数据库名称。进行数据转换过程，转换成功后有数据的表名会变成蓝色，再单击"确定"按钮即可导入数据。

（4）创建项目和设置审计期间。在导入数据之前，需要创建项目并设置审计期间。

打开鼎信诺但不登录，选择"创建项目"，输入项目名称，设置审计期间，选择会计制度和上年年度，完成项目的创建。

（5）数据检查和核对。导入数据后，需要核对"未审会计报表"中的资产负债表和利润表,确保与企业的未调整财务报表一致。特别注意企业所得税、主营业务收入和主营业务成本等关键项目是否对应。

(6)财务数据维护。通过"财务数据维护"功能,可以获取基本的余额表和序时账,并进行必要的处理。

(7)处理特殊情况。如果遇到无法识别加密狗、计算机休眠后重新打开等问题,需要按照相应的步骤进行处理,如拔下重新插上加密狗等。

(8)针对Oracle数据库的特殊操作(如果适用)。如果企业使用的是Oracle数据库,需要进行DMP数据还原操作。打开审计前端取数工具,选择"oracle"数据库类型,填写连接参数(如Oracle版本、数据库实例名、用户名和密码等)。选择账套和会计年度后开始取数,并保存取出的数据。

以上步骤涵盖了鼎信诺系统数据库设置的主要流程,具体操作时可能需要根据实际情况进行调整。

二、系统参数设置

在单机版中"系统配置"主要包括"基础配置""会计报表和实质性底稿""备份选项""打印设置""附注格式设置",如图8-30所示。

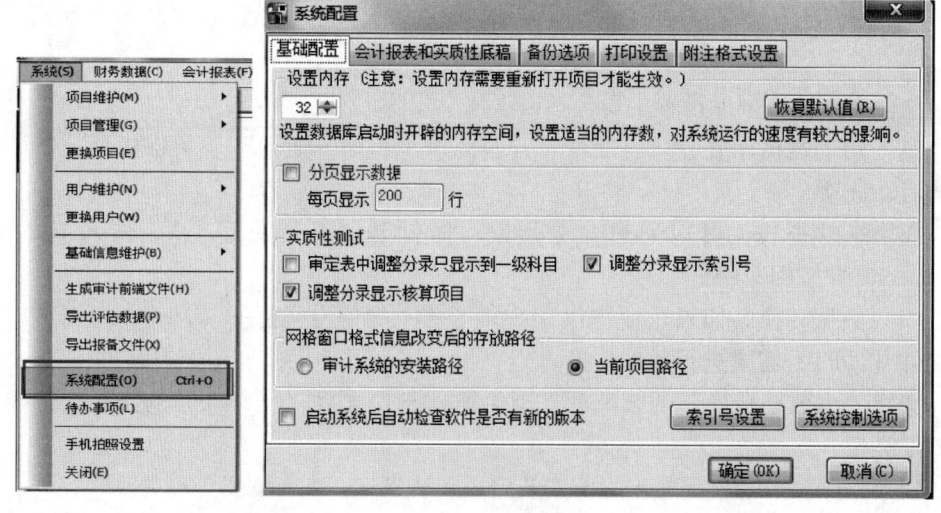

图8-30 系统配置

"设置内存"是指设置数据库启动时开辟的内存空间,设置适当的内存数,对系统运行的速度有较大的影响;如果计算机的内存有1G,建议可以在完成比较大的项目时,内存可以设置到256M。该选项需要保存后重新登录项目才能生效。

"启动系统后自动检查软件是否有新版本",系统启动时自动检测软件是否有更新,检测到软件有新的更新文件弹出提示(如图8-31所示),没有更新文件不弹出提示。

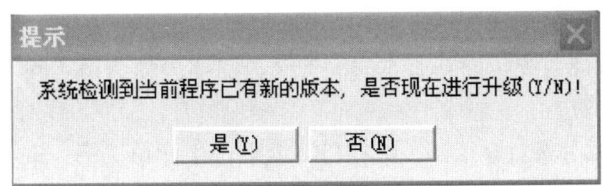

图 8–31　自动更新程序

具体操作如下。

单击【是】弹出"自动更新程序"窗口（如图 8–32 所示），单击"否"该系统不升级。

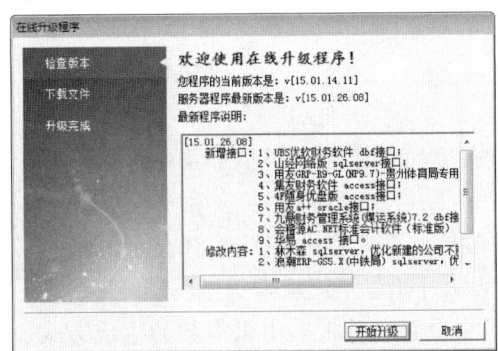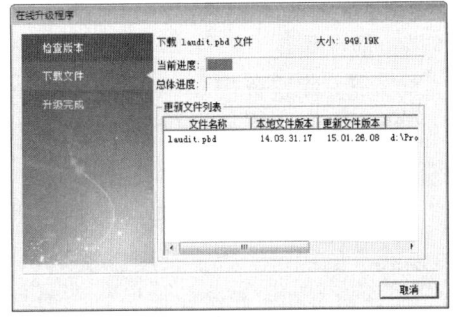

图 8–32　在线升级程序 –1

在"在线升级程序"窗口中显示了更新程序的说明。单击"开始升级"按钮，系统开始升级。升级时，程序开始更新程序。

升级成功后，请按程序提示先退出待更新的审计系统后，再重新运行审计系统即可，如图 8–33 所示。

图 8–33　在线升级程序 –2

【注意】

如果安装的审计系统距离新版本时间太久,需要去鼎信诺官网下载新的安装包重新安装,不建议升级。

"审定表中调整分录只显示到一级科目"我们选中此单选框,审计底稿的审定表中调整分录只显示到一级科目,否则当审计人员调整明细科目时,会显示到明细科目。

如果不选中"基础配置"中"实质性测试"栏里的"审定表中调整分录只显示到一级科目",那么此笔分录将在审定表下方显示为:

借:应收票据　　　　　　　　　　　　　　　　　　　150 000.00
　　贷:固定资产——机器设备——移动设备——东风大客车　150 000.00

如果选中了"基础配置"中"实质性测试"栏里的"审定表中调整分录只显示到一级科目",那么此笔分录将在审定表下方显示为:

借:应收票据　　　　　　　　　　　　　　　　　　　150 000.00
　　贷:固定资产　　　　　　　　　　　　　　　　　　150 000.00

"调整分录显示索引号":选中后审计底稿的审定表中调整分录中可以显示出所属底稿对应的索引号。

"使用索引号自动流水模式":选中后审计底稿索引号按此选择显示。索引号有三种模式"间隔符、数字长度、从第 n 个表页开始显示流水索引号"。

"会计报表和实质性底稿"栏主要是用来设置会计报表中未审数的生成方式。如图 8-34 所示,如果选择"=账面数+账表差异调整数",那么在未审会计报表中,"未审数"等于"账面数"加上"账表差异调整数"。如果选择"=账面数(科目余额)",那么在未审会计报表中,"未审数"不通过"账表差异调整数"调整,而直接等于"账面数"。如果选择"=报表数(未审会计报表中输入的报表数)",那么在未审会计报表中,"未审数"等于"报表数"。其中,"报表数"是审计人员手工录入的。

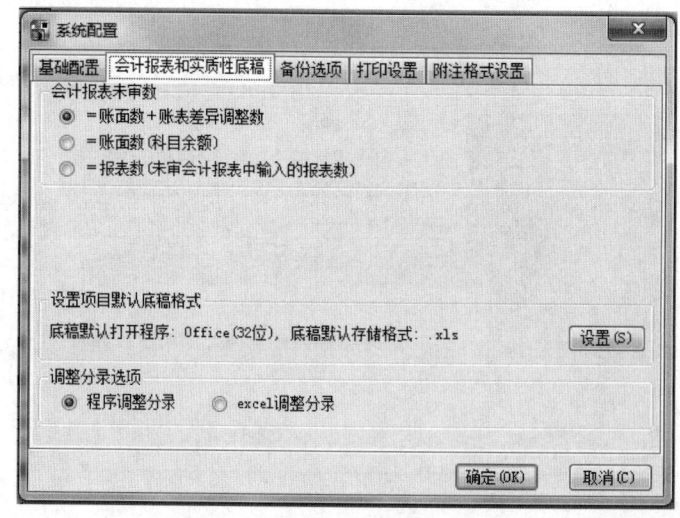

图 8-34　会计报表和实质性底稿

"设置项目默认底稿格式"分为 Office32 位和 Office64 位两种格式,审计程序中默认底稿为 Office32 位的格式,如果电脑装的 Office 是 64 位的,请务必将此处修改成 Office64 位的格式,否则可能会出现打开底稿时出错或者加载项加载不上的现象。

"备份选项"栏中提供了三个选项:"不备份""备份""备份路径",如图 8 – 35 所示。

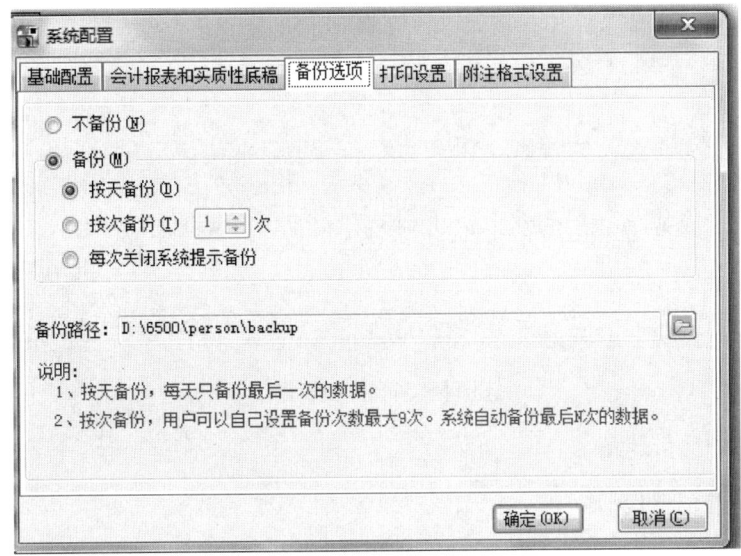

图 8 – 35　备份选项

"不备份"按钮是指系统不进行自动备份。

"备份"按钮是指系统进行自动备份。本系统提供了两种自动备份方式"按天备份"和"按次备份"。

"按天备份"是指系统只自动备份审计人员在当天最后一次对项目的操作结果。

"按次备份"是指系统自动备份审计人员当天对项目进行的最后几次操作。

"备份路径"是指备份文件存放的地方。

"打印设置"中的"页边距"。可以统一设置底稿打印的页边距,以及设置打印底稿是不是要自动缩放打印的宽度,如图 8 – 36 所示。

"是否自动适应打印宽度":当 Excel 宽度超宽时,系统能够自动识别使页面缩小比例,如果本来是纵向的页面当比例缩小到低于"缩放比例不小于 70%"时,系统能自动变纵向为横向。

页眉\页脚:可以统一设置底稿打印的页眉与页脚。选择"所有子公司使用母公司的统一设置信息"时,子公司打印信息与母公司一致。

机构徽标:在"机构徽标"中,通过双击"设置徽标"旁的"徽标框"可以设置审计单位的徽标。

可以设置打印徽标在表格上面左中右位置,并且设置徽标显示的大小。

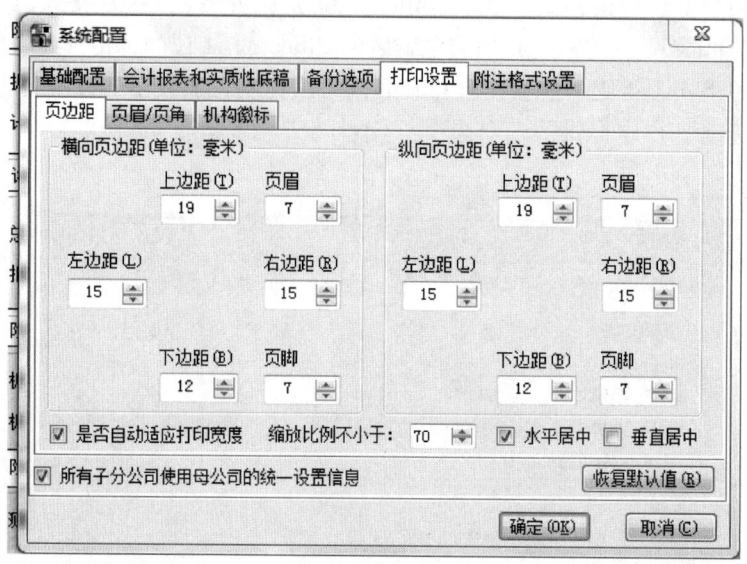

图 8-36 打印设置

三、审计规则设置

(一) 审计规则设置前的准备

(1) 明确审计目标和范围。在设置审计规则之前,需要明确审计的具体目标和范围,以便确定需要设置哪些审计规则。

(2) 了解被审计单位情况。对被审计单位的业务、财务、管理等方面的情况进行了解,有助于更准确地设置审计规则。

(二) 审计规则设置步骤

(1) 登录鼎信诺系统。需要先登录鼎信诺系统,进入审计项目管理界面。

(2) 创建或选择审计项目。在审计项目管理界面中,可以创建新的审计项目或选择已有的审计项目。

(3) 设置审计期间。根据审计目标和范围,设置审计期间,确定审计数据的时间范围。

(4) 配置审计规则。

数据分析规则:根据审计目标和范围,配置相应的数据分析规则,如数据对比、趋势分析、异常值检测等。

凭证审计规则:设置凭证审计的筛选条件、审核要点和审核方法等,以便快速识别可能存在的凭证问题。

报表审计规则:设置报表审计的审核要点和审核方法,包括报表数据的准确性、完整性、合规性等方面的检查。

其他审计规则：根据具体审计需求，设置其他相关的审计规则，如内部控制测试、风险评估等。

（5）保存并应用审计规则。完成审计规则的设置后，保存并应用这些规则到相应的审计项目中。

（三）审计规则设置的注意事项

（1）规则设置的合理性。审计规则的设置应该合理、科学，能够准确反映审计目标和范围的要求。

（2）规则设置的灵活性。审计规则应该具有一定的灵活性，能够适应不同被审计单位的特点和需求。

（3）规则设置的可操作性。审计规则应该具有可操作性，便于审计人员在实际工作中使用和执行。

（四）审计规则设置的后续工作

（1）监控审计规则的执行情况。在审计过程中，需要监控审计规则的执行情况，确保规则得到有效执行。

（2）调整和优化审计规则。根据审计过程中发现的问题和实际情况，及时调整和优化审计规则，以提高审计工作的质量和效率。

四、界面设置

（一）界面布局调整

（1）菜单栏和工具栏。鼎信诺系统的菜单栏和工具栏通常位于界面上方，包含系统的主要功能和操作选项。用户可以根据需要自定义显示或隐藏某些菜单项或工具栏按钮。

（2）项目窗口。项目窗口通常位于界面左侧，用于显示和管理当前加载的审计项目。用户可以通过拖拽窗口边缘来调整其大小，或者通过双击标题栏来最大化或还原窗口。

（3）工作区。工作区是用户进行审计操作的主要区域，位于界面中央。用户可以在此区域查看和编辑审计数据、运行审计程序等。

（二）显示比例调整

（1）放大和缩小。如果系统界面比例太小或太大，用户可以通过鼠标滚轮或快捷键（如 Ctrl + 滚轮）来放大或缩小界面。

（2）具体调整。在鼎信诺系统中，用户还可以直接调整界面的显示比例。具体操作为：先进入主界面，然后把进度条往右边拉，或者直接在右侧输入放大的倍数，最后单击"确定"按钮即可调大比例。

（三）颜色设置

（1）背景色。用户可以根据个人喜好设置系统界面的背景色。在鼎信诺系统中，这通常需要通过调整系统设置或主题来实现。

（2）字体颜色。用户还可以设置系统界面中文本和数字的字体颜色，以确保在不同背景下都能清晰可读。

（四）其他设置

快捷键设置。用户可以根据自己的使用习惯设置常用的快捷键，以提高操作效率。

皮肤主题。鼎信诺系统可以提供多种皮肤主题供用户选择，用户可以根据自己的喜好选择适合的主题。

（五）注意事项

在进行界面设置时，建议用户先备份当前的系统设置，以防意外情况导致设置丢失。

如果遇到无法调整或设置无效的情况，建议查阅系统帮助文档或联系技术支持人员寻求帮助。

【思政扩展】

审计发展史中的家国情怀

一、背景

审计学是一门重要的经济管理学科，涉及企业财务管理的各个方面。审计发展史反映了国家发展与民族振兴的历程。

二、思政目标

通过网络查阅，了解国外审计发展的历史，以及我国审计发展的七个阶段。培养学生树立辩证唯物主义和历史唯物主义世界观，具有良好的道德修养和社会责任感。

三、过程

讲解中西方审计发展历史，对比不同政治、文化及经济发展背景下的审计职业发展。

引导学生从审计发展史角度分析中西方差异，培养拓展能力。结合审计发展史，培养学生的爱国情怀和社会责任感。

四、总结

作为当代的青年人，一定要坚守自己的信念，保持自己的情怀，努力为国家和社会作贡献，做一个有家国情怀的大学生。

【理论与操作实训】

一、单项选择题

1. 下列项目中，不属于内部控制中控制活动要素的是（   ）。
   A. 授权　　　　　　　　　　　B. 设置内部审计部门
   C. 业绩评价　　　　　　　　　D. 职责分离
2. （   ）主要应用于跨年度的工程项目。
   A. 强制审计　　　　　　　　　B. 不定期审计
   C. 事中审计　　　　　　　　　D. 事后审计
3. 审计软件中，系统管理员不能做的工作是（   ）。
   A. 部门设置　　　　　　　　　B. 用户管理
   C. 启用底稿复核功能　　　　　D. 对项目组的成员进行工作分工
4. 在审计软件中，开始进行审计工作的第一步是（   ）。
   A. 安装审计软件　　　　　　　B. 成立审计小组
   C. 分配审计工作　　　　　　　D. 审计审计权限
5. 审计软件的用户界面，可以由（   ）来进行系统的工作。
   A. ADMIN　　　　　　　　　　B. SA
   C. 审计主管　　　　　　　　　D. 操作员
6. 建立项目后，（   ）不能登录审计作业系统。
   A. 审计主管　　　　　　　　　B. 审计员
   C. 系统管理员　　　　　　　　D. 现场审计员
7. 审计项目建立后，（   ）可以进行修改和输出。
   A. 审计主管　　　　　　　　　B. 审计员
   C. 系统管理员　　　　　　　　D. 现场审计员
8. 多年度审计项目建立时，要遵循（   ）。
   A. 至少是两年的原则　　　　　B. 先有前一年，才可以有之后的年度
   C. 必须是同一个公司的原则　　D. 必须是同一个集团的原则
9. 导入和导出项目的审计数据，文件后缀是（   ）。
   A. .DBF　　　B. .DOC　　　C. .SJG　　　D. .SQL

二、多项选择题

1. 对信息系统组成部分的审计是信息系统审计的内容之一，其审计内容包括（   ）。
   A. 计算机硬件　　B. 系统软件　　C. 安全控制　　D. 应用软件
2. （   ）是独立性最强的审计。
   A. 政府审计　　B. 民间审计　　C. 内部审计　　D. 会计报表审计
3. 审计风险 =（   ）×（   ）×（   ）。
   A. 经营风险　　B. 固有风险　　C. 控制风险　　D. 检查风险

三、判断题

1. 鼎信诺审计软件中,"SA"——系统管理员是一个特殊的虚拟用户,拥有全部权限,但在审计业务中,不赋予任何工作。（ ）
2. 注册会计师审计的总目标由审计具体目标组成。（ ）
3. 审计范围中的审计程序就是指审计程序的范围。（ ）
4. 在鼎信诺审计软件中,审计工作底稿只能运行在审计软件中。（ ）
5. 审计人员对被审单位Excel财务数据所进行的审计属于计算机审计。（ ）
6. 计算机方式和手工方式下的审计只是审计对象不同,审计技术方法是完全相同的。（ ）
7. 计算机审计包括对计算机产生的电子数据的审计以及对信息系统本身的审计。（ ）
8. 注册会计师审计的总目标由审计具体目标组成。（ ）
9. 在鼎信诺审计软件中,基础信息维护包括执行情况、审计结论、审计标识、审计摘要四种信息。（ ）

四、实务操作题

1. 用自己的姓名建立一个审计项目,项目的名称为"长春光华学院",将操作步骤和结果截图作为该题的答案。
2. 请将自己建立的审计项目设置为多年度的项目,时间是2022年1~12月,和2023年1~12月两个年度的项目,项目名称为一汽集团,下级项目为轮胎厂,请将操作截图和结果作为答案上传,要求操作员是自己的姓名。
3. 将自己建立的审计项目,导出到D盘个人文件夹下,截图作为此题的答案。
4. 将自己建立的审计项目删除。
5. 将自己导出的审计项目,导入鼎信诺审计软件中。
6. 修改自己的审计项目,将项目的名称改为——自己的姓名+审计项目。
7. 在审计项目中,进行备份设置,设置备份的时间为每天一次。用操作界面的截图作为答案。
8. 在审计项目中,增加两名操作人员,一名为"许仁淑",负责审计报告的编制,另一名为"古旭航",负责审计报告的审核。
9. 在审计项目中,更换操作员为"古旭航",要求不退出审计软件平台。
10. 把自己今天操作的审计内容,全部备份到自己的U盘上。

五、简答题

1. 审计信息化与大数据审计之间有什么关系?
2. 常见的硬件控制措施包括哪些内容?
3. 如何防止计算机病毒的侵害?
4. 大数据审计数据分析技术包括哪三类?

第九章　财务数据

【知识目标】

- 了解鼎信诺审计软件财务数据维护的基本功能。
- 掌握鼎信诺审计软件的数据初始化、财务数据维护的内容。
- 熟悉鼎信诺审计软件的操作特点。

【技能目标】

- 能够熟练进行鼎信诺审计软件的数据操作。
- 掌握鼎信诺审计软件的日常操作能力。

【思政目标】

- 培养学生的审计职业道德，特别是诚信、公正、客观等核心价值观。

【案例】

一、案例背景

某中型制造企业（以下简称该企业）为了确保其年度财务报表的准确性和合规性，决定委托一家独立的审计机构进行财务报表审计。该企业主要从事机械设备的生产与销售，拥有一定的市场份额和稳定的客户群体。

二、审计过程

1. 确定审计目的和范围。

审计机构首先与企业沟通，明确审计的目的是确保财务报表的准确性和合规性，审计范围包括企业的资产负债表、利润表、现金流量表及附注等。

2. 组成审计小组。

审计机构根据审计目的和范围，组建了一支由经验丰富的审计师组成的审计小组，并确定了小组组长。

3. 了解被审计单位。

审计小组通过查阅企业提供的资料、与企业管理层及员工交流等方式，对企业的业务、财务状况、内部控制制度等进行了深入了解。

4. 确定审计工作重点。

根据了解的情况，审计小组确定了审计工作的重点，包括存货管理、应收账款管理、销售收入确认等方面，并制订了详细的审计工作计划。

5. 实施审计程序。

审计小组按照审计计划，对企业的财务报表进行了详细的审查。在存货管理方面，审计小组通过实地盘查、与仓库管理人员交流等方式，核对了存货的数量和金额；在应收账款管理方面，审计小组通过查阅合同、发票等资料，核对了应收账款的余额和账龄；在销售收入确认方面，审计小组通过查阅销售合同、发货单等资料，核对了销售收入的真实性和准确性。

6. 编制审计报告。

在完成审计工作后，审计小组根据审计结果编制了审计报告。报告中对企业的财务报表进行了总体评价，指出了存在的问题并提出了改进建议。

7. 出具审计意见。

审计机构根据审计报告，出具了相应的审计意见。意见中明确指出企业的财务报表是否符合会计准则和法规的要求，并对企业的内部控制制度进行了评价。

三、审计发现

存货管理。审计小组发现企业的存货周转率较低，存在部分存货积压的问题。

第一节 数据导入

一、前端数据导入的条件

前端数据导入是将鼎信诺前端取数工具（Sjinput51）取得的被审计单位的前端数据文件导入到鼎信诺当前项目中（鼎信诺审计前端生成的前端数据文件是后缀为 .sjc 的文件。如果是 SQL Server 类型的数据库，可以直接将企业备份出来的 .bak 或者 .mdf 文件转换成项目需要的数据，前提是自己的电脑装有 sqlserver 数据库进行还原过）。解释一下：我们的取数软件和这里说的前端数据导入是不同的步骤。我们在被审计单位将财务数据取过来后，还需要将被审计单位的财务数据用前端数据导入功能导入我们的软件，然后我们才可以进行下一步的操作。

二、前端数据导入的步骤

首次进行前端数据导入，有以下两种方式。

第一，选择"财务数据"菜单的"前端数据导入"命令；

第九章 财务数据

第二,选择程序主界面"准备阶段"中的"前端数据导入"快捷键(如图9-1所示);打开"前端数据导入"界面(如图9-2所示)。

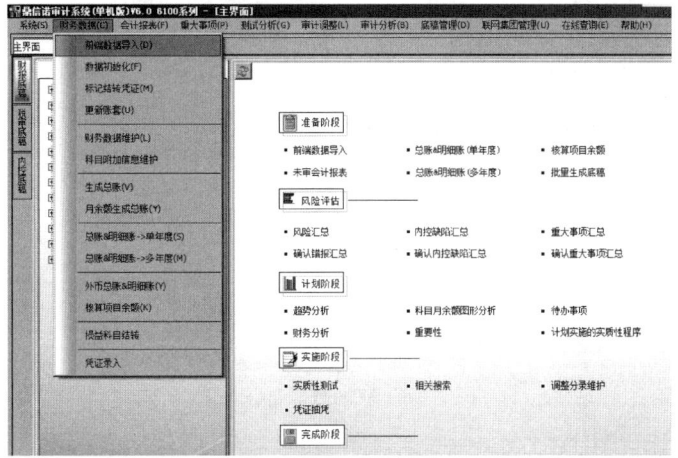

图 9-1 前端数据导入-1

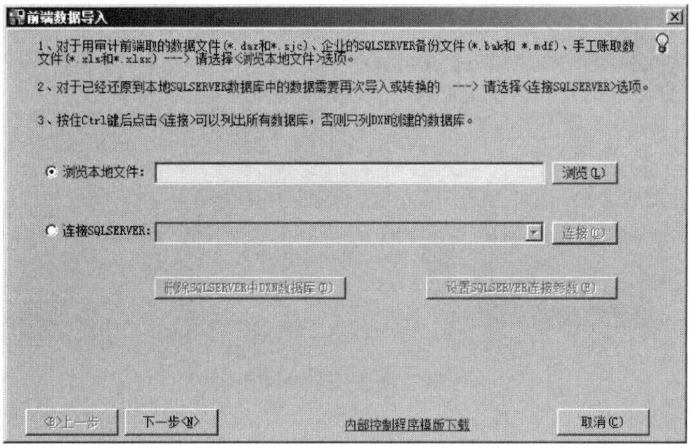

图 9-2 前端数据导入-2

这个时候单击右侧的"浏览"按钮选择前端数据文件,文件类型包括(*.sjc,*.bak,*.mdf,*.xls,*.ini)。

*.sjc 文件是用鼎信诺审计前端取出的数据文件,在第一次导入到项目中时需要先进行数据的转换,一般一个 sjc 文件只需要转换一次就可以了。如果这个 sjc 文件没有转换过,导入时系统直接进入数据转换界面,转换完成后,才可以将数据导入审计系统。

这个时候我们可以选择需要转换的会计年月,系统默认的是转换全年(1~12月)的数据,如果导入的不是全年的数据可以在这选择会计月。选择好会计年月后还可以选择是否要转换未审核的凭证,系统默认是不转换的。单击"下一步"按钮开始转换数据(如图9-3所示)。

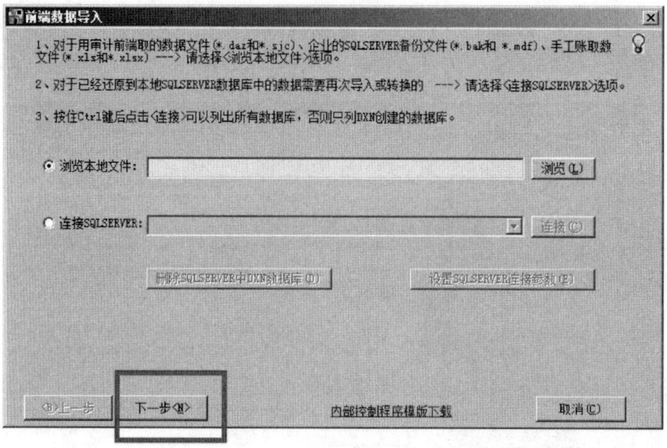

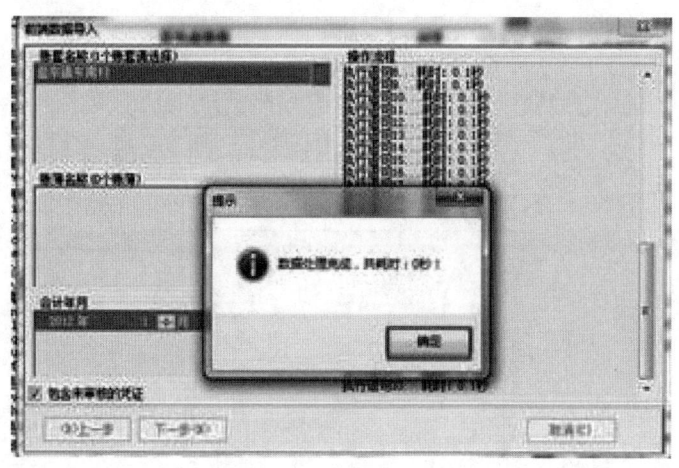

图 9-3　前端数据导入-3

转换完毕后系统弹出处理完成的提示，这时单击"确定"按钮返回到前端数据导入界面（如图 9-4 所示）。

图 9-4　数据处理完成

单击"开始导数"按钮开始往项目中导入数据。

如果选择的 sjc 文件已经数据转换过了，那么之后浏览选择这个文件时就不需要进行再次转换，而是直接进入数据导入的界面（如图 9-5 所示）。

*.bak 文件是 SQLSERVER 数据库本身的备份文件，可以是企业自己备份也可以通过鼎信诺审计前端的数据库备份功能进行备份。浏览选择 bak 文件也需要进行数据转换工作，但是在转换前我们需要在本机上装一下 SQLSERVER 数据库软件。安装完毕重新启动计算机后在自己的电脑右下角我们可以看到 　　　这样的一个图标，或者在开始程序中看到 　　　　　　　　　　　　　　　　这样的程序，表示 SQLSERVER 数据库已经成功安装，这个时候我们可以进行 bak 文件的转换了。

第九章　财务数据　**177**

图 9 – 5　前端数据导入 – 4

第一次导入 bak 文件软件需要进行测试连接，如图 9 – 6 所示。

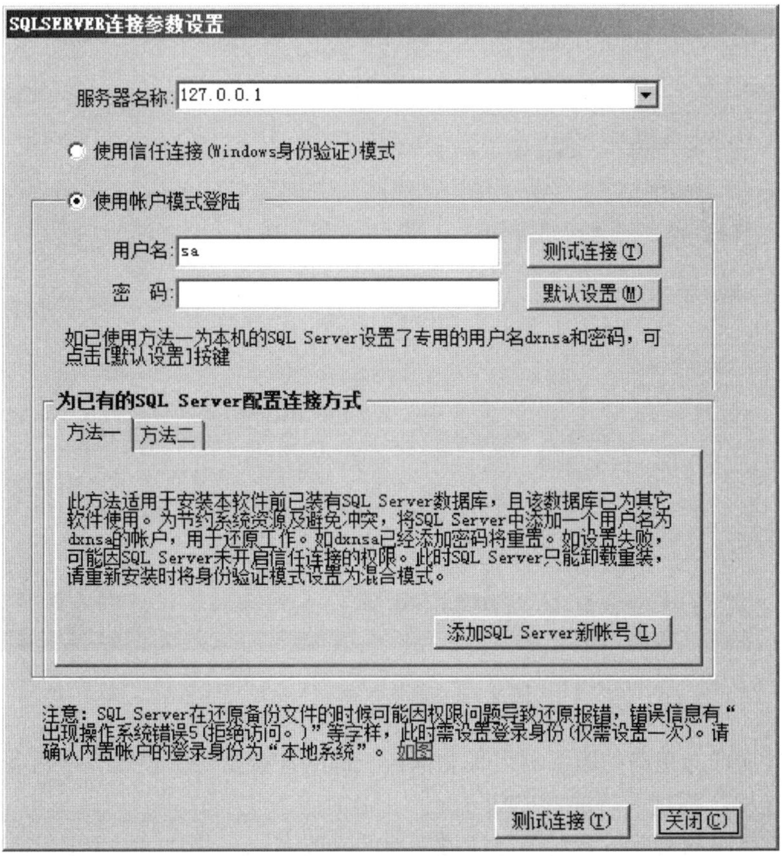

图 9 – 6　前端数据导入 – 5

当提示"测试连接成功"时,我们就可以导入 bak 文件了。

这个时候我们选择备份文件的财务软件类型后单击"还原数据库到本机 SQLSERVER"按钮开始进行数据库还原操作,还原成功后系统会给出提示。

再单击"确定"按钮后,单击"下一步"按钮。设置正确的会计年月单击"开始转换"按钮就可以进行数据的转换了。转换完毕后直接进入数据导入界面。

注:如果在还原过程中出现如下报错(如图 9-7 所示)。

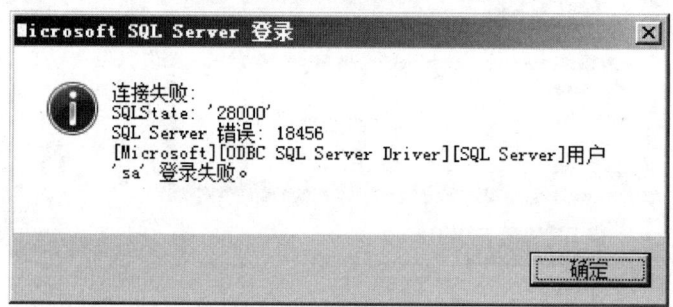

图 9-7 前端数据导入-6

说明 SQL Server 数据库软件的服务名称或者连接的密码没设正确,这个时候我们可以单击"连接 SQL Server",然后单击"设置 SQL Server 连接参数"(如图 9-8 所示)。

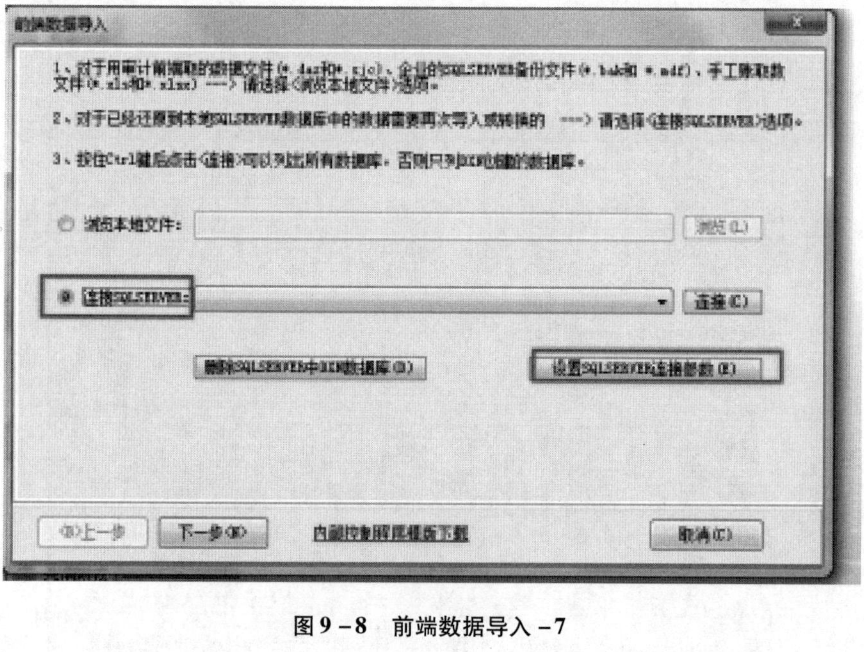

图 9-8 前端数据导入-7

打开界面选择正确的服务器名称和输入正确的连接密码,设置完毕后我们可以单击"测试连接"测试能否连接成功。

不知道密码的情况下我们可以通过下面的修改密码来修改 SQLSERVER 数据库的连接密码。如图 9-9 所示。

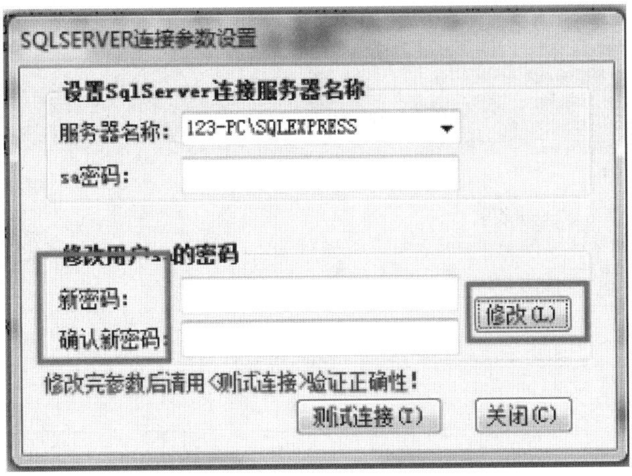

图 9-9　前端数据导入-8

＊.mdf 文件的操作方法和＊.bak 文件的操作方法是一样的。

＊.xls 文件是通过鼎信诺手工账取数的方法取出的 EXCEL 文件，选择填好数据的 EXCEL 文件后直接进入数据导入界面。

＊.ini 文件是用鼎信诺审计前端 5.0 的"大型数据库取数"功能导出的文本文件，审计前端 5.0 的"大型数据库取数"功能是针对 SQLSERVER 数据库类型的财务软件的，它是通过把数据保存成文本文件（＊.txt）的形式。浏览选择 connectinfo.ini 文件，后面的操作和＊.bak 文件的操作方法是一样的。

通过＊.bak，＊.mdf，＊.ini 文件还原的数据库我们只需要还原一次就可以，如果这个文件包含多个年份的数据，那么我们只需要重新连接上这个数据库，重新把数据转换成新的年月就可以了。转换完毕后我们在前端数据导入时需要选择"直连 SQLSERVER 数据库导数"的这种方式把数据导入到当前项目中，而不需要去重新浏览选择文件。当然也可以用前端取数工具再取一下，自己的电脑当作服务器进行取数，选择刚刚还原时的数据库名称，勾选其他的会计年月，连接取数。得到 sjc 数据，导入审计系统。

在"前端数据导入"窗口中（如图 9-10 所示），蓝色显示的为有数据的表，有数据的表默认会被打上钩，审计人员也可以自己用鼠标选择需要导入的表；但是非蓝色的表说明被审计单位的财务系统导入的财务数据没有此表，审计人员打钩也不会导入到鼎信诺审计系统中。

如果表中已经有数据，再次导入时需要避免重复，这时需要把"导入时清空已有数据"的钩打上，单击"确定"按钮就可以导入数据。

导入时清空已有数据：可以将表中原来的数据清空，把新的数据导进表中。

数据导入成功后就出现"数据初始化"窗口，详见后"数据初始化"的介绍。

【注意】

如果当前项目已经有数据，但是数据需要更新，例如，开始是预审的数据现在需要导入终审的前端数据，千万不能使用前端数据导入，请使用"更新账套"功能。

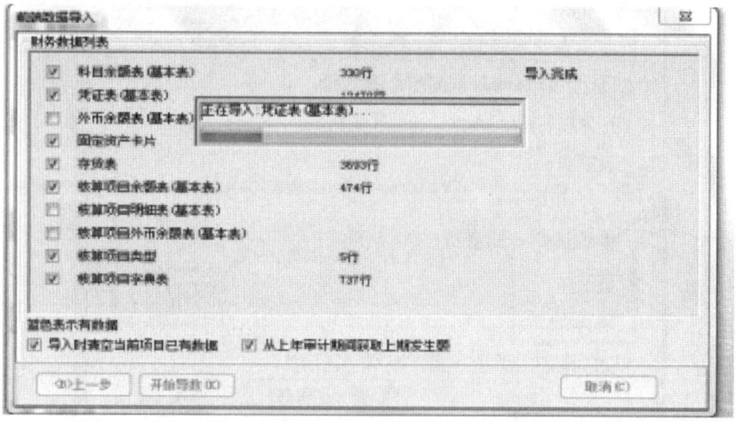

图 9 - 10　前端数据导入 - 9

第二节　数据初始化

一、数据初始化内容

选择"数据初始化"菜单（如图 9 - 11 所示），系统进入"数据初始化"窗口（如图 9 - 12 所示）。在窗口中包括科目信息处置检查、账账核对检查、设置科目类型、设置损益类结转科目、设置本年利润科目、设置账龄区间、设置科目与核算项目关系、计算数据、打开未审会计报表十项。

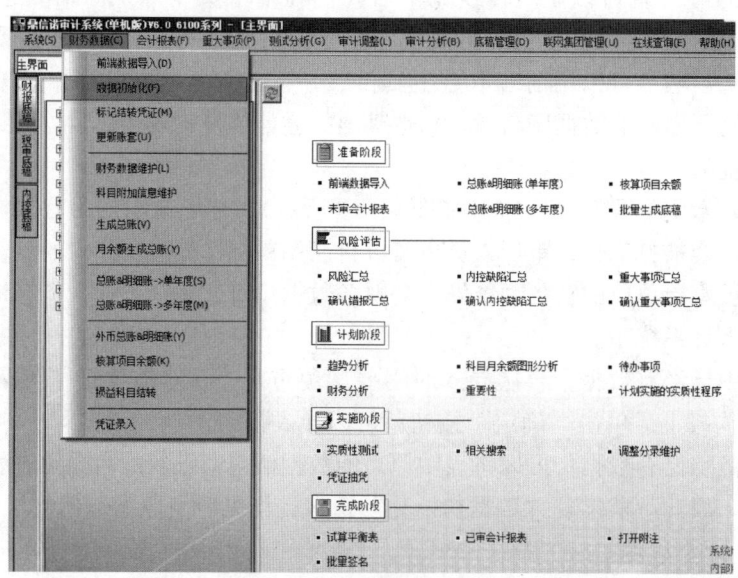

图 9 - 11　数据初始化 - 1

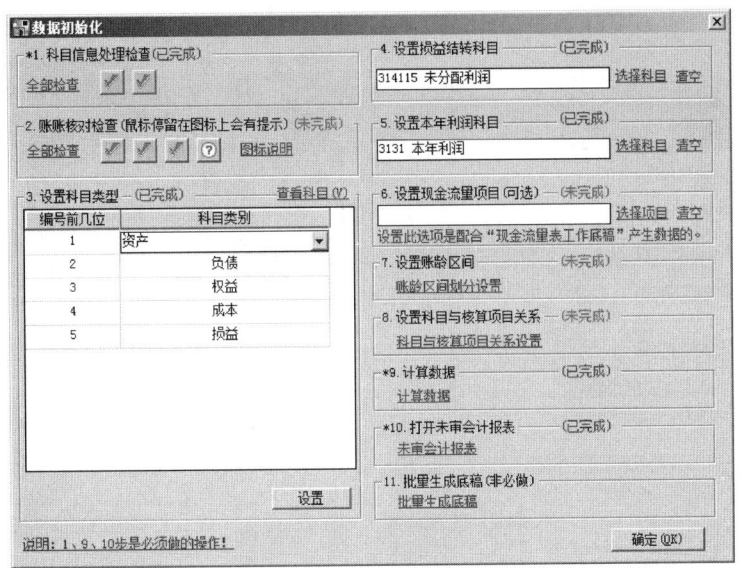

图 9-12 数据初始化-2

二、数据初始化具体要求

其中，数据初始化第一步、第二步、第九步为必做选项。数据初始化第三步操作完毕后，数据初始化第四步"设置损益类结转科目"和第五步"设置本年利润科目"会根据科目信息检查的结果，自动写入损益类结转科目和本年利润科目；同时，系统会自动标记本年利润所有凭证，此处讲解请参照"标记结转凭证"处同时来看。

第三节 财务数据维护

一、系统主菜单

"系统"主菜单包括"选择表""数据表列显示设置""生成上期发生额""导入数据后的财务数据处理""上级科目级次和是否明细""由科目期初数生成上级科目""由末级科目期初数生成各级科目期初数""关闭"子菜单。下面将依次对主要的子菜单进行详细介绍。如图 9-13 所示。

（一）系统选择表

单击"选择表"菜单，系统弹出选择表窗口，审计人员可以选择要维护的表。例如，科目余额表，科目月余额表等（如图 9-14 所示）。注意：审计人员可以通过选择"选择表"窗体左下方的"有数据"单选框过滤掉没有数据的表。

图 9-13 主菜单

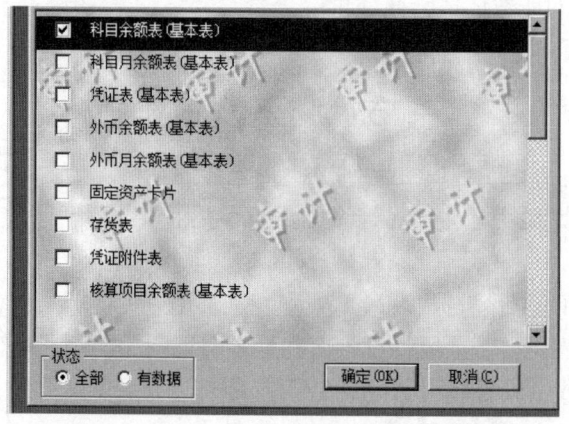

图 9-14 科目余额表中的选择表功能

(二) 系统\数据表列显示设置

对当前的明细表可以设置需要显示列中数据的格式。数据表设置包括显示和显示格式两个设置功能（如图 9-15 所示）。

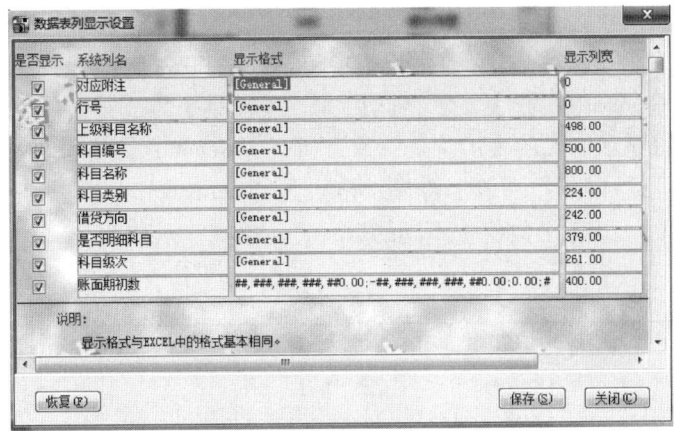

图 9-15 数据表设置-1

1. 显示窗口。

包括系统列名、显示格式、显示列宽,"保存""恢复""关闭"按钮。在此窗口中允许审计人员将数据维护表中列的名字进行修改。最常用的是将系统提供的辅助列进行改名,系统提供了两种类型的辅助列:数字列、字符列。例如,将"字符列 01"改为"备注",并在显示的后面打上"√",单击保存,然后点"关闭",数据表里就会显示最后一列为备注列;如果要调整列的位置,可以用鼠标直接拖动该列到想要的位置,然后松开鼠标即可;如果想删除某一列,把显示后面的"√"去掉即可;如果要得到系统默认的设置,单击"恢复"按钮,保存即可。如果修改了列的显示属性,审计人员必须将该表重新打开一次,修改的才会反映出来。

注:列分为数字列和字符列两种类型,数字列不能输入字符(包括 0~9),字符列不能参与加减计算,可以输入汉字和英文字母。

2. 显示格式。

用来控制显示和打印时单元格内的格式(如图 9-16 所示)。

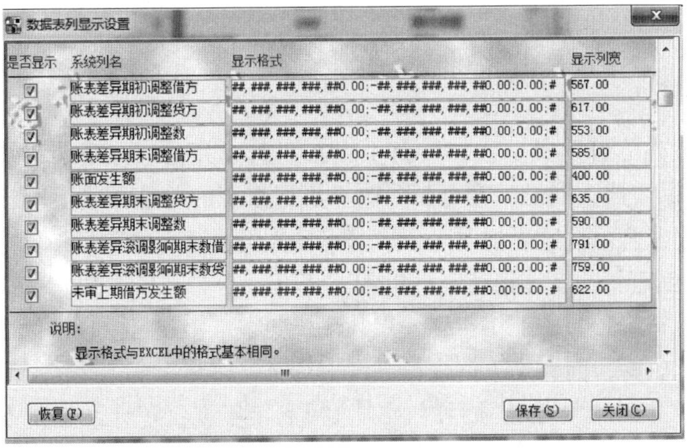

图 9-16 数据表设置-2

3. 显示格式列表。

包括系统列名和显示格式。显示格式中包括数字和字符。数字显示格式的表示符是"#""0""General"。数字显示格式由大于零、小于零、等于零和空组成,并以";"间隔。字符显示格式的表示符是"X""@""General"。字符显示格式由字符和空组成,并以";"间隔。一般字符显示格式为"General"。参见表9-1中的示例,数字5、-5、0.5、0 四个数值按不同的数字显示格式显示如下。

表9-1　　　　　　　　　　　　显示列表

数字显示格式	5	-5	0.5	0
[General]	5	-5	0.5	0
#,##0	5	-5	1	0
#,##0.00	5.00	-5.00	0.50	0.00
$#,##0;($#,##0)	$5	($5)	$1	0
$#,##0;[RED]($#,##0)	$5	($5)	$1	0
$#,##0.00;($#,##0.00)	$5.00	($5.00)	$0.50	0.00
$#,##0.00;[RED]($#,##0.00)	$5.00	($5.00)	$0.50	0.00
###,##0.00;-###,##0.00;#;#	5.00	-5.00	0.50	(空)
0%	500%	-500%	50%	0%
0.00%	500.00%	-500.00%	50.00%	0.00%

如果审计人员保存修改的显示格式信息,单击"保存"按钮即可。

如果审计人员需要恢复系统原有的默认显示格式信息,单击"恢复"按钮即可。

(三) 系统\由期初余额和凭证生成科目余额表

期初余额和本年凭证可以推导出期末科目余额;选择"系统"菜单下的"由期初余额和凭证生成科目余额表"。

(四) 系统\生成上期发生额

生成上期发生额可以根据上年项目生成本期上年数据,打开"系统—生成上期发生额选项",显示生成上期发生额页面。选择数据来源的单位年度下会自动显示出该项目内的上一年度账套。在这里说明一下,当审计人员在已有的项目中创建新项目时选择"在当前项目下创建新的审计年度"(如图9-17所示),系统会提示选择上年年度。如果审计人员在此正确选择了上年年度,审计系统会在本年项目中自动读取上年数据到底稿;但要实现此目的,前提是审计人员导入项目时要按照年度顺序依次导入。

综上所述,审计人员创建项目时,未选择上年年度,审计系统是不会自动识别上年年度并导入上年财务数据的。这时,就需要审计人员用"系统\生成上期发生额"功能来手动生成上期数。

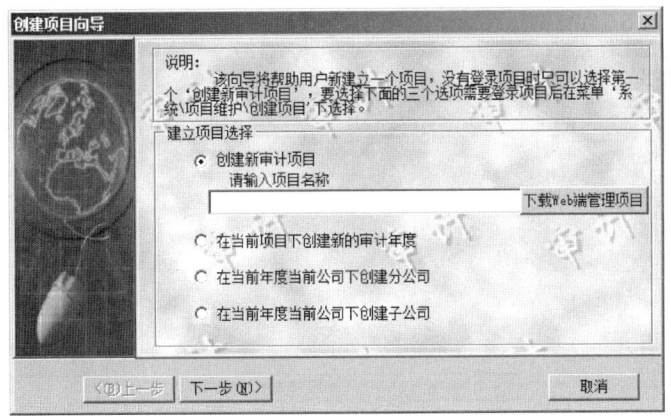

图 9 – 17　生成上期发生额 – 1

具体操作方法如下。

单击"生成上期发生额",系统弹出"生成上期发生额"选项,单击"确定"按钮即可。如图 9 – 18 ~ 图 9 – 20 所示。

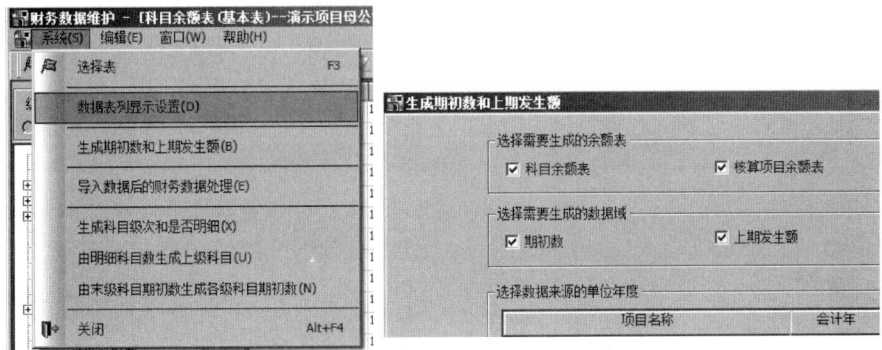

图 9 – 18　生成上期发生额 – 2

(五) 系统 \ 导入数据后的财务数据处理

数据导入后会自动对财务数据进行优化和整理,但是因为一些特殊的原因没有完成或者手工修改数据,可以在这里补做数据的优化。如图 9 – 21 和图 9 – 22 所示。

(六) 系统 \ 生成科目级次和是否明细

审计人员需要对财务数据的科目级次和长度以及是否明细等信息进行修改时,运用此操作。操作如下。

点开"系统——生成科目级次和是否明细"选项(如图 9 – 23 所示),此时会弹出科目级次的对话框(如图 9 – 24 所示)。我们可根据实际情况加上职业判断选择操作。如果科目级次是以分隔符列示的,需要选分隔符。

图 9-19　生成上期发生额-3

图 9-20　生成上期发生额-4

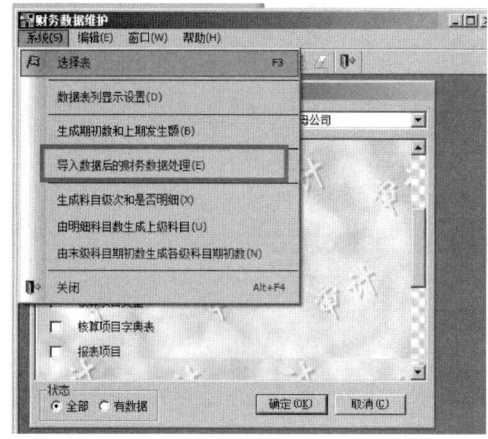

图 9-21　财务数据维护

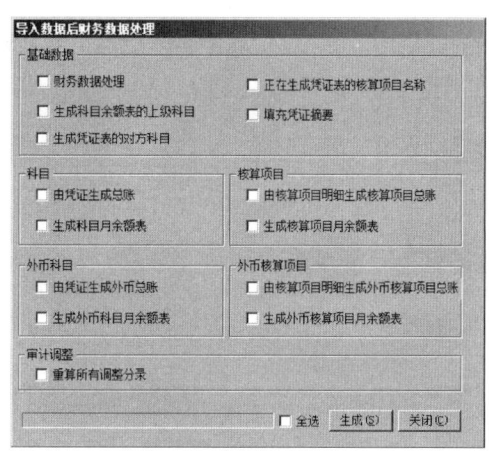

图 9-22　导入数据后财务数据处理

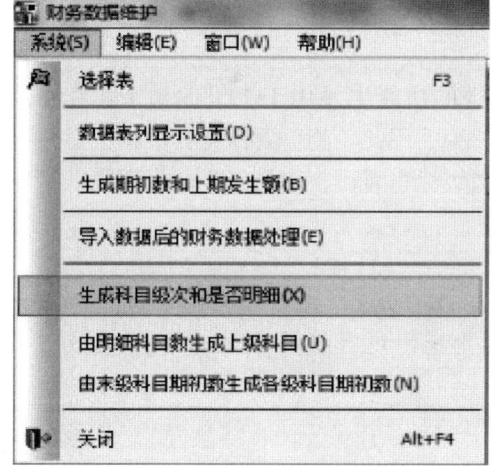

图 9-23　生成科目级次和是否明细-1

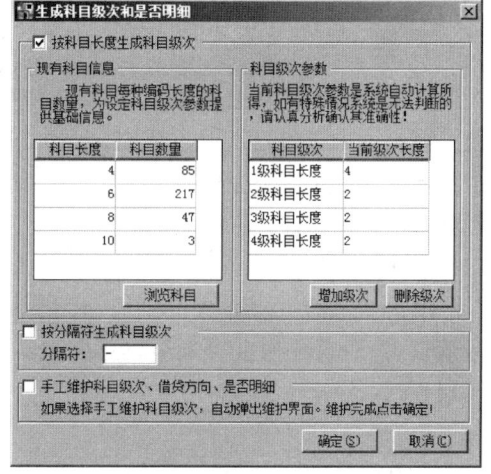

图 9-24　生成科目级次和是否明细-2

（七）系统\由明细科目生成上级科目

如果在所使用的账套中，没有明细科目的上级科目（多见于手工账取数、sap 财务软件），可以通过"由明细科目生成上级科目"生成上级科目。如果科目级次是以分隔符列示的，需要选分隔符。

具体操作方法如下。

单击"由明细科目生成上级科目"（如图 9-25 所示），系统弹出"汇总上级科目"窗口，"汇总上级科目"，注：如果需要生成上级科目的请设定科目编码各级次长度，如果末级科目长度不确定，请不要指定末级长度，系统自动将大于指定长的科目编号作为末级，点一下自动判断级次长度。

注：当导入数据数据初始化第一步"科目完整性检查"时多用到上述两步操作。

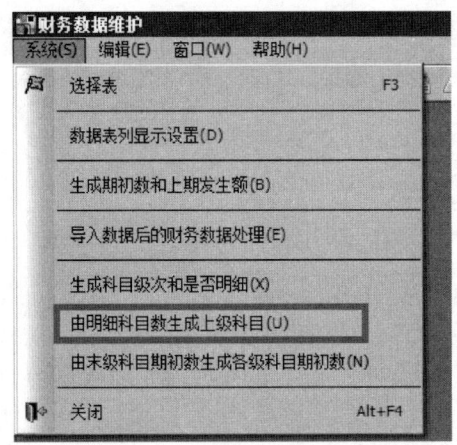

图 9 – 25 由明细科目生成上级科目

（八）系统\ 由末级科目期初余额生成各级科目期初数

由末级科目期初余额生成各级科目期初数的功能主要用于上级期初余额存在问题，需要由末级科目汇总生成时，此种情况较少。用此功能需要注意：数据汇总过程中需要清除非末级科目的期初数，如果科目末级标志有误，则会发生数据丢失。请备份后再执行此功能。

操作方法如下。

单击"系统"菜单中的"末级科目期初余额生成各级科目期初数"（如图 9 – 26 所示），这时系统弹出"末级科目期初余额生成各级科目期初数"窗口（如图 9 – 27 所示）。

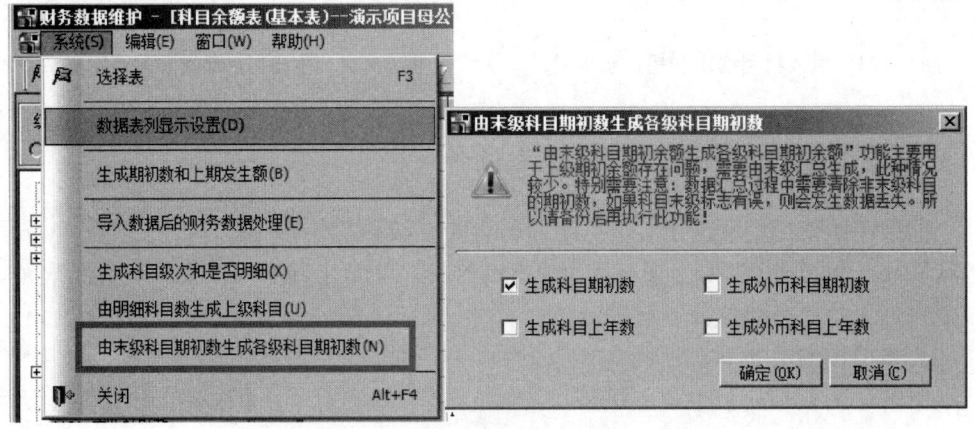

图 9 – 26 生成末级科目余额

系统弹出该窗口后，单击"确定"按钮末级科目期初数生成各级科目期初数，单击"取消"按钮退出该窗口。

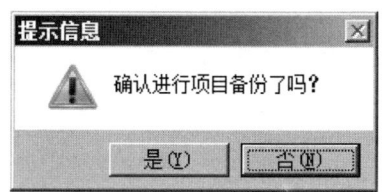

图 9-27 确认备份

二、编辑主菜单

"编辑"主菜单包括"撤销""保存""刷新""查找""替换""排序""过滤""追加数据""插入数据""删除整行""填充\向上填充""填充\向下填充""填充\序列""打印""生成科目信息导出 EXCEL"、主菜单。以下对上述菜单分别进行介绍。

（一）编辑\保存

在数据表中此命令可以将修改的数据保存到当前数据库中。

工具栏按钮：

（二）编辑\刷新

从数据库中重新提取数据到当前数据表中。单击（或按 F5 键、　　　按钮）后可以刷新当前打开表格内数据的值。

（三）编辑\查找

查找符合某个条件的数据。先选择主菜单"编辑"下"查找"（如图 9-28 所示），系统弹出"查找"窗口，选择查找范围即需要在哪一个数据列中查找，然后输入查找内容，单击"查找下一个"按钮开始查找（如图 9-29 所示）。如果还要继续，请再次单击"查找下一个"按钮；如果查找到结尾，系统弹出"提示"窗口，单击"是"按钮开始从头查；"选中符合条件的行"可把包含查找内容的行标记出来；单击"否"按钮，退出查找并关闭"查找"窗口。

（四）编辑\替换

用新的数据替换符合某个条件的数据。先选择主菜单"数据"下"替换"，系统弹出"替换"窗口，选择查找范围即需要在哪一个数据列中替换，输入被替换的内容和替换值，单击"查找下一个"按钮开始进行被替换值的查找，找到后可以点击"替换"按钮，之后系统将会找到下一个需要替换的值；如果查找到结尾，系统弹出"提示从头查找"窗口。单击"是"按钮从开始查找，单击"否"按钮，退出替换并关闭"替换"窗口。如果想一次性替换全部的数据，单击"全部替换"按钮即可。

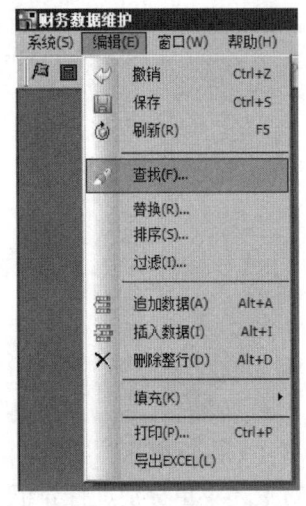
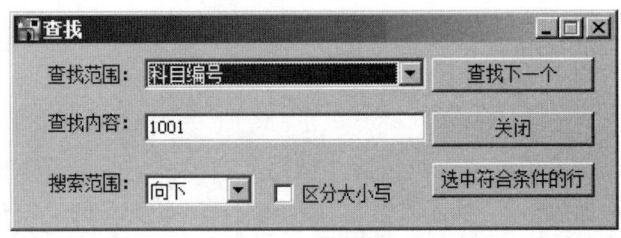

图 9-28 查找-1　　　　　图 9-29 查找-2

（五）编辑\排序

在数据维护表中，按一定顺序排列数据。先选择主菜单"编辑"下"排序"（如图 9-30 所示），系统弹出"排序"窗口，选择主要关键字、次要关键字、第三关键字以及升降序。单击"确定"按钮开始排序；如果重新选择排序条件，单击"取消排序"按钮；如果退出排序，单击"取消"按钮。如果排序后需要保存数据现在的排序状态，请单击"保存"按钮。

图 9-30 排序

(六) 编辑\过滤

在数据维护表中，按指定条件进行筛选数据。选择主菜单"编辑"下"过滤"（如图9-31所示），系统弹出"过滤"窗口。窗口包括选择列名、操作符、数据值、括号和逻辑等几个下拉列表，如果添加过滤条件，单击"添加"按钮，过滤设置将添加一行，选择列名、操作符、数据值、括号和逻辑等几个下拉列表，如果删除当前某一项过滤条件，单击"删除"按钮；如果清除全部过滤条件，单击"清除"按钮即可；如果退出过滤并关闭"过滤"窗口，单击"取消"按钮。

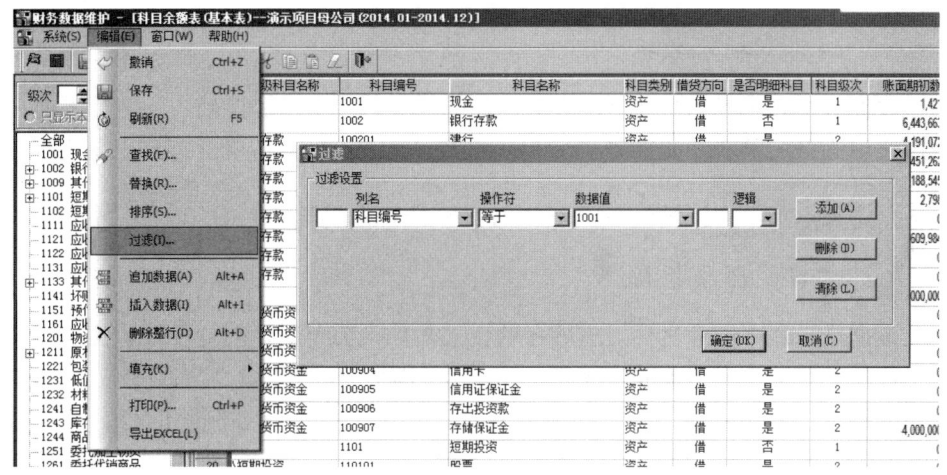

图9-31 过滤-1

例如，把（凭证编号=100201或者凭证编号=100202）的数据行过滤出来，过滤设置如图9-32所示。

图9-32 过滤-2

设置好过滤条件后单击"确定"按钮，我们可以看到，图9-33所示将满足条件的行都显示出来。

图9-33 过滤-3

【注意】

如果过滤条件设置不恰当,例如,过滤列里面选择的是数字类型的列时,或者数据值列里输入的是字符,单击"确定"按钮时系统会弹出过滤条件设置无效的提示。

(七)编辑\追加数据

在数据维护表最后添加一行空行。选择主菜单"编辑"下"追加数据"或单击工具栏中的 按钮。例如,审计人员打开的明细表有 31 行,使用了追加数据功能后,可拖动右侧的滚动条到该表的最后,可以见到新增加了行号为 32 的空行。

(八)编辑\插入数据

在数据维护表中光标当前所在行的前面插入一行。单击需要插入的新行下面一行中的任意单元格。例如,如果要在第 5 行的前面插入一行,请单击第 5 行中任意可写单元格。选择主菜单"编辑"下"插入数据"或单击工具栏中的 按钮。

(九)编辑\删除整行

在数据维护表中删除光标当前所在的行。先单击需要删除的行中任意位置,然后选择主菜单"编辑"下"删除整行"。如果要删除连续的几行,可以按住 Shift 键的同时用鼠标单击要删除的第一行和最后一行,即可选中所有要删除的行,然后选择"编辑"菜单下的"删除整行"或者单击鼠标右键,选"删行"即可。如果要删除不连续的行,可以按住 Ctrl 键的同时用鼠标分别单击要删除的行,选中后选择"编辑"菜单下的"删除整行"或右键单击"删行"即可。

(十)编辑\填充

1. 向下填充。

在数据维护表中,将选定单元格中的内容复制到下方的单元格。先移动鼠标指针到选定单元格,按住鼠标左键,向下拖动鼠标指针,直到最后一个要填充的单元格,放开鼠标左键,再选择主菜单"编辑"下"填充"子菜单中"向下填充"命令,如图 9-34 所示。

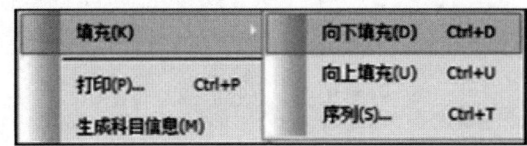

图 9-34 填充-1

【快捷键操作】

向下填充,按住 Ctrl + ↓。

2. 向上填充。

在数据维护表中,将选定单元格中的内容复制到同列中上方的单元格。先移动鼠标指针到选定单元格，按住鼠标左键，向上拖动鼠标指针，直到最后一个要填充的单元格，放开鼠标左键，再选择主菜单"编辑"下"填充"的"向上填充"，如图 9-35 所示。

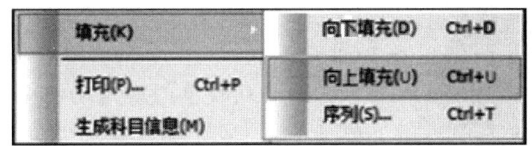

图 9-35　填充 -2

【快捷键操作】

向上填充，按住 Ctrl + ↑。

（十一）填充序列

在明细表中，选定一列或一列中的部分行，将首行单元格内容按照一定步长填充到下方的单元格中。操作方法：先移动鼠标指针到某单元格，按住鼠标左键，向下拖动鼠标，直到最后一个要填充的单元格，放开鼠标左键，再选择主菜单"编辑"下"填充"子菜单中"序列"命令（如图 9-36 所示）。系统弹出"等差序列"窗口（如图 9-37 所示），输入行与行间的增长步长，单击"确定"按钮即可。单击"取消"按钮放弃填充序列操作。

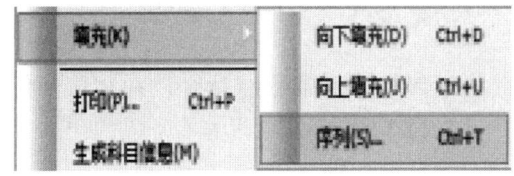

图 9-36　填充 -3

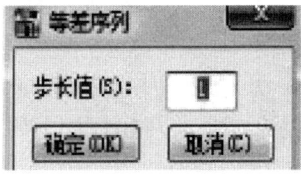

图 9-37　填充 -4

（十二）编辑 \ 打印

打印当前数据表，选择"编辑"菜单下的打印即可。

（十三）编辑 \ 导出 Excel

审计人员可以把数据表导出为 Excel 文件。

【思政扩展】

审计思政案例：四柱清册与龙门账的审计智慧

一、案例背景

在古代中国，会计与审计制度随着经济的发展而不断完善。其中，"四柱清册"与"龙门账"作为中式会计的经典之作，不仅在当时起到了重要的经济核算作用，也为现代审计提供了宝贵的智慧源泉。

四柱清册

（1）起源：唐宋时期。

（2）内容：分为"旧管（期初余额）""新收（本期增加额）""开除（本期减少额）""实在（期末余额）"四部分，系统反映了经济活动的全过程。

（3）原理：与现代会计账户关系中的"期初余额+本期增加额=本期减少额+期末余额"相对应。

龙门账

（1）起源：明末清初。

（2）特点：以"进""缴""存""该"将全部经济事项划分为四大类，遵循"有来必有去，来去必相等"的记账规则。

（3）成果：年终结算时能"龙门相合"，确保账目清晰、准确。

二、案例目标

（1）弘扬中华优秀传统文化，增强文化自信。

（2）培养学生的审计职业道德，特别是诚信、公正、客观等核心价值观。

（3）引导学生树立正确的世界观、人生观和价值观，提升职业素养和社会责任感。

三、案例内容

（1）讲解"四柱清册"与"龙门账"的历史背景、内容、原理及其在会计发展史上的重要地位。

（2）引导学生讨论这些古代会计智慧如何与现代审计相结合，特别是如何运用这些智慧来发现和处理审计中的问题。

（3）案例分析。

选取一个现代审计案例，如某公司财务报表造假事件。

分析案例中公司如何利用虚假账目进行财务造假，以及审计机构如何利用现代审计技术和方法发现这些问题。

引导学生思考，如果运用"四柱清册"与"龙门账"的原理进行审计，能否更早地发现这些问题，并讨论其可行性。

（4）角色扮演。

组织学生进行角色扮演活动，模拟审计过程。

分配角色，如审计师、被审计单位负责人、财务人员等。

根据模拟案例，运用"四柱清册"与"龙门账"的原理进行审计，发现并记录问题。

四、总结与反思

（1）总结本次案例学习的成果，包括古代会计智慧在现代审计中的应用、审计职业道德的重要性等。

（2）引导学生反思自己在审计过程中的表现，特别是如何遵守审计职业道德、如何运用所学知识解决实际问题等。

五、特色与创新

（1）将古代会计智慧与现代审计相结合，为学生提供了全新的学习视角和思路。

（2）通过角色扮演等互动方式，提高了学生的学习兴趣和参与度。

（3）强调了审计职业道德的重要性，培养了学生的职业素养和社会责任感。

通过以上案例框架的设计与实施，可以帮助学生深入理解"四柱清册"与"龙门账"的会计智慧，并将其与现代审计相结合，从而培养学生的审计职业道德和职业素养。同时，通过弘扬中华优秀传统文化，增强学生的文化自信和社会责任感。

【理论与操作实训】

一、单项选择题

1. 大量的数据用（　　）的形式来表示，是计算机数据处理的一个显著特点。

A. 光盘　　　　　B. 代码　　　　　C. 纸性介质　　　　　D. 软盘

2. 为了降低通过通信线路来传达专用数据时带来的安全风险，公司应该应用（　　）。

A. 加密技术　　　　　　　　B. 异步调制解调器

C. 鉴别技术　　　　　　　　D. 回拨程序

3. 从微机上载的数据可能有误，以下哪种方法能更好地解决此问题（　　）。

A. 主机应定期备份

B. 上载数据应有两个人同时在微机旁

C. 主机应对上载数据实施与联机输入数据同样的编辑和合法性检查程序

D. 要求用户检查已经处理数据的随机样本

4. 数据库系统的查询工具应包括除以下哪项外的所有功能（　　）。

A. 图形输出能力　　　　　　B. 数据字典的访问

C. 范例查询界面　　　　　　D. 数据有效性检查器

5. 以下哪项控制措施可以协助保证，联网应付款系统的个人用户将对其通过数据终端所进行的活动负责（　　）。

Ⅰ. 激活数据终端需要应用口令；

Ⅱ. 往来账数据在处理前得到系统的核实；

Ⅲ. 终端活动得到记录；

Ⅳ. 往来账失误得到记录。

A. 只有Ⅰ是对的　　　　　　B. 只有Ⅱ和Ⅳ是对的

C. Ⅰ、Ⅱ、Ⅲ、Ⅳ都是对的　　D. 只有Ⅰ和Ⅲ是对的

6. 为了避免非法数据的输入，某银行在每个账号结尾新加一个数字并对新加的数字进行一种计算，此种技术被称为（　　）。

A. 光学字符识别　　　　　　B. 校验数位

C. 相关性检验　　　　　　　D. 格式检验

7. 下列关于电子数据审计流程的描述中，正确的是（　　）。
   A. 数据采集—数据转换—数据清理—创建中间表—数据分析
   B. 数据采集—数据清理—数据转换—创建中间表—数据分析
   C. 数据采集—创建中间表—数据清理—数据转换—数据分析
   D. 数据采集—创建中间表—数据转换—数据清理—数据分析

8. 在电子数据审计中，对于被审计单位的源数据存在类型不一致、格式不一致的情况，审计人员应该进行（　　）。
   A. 数据采集　　B. 数据清理　　C. 数据转换　　D. 数据验证

9. 在 Excel 中，删除工作表中与图表链接的数据时，图表将（　　）。
   A. 被删除　　　　　　　　　　B. 必须用编辑器删除相应的数据点
   C. 不会发生变化　　　　　　　D. 自动删除相应的数据点

10. Excel 的三个主要功能是：（　　）、图表和数据库。
    A. 电子表格　　B. 文字输入　　C. 公式计算　　D. 公式输入

11. 要防止通过无人照管的终端直接连接到主机上而对敏感数据进行非法访问，以下哪项安全控制效果最佳（　　）。
    A. 使用带密码的屏幕保护程度　　B. 使用工作站脚本程度
    C. 对数据文件加密　　　　　　　D. 自动注销不活动用户

12. 在同一工作簿中，Sheet1 工作表中的 D3 单元格要引用 Sheet3 工作表中 F6 单元格中的数据，其引用表述为（　　）。
    A. =F6　　B. =Sheet3!F6　　C. =F6!Sheet3　　D. =Sheet3#F6

13. 鼎信诺审计软件可以读取的审计前端数据是（　　）的文件。
    A. *.dbc　　B. *.bak　　C. *.exe　　D. *.sjc

14. 以下不属于数据库管理软件的是（　　）。
    A. MS SQL　　B. Access　　C. Visual FoxPro　　D. PowerPoint

二、多项选择题

1. 以下（　　）属于审计数据采集方式。
   A. 利用嵌入审计程序采集数据　　B. 利用数据分析工具采集数据
   C. 利用数据库管理系统采集数据　　D. 利用审计软件直接采集数据

2. 数据采集是电子数据审计的基础工作，数据采集的特征有（　　）。
   A. 灵活性　　B. 目的性　　C. 随机性　　D. 选择性

3. 在 Excel 中，处理货币数据可以使用的函数有（　　）。
   A. RMB 函数　　B. DOLLAR 函数　　C. CCC 函数　　D. CCV 函数

4. 关于 Excel 中的数据筛选功能，以下说法正确的有（　　）
   A. 可以使用自动筛选功能筛选出符合特定条件的记录
   B. 可以自定义筛选条件，筛选出符合特定模式的记录
   C. 可以将筛选结果直接应用于新的工作表
   D. 可以同时筛选多个字段的数据

5. 鼎信诺审计软件的数据校对指的是（   ）。
   A. 科目月余额的上下级校对   B. 凭证校对科目余额表
   C. 科目余额表的平衡校对   D. 凭证借贷平衡校对
6. 从狭义来看，计算机审计包括（   ）。
   A. 电子数据的审计   B. 计算机辅助审计
   C. 应用程序的审计   D. 信息系统本身的审计
7. 以下为审计的方法是（   ）。
   A. 审阅   B. 核对   C. 盘存   D. 突审
8. 审计软件的种类有（   ）。
   A. 现场作业软件   B. 法规软件
   C. 专用审计软件   D. 审计管理软件

三、判断题

1. 通过计算机审计是指不仅审查输入、输出文件，还要审查会计软件内数据文件，测试系统数据处理方法及内部控制措施的正确性和可靠性。（   ）
2. 计算机审计取证的切入点是信息系统和底层电子数据。（   ）
3. 计算机软件在存储被审计单位数据时并不存储账簿和报表。（   ）
4. 电子数据是指被审单位系统生成的财务数据，不包括与被审单位相关的外部数据。（   ）
5. 审计人员对被审单位 Excel 财务数据所进行的审计属于计算机审计。（   ）
6. 计算机审计包括对计算机产生的电子数据的审计以及对信息系统本身的审计。（   ）
7. 对输入计算机的会计数据（记账凭证和原始凭证等）记账审核是由电算化岗位中的电算审查岗位负责的。（   ）
8. 计算机审计取证的切入点是信息系统和底层电子数据。（   ）
9. 鼎信诺软件主要应用于财务审计领域，能够高效地处理和分析大量财务数据。（   ）
10. 使用鼎信诺软件进行大数据审计，需要具备相关的技术知识和经验。（   ）
11. 计算机审计取证的切入点是信息系统和底层电子数据。（   ）
12. 计算机软件在存储被审计单位数据时并不存储账簿和报表。（   ）

四、实务操作题

1. 用教师分发的演示项目母公司的资料，进行初始化数据的操作，要求将操作步骤图上传作为答案。
2. 用自己的姓名为审计主管，登录审计软件（演示项目按教师发放的数据进行）。
3. 下载超星学习通上的演示项目母公司数据，并将自己设置为这个审计项目的主管，将截图作为答案上传。
4. 按核算项目号为 01014 的条件查找符合的项目单位，在演示项目的 2023 年数据查找。

5. 在演示项目母公司中2024年的数据中，建立一个凭证预警树，一级条件为大额现金支出，二级条件为库存现金支出大于10 000元的所有业务，将最后执行结果进行截图。

6. 将教师分发的演示项目公司数据，进行数据初始化处理，将处理结果截图作为答案上传到教师指定的路径。

7. 用快捷键对教师分发的演示项目公司数据进行维护，要求将操作结果进行截图。

8. 在演示项目公司中，查找"凭证号=23，月份是3月，发生额在5 000元以上"的所有凭证，将查找结果截图上传。

9. 用过滤功能进行过滤，在演示项目公司中，过滤"科目是库存现金，余额小于10 000元，摘要涉及费用"的所有业务。

10. 将今天所做的项目进行备份，留作下次课继续操作。

第十章 会计报表与总账和明细账

【知识目标】
- 了解鼎信诺审计软件会计报表的基本功能。
- 掌握鼎信诺审计软件的会计报表审核、未审会计报表的操作。
- 熟悉鼎信诺审计软件的操作特点。

【技能目标】
- 能够熟练进行鼎信诺审计软件的报表操作。
- 掌握鼎信诺审计软件的日常操作能力。

【思政目标】
- 培养学生对大数据审计的操作规范和工作职责,形成审计人员的法治观念、诚信公正的职业美德。

【案例】

一、案例背景

以 A 公司为例,A 公司是一家主营百货文化用品、五金交电等商品的商贸类上市公司。该公司自 1999 年上市以来,业务迅速扩张,股价持续攀升。然而,在 2022 年,公司管理层决定更换会计师事务所,委托信勇会计师事务所进行 2021 年度会计报表的审计。

二、审计过程

1. 前期准备。

信勇会计师事务所委派注册会计师李浩与 A 公司洽谈业务。

李浩通过上市公司指定披露信息的报刊收集 A 公司的相关信息,了解公司主营业务、扩张速度及财务状况。

2. 数据分析。

李浩向 A 公司索要了 2021 年和 2022 年的会计报表及前任会计师的审计报告。通过分析发现,A 公司 2022 年和 2021 年的主营业务收入分别为 34.82 亿元和 70.46 亿元,同比分别增长 152.69% 和 102.35%。同时,总资产也分别增长了 178.25% 和 60.43%。

但利润率却从2022年的2%下降到2021年的0.69%，远低于商贸类上市公司的平均水平。

3. 重点关注。

李浩特别关注了A公司的投资收益，发现2021年公司利润总额中的40%为投资收益。经询问得知，这部分收益系A公司利用银行承兑汇票（承兑期长达36个月）进行账款结算，从回笼贷款到支付贷款之间有3个月的时间差，将这笔巨额资金委托华南证券进行短期套利所得。

4. 审计风险识别。

在审计过程中，李浩识别了多个潜在风险点，包括虚构交易、会计核算方法的不适当运用、会计政策变动、虚拟资产挂账等。

三、审计结论与建议

基于上述审计过程和分析，信勇会计师事务所得出以下结论。

A公司2021年度会计报表存在多项潜在风险，尤其是投资收益的确认和计量方面存在较大的不确定性。

第一节 会计报表

一、报表项目维护

审计人员可以打开“报表项目维护”添加报表项目，具体操作如图10－1至图10－3所示。

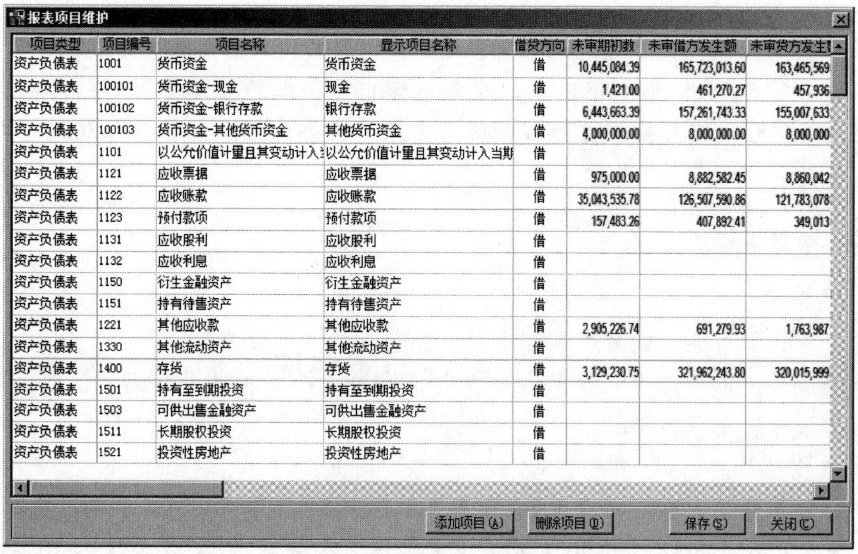

项目类型	项目编号	项目名称	显示项目名称	借贷方向	未审期初数	未审借方发生额	未审贷方发生
资产负债表	1001	货币资金	货币资金	借	10,445,084.39	165,723,013.60	163,465,569
资产负债表	100101	货币资金-现金	现金	借	1,421.00	461,270.27	457,936
资产负债表	100102	货币资金-银行存款	银行存款	借	6,443,663.39	157,261,743.33	155,007,633
资产负债表	100103	货币资金-其他货币资金	其他货币资金	借	4,000,000.00	8,000,000.00	8,000,000
资产负债表	1101	以公允价值计量且其变动计入	以公允价值计量且其变动计入当期	借			
资产负债表	1121	应收票据	应收票据	借	975,000.00	8,882,582.45	8,860,042
资产负债表	1122	应收账款	应收账款	借	35,043,535.78	126,507,590.86	121,783,078
资产负债表	1123	预付款项	预付款项	借	157,483.26	407,892.41	349,013
资产负债表	1131	应收股利	应收股利	借			
资产负债表	1132	应收利息	应收利息	借			
资产负债表	1150	衍生金融资产	衍生金融资产	借			
资产负债表	1151	持有待售资产	持有待售资产	借			
资产负债表	1221	其他应收款	其他应收款	借	2,905,226.74	691,279.93	1,763,987
资产负债表	1330	其他流动资产	其他流动资产	借			
资产负债表	1400	存货	存货	借	3,129,230.75	321,962,243.80	320,015,999
资产负债表	1501	持有至到期投资	持有至到期投资	借			
资产负债表	1503	可供出售金融资产	可供出售金融资产	借			
资产负债表	1511	长期股权投资	长期股权投资	借			
资产负债表	1521	投资性房地产	投资性房地产	借			

图10－1 报表项目维护

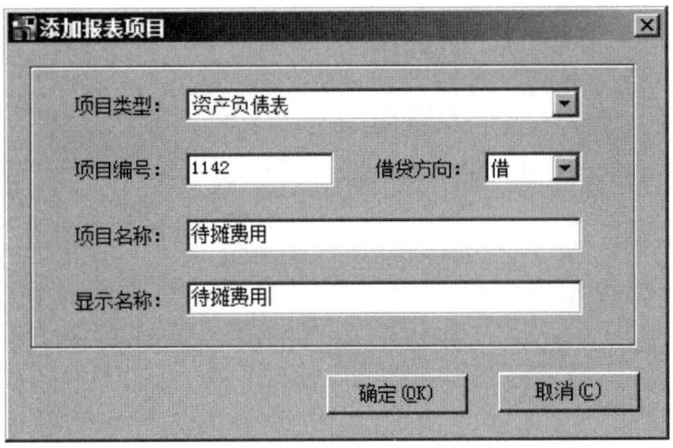

图 10－2　添加报表项目

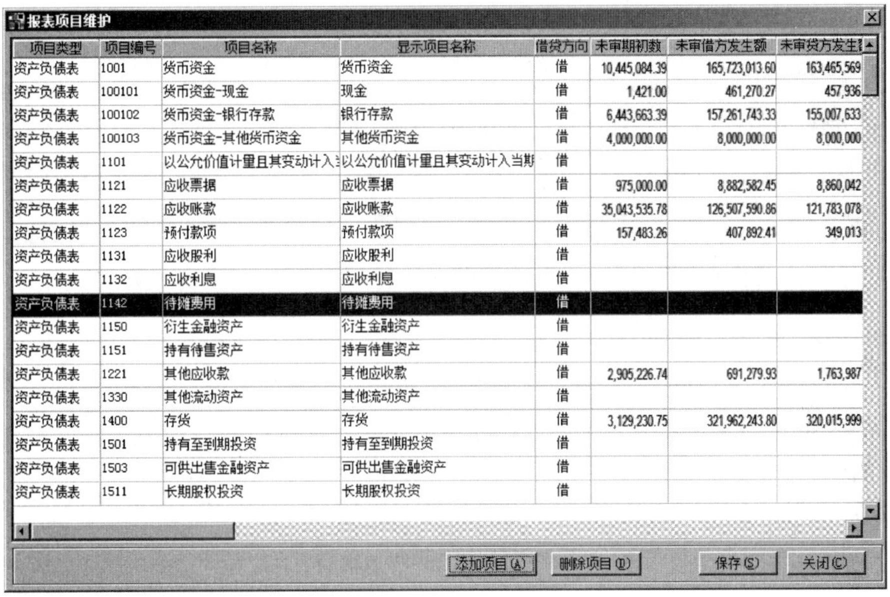
报表项目维护

项目类型	项目编号	项目名称	显示项目名称	借贷方向	未审期初数	未审借方发生额	未审贷方发生
资产负债表	1001	货币资金	货币资金	借	10,445,084.39	165,723,013.60	163,465,569
资产负债表	100101	货币资金-现金	现金	借	1,421.00	461,270.27	457,936
资产负债表	100102	货币资金-银行存款	银行存款	借	6,443,663.39	157,261,743.33	155,007,633
资产负债表	100103	货币资金-其他货币资金	其他货币资金	借	4,000,000.00	8,000,000.00	8,000,000
资产负债表	1101	以公允价值计量且其变动计入	以公允价值计量且其变动计入当期	借			
资产负债表	1121	应收票据	应收票据	借	975,000.00	8,882,582.45	8,860,042
资产负债表	1122	应收账款	应收账款	借	35,043,535.78	126,507,590.86	121,783,078
资产负债表	1123	预付款项	预付款项	借	157,483.26	407,892.41	349,013
资产负债表	1131	应收股利	应收股利	借			
资产负债表	1132	应收利息	应收利息	借			
资产负债表	1142	待摊费用	待摊费用	借			
资产负债表	1150	衍生金融资产	衍生金融资产	借			
资产负债表	1151	持有待售资产	持有待售资产	借			
资产负债表	1221	其他应收款	其他应收款	借	2,905,226.74	691,279.93	1,763,987
资产负债表	1330	其他流动资产	其他流动资产	借			
资产负债表	1400	存货	存货	借	3,129,230.75	321,962,243.80	320,015,999
资产负债表	1501	持有至到期投资	持有至到期投资	借			
资产负债表	1503	可供出售金融资产	可供出售金融资产	借			
资产负债表	1511	长期股权投资	长期股权投资	借			

添加项目(A)　删除项目(D)　保存(S)　关闭(C)

图 10－3　报表项目添加成功

（1）打开会计报表 \ 报表项目维护；
（2）单击“添加项目”按钮，选择资产负债表类型，输入项目名称“待摊费用”；
（3）单击“确定”按钮后保存，报表项目添加成功。

二、报表项目对应科目

在该窗口中，系统可以自动把被审计单位的科目与报表项目对应上，审计人员也可以通过拖拽方式设置科目与报表项目的对应关系。

表页右上方有三个按钮，选“全部”所有科目全部显示出来，选“已对应”显示有对应关系的科目，选“未对应”显示没有对应关系的科目。

三、报表项目对应底稿科目

打开"会计报表\报表项目对应底稿项目"选项,审计人员在该窗口设置报表项目和底稿的对应关系。鼎信诺审计系统可以根据会计准则自动把报表项目与底稿项目对应上,但审计人员也可以根据项目要求,通过拖拽方式设置报表科目与底稿项目的对应关系(如图10-4所示)。在底稿项目的具体名称点击右键可以删除与报表项目的对应关系。

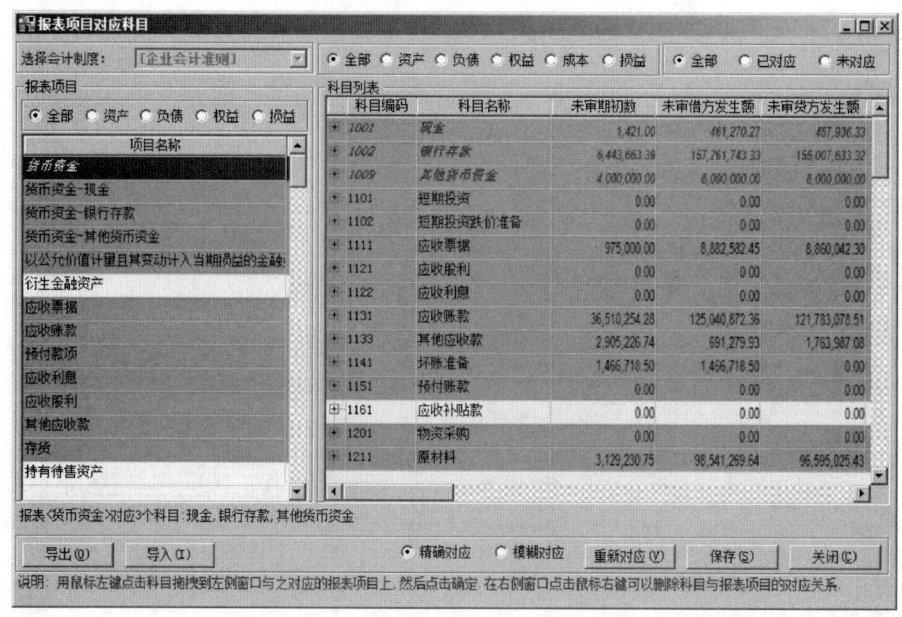

图10-4 报表项目对应底稿项目-1

第二节 未审会计报表

未审会计报表包括资产负债表、资产负债表(未审)(分月)、利润表、利润表(未审)(分月)、现金流量表、权益类科目明细账和所有者权益变动表等。审计人员在实施实质性测试前,首先要核对被审计单位账表是否一致。如果不一致,需要进行账表差异调整,因此,未审会计报表中数据分为账面数、未审数和报表数,账面数是由通过被审计单位会计科目余额合计得到的,系统可以自动把被审计单位的科目与报表项目对应上,审计人员也可以通过拖拽方式来设置科目与报表项目的对应关系;未审数是由账面数加减账表差异调整数得到的,报表数是根据被审计单位提供的会计报表录入的,也可以直接复制未审数得到。如果未审数与报表数有差异,"差异"列将以红色显示出来,然后审计人员可以进行账表差异调整,直到差异消失。此外,账面数和账表差异调整两列默认是隐藏的。

操作如下。

单击"会计报表\未审会计报表"菜单（如图10-5所示）。此时系统自动打开"未审会计报表"。

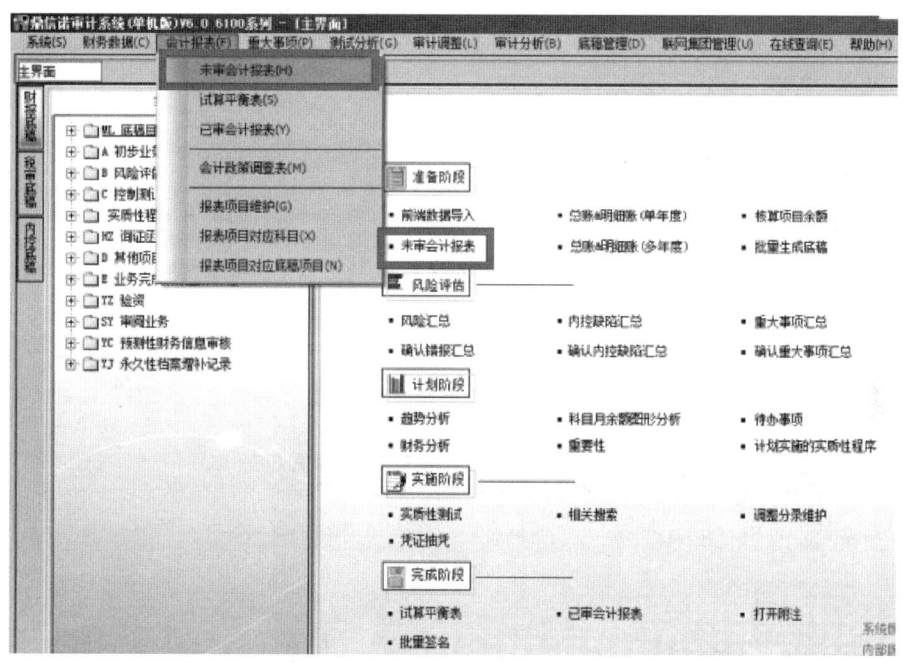

图10-5　未审会计报表-1

"未审会计报表"窗口是以Excel表格形式打开的。该表格工具栏中有一"报表"选项卡（如图10-6所示），在"未审会计报表"的"报表"栏中有很多菜单按钮。

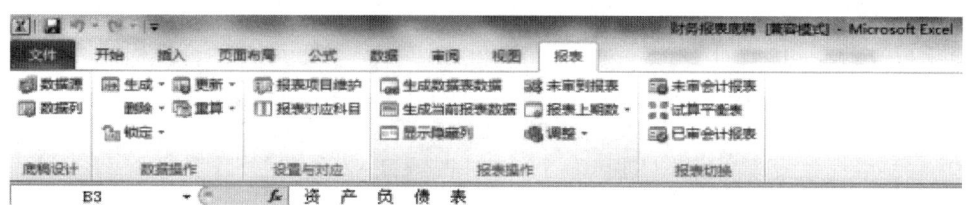

图10-6　未审会计报表-2

一、试算平衡表

（一）"报表对应科目"按钮

在"会计报表"中，单击"报表对应科目"按钮（如图10-7所示），系统会弹出"按报表对应科目"表页（如图10-8所示），系统开始自动建立被审计单位科目余额与报表项目的对应关系,例如,"现金""银行存款""其他货币资金"这三个科目会自动对应到货币资金报表项目中。审计人员鼠标左键单击"项目名称"下"货币资金"科目,右侧的科目列表中"现金""银行存款""其他货币资金"这三个科目会变蓝,表示报表项目"货币资金"是和科目列表上"现金""银行存款"和"其他货币资金"这三个科目对应的。也可以将科目余额表中明细科目与报表项目作对应。例如,在损益表中需要将"利润分配——提取法定公益金"与科目余额表中明细科目"利润分配——提取法定公益金"作对应。

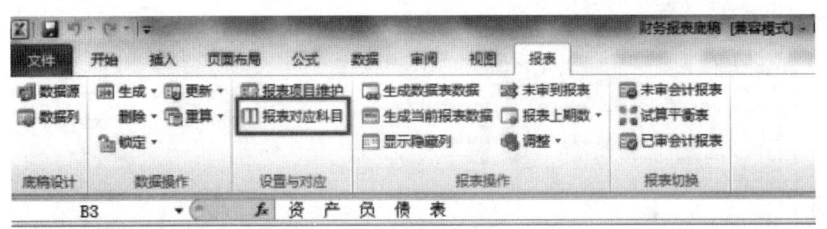

图 10 – 7 报表对应科目 – 1

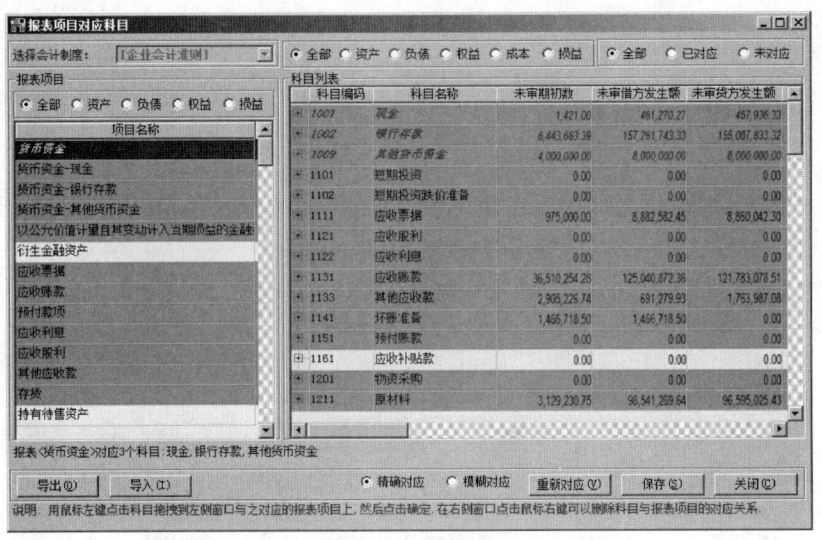

图 10 – 8 报表对应科目 – 2

如果审计人员需要修改报表对应关系,可将鼠标指针移至需要修改的科目上,单击鼠标右键,弹出下拉菜单,审计人员可以删除此科目已经建立的报表对应关系(如图 10 – 9 所示),同时对应科目的底色由绿色变为白色(如图 10 – 10 所示);审计人员还可以用鼠标左键拖动科目到报表项目上,单击"保存"按钮,这样就可以建立该科目和报表项目之间的对应关系。

报表项目的未审数是由该报表项目对应科目的未审数计算得到的(选择不同的页签来切换资产负债表和损益表),科目背景是绿色的表示已经建立了报表项目的对应关系;白色的表示还没有建立对应关系。没有对应关系的科目可以通过拖拽的方式

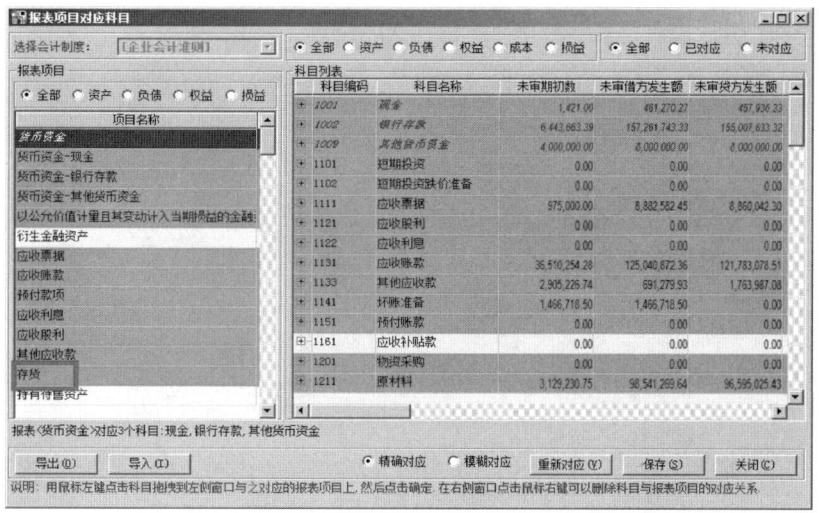

图 10-9 报表对应科目-3

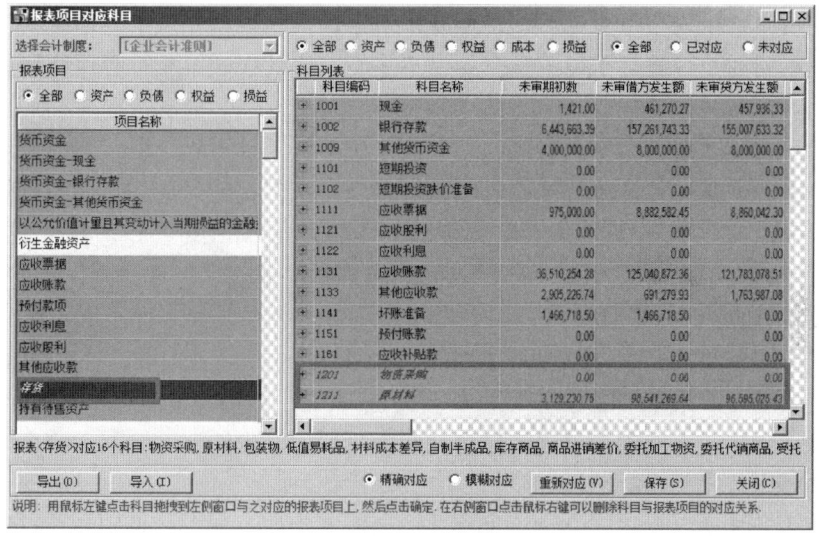

图 10-10 报表对应科目-4

建立对应关系。说明：在损益表中"期初未审发生额"列的数据是通过手工录入的。若存在多年账套的情况下，未审上期发生额则会自动取出数据，无须手工输入（请参考"科目上期数"按钮的使用方法）。

【注意】

在"科目列表"中审计人员可以用 Ctrl 键或者 Shift 键配合鼠标左键选中多个科目通过拖动对应到"会计报表"的报表项目中。

审计人员可以选择一级科目对应到报表项目上，也可以选择其他级次的科目进行对应。通过选择"报表项目对应科目"右上方"全部""已对应"和"未对应"过滤条件，可以方便浏览审计人员关注的科目（如图 10-11 所示）。

图 10-11 报表对应科目-5

当科目对应报表项目完成后，企业的未审会计报表也就生成了。系统会校对资产负债表左右两侧是否满足平衡关系。如果不平衡，会计报表第 4 行会用红字报警，并给出差额。

说明： 系统支持通假字的对应，因为被审计单位千差万别，科目名称也可能在写法上有差别，但是被审计单位的应收账款或者应收账款都能对应到报表项目的应收账款上，因为"帐"和"账"系统会认为是一样的，同样"溢"和"益"也是一样，审计人员可以在"系统"菜单下的"基础信息维护\通假字"中进行设置。"未审会计报表"形成后一定要"保存"，否则工作底稿审定表和明细表可能没有数据。

从"报表对应科目"表页中可以查看某一科目的科目明细账，在"报表项目对应科目"表页中"科目列表"下单击科目左面"＋"就可以将相应科目的明细科目显示出来，然后双击明细科目就可以打开相应科目的明细账。

【注意】

当对应关系建立好了，请单击工具条上的保存图标，保存已选用的会计制度和对应关系。

（二）"生成数据表数据""生成当前表数据"

（1）"生成数据表数据"：报表数据有变动后，可以单击此按钮，会生成最新的该 Excel 表格下"数据表"中数据，未审会计报表中各项目数据都是从"数据表"中取数据。

（2）"生成当前表数据"只生成最新的该页面显示的 Excel 表格数据。

（三）"未审到报表"

未审会计报表的报表期初数和报表期末数是审计人员根据被审单位的报表的实际数据手工填列的，如果审计人员已将报表中的未审数与被审计单位提供的报表数进行核对，两者不存在差异。就可以使用"未审到报表"按钮将未审数一次复制到报表数。具体方法：单击 ![未审到报表] 按钮。审计人员也可以先在报表数中手工输入企业提供的会计报表，然后核对未审数和输入的报表数。

（四）"显示隐藏列"按钮

单击"显示隐藏列"按钮，系统弹出"显示隐藏列"窗口（如图10-12所示）。在"显示栏"中选中对应的"列名称"后，系统将在报表中显示选中的列。反之，如果想要隐藏报表中某列，可将"显示栏"中的"√"去掉。

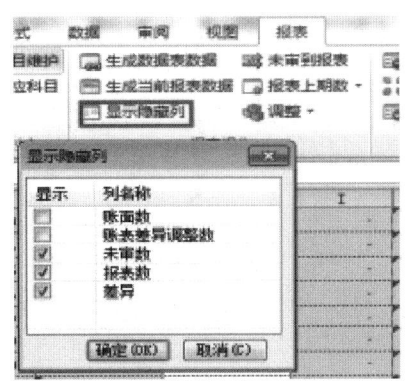

图 10-12　显示隐藏列

（五）"报表上期数"按钮

单击报表上期数，有"报表上期数""科目上期数""生成上期发生额"三个选项。

（1）"报表上期数"：只适用于利润表，当审计人员只导入一年数据，鼎信诺审计系统无法生成利润表上期数。审计人员需要打开利润表，然后单击"上期数"——"报表数"按钮，如图10-13和图10-14所示，系统提示"报表上期数的L列单元格已经取消写保护，现在可以手工填写报表上期数"，这时审计人员可以根据上年报表填写本年利润表发生额。如果不单击此按钮，单元格是在锁定状态中，审计人员无法录入数据。

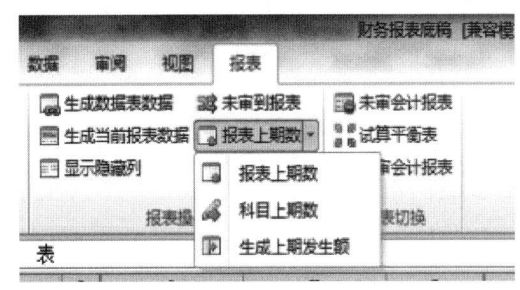

图 10-13　上期数

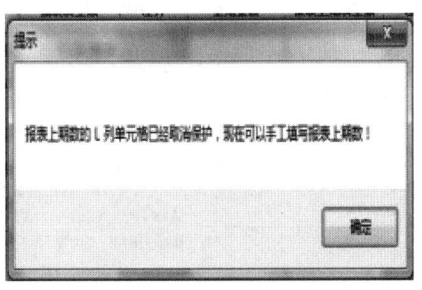

图 10-14　填写上期数

（2）"科目上期数"：单击科目上期数按钮，弹出"手工录入科目上年数"，如图10-15所示，在该表页审计人员可以手工填写上年数，保存即可。

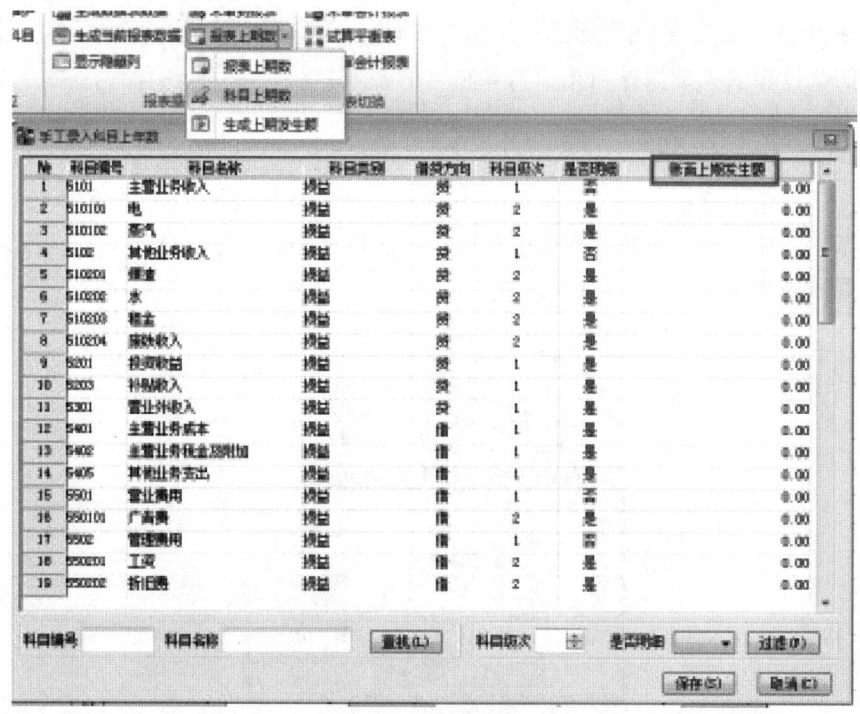

图10-15 科目上期数

(3) "生成上期发生额":单击弹出"上期发生额"表页(如图10-16所示)。如果审计人员创建项目是多年账套的项目,在"选择数据来源的单位年度"下会显示出该项目名称和会计年,选择该项目,单击"确定"按钮,鼎信诺系统会自动读取上期数据。

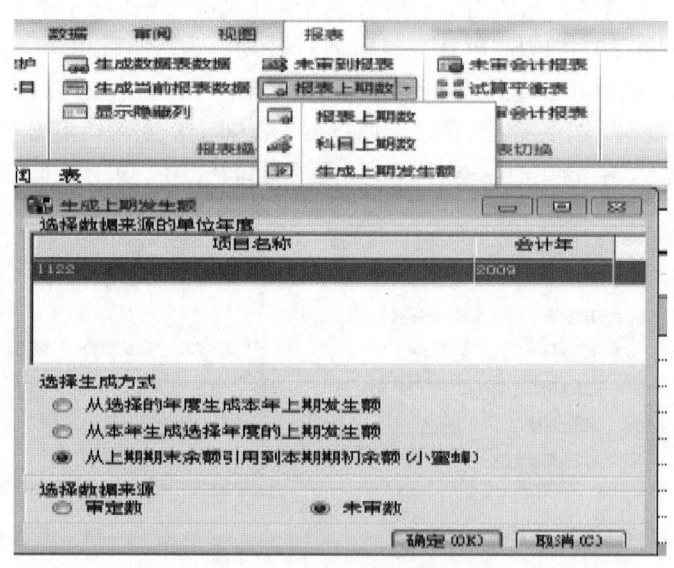

图10-16 生成上期发生额

【友情提示】

"报表上期数"用于"利润表"中"账面上期发生额"的数据录入。单击此按钮后录入数据,然后点工具栏中的"保存"。数据会直接保存在报表项目中,而科目余额表不发生变化。如果使用"科目上期数"按钮输入数据,数据首先保存在科目余额表中,然后通过科目余额表再重算一次报表,从而反映到损益表中。

(六)"调整"按钮

下拉菜单显示"负值重分类调整、期初账表调整、期末账表调整",如图 10-17 所示。

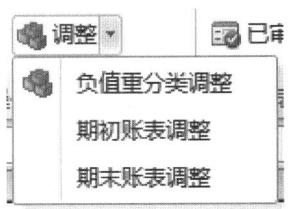

图 10-17 调整

"负值重分类调整",此功能主要是由于被审单位会计报表中做过重分类调整,导致往来科目的余额和报表项目的数值不一致。

余额为负值的科目,如果企业做过负值重分类调整,审计人员需使用"负值重分类调整"功能(如图 10-18 所示)。将需要调整的科目打钩,选择表页上方"期初重分类"或"期末重分类";单击"自动对应"按钮,弹出"设置科目对应关系"表页,在页面右侧选择需要重分类的对应科目并用鼠标左键拖拽到页面左侧"对方科目编号"下方,单击"确定"按钮;回到"负值重分类调整"页面后,选择表页右下方"期初调整"或"期末调整"(注意,此时选择的"期初调整"或"期末调整"要与选择表页左上方"期初重分类调整"或"期末重分类调整"一致),关闭该表页,系统会按调整的数据重新计算报表,保存即可。

图 10-18 负值重分类调整

(七)"试算平衡表\已审会计报表"按钮

如图10-19所示,单击相应表可进入相应表页界面。

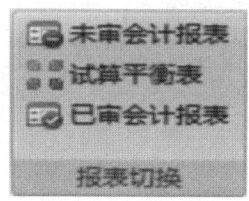

图10-19 其他报表

(八)"重算"按钮

此按钮主要用于科目余额数据发生了变化后,未审数需要重新计算。例如,科目余额发生了变化,或者添加了报表项目等,需要重新计算。

(九)打开审计工作底稿

如果审计人员要进入某个报表项目的实质性工作底稿,可在鼎信诺首页左侧选择"工作底稿",找到想要查看的底稿,或直接在鼎信诺"常用工具"界面"实施阶段"选择对应底稿打开,如图10-20所示。

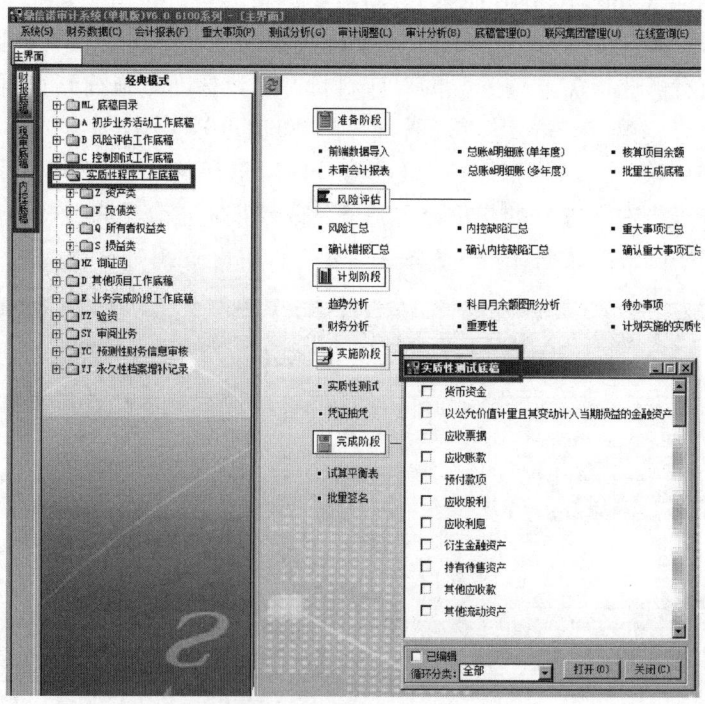

图10-20 打开工作底稿

二、已审会计报表

选择"会计报表\已审会计报表"菜单（或者单击"系统窗口"的"已审会计报表"）就可以打开已审会计报表，已审会计报表不用再进行对应关系，报表中的数就是审定后的数。在打开已审会计报表之前必须打开过未审会计报表，如图 10–21 所示。

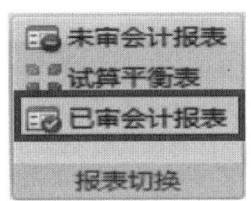

图 10–21 已审会计报表

第三节 总账和明细账

审计人员导入财务数据后，可以随时查看被审计单位的总账和明细账还有凭证。总账明细账（单年度）只能查看当年数据、总账明细账（多年度）可以查看多年数据。

一、生成总账的步骤和方法

"生成总账"主要是指生成"科目余额表"。"科目余额表"在系统中是非常重要的数据表。未审会计报表和实质性工作底稿的数据都是从"科目余额表"中得到的。当审计人员审计的期间和导入数据的期间不一致，或者企业的数据自身就没有结账或者结账的期间不对时就可以选择该功能。审计人员在修改了被审计单位财务信息的时候，一定要"生成总账"，程序会自动重新计算科目余额表和财务报表。

操作如下。

单击菜单"财务数据"中的"生成总账"，打开生成总账窗口（如图 10–22 所示）。

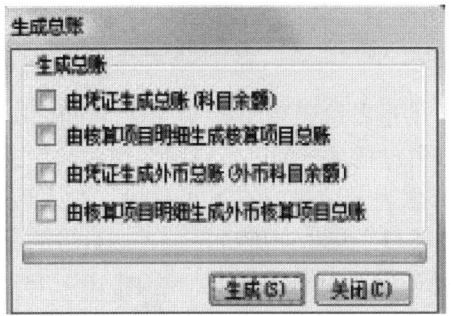

图 10–22 生成总账

四种生成方式的区别如下。

(1) 由凭证生成总账。由凭证生成总账是从凭证库中提取数据生成总账,如果有上年科目库数据将上年的期末数作为本年的期初数,将凭证借方发生额的总和作为总账的借方发生额,凭证贷方发生额的总和作为总账的贷方发生额。如果有上级科目的再将本级科目求和生成上级科目的数据。

(2) 由核算项目明细生成核算项目总账。核算项目也有和核算明细对应不上的可能,这时同样可以由核算项目的明细来生成核算项目的总账。

(3) 生成外币总账,如果被审计单位建有外币账套,鼎信诺审计系统6.0版同样可以进行操作。具体操作方法同记账本位币账套。

(4) 由核算项目明细生成外币核算项目总账,同(2)。

二、生成明细账的步骤和方法

(一) 总账和明细账操作

单击菜单的"财务数据"下的"总账 & 明细账(单年度)"(如图 10 - 23 所示)来打开总账和明细账窗口。

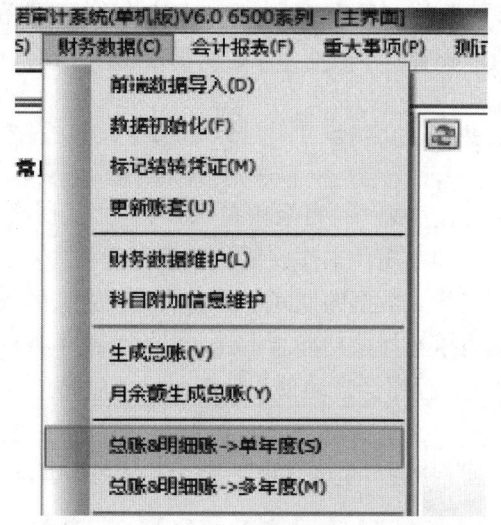

图 10 - 23 总账和明细账 - 1

单击"系统窗口"下的准备阶段总账 & 明细账(如图 10 - 24 所示)。

在总账和明细账窗口中包括总分类账、科目明细账和凭证三种信息。在总分类账中科目编号前有"+"标志表示该科目有下级科目,双击该科目或点击"+"可以打开该科目所包含的下级科目。双击明细科目进入该科目的明细账。双击科目明细账中的数据可以打开相应凭证号的凭证。例如,在图 10 - 25 中双击"凭证编号"是 1033 的行,系统打开 1033 号凭证。注意:在科目名称中出现的"【客户××木业】",说明这是一个核算项目。

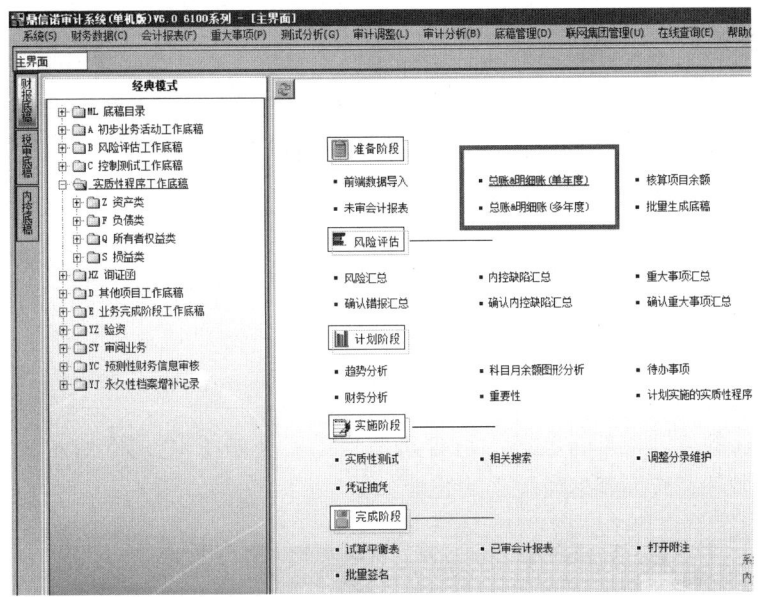

图 10-24 总账和明细账-2

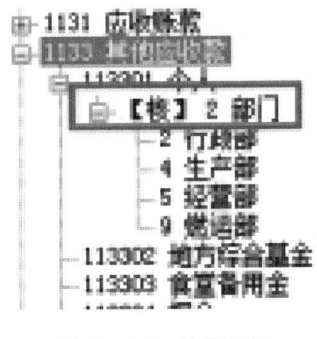

图 10-25 核算项目

(二) 总账和明细账窗口中的功能

1. 被审计单位。

用下拉列表的方式显示出来的,项目中所涉及的被审计单位都列到了列表中。如当前项目是集团公司或总分公司中的某一项目,那么可以单击"被审计单位"下拉列表来切换不同的关联单位。

2. 审计期间。

如当前项目为多年度项目,那么可以按年度、月份,过滤到指定的年度查看数据。

3. 查看数量、查看明细账月余额。

在总账和明细账中会增加数量借方和贷方两列,若被审计单位的账套中存在数量,就会自动显示出来。在明细账中选查看月份,则会单独显示该月份的明细账,总账&明细账中的数据可以利用复制功能复制数据。

4. 显示方式。

审计人员可以按"三栏式"和"余额式"两种方式查看总账明细账。

5. 向上。

在总账和明细账窗口中总账、明细账和凭证可以随意地切换,审计人员可以通过向上按钮回到上一次所打开的界面。

6. 总分类账。

单击"总分类账"可以回到"总分类账"最初界面。

7. 导出到 Excel。

可将总分类账导出到 Excel 中。

8. 查询凭证。

输入自己的查询条件,会显示符合条件的凭证(如图 10-26 所示),审计人员可设定查询条件,查询到您所关心的凭证。

图 10-26 查询凭证

9. 过滤。

可以选择"过滤科目表""过滤凭证表"。

10. 多年度科目分析。

11. 多栏账分析。

根据管理需要,添加了多栏账分析的方法。不仅在一张账页内反映借方、贷方、余额三部分,还按明细科目在借方和贷方设立许多金额栏,集中反映了有关明细项目的核算资料。操作方法:选中左侧科目左击鼠标不放,拖动至界面右上角放开鼠标即可。

12. 添加记账凭证附件。

给凭证添加相应附件,添加的凭证附件可以通过"查看附件"功能进行查看。添加的所有凭证的附件在"系统\财务数据维护——凭证附件表"汇总(如图 10-27 所示)。

13. 凭证抽凭。

鼎信诺审计系统抽凭可以分为手工抽凭和数理统计抽凭。

(1)手工抽凭。双击总账进入明细账,在明细账浏览凭证时发现有疑点的凭证,在抽样中抽取此凭证,在"抽"字单击,系统弹出"抽样方案"对话框(如图 10-28 所示),在抽样的方案中可以选择全部方案、与当前科目相关、本次抽样全部使用此方案。选择好抽样方案后,相应的"抽"字处会打上"√",相应的操作人员会在实际性工作底稿检查表,就可以看到所要的疑点的凭证。

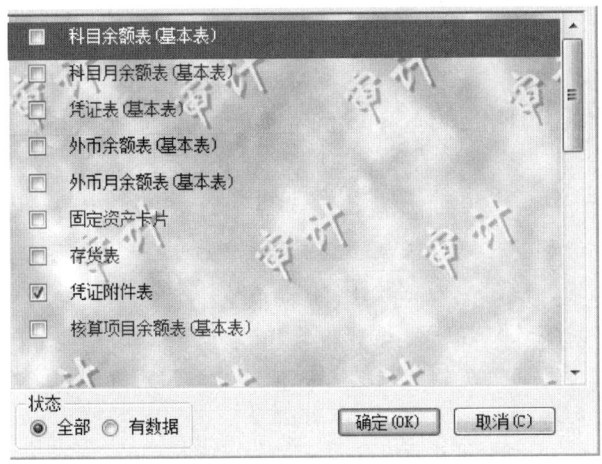

图 10-27 添加凭证附件

图 10-28 "抽样方案"对话框

(2) 数理统计抽凭。在明细账中单击"凭证抽凭",系统弹出"抽凭"窗口,选择科目编号、抽样方案、凭证种类、所选择的凭证月份,再根据审计人员的要求过滤凭证编号、业务说明、对方科目,单击"搜索"按钮,显示出符合条件的未抽凭证,再选择抽样条件,选择试抽取,认可所抽取的数据单击"默认",不认可选"撤销"。最后一定选择"保存",该抽取的凭证显示在已抽取凭证中。该分录字体变为蓝色。实质性工作底稿中检查表的数据源设置选择是该"抽样方案",那么该检查表中自动取数将提取出该笔标记的会计分录。

【思政扩展】

随意更改会计报表的审计思政案例可以从多个角度进行阐述,以下是一个具体的案例及其思政意义。

一、案例背景

某上市公司,为了美化财务报表,提高盈利能力和股价,其会计部门在未经充分调查和核实的情况下,随意更改了会计报表中的多个项目,如虚增收入、隐瞒费用等。这一行为最终被审计师在审计过程中发现,并向监管部门报告。经过深入调查,监管部门确认了该公司的财务造假行为,并依法对其进行了处罚。

二、审计发现与处理

审计师在审计过程中,通过对比历史数据、分析财务报表的合理性以及实地调查等方式,发现了该公司会计报表中的多处异常。经过进一步核实,确认了该公司存在财务造假行为。审计师随即向监管部门报告,并提供了详细的审计证据。监管部门在接到报告后,迅速采取行动,对该公司进行了立案调查,并最终依法对其进行了处罚,包括罚款、撤销上市资格等。

三、思政意义

(1) 诚信教育。此案例强调了诚信在审计工作中的重要性。作为会计人员和审计师,必须坚守诚信原则,确保财务信息的真实性和准确性。通过此案例,可以引导学生树立正确的诚信观念,认识到诚信是职业生涯中不可或缺的基石。

(2) 法治教育。此案例也体现了法制在维护市场秩序和投资者利益方面的重要作用。通过审计师的发现和监管部门的处罚,可以看出法制对于打击财务造假行为、保护投资者权益的重要性。通过此案例,可以引导学生树立法治观念,增强遵守法律法规的自觉性。

(3) 敬业与公正。审计师在审计过程中,需要保持高度的敬业精神和公正态度。他们不仅要具备扎实的专业知识,还要具备敏锐的洞察力和判断力。通过此案例,可以引导学生认识到敬业与公正对于审计工作的重要性,并培养他们在这方面的素养。

(4) 社会责任感。作为会计人员和审计师,其工作不仅关系到个人的职业发展,更关系到整个社会的经济秩序和投资者的利益。因此,他们必须承担起相应的社会责任,确保财务信息的真实性和准确性。通过此案例,可以引导学生树立正确的社会责任感,认识到自己的工作对于社会的重要性。

四、思政方法与手段

在思政教学中,可以采用多种方法和手段来引导学生深入理解和思考此案例。具体如下。

(1) 案例分析。通过详细分析此案例的背景、过程、结果以及影响等方面,引导学生认识到财务造假行为的严重性和危害性。

(2) 小组讨论。组织学生分组讨论此案例,鼓励他们从不同角度思考问题,提出自己的观点和看法。

（3）角色扮演。让学生扮演审计师、会计人员、监管部门等不同角色，模拟审计过程和处理流程，加深对相关知识和技能的理解和掌握。

（4）案例分析报告。要求学生撰写案例分析报告，总结自己的思考和收获，并提出自己的建议和改进措施。

五、总结

通过以上教学方法和手段的运用，可以帮助学生深入理解和思考此案例所蕴含的思政教学意义和价值观念。同时，也可以培养其的专业素养和综合能力，为未来的职业发展打下坚实的基础。

【理论与操作实训】

一、单项选择题

1. 如果主营业务收入明细账记录了一笔没有发生的销售交易，则违反了交易和事项的（　　）认定。
   A. 完整性　　　　B. 准确性　　　　C. 计价　　　　D. 发生

2. 在鼎信诺软件中，总账明细账查询功能下，对于应收账款选择辅助核算时，则（　　）的单位。
   A. 出现一列没有名字　　　　B. 不会出现
   C. 没有数据　　　　　　　　D. 出现有金额发生

3. 甲公司将2023年度的主营业务收入列入2022年度的财务报表，则其2023年度销售交易存在错误的认定是（　　）。
   A. 截止　　　　　　　　　　B. 计价或分摊
   C. 发生　　　　　　　　　　D. 完整性

4. 在Excel中，在单元格格式中设定小数位数为2位，则数值1 897.358表示成（　　）。
   A. 1 897.358　　　　　　　B. 1 897.00
   C. 1 897.36　　　　　　　　D. 1 987

5. 审计人员审计资产负债表项目时，检查固定资产折旧、存货计价等会计处理是否与前期所采用的方法一致，是为了证实被审计单位是否遵循了（　　）。
   A. 稳健性原则　　　　　　　B. 实际成本计价原则
   C. 一贯性原则　　　　　　　D. 重要性原则

6. 电子表格的精髓在于（　　）。
   A. 图表　　　　B. 公式　　　　C. 表单　　　　D. 图形

7. 在利用审计软件开展审计时，以下属于系统提供的账表检查内容的是（　　）。
   A. 对期末期初余额结转一致性的检查　　B. 审计程序设定
   C. 会计凭证设置检查　　　　　　　　　D. 主要会计报表比较

二、多项选择题

1. 下列关于计算机审计的表述，正确的有（　　）。
   A. 计算机审计的审计内容与传统审计不完全一致
   B. 计算机审计的审计对象既包括电子数据，又包括信息系统
   C. 计算机审计不需要审查纸质材料
   D. 计算机审计的基本过程与传统审计是一致的

2. 审查资产负债表所列指标的可信性时所涉及的指标有（　　）。
   A. 流动比率　　　　　　　　B. 资产负债率
   C. 营运资产周转率　　　　　D. 存货对营运资本比率

3. 审计人员对被审计单位合并报表进行实质性审查时，应实施的审计程序有（　　）。
   A. 审查合并报表合并范围的合规性　　B. 审查合并报表附注信息披露的完整性
   C. 审查抵销分录编制的正确性　　　　D. 审查合并报表格式的正确性

4. 审计人员对现金流量表进行实质性审查时，主要使用的审计方法有（　　）。
   A. 分析法　　　　　　　　B. 盘点
   C. 检查核对法　　　　　　D. 金额验证法

5. 审计与会计的区别主要表现在（　　）。
   A. 产生基础不同　　　　　B. 方法不同
   C. 工作程序不同　　　　　D. 职能不同

6. 下列关于计算机审计的表述，正确的有（　　）。
   A. 计算机审计的审计内容与传统审计不完全一致
   B. 计算机审计的审计对象既包括电子数据，又包括信息系统
   C. 计算机审计不需要审查纸质材料
   D. 计算机审计的基本过程与传统审计是一致的

7. 鼎信诺软件"生成总账"主要是指生成"科目余额表"。科目余额表是很重要的表，未审计会计报表和工作底稿数据都是从中获取的。一般情况下这表取数后自动存在。如果用户没有结账或结账时间不对就要使用该功能。具体方法有（　　）。
   A. 由科目月余额生成总账　　　　B. 由凭证生成总账
   C. 手工录入　　　　　　　　　　D. 由核算项目明细生成核算项目总账

8. 在鼎信诺审计软件中，系统提供了（　　）方法。
   A. 随机抽样　　B. 分层抽样　　C. 系统抽样　　D. PPS 抽样

三、判断题

1. 已知工作表中 C2 单元格的值为 1，C7 单元格中为公式"＝C2＝C7"，则 C7 单元格显示的内容为 1。　　　　　　　　　　　　　　　　　　　　（　　）
2. 在 Excel 中，当前工作簿可以引用其他工作簿中工作表的单元格。（　　）
3. 在 Excel 中，当工作簿建立完毕后，还需要进一步建立工作表。（　　）
4. 计算机软件在存储被审计单位数据时并不存储账簿和报表。（　　）
5. 管理层在财务报表上的认定都是明确表达的。（　　）

6. Excel 将工作簿的每一张工作表分别作为一个文件来保存。（ ）

7. 审计报告的日期不应早于注册会计师获取充分、适当的审计证据，并在此基础上对财务报表形成审计意见的日期。（ ）

8. 如果有迹象表明收回的询证函不可靠，注册会计师应当对该项审计证据进行进一步的调查。（ ）

9. 鼎信诺审计软件的查找和过滤功能是一样的。（ ）

10. 鼎信诺审计软件的抽样方法只有 4 种。（ ）

四、实务操作题

1. 将自己的操作进行截图上传：将演示项目母公司的财务分析打开，找到未对应的报表项目和已经对应的报表项目。

2. 将演示项目母公司的系统设置进行修改：1. 修改报表数＝未审报表数；2. 打印上边距为 30 毫米。

3. 在演示项目中，进行科目余额表的平衡校验，将校验结果截图。

4. 在演示项目中，将 2023 年的资产负债表中趋势分析表的报警级别设置为 15%，同时进行编制和审核报表的自我签名，截图具体的执行结果。

5. 在演示项目母公司中，选择"存货检查情况表"方案，时间是 1～12 月的数据，运用分层抽样法设置分层区间，分层区间为小于 100（抽取 1 笔业务），100～1 000（抽取 3 笔业务），1 000～3 000 的分层（抽取 5 笔业务），每个分层区间运用随机抽取的方式，请将抽取结果截图。

6. 在演示项目母公司中，选择"存货检查情况表"方案，时间是 1～12 月的数据，运用分层抽样法设置分层区间，分层区间为小于 500（抽取 2 笔业务），500～3 000（抽取 4 笔业务），3 000～5 000 的分层（抽取 6 笔业务），每个分层区间运用系统抽取的方式，请将抽取结果截图。

7. 在演示项目母公司中，选择"工程物资检查情况表"方案，科目为主营业务成本、其他业务支出两个科目，时间是 1～6 月，运用系统抽样方法，抽样条件为借方发生额大于 5 000、业务说明是库存商品的业务凭证，其中样本数为 3，随机起点为 1，请将抽取结果截图。

第十一章 审计分析

【知识目标】

- 了解鼎信诺审计软件审计分析的基本功能。
- 掌握鼎信诺审计软件的测试分析、抽样分析等常用分析方法的操作。
- 熟悉鼎信诺审计软件的操作特点。

【技能目标】

- 能够熟练进行鼎信诺审计软件的审计分析操作。
- 掌握鼎信诺审计软件的日常操作能力。

【思政目标】

- 培养学生对大数据审计的操作规范和工作职责,形成审计人员的正确人生观和职业价值观。

【案例:应用审计软件进行审计分析】

扬子公司财务系统长远规划不足,投资总额 200 万元,后期每年支付 15 万元运维费。模块设计存在局限,已不能满足现有业务和未来业务发展需要,经统计,其在结算、风控等相关业务上系统模块至少存在以下功能缺陷(如表 11-1 所示)。

表 11-1　　　　　　　　　　系统模块不足

序号	部门	业务类型	主要表现
1	结算部	协议存款	不支持存款动态利率下利息自动计算,利率调整需手工进行,不支持按阶梯金额分段计息
2	结算部	保证金管理	不支持保证金(定期户)结息,需手工计息,如按照正常结息,无法完成
3	结算部	票据转库	不支持票据转库管理
4	结算部	票据解汇	无此功能,开发中
5	结算部	利息的计算摊销	不支持保证金和协议存款分段计息摊销
6	结算部	会计凭证处理	不支持同一张凭证双币种记账
7	结算部	监管报表报送	系统无法自动完成 AM05 报表的余额汇总,需手工相加电票和纸票余额

续表

序号	部门	业务类型	主要表现
8	会计部	资金计划	系统无资金计划和资金头寸功能
9	会计部	缴存准备金管理	不支持准备金管理，需手工计算，线下审批
10	会计部	再贴现	不支持纸票和电票在同一个界面处理
11	会计部	资金调拨	不支持资金调拨线上审批，需线下审批
12	会计部	外汇汇率评估	无法实现汇兑损益科目自动计算，需手工计算
13	会计部	会计报表、科目	报表取数不正确。无表间和表内关系检查提醒功能；报表查询中导

通过上述案例可以发现，审计软件进行审计分析的不全面，会影响很多的部门和工作，因此正确应用审计软件进行审计分析，是审计软件必备的功能，更是审计人员不可或缺的技能。

审计分析方法根据在审计领域的应用层面可分为定性审计分析方法和定量审计分析方法，根据时间的角度可以分为事前审计分析方法、事中审计分析方法和事后审计分析方法，其中具体包括比较法、比率分析法、账户分析法、趋势分析法、模拟法、预测法、决策法、因素分析法等。

审计分析方法是审计人员在审计过程中应用分析因素进行审计事项评价的方法，具有一定的通用性以及较大的灵活性，通过分析被审计单位的会计资料，有利于反映会计资料、经济活动以及被审计单位存在的问题的真实性。在鼎信诺审计软件的审计分析中，一般有测试分析、软件分析和抽样应用几种形式。

第一节 测试分析

测试分析具体的应用操作体现为查账、重要性、趋势分析表、财务分析表、相关搜索、科目月余额图形分析、凭证抽凭、抽凭清单、异常科目筛选等。

一、查账

为保证被审计单位财务数据的准确性，审计人员可以对财务数据进行校对，检查数据的一致性、连贯性和完整性。单击"测试分析\查账"选项（如图11-1所示），在进行数据校对时，审计可以按月进行，也可以按年进行。

（1）科目余额表平衡校对，是指校对科目余额表中期初、期末、借方发生额、贷方发生额是否平衡，不平衡的会用红色显示。如果科目余额的方向是借方，期末数应该等于期初数+借方发生额-贷方发生额，如果不相等，系统会给出差额，并把该行变成红色；如果科目余额的方向是贷方，期末数应该等于期初数+贷方发生额-借方发生额，如果不相等，系统会给出差额，并把该行变成红色。

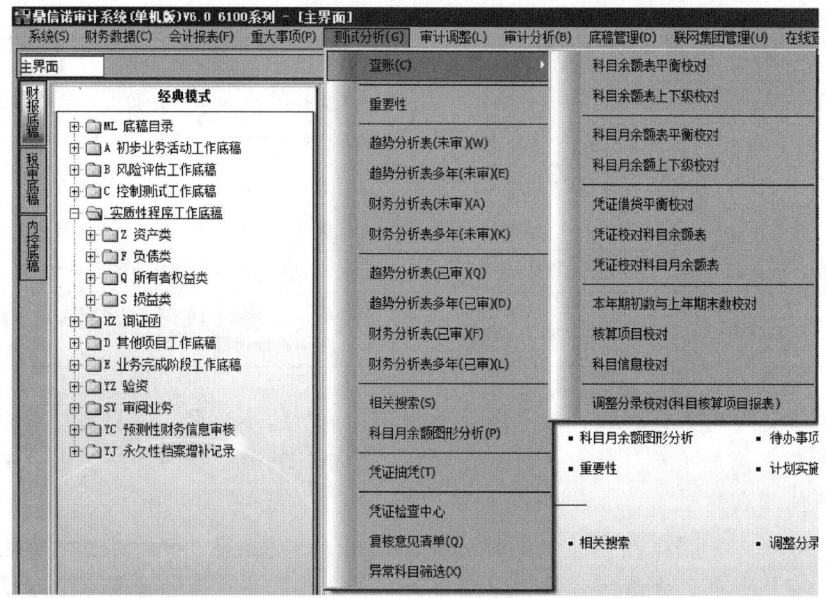

图 11-1 查账

校对数据有错误通常有三种原因：一是科目的借贷方向错了，修改方法是审计人员先按住 Ctrl 键并用鼠标选中错误行，然后单击右键，在菜单中选择"调整借贷方向"进行修改；二是期初数或者期末数的正负取错，可以在科目余额表中进行修改；三是借方发生额和贷方发生额放错了位置，也可以用 Ctrl 选中该行，单击右键选择调整发生额来修改科目借贷方向。

（2）科目余额上下级校对，是指校对各级之间的期初、期末、借方、贷方金额，高一级相应金额应等于其下一级相对应的金额总和。出现错误有三种可能：一是上级科目数错乱；二是下级中一个或者多个科目错乱；三是涉及的科目的借贷方向是错的。

（3）科目月余额表平衡校对，凭证借贷平衡校对是指校对凭证借方与贷方的发生额，借方发生额与贷方的发生额不等的用红色显示。

（4）科目月余额表上下级校对，是指校对各级之间的期初、期末、借方、贷方金额，高一级相应金额应等于其下一级对应金额的和。

（5）凭证借贷平衡校对，校对凭证借方与贷方的发生额，如果借方与贷方发生额不相等，系统会用红色显示。

（6）凭证校对科目余额表，是指校对科目月余额表中借贷方发生额是否与凭证中借贷方发生额相同，不同的用红色显示。如果不等，说明企业的明细账不是完全由凭证生成的。

（7）凭证校对科目月余额表，同（6）。

（8）年期初数与上年期末数校对，校对上年年末数是否和今年年初数一致。

（9）核算项目较对，校对有核算项目的科目和核算项目的明细数据是否一致。

（10）科目信息校对，校对级次有误的科目，包括有误的科目为：缺少上级科目、科目级次可能有误、科目末级标志可能有误、缺少中间级次的科目。

（11）调整分录校对（科目核算项目报表）。单击“查账＼测试分析”—“调整分录校对（科目核算项目报表）”，弹出“调整分录校对（科目核算项目报表）”表页（如图 11－2 所示）；审计人员可根据此表，核对调整分录借方发生额是否相符。

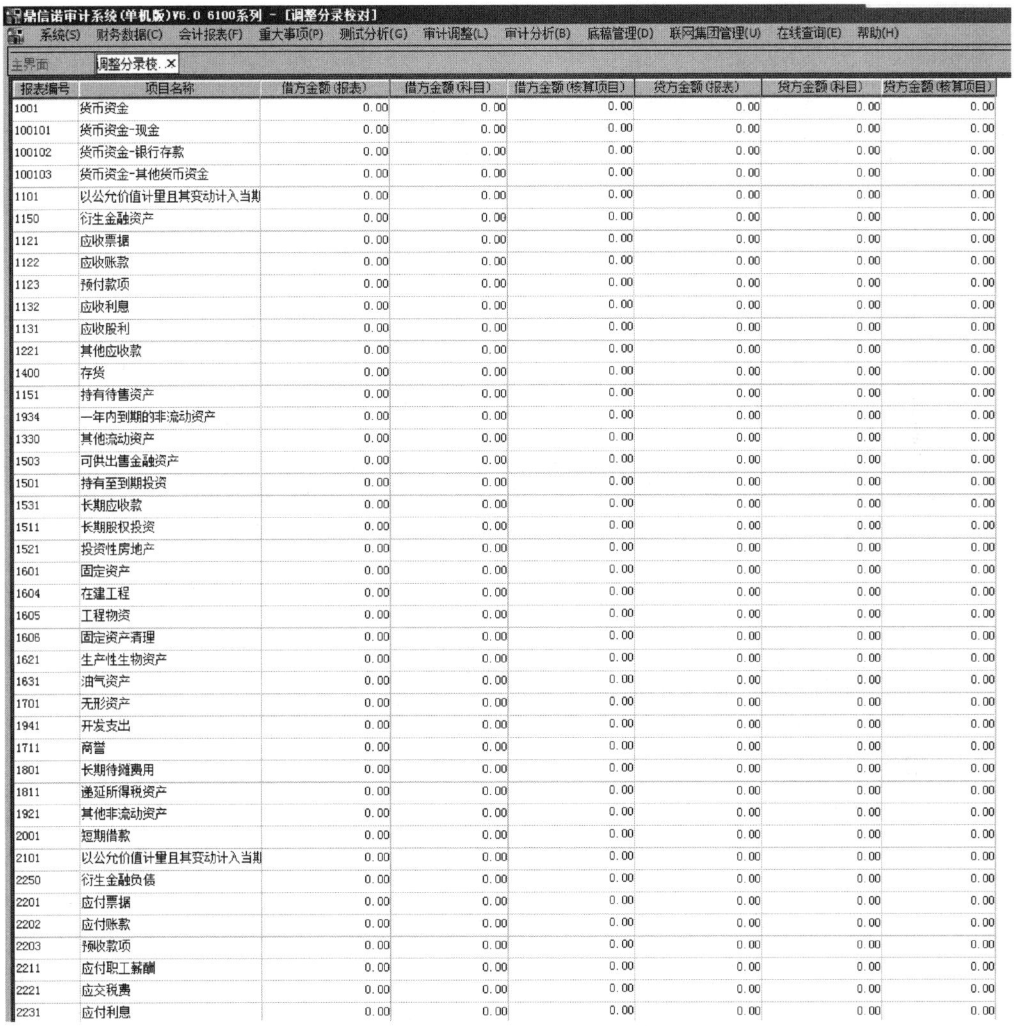

报表编号	项目名称	借方金额(报表)	借方金额(科目)	借方金额(核算项目)	贷方金额(报表)	贷方金额(科目)	贷方金额(核算项目)
1001	货币资金	0.00	0.00	0.00	0.00	0.00	0.00
100101	货币资金-现金	0.00	0.00	0.00	0.00	0.00	0.00
100102	货币资金-银行存款	0.00	0.00	0.00	0.00	0.00	0.00
100103	货币资金-其他货币资金	0.00	0.00	0.00	0.00	0.00	0.00
1101	以公允价值计量且其变动计入当期	0.00	0.00	0.00	0.00	0.00	0.00
1150	衍生金融资产	0.00	0.00	0.00	0.00	0.00	0.00
1121	应收票据	0.00	0.00	0.00	0.00	0.00	0.00
1122	应收账款	0.00	0.00	0.00	0.00	0.00	0.00
1123	预付款项	0.00	0.00	0.00	0.00	0.00	0.00
1132	应收利息	0.00	0.00	0.00	0.00	0.00	0.00
1131	应收股利	0.00	0.00	0.00	0.00	0.00	0.00
1221	其他应收款	0.00	0.00	0.00	0.00	0.00	0.00
1400	存货	0.00	0.00	0.00	0.00	0.00	0.00
1151	持有待售资产	0.00	0.00	0.00	0.00	0.00	0.00
1934	一年内到期的非流动资产	0.00	0.00	0.00	0.00	0.00	0.00
1330	其他流动资产	0.00	0.00	0.00	0.00	0.00	0.00
1503	可供出售金融资产	0.00	0.00	0.00	0.00	0.00	0.00
1501	持有至到期投资	0.00	0.00	0.00	0.00	0.00	0.00
1531	长期应收款	0.00	0.00	0.00	0.00	0.00	0.00
1511	长期股权投资	0.00	0.00	0.00	0.00	0.00	0.00
1521	投资性房地产	0.00	0.00	0.00	0.00	0.00	0.00
1601	固定资产	0.00	0.00	0.00	0.00	0.00	0.00
1604	在建工程	0.00	0.00	0.00	0.00	0.00	0.00
1605	工程物资	0.00	0.00	0.00	0.00	0.00	0.00
1606	固定资产清理	0.00	0.00	0.00	0.00	0.00	0.00
1621	生产性生物资产	0.00	0.00	0.00	0.00	0.00	0.00
1631	油气资产	0.00	0.00	0.00	0.00	0.00	0.00
1701	无形资产	0.00	0.00	0.00	0.00	0.00	0.00
1941	开发支出	0.00	0.00	0.00	0.00	0.00	0.00
1711	商誉	0.00	0.00	0.00	0.00	0.00	0.00
1801	长期待摊费用	0.00	0.00	0.00	0.00	0.00	0.00
1811	递延所得税资产	0.00	0.00	0.00	0.00	0.00	0.00
1921	其他非流动资产	0.00	0.00	0.00	0.00	0.00	0.00
2001	短期借款	0.00	0.00	0.00	0.00	0.00	0.00
2101	以公允价值计量且其变动计入当期	0.00	0.00	0.00	0.00	0.00	0.00
2250	衍生金融负债	0.00	0.00	0.00	0.00	0.00	0.00
2201	应付票据	0.00	0.00	0.00	0.00	0.00	0.00
2202	应付账款	0.00	0.00	0.00	0.00	0.00	0.00
2203	预收款项	0.00	0.00	0.00	0.00	0.00	0.00
2211	应付职工薪酬	0.00	0.00	0.00	0.00	0.00	0.00
2221	应交税费	0.00	0.00	0.00	0.00	0.00	0.00
2231	应付利息	0.00	0.00	0.00	0.00	0.00	0.00

图 11－2　调整分录校对（科目核算项目报表）

二、重要性

审计人员在审计的过程中需要根据被审计单位及其环境的了解从数量和性质两方面来确定报表和科目层次的重要性水平。

操作如下。

在“测试分析”菜单下选择“重要性”或者是“计划阶段”下单击“重要性”打开（如图 11－3 所示）。

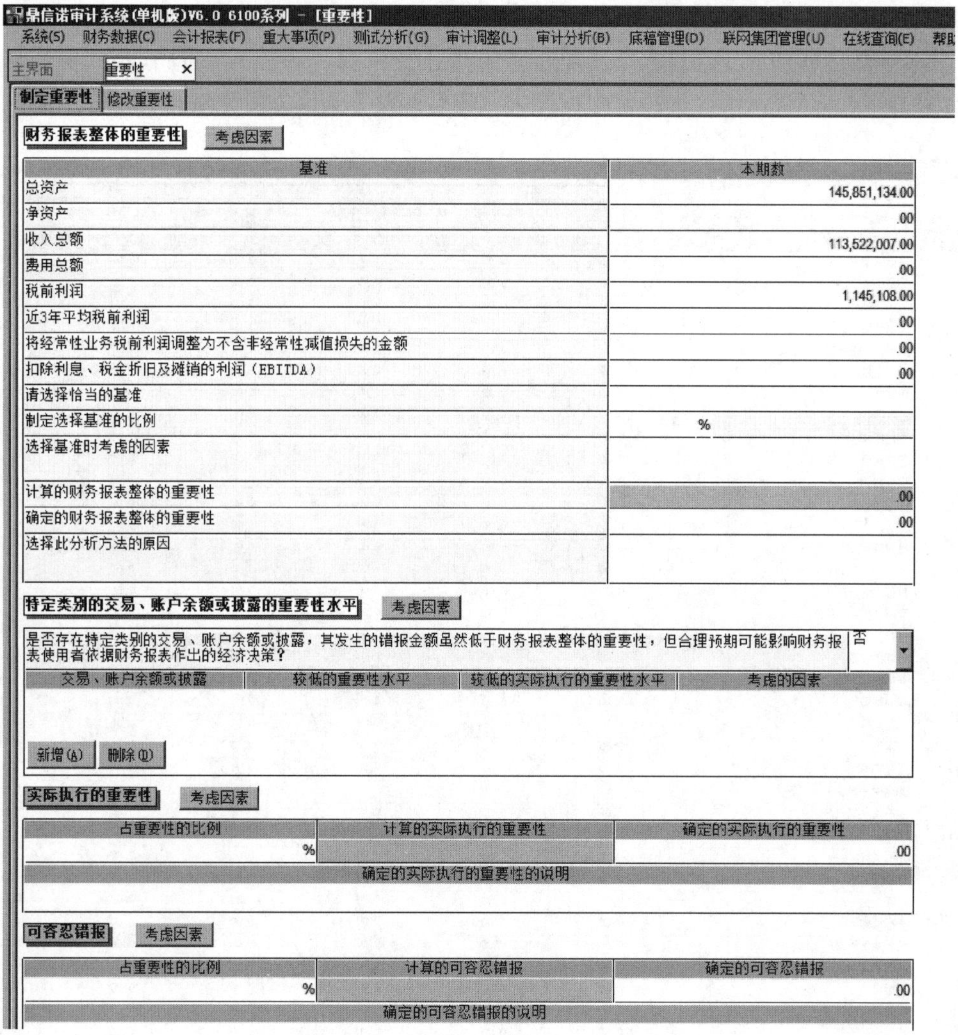

图 11-3 重要性

在"重要性"窗口中选择分析方法,填写相应的比率重要性水平,表页会计算出重要性水平参考值。最后单击"保存并退出"按钮,操作完成。

三、趋势分析表

趋势分析表不仅可以分析本年的趋势变化还可以输入多年的账套进行多年的趋势分析。

具体操作如下。

选择"测试分析\趋势分析表(未审)或(已审)\趋势分析表多年(未审)或(已审)"菜单,或者单击"系统窗口"计划阶段的"趋势分析表",都可以打开趋势分析表窗口,如图11-4所示。

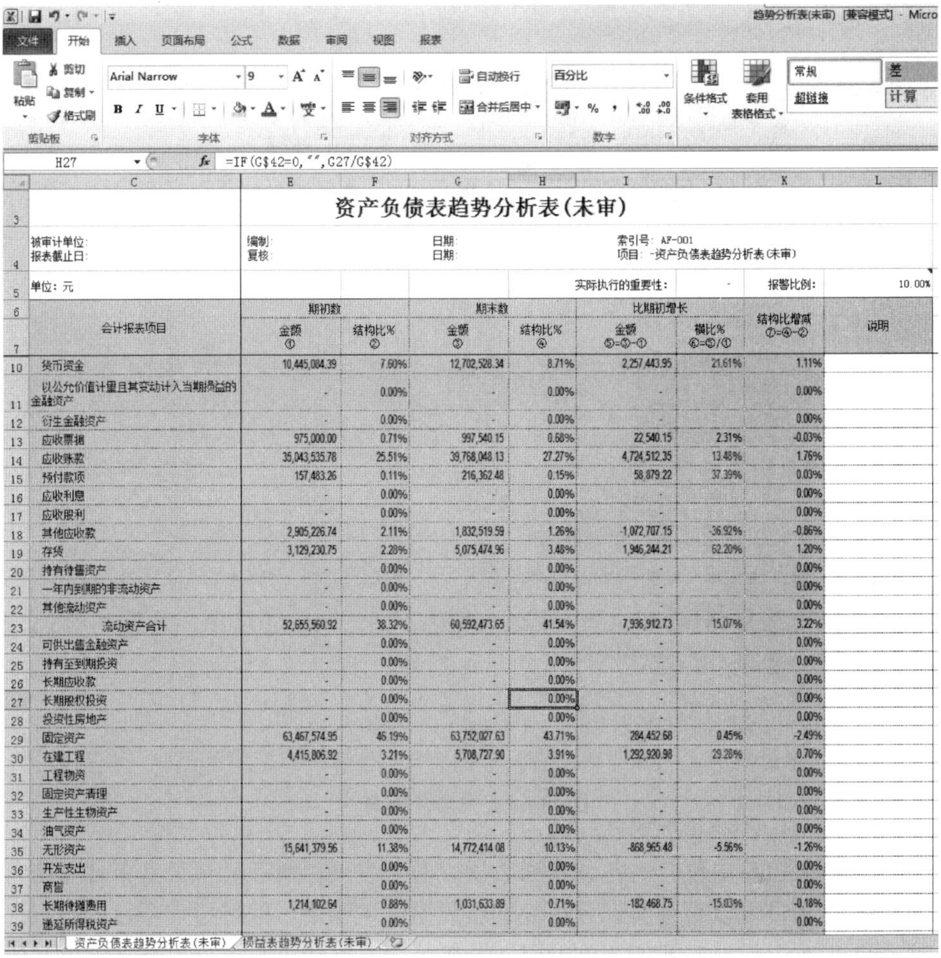

资产负债表趋势分析表（未审）

被审计单位：　编制：　日期：　索引号：AF-001
报表截止日：　复核：　日期：　项目：-资产负债表趋势分析表（未审）

单位：元　实际执行的重要性：-　报警比例：10.00%

	会计报表项目	期初数 金额 ①	期初数 结构比% ②	期末数 金额 ③	期末数 结构比% ④	比期初增长 金额 ⑤=③-①	比期初增长 横比% ⑥=⑤/①	结构比增减 ⑦=④-②	说明
10	货币资金	10,445,084.39	7.60%	12,702,528.34	8.71%	2,257,443.95	21.61%	1.11%	
11	以公允价值计量且其变动计入当期损益的金融资产	-	0.00%	-	0.00%	-		0.00%	
12	衍生金融资产	-	0.00%	-	0.00%	-		0.00%	
13	应收票据	975,000.00	0.71%	997,540.15	0.68%	22,540.15	2.31%	-0.03%	
14	应收账款	35,043,535.78	25.51%	39,768,048.13	27.27%	4,724,512.35	13.48%	1.76%	
15	预付款项	157,483.26	0.11%	216,362.48	0.15%	58,879.22	37.39%	0.03%	
16	应收利息	-	0.00%	-	0.00%	-		0.00%	
17	应收股利	-	0.00%	-	0.00%	-		0.00%	
18	其他应收款	2,905,226.74	2.11%	1,832,519.59	1.26%	-1,072,707.15	-36.92%	-0.86%	
19	存货	3,129,230.75	2.28%	5,075,474.96	3.48%	1,946,244.21	62.20%	1.20%	
20	持有待售资产	-	0.00%	-	0.00%	-		0.00%	
21	一年内到期的非流动资产	-	0.00%	-	0.00%	-		0.00%	
22	其他流动资产	-	0.00%	-	0.00%	-		0.00%	
23	流动资产合计	52,655,560.92	38.32%	60,592,473.65	41.54%	7,936,912.73	15.07%	3.22%	
24	可供出售金融资产	-	0.00%	-	0.00%	-		0.00%	
25	持有至到期投资	-	0.00%	-	0.00%	-		0.00%	
26	长期应收款	-	0.00%	-	0.00%	-		0.00%	
27	长期股权投资	-	0.00%	-	0.00%	-		0.00%	
28	投资性房地产	-	0.00%	-	0.00%	-		0.00%	
29	固定资产	63,467,574.95	46.19%	63,752,027.63	43.71%	284,452.68	0.45%	-2.49%	
30	在建工程	4,415,806.92	3.21%	5,708,727.90	3.91%	1,292,920.98	29.28%	0.70%	
31	工程物资	-	0.00%	-	0.00%	-		0.00%	
32	固定资产清理	-	0.00%	-	0.00%	-		0.00%	
33	生产性生物资产	-	0.00%	-	0.00%	-		0.00%	
34	油气资产	-	0.00%	-	0.00%	-		0.00%	
35	无形资产	15,641,379.56	11.38%	14,772,414.08	10.13%	-868,965.48	-5.56%	-1.26%	
36	开发支出	-	0.00%	-	0.00%	-		0.00%	
37	商誉	-	0.00%	-	0.00%	-		0.00%	
38	长期待摊费用	1,214,102.64	0.88%	1,031,633.89	0.71%	-182,468.75	-15.03%	-0.18%	
39	递延所得税资产	-	0.00%	-	0.00%	-		0.00%	

资产负债表趋势分析表（未审）　损益表趋势分析表（未审）

图 11－4　趋势分析表

趋势分析表窗口中包含资产负债表趋势分析表和损益表趋势分析表两个表页。趋势分析表是审计系统自动生成，审计人员可以直接看到分析数据。趋势分析表（未审）反映的是对未审会计报表分析的结果，趋势分析表（已审）反映的是对已审会计报表分析的结果。

四、财务分析表

财务分析表不仅可以分析本年的财务状况，还可以输入多年的账套时进行多年的财务状况分析。

具体操作如下。

选择“测试分析 \ 财务分析表（未审）或（已审）\ 财务分析表多年（未审）或（已审）”菜单（或者单击“系统窗口”计划阶段的“财务分析表”），就可以打开财务分析表（如图 11－5 所示）。

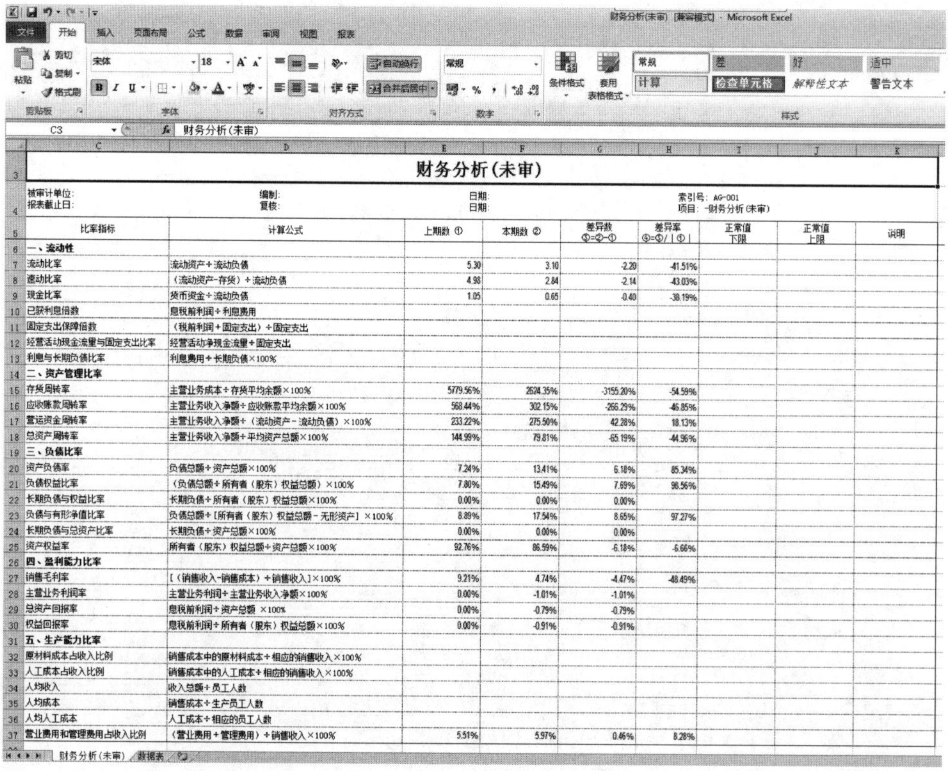

财务分析(未审)

被审计单位:　　编制:　　日期:　　索引号：AG-001
报表截止日:　　复核:　　日期:　　项目：-财务分析(未审)

比率指标	计算公式	上期数 ①	本期数 ②	差异数 ③=②-①	差异率 ④=③/｜①｜	正常值下限	正常值上限	说明
一、流动性								
流动比率	流动资产÷流动负债	5.30	3.10	-2.20	-41.51%			
速动比率	（流动资产-存货）÷流动负债	4.98	2.84	-2.14	-43.03%			
现金比率	货币资金÷流动负债	1.05	0.65	-0.40	-38.19%			
已获利息倍数	息税前利润÷利息费用							
固定支出保障倍数	（税前利润+固定支出）÷固定支出							
经营活动现金流量与固定支出比率	经营活动净现金流量÷固定支出							
利息与长期负债比率	利息费用÷长期负债×100%							
二、资产管理比率								
存货周转率	主营业务成本÷存货平均余额×100%	5779.56%	2624.35%	-3155.20%	-54.59%			
应收账款周转率	主营业务收入净额÷应收账款平均余额×100%	568.44%	302.15%	-266.29%	-46.85%			
营运资金周转率	主营业务收入净额÷（流动资产－流动负债）×100%	233.22%	275.50%	42.28%	18.13%			
总资产周转率	主营业务收入净额÷平均资产总额×100%	144.99%	79.81%	-65.19%	-44.96%			
三、负债比率								
资产负债率	负债总额÷资产总额×100%	7.24%	13.41%	6.18%	85.34%			
负债权益比率	（负债总额÷所有者（股东）权益总额）×100%	7.80%	15.49%	7.69%	98.56%			
长期负债与权益比率	长期负债÷所有者（股东）权益总额×100%	0.00%	0.00%	0.00%				
负债与有形净值比率	负债总额÷[所有者（股东）权益总额－无形资产]×100%	8.89%	17.54%	8.65%	97.27%			
长期负债与总资产比率	长期负债÷资产总额×100%	0.00%	0.00%	0.00%				
资产权益率	所有者（股东）权益总额÷资产总额×100%	92.76%	86.59%	-6.18%	-6.66%			
四、盈利能力比率								
销售毛利率	[（销售收入-销售成本）÷销售收入]×100%	9.21%	4.74%	-4.47%	-48.49%			
主营业务利润率	主营业务利润÷主营业务收入净额×100%	0.00%	-1.01%	-1.01%				
总资产回报率	息税前利润÷资产总额 ×100%	0.00%	-0.79%	-0.79%				
权益回报率	息税前利润÷所有者（股东）权益总额×100%	0.00%	-0.91%	-0.91%				
五、生产能力比率								
原材料成本占收入比例	销售成本中的原材料成本÷相应的销售收入×100%							
人工成本占收入比例	销售成本中的人工成本÷相应的销售收入×100%							
人均收入	收入总额÷员工人数							
人均成本	销售成本÷生产员工人数							
人均人工成本	人工成本÷相应的员工人数							
营业费用和管理费用占收入比例	（营业费用＋管理费用）÷销售收入×100%	5.51%	5.97%	0.46%	8.28%			

图 11－5　财务分析表

财务分析表窗口中包含财务分析和数据表两个表页。财务分析表是审计系统自动生成的，审计人员可以直接看到分析数据。数据表主要用于取得报表项目的数据，根据这些数据就可以设置好我们用到的财务分析公式，审计人员也可以根据需要来添加自己的分析公式。

五、相关搜索

相关搜索也称交叉索引，它提供了统计某一科目或某些科目在凭证中的对方科目有哪些，对方科目的借方发生额合计、贷方发生额合计。例如，考核累计折旧科目和哪些科目相关、相关科目的金额以及凭证数量。

操作如下。

（1）选择主菜单“测试分析\相关搜索”。

（2）在左侧窗口中“选择”列上打“√”，可以选择一个也可以选择多个，然后单击“搜索”按钮，右侧搜索结果窗口即可显示相关科目有哪些，以及发生额合计、凭证张数。“科目之间相关”打“√”，单击搜索就会显示相关科目之间的凭证。

如图 11－6 所示，选择科目累计折旧的贷方，单击“搜索”按钮，搜索结果显示“\累计折旧 贷方金额”“\制造费用\折旧费 借方金额”，说明“累计折旧”的贷方发生额全部是由“制造费用\折旧费”转来的。审计人员可以选择单元格

(选择的单元格底色是黑色的),单击鼠标右键,选择复制即可将数据复制粘贴到工作底稿中。若对"只显示对方科目"打"√"就只显示"\制造费用\折旧费 借方金额"。

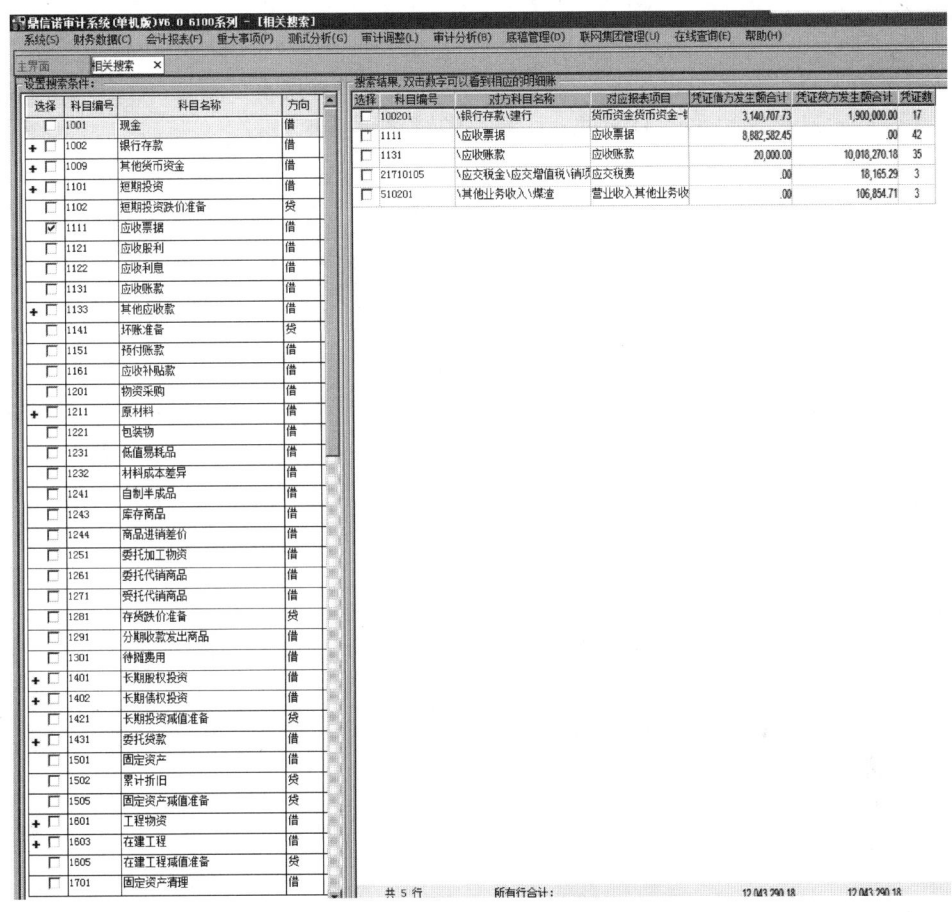

图 11-6 相关搜索

如果有两年及两年以上数据,系统提供了不用更换年度,就能实现年度数据检索的功能。通过前面的创建项目,在新的审计项目下创建新的审计年度的操作步骤,导入多年的账套。通过"审计期间"下拉按钮,就能实现年度的更换,最后单击"搜索",就能完成数据的检索功能。

六、科目月余额图形分析

科目月余额图形分析是以图形的方式,在同一年度不同科目之间或是不同科目不同年度之间,月初余额、月借方发生额、月贷方发生额或月末余额的对比。例如,对比主营业务收入的贷方发生额和主营业务成本的借方发生额各月之间的差异,也可以将 2009 年的主营业务收入与 2010 年的主营业务收入进行对比。

具体操作方法如下。

选择"测试分析\科目月余额图形分析"菜单，系统弹出"科目月余额图形分析"窗口。或者选择"系统窗口"中计划阶段下"科目月余额图形分析"（如图 11 – 7 所示）。在"科目月余额图形分析"窗口的左边是"科目树"。审计人员将鼠标放在"主营业务收入"科目上方，按下鼠标左键，将此科目拖拽到右上方的窗体，并单击"选择"列下方的单元格，在期初数、借方发生额、贷方发生额和期末数中选择适用的数据类型，系统将自动添加"主营业务收入"科目的相应数据并在右下方窗体中显示图形。审计人员单击"显示样式"下拉列表，可以选择各种显示图形，如线形图、柱形图等。同样方法，拖拽"主营业务成本"科目到右上方窗体，"主营业务成本"的数据也以图形的方式显示在右下方。审计人员也可以选择"年度"，将不同年度的不同科目拖拽到表页右上方进行对比。审计人员还可以选择显示图形的方式（如图 11 – 8 所示）。

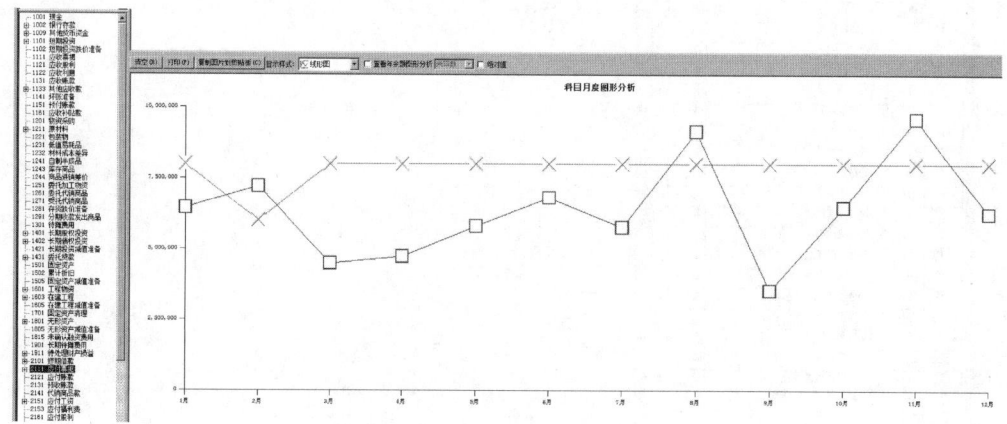

图 11 – 7　图形分析 – 1

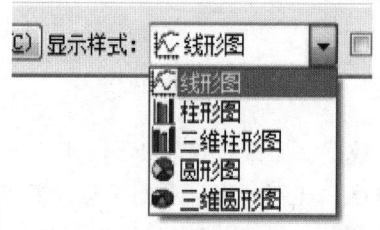

图 11 – 8　图形分析 – 2

七、凭证抽凭

单击"测试分析\凭证抽凭"，弹出"抽样"表页（如图 11 – 9 所示）。在此表页显示编号、抽样方案名称、抽样科目、应用范围四列。审计人员可以修改"抽样方案名称"。

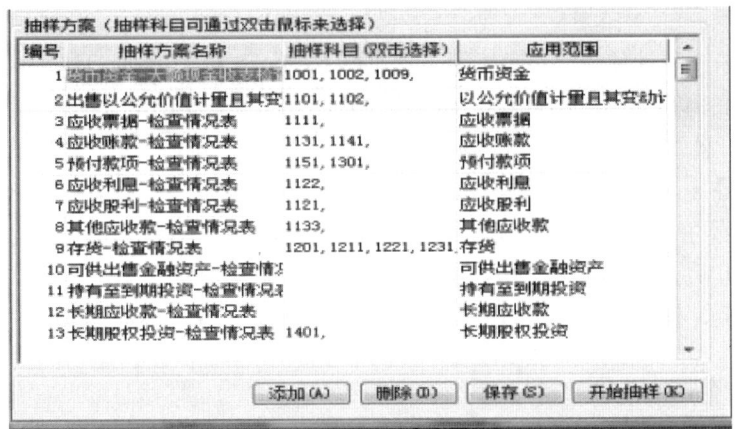

图 11-9 凭证抽凭-1

双击"抽样科目"列中单元格,会弹出如图 11-10 所示页面,审计人员可在此表页打钩选择抽样科目。审计人员单击"应用范围"按钮,弹出下拉菜单,审计人员可选择该抽样应用于哪个科目,单击"保存"按钮。单击右下方"开始抽样"按钮,弹出"抽凭"表页,审计人员可在此页面进行抽凭工作。如果有两年和两年以上的数据,进行抽凭,系统可以直接通过"抽样"对话框中右上角下拉按钮,来进行年报的切换,实现操作人员想要的每一年度的抽凭功能。抽凭的具体操作方法在"总账明细账"章节中已详细介绍。

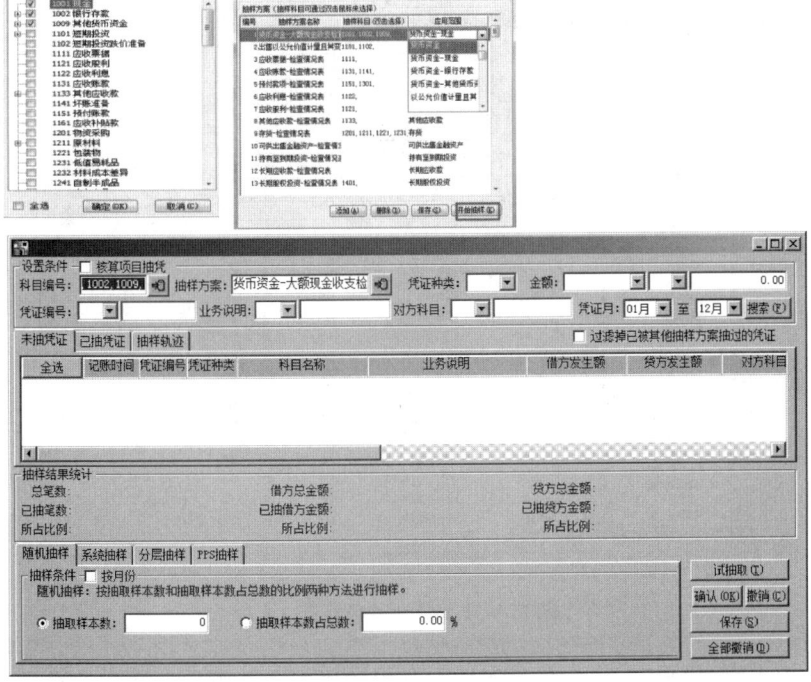

图 11-10 凭证抽凭-2

友情提示："应用范围"主要在导入导出报表项目时用到。例如，A、B 两个审计人员分做一个审计项目，A 负责资产类底稿编制，B 负责其他工作。A 完成编制工作后利用"底稿管理\导出底稿"将自己的项目导出（导出的文件类型为扩展名是 sjt 的文件），然后再将这个扩展名是 sjt 的文件拷贝给 B。B 通过"底稿管理\导入底稿"将此文件导入自己的项目中，此时 B 的电脑中的项目就成为一个完整的审计项目。假设 A 保存了一个抽样方案，如果 A 没有选择"应用范围"中的货币资金，在把项目导给 B 后，完整的项目中将不会包含此抽样方案；如果 A 选择了"应用范围"中的货币资金，在把项目导给 B 后，完整的项目中则将包含此抽样方案。

八、抽凭清单

单击"测试分析\抽凭清单"选项，弹出"抽凭清单"表页。审计人员做过的抽凭工作所抽查出来的凭证都会列示在这个表格中。在此表页，审计人员还可以选择"审计期间"来查看其他年度抽查过的凭证。

九、异常科目筛选

审计人员可以利用异常科目筛选功能根据交易频繁、余额较大、关联方、本年新增科目、本年科目属性和去年不一致这五种方式来对科目进行过滤筛选。

以"交易频繁"的筛选方式为例，具体操作如图 11 – 11 所示。

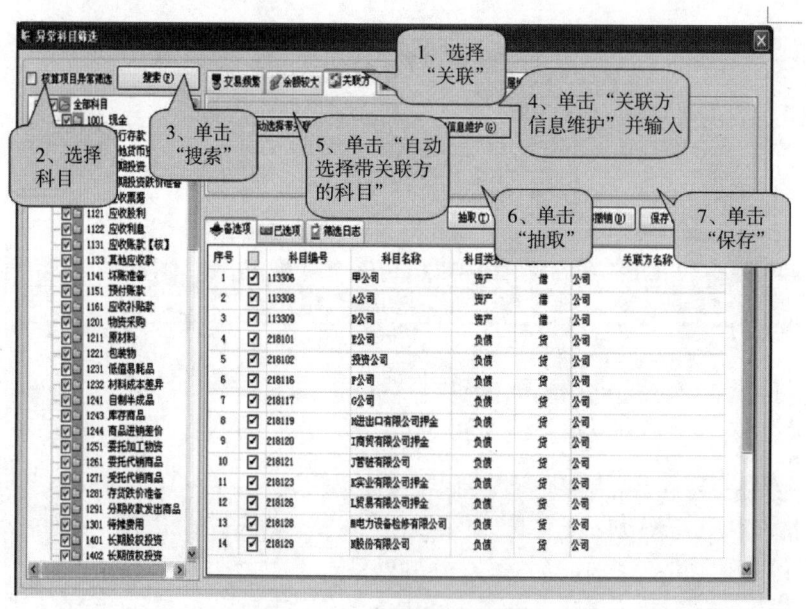

图 11 – 11　异常科目筛选 – 1

（1）单击测试分析\异常科目筛选，弹出的界面中左侧勾选筛选的科目。
（2）单击"搜索"，界面右侧显示搜索结果。

（3）勾选“交易频繁度前10位的科目”，右侧搜索结果中符合条件的科目自动被勾选。注：交易频繁度前“10”位的方式，也可以根据需要随意更改数字进行筛选。

（4）单击“抽取”按钮，程序自动将选中的10个科目保存在“已选项”中（如图11－12所示）。

序号	科目编号	科目名称	科目类别	借贷方向	交易频率	科目异常分类
1	2121	应付账款	负债	贷	868	交易频率高
2	1001	现金	资产	借	369	交易频率高
3	100201	建行	资产	借	1825	交易频率高
4	100202	交行	资产	借	234	交易频率高
5	1131	应收账款	资产	借	4596	交易频率高
6	121102	备品备件	资产	借	294	交易频率高
7	21710105	销项税额	负债	贷	1081	交易频率高
8	21710101	进项税额	负债	贷	366	交易频率高
9	510102	蒸汽	损益	贷	593	交易频率高
10	510101	电	损益	贷	211	交易频率高

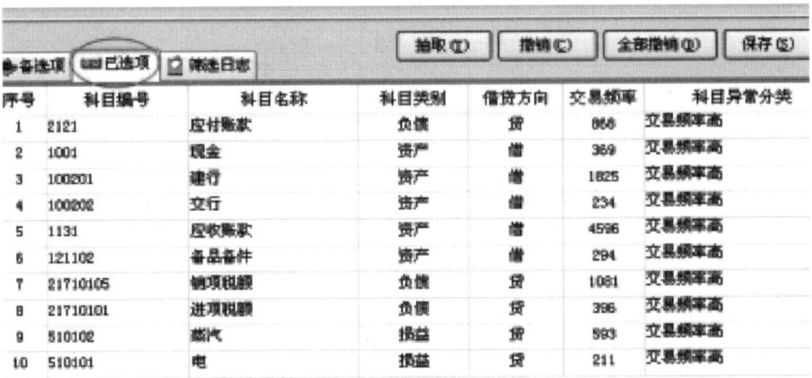

图11－12　异常科目筛选－2

（5）单击“保存”按钮。

以“关联方”的筛选方式为例，具体操作如图11－13所示。

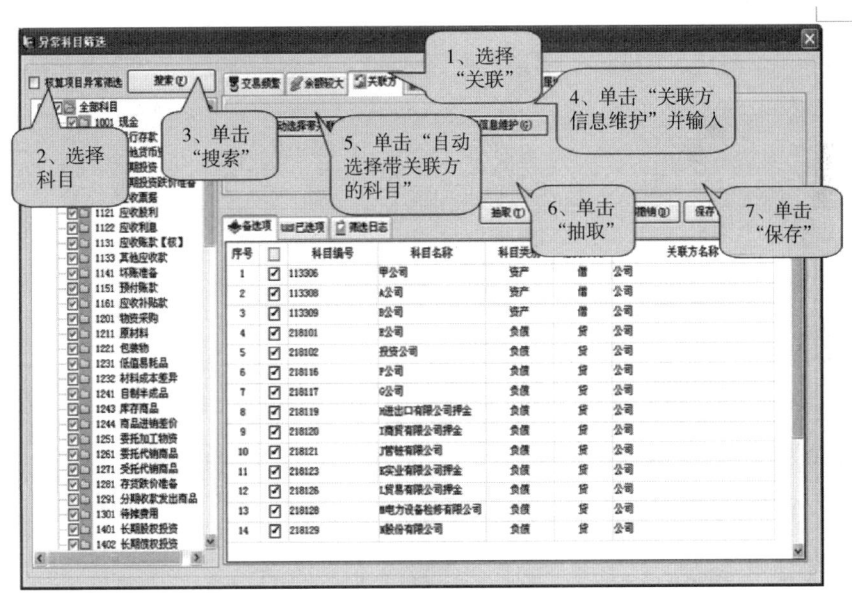

图11－13　异常科目筛选－3

（1）单击测试分析\异常科目筛选，弹出的界面中选择“关联方”的筛选方式。

（2）左侧勾选筛选的科目。

（3）单击“搜索”，界面右侧显示搜索结果。

（4）单击“关联方信息维护”按钮，输入关联方名称。

(5) 单击"自动选择带关联方的科目"按钮，右侧搜索结果中符合条件的科目自动被勾选。

(6) 单击"抽取"按钮，程序自动将选中的科目保存在"已选项"中。

(7) 单击"保存"按钮。

第二节　具体操作

审计分析的具体操作有余额方向校对、科目对冲检查、重复业务检查、疑点分析、预警、单科目分析、凭证分析等，具体操作如下。

一、余额方向校对

余额方向校对是分析科目中余额为负数或者反方向为正数的科目。程序将自动列示出余额异常分类及非正常月份、余额等信息，如图 11－14 所示。

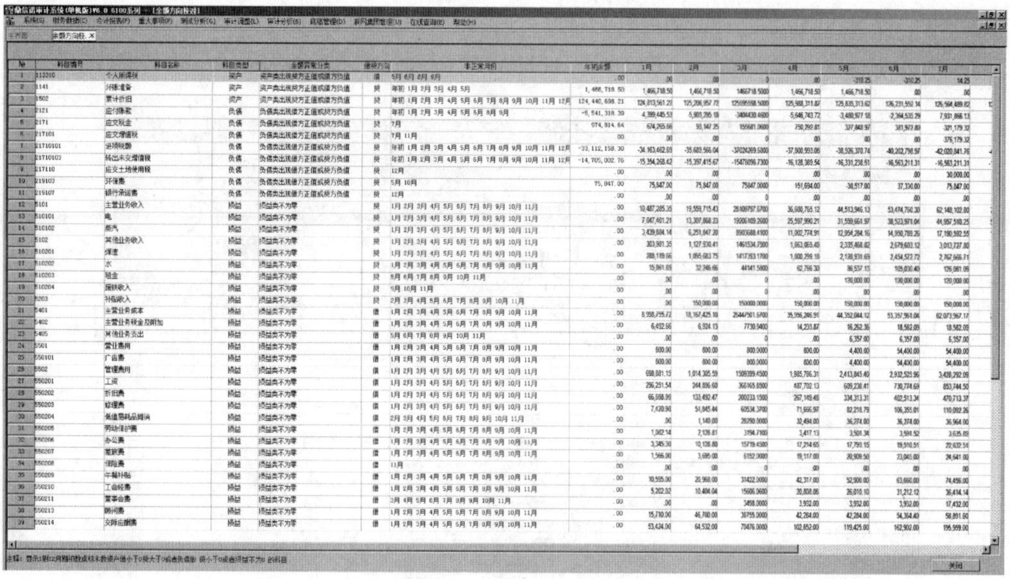

图 11－14　余额方向校对

二、科目对冲检查

此功能是分析一笔凭证的发生额出现负数的凭证，即可以选择全部科目分析，也可以自定义选择某个科目分析，如图 11－15 所示，程序将凭证编号为"1051"的凭证中贷方发生额有一笔为负数的过滤并显示出来。

图 11 – 15 科目对冲检查

三、重复业务检查

分析某个科目同天发生次数超过限定次数的记账时间及明细，如图 11 – 16 和图 11 – 17 所示。

图 11 – 16 重复业务检查 – 1

图 11 – 17 重复业务检查 – 2

四、疑点分析

以凭证摘要为分析内容,通过设置可疑点,分析出现疑点的凭证,如图 11 – 18 所示。

图 11 – 18 疑点分析

五、预警

审计人员可以对科目、凭证、核算余额、核算明细等数据随意设置限定条件进行分组查询。过滤查询时,先要左侧建立模板树,上两级是模板分组说明,最后一级是设置具体查询条件,符合条件的结果数据将自动显示在右侧。

以科目预警为例,具体操作如下(凭证检查 \ 核算项目余额检查 \ 核算项目明细检查操作相同)。

(1)打开审计分析 \ 预警—科目预警。

(2)在界面左侧右键鼠标,弹出菜单后,单击"插入同级项"(如图 11 – 19 所示)。

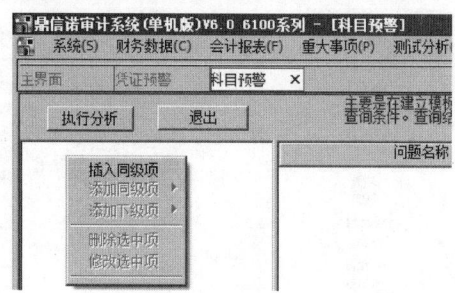

图 11 – 19 预警 – 1

(3)输入名称,如"第一组"(如图 11 – 20 所示)。

图 11 – 20 预警 – 2

(4) 鼠标指针移到"第一组"字样处再右击鼠标。
(5) 鼠标指针移到"第一组"字样处再右击鼠标。
(6) 弹出的菜单中单击"添加下级项\组"（如图 11-21 所示）。
(7) 输入名称，如"科目名称过滤"。
(8) 鼠标指针移到"科目名称过滤"字样处再右击鼠标。
(9) 弹出的菜单中单击"添加下级项\明细"（如图 11-22 所示）。

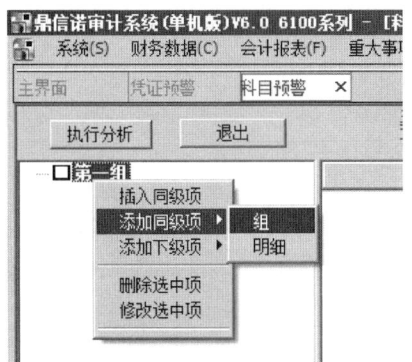 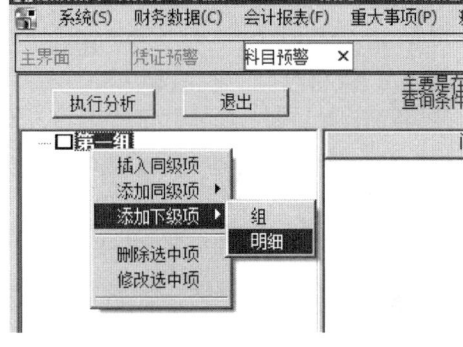

图 11-21　预警-3　　　　　　　　图 11-22　预警-4

(10) 界面中输入名称，设置过滤条件后，单击"确定"按钮（如图 11-23 所示）。

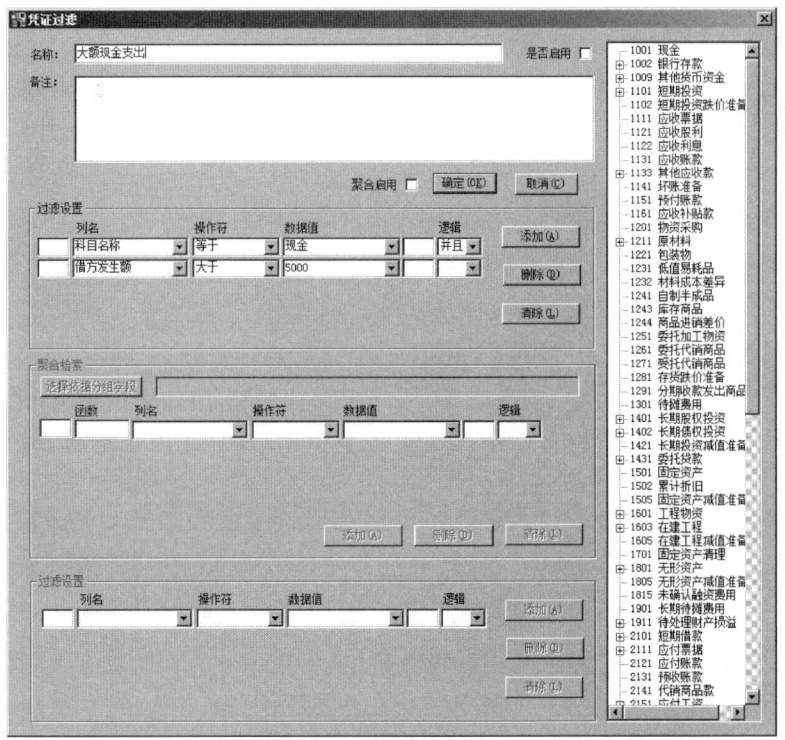

图 11-23　预警-5

（11）单击"执行分析"，右侧显示出符合查询条件的数据为 5 511 条（如图 11 – 24 所示）。

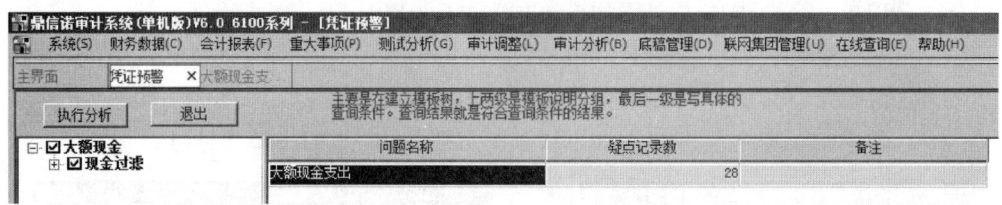

图 11 – 24 预警 – 6

（12）双击查询的结果，显示具体数据（如图 11 – 25 所示）。

图 11 – 25 预警 – 7

六、单科目分析

（一）摘要汇总

摘要汇总是分析某个科目的业务摘要，在一段时间内出现的具体频率以及借方贷方发生额、比重信息，如图 11 – 26 所示。

图 11 – 26 摘要汇总

(二) 科目对比

设定两个基准科目，对比两个科目各月的发生额，如图 11-27 所示。

图 11-27 科目对比

(三) 科目结构

此功能是分析某个科目的下级科目的组成结构，如图 11-28 所示。

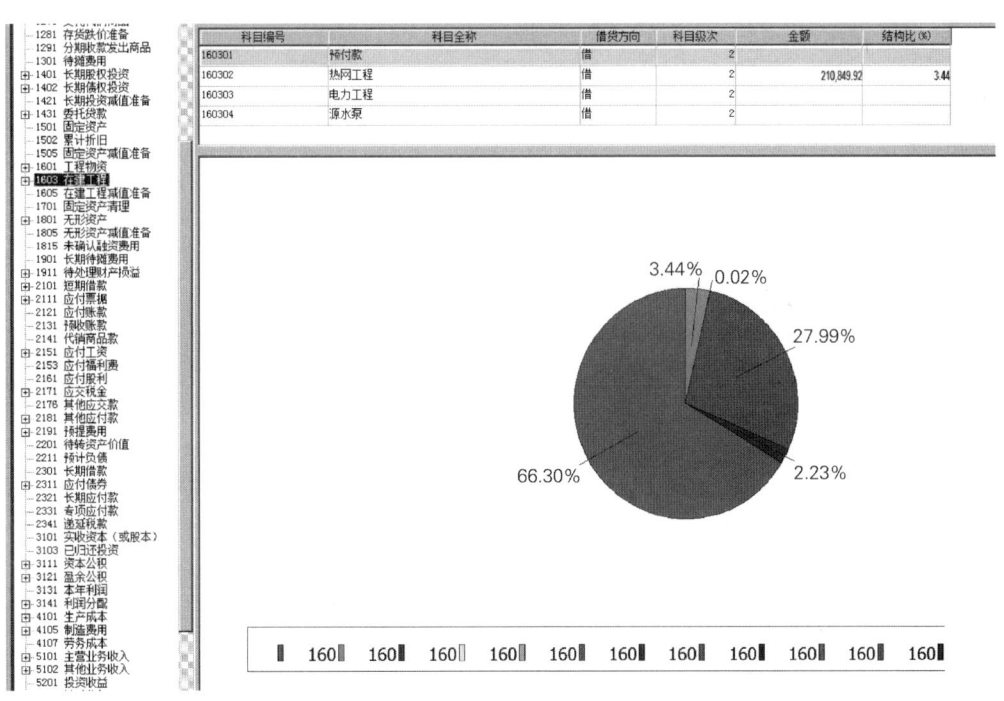

图 11-28 科目结构分析

七、凭证分析

凭证分析模块列示出所有科目的明细，自动计算每个科目的借方发生额百分比、贷方发生额百分比例，以及每个科目下的凭证张数等信息，非常清晰，方便审计人员查看对比，如图 11-29 所示。

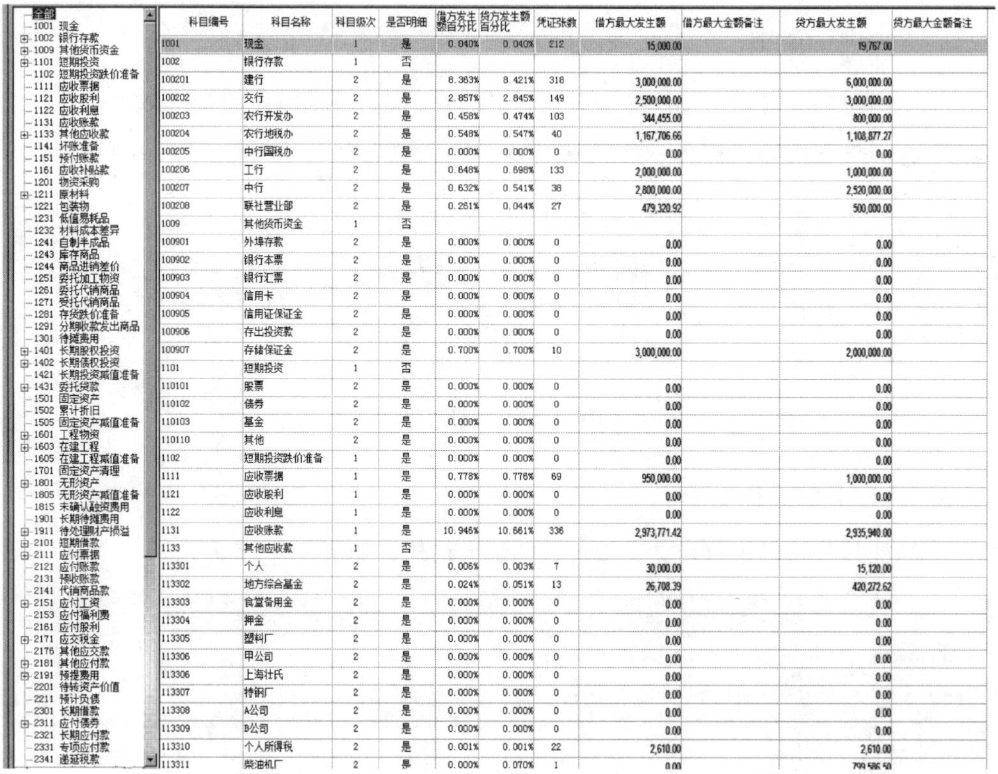

科目编号	科目名称	科目级次	是否明细	借方发生额百分比	贷方发生额百分比	凭证张数	借方最大发生额	借方最大金额备注	贷方最大发生额	贷方最大金额备注
1001	现金	1	是	0.040%	0.040%	212	15,000.00		19,767.00	
1002	银行存款	1	否							
100201	建行	2	是	8.363%	8.421%	318	3,000,000.00		6,000,000.00	
100202	交行	2	是	2.857%	2.845%	149	2,500,000.00		3,000,000.00	
100203	农行开发办	2	是	0.458%	0.474%	103	344,455.00		800,000.00	
100204	农行地税办	2	是	0.548%	0.547%	40	1,167,706.66		1,108,877.27	
100205	中行国税办	2	是	0.000%	0.000%	0	0.00		0.00	
100206	工行	2	是	0.648%	0.698%	133	2,000,000.00		1,000,000.00	
100207	中行	2	是	0.632%	0.541%	38	2,800,000.00		2,520,000.00	
100208	联社营业部	2	是	0.261%	0.044%	27	479,320.92		500,000.00	
1009	其他货币资金	1	否							
100901	外埠存款	2	是	0.000%	0.000%	0	0.00		0.00	
100902	银行本票	2	是	0.000%	0.000%	0	0.00		0.00	
100903	银行汇票	2	是	0.000%	0.000%	0	0.00		0.00	
100904	信用卡	2	是	0.000%	0.000%	0	0.00		0.00	
100905	信用证保证金	2	是	0.000%	0.000%	0	0.00		0.00	
100906	存出投资款	2	是	0.000%	0.000%	0	0.00		0.00	
100907	存储保证金	2	是	0.700%	0.700%	10	3,000,000.00		2,000,000.00	
1101	短期投资	1	否							
110101	股票	2	是	0.000%	0.000%	0	0.00		0.00	
110102	债券	2	是	0.000%	0.000%	0	0.00		0.00	
110103	基金	2	是	0.000%	0.000%	0	0.00		0.00	
110110	其他	2	是	0.000%	0.000%	0	0.00		0.00	
1102	短期投资跌价准备	1	是	0.000%	0.000%	0	0.00		0.00	
1111	应收票据	1	是	0.778%	0.776%	69	950,000.00		1,000,000.00	
1121	应收股利	1	是	0.000%	0.000%	0	0.00		0.00	
1122	应收利息	1	是	0.000%	0.000%	0	0.00		0.00	
1131	应收账款	1	是	10.946%	10.661%	336	2,973,771.42		2,935,940.00	
1133	其他应收款	1	否							
113301	个人	2	是	0.006%	0.003%	7	30,000.00		15,120.00	
113302	地方综合基金	2	是	0.024%	0.051%	13	26,708.39		420,272.62	
113303	食堂备用金	2	是	0.000%	0.000%	0	0.00		0.00	
113304	押金	2	是	0.000%	0.000%	0	0.00		0.00	
113305	塑料厂	2	是	0.000%	0.000%	0	0.00		0.00	
113306	甲公司	2	是	0.000%	0.000%	0	0.00		0.00	
113306	上海社氏	2	是	0.000%	0.000%	0	0.00		0.00	
113307	特钢厂	2	是	0.000%	0.000%	0	0.00		0.00	
113308	A公司	2	是	0.000%	0.000%	0	0.00		0.00	
113309	B公司	2	是	0.000%	0.000%	0	0.00		0.00	
113310	个人所得税	2	是	0.001%	0.001%	22	2,610.00		2,610.00	
113311	柴油机厂	2	是	0.000%	0.070%	1	0.00		799,586.50	

图 11－29　凭证分析

第三节　抽样应用

审计抽样是审计人员在审计活动中采用的一种技术，它涉及从被审查和评价的审计总体中按照一定的方法和程序，选取一定数量的有代表性的样本进行测试。通过这种方式，审计人员可以基于样本的审查结果来推断总体的特征，并据此作出相应的审计结论。

审计抽样的过程应确保所有抽样单元都有被选取的机会，尽管每个单元被选中的概率可能并不均等。审计抽样的目的是使审计人员能够获取和评价与被选取项目的某一特征有关的审计证据，以形成或帮助形成对从中抽取样本的总体的结论。

在审计实践中，审计抽样常用于控制的运行留下轨迹时，审计人员可以通过抽样来实施控制测试；在实施细节测试时，审计人员也可以使用审计抽样来获取审计证据。但需要注意的是，审计抽样并不适用于所有的审计程序或所有的审计情况，其使用需要根据具体的审计目标和审计环境来判断。

总体来说，审计抽样是一种有效的审计工具，它可以帮助审计人员在有限的时间和资源下，提高审计效率，保证审计质量。但同时，也需要审计人员具备丰富的审计经验和专业知识，以确保抽样的合理性和有效性。

一、审计抽样的优点和缺点

（一）优点

（1）提高审计效率。通过抽样审计，可以缩小审计范围，减少审计工作量，从而提高审计效率。

（2）降低成本。抽样审计只需要对部分数据进行审查，因此可以降低审计成本。

（3）提高审计质量。抽样审计可以通过科学的抽样方法，确保样本的代表性和广泛性，从而提高审计质量。

（二）缺点

（1）样本选择风险。抽样审计的样本选择可能存在风险，如果样本选择不当，可能导致审计结果不准确。

（2）抽样误差。抽样审计可能存在抽样误差，即样本结果不能完全代表总体情况，从而影响审计结论的准确性。

（3）依赖审计人员素质。抽样审计的效果在很大程度上取决于审计人员的素质和经验，如果审计人员缺乏专业知识或经验不足，可能导致抽样审计的效果不佳。

总之，审计抽样是一种有效的审计方法，但也存在一定的缺点和风险。因此，在进行审计抽样时，需要选择合适的抽样方法，确保样本的代表性和广泛性，并加强对审计人员的培训和监督，以提高审计质量和效果。

二、鼎信诺审计软件的抽样应用

鼎信诺软件中的抽样应用是其审计功能的重要组成部分，主要帮助审计人员对大量数据进行抽样分析，以提高审计效率和准确性。以下是鼎信诺软件中抽样应用的基本操作步骤。

（1）打开鼎信诺软件，并登录相应的审计项目。

（2）在软件界面上找到"抽样"或类似的选项，单击进入抽样功能模块。

（3）根据审计需求和目标，选择合适的抽样方法。鼎信诺软件支持多种抽样方法，如随机抽样、固定间隔抽样、分层抽样等。审计人员可以根据实际情况进行选择。

（4）设置抽样参数，包括抽样比例、抽样数量、抽样范围等。这些参数的设置将直接影响抽样结果的准确性和可靠性，因此，需要根据实际情况进行谨慎设置。

（5）开始进行抽样操作。根据设置的参数和方法，鼎信诺软件将自动从数据源中抽取符合条件的样本数据。

（6）对抽样结果进行分析和评估。审计人员可以对抽样结果进行统计、比较、趋势分析等操作，以评估被审计对象的合规性、风险水平等。

※注意事项：

在使用鼎信诺软件进行抽样应用时，需要确保数据源的准确性和完整性。如果数据源存在错误或遗漏，将直接影响抽样结果的准确性和可靠性。

在设置抽样参数时，需要根据实际情况进行谨慎设置。不同的抽样方法和参数设置可能会导致不同的抽样结果，因此，需要进行充分的测试和验证。

在对抽样结果进行分析和评估时，需要结合实际情况进行综合判断。抽样结果只是提供了一种参考依据，最终结论还需要结合其他证据和信息进行综合评估。

总之，鼎信诺软件中的抽样应用是一种非常实用的审计工具，可以帮助审计人员快速准确地分析大量数据。在使用过程中，需要注意数据源的准确性、抽样方法的合理性以及抽样结果的可靠性等方面的问题。

示例如下。在对应的审计项目中，对大额现金收支情况进行随机抽样，时间是 1~12 月。

单击"测试分析\凭证抽凭"，弹出"抽样"表页（如图 11-30 所示）。在此表页显示编号、抽样方案名称、抽样科目、应用范围四列。审计人员可以修改"抽样方案名称"。

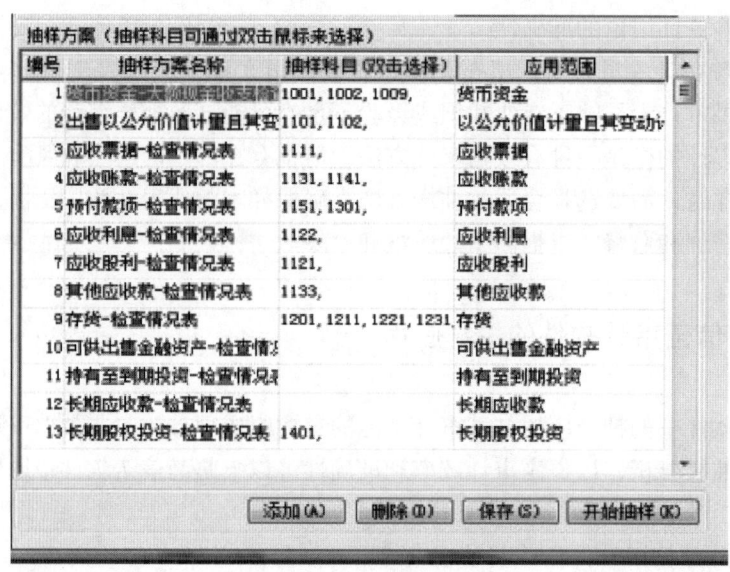

图 11-30　凭证抽凭-1

双击"抽样科目"列中单元格，会弹出如图 11-31 所示的页面，审计人员可在此表页打钩选择抽样科目。审计人员单击"应用范围"按钮，弹出下拉菜单，审计人员可选择该抽样应用于哪个科目，单击"保存"。单击右下方"开始抽样"按钮，弹出"抽凭"表页（如图 11-32 所示），审计人员可在此页面进行抽凭工作。如果有两年和两年以上的数据，进行抽凭，系统可以直接通过"抽样"对话框中右上角下拉按钮，来进行年报的切换，实现操作人员想要的每一年度的抽凭功能。抽凭的具体操作方法在"总账明细账"章节中已详细介绍。

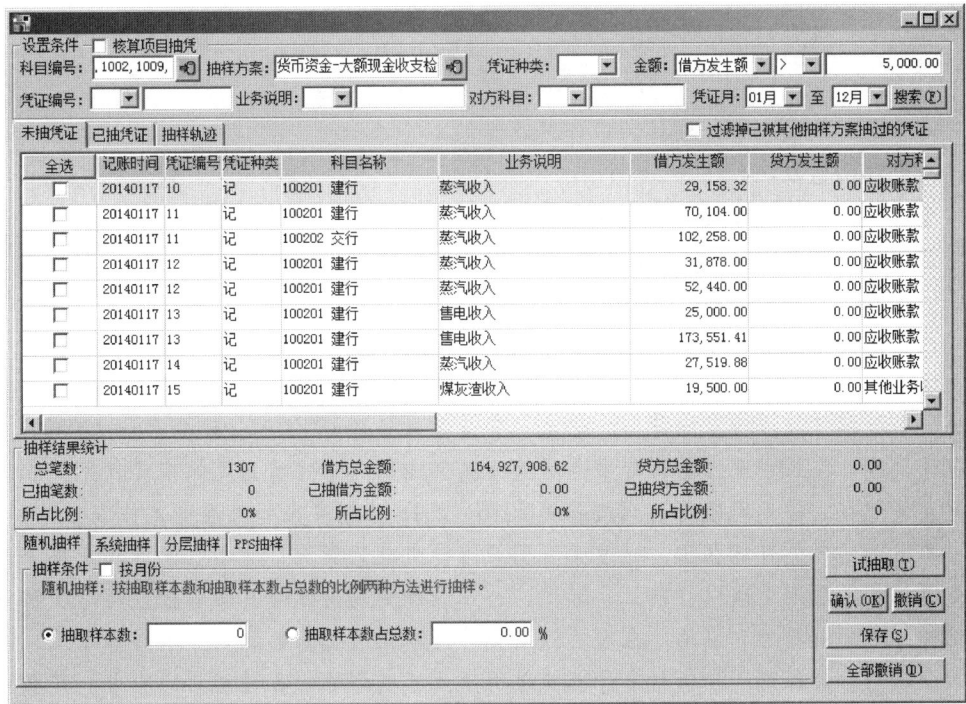

图 11-31　凭证抽凭-2

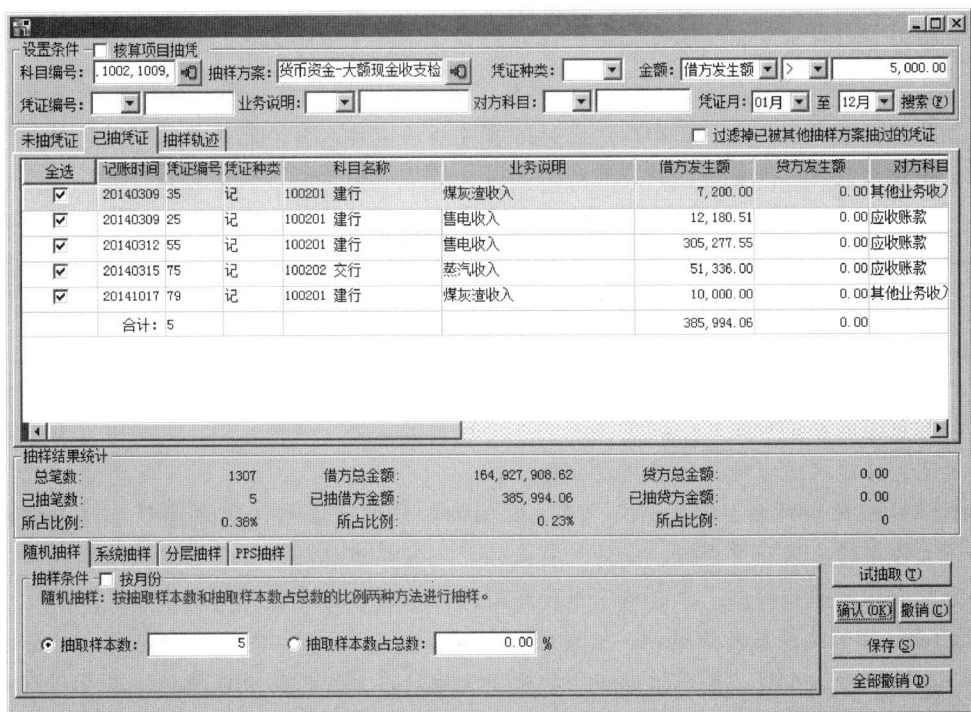

图 11-32　抽凭结果

【思政扩展】

以下是一个关于审计抽样的审计思政案例。

一、案例名称

康美药业审计失败案例引发的诚信、法治、敬业、公正思考

二、对应章节

审计抽样方法与应用

三、案例背景

康美药业在 2019 年发布了关于前期会计差错更正的公告，对其 2017 年的年报数据进行了大幅修改，存货少计 195 亿元，营业收入多计 89 亿元，现金多计 299 亿元。其审计机构广东正中珠江会计师事务所为康美药业出具了保留意见的审计意见，但随后被立案调查，并发现康美药业披露的 2016～2018 年财务报告存在重大作假。

本案例的教学目标在于，通过康美药业审计失败的案例，使学生理解和掌握审计职业道德基本原则中诚信、独立、客观、公正等原则的内涵与具体要求，同时理解审计抽样方法的重要性和应用。在理解注册会计师职业道德基本原则要求的基础上，能够学以致用，具备识别分析对审计职业道德产生不利影响的各种因素的能力，并在审计实务工作中，具备坚守道德底线的能力。

四、审计抽样方法分析

在康美药业的审计过程中，广东正中珠江会计师事务所未能通过有效的审计抽样方法发现其财务报表中的重大错误。审计抽样是审计人员在实施审计程序时，从审计对象总体中选取一定数量的样本进行测试，并根据测试结果推断总体特征的一种方法。然而，在本案例中，正中珠江会计师事务所的审计人员未能正确运用审计抽样方法，导致未能发现康美药业的造假行为。

具体来说，审计人员可能未能选取到具有代表性的样本，或者未能对样本进行充分的测试和验证，从而未能发现财务报表中的异常和错误。这也反映了审计人员在审计抽样方法的应用上存在一定的不足和疏忽。

五、思政融入点

（1）诚信与职业道德。通过分析康美药业审计失败的案例，引导学生认识到诚信和职业道德在审计工作中的重要性。审计人员必须坚守诚信原则，严格遵守职业道德规范，才能确保审计工作的质量和公正性。

（2）审计抽样方法的重要性。通过本案例，使学生深刻认识到审计抽样方法在审计工作中的应用和重要性。审计人员必须熟练掌握审计抽样方法，正确选取样本并进行充分的测试和验证，才能确保审计结果的准确性和可靠性。

（3）法治观念与敬业精神。本案例也反映了法治观念和敬业精神在审计工作中的重要性。审计人员必须严格遵守法律法规和审计准则，保持敬业精神，认真履行审计职责，才能确保审计工作的顺利进行和审计结果的客观公正。

【理论与操作实训】

一、单项选择题

1. 在审计抽样中,如果注册会计师对总体中的所有项目都实施检查,那么以下描述正确的是(   )。
   A. 抽样风险将不存在   B. 抽样风险将增加
   C. 抽样风险将减少,但不会完全消除 D. 无法确定抽样风险的情况

2. 在审计抽样中,注册会计师通常(   )评估抽样风险。
   A. 通过定性分析   B. 通过定量分析
   C. 通过定性和定量分析结合   D. 无法评估抽样风险

3. 在审计抽样中,以下(   )不是影响样本规模的因素。
   A. 总体规模   B. 可接受的误差率
   C. 审计重要性水平   D. 注册会计师的个人经验

4. 下列关于审计抽样的说法中,错误的是(   )。
   A. 审计抽样是一种统计方法,用于从总体中选取一部分进行测试
   B. 在审计抽样中,样本的选择应该具有代表性,能够反映总体的特征
   C. 审计抽样的目的是通过对样本的测试,推断总体的特征
   D. 审计抽样中,样本规模越大,推断的准确性就越高

5. 在审计抽样中,注册会计师通常使用(   )方法来确定样本规模。
   A. 经验估计法   B. 概率比例法
   C. 货币单元抽样法   D. 系统抽样法

6. 在鼎信诺审计软件的抽样方法中,为用户提供了(   )种抽样方法。
   A. 3   B. 4   C. 5   D. 6

7. 抽样方法中,(   )是可以分层进行的。
   A. 系统抽样   B. 随机抽样
   C. 分层抽样   D. PPS 抽样

8. 在鼎信诺审计软件中,(   )可以提供对一个会计科目的详细分析。
   A. 对比分析   B. 结构分析
   C. 预警分析   D. 摘要分析

9. 科目对冲指的是(   )。
   A. 一方数值为负的
   B. 本应为正值的金额出现负数
   C. 既有一个科目是正值,还有一个科目是负值
   D. 负值出现的方向不正常

10. 科目结构分析通常反映的是(   )。
    A. 一个科目   B. 两个科目
    C. 三个科目   D. 四个科目

二、多项选择题

1. 鼎信诺审计软件中，提供了（　　）抽样方法供用户使用。
   A. 随机抽样　　　　　　　　　　B. 随时抽样
   C. 固定间隔抽样　　　　　　　　D. 分层抽样
2. 在使用鼎信诺软件进行财务数据分析时，以下（　　）操作可以帮助用户发现异常数据。
   A. 设置数据阈值　　　　　　　　B. 进行数据筛选
   C. 生成数据趋势图　　　　　　　D. 进行数据比较分析
3. 一般的预警分析包括（　　）。
   A. 疑点分析　　B. 摘要分析　　C. 科目预警　　D. 凭证预警
4. 单科目分析一般包括（　　）。
   A. 摘要汇总　　B. 科目对比　　C. 科目结构　　D. 凭证汇总
5. 审计抽样方法的优点有（　　）。
   A. 提高审计效率　　　　　　　　B. 降低成本
   C. 提高审计质量　　　　　　　　D. 降低审计风险

三、判断题

1. 凭证停走抽样功能适用于对各个账户的细节测试。（　　）
2. 凭证分层抽样是按不同的数额进行分层，可以随意设置分层的数值。（　　）
3. 鼎信诺软件只提供了四种抽样方法供操作者使用。（　　）
4. 在鼎信诺审计软件中，要先按抽样方法选择数据，然后再设置抽样条件。
（　　）
5. 鼎信诺审计软件中，抽样方案可以根据使用者的需要自己设置。（　　）

四、实务操作题

资料：教师发放的演示项目数据。

操作要求：

1. 对演示项目的科目余额表平衡进行校对。
2. 搜索"管理费用\折旧费"的借方金额。
3. 对"主营业务成本"科目进行月余额分析，并生成图形进行说明。
4. 对"管理费用"科目进行结构分析，并生成图形进行说明。
5. 对演示项目中的余额方向进行检查，同时分析查找形成原因。
6. 检查现金业务重复次数最多的一天是哪一天。
7. 选择"库存现金"进行科目摘要汇总分析。
8. 用随机抽样方法，检查货币资金的大额收支情况。
9. 增加一个抽样方案：抽样方案的名称为大额现金支取，抽样科目为1001和1002，抽样方案的编号自己设定，将以上抽样方案存在抽样库中，将这些操作截图上传为答案。
10. 在演示项目母公司2023年业务中，采用系统随机抽样的方法进行货币资金的大额抽样，抽取样本数为 50，随机起点值为 3，将以上抽样过程和结果截图。

11. 在演示项目中，添加一个抽样方案，抽样名称为"管理费用查询"，采用系统抽样方法，抽取样本数为 5，随机起点为 30，将结果截图。

12. 在演示项目母公司中，选择随机抽样的"应收账款－检查情况表"方案，时间是 6~12 月的凭证，抽取样本数为 5 笔凭证，将抽取结果截图。

13. 在演示项目母公司中，选择其他应收款检查情况表方案，进行系统抽样，要求显示符合条件的总笔数，抽取样本数为 10 笔凭证，样本起点值为 4，将抽取结果上传为答案。

14. 在演示项目母公司中，选择"工程物资检查情况表"方案，科目为 1601 \ 1002 \ 1009 三个科目，时间是 1~12 月，运用 PPS 抽样方法，抽样条件为贷方发生额，其中"可容忍错报"为 5，可靠性系数为 1，预计错报 2，扩张系数 0.02，计算样本区间，随机起点为"4.0"，将抽取结果截图。

15. 在演示项目母公司中，进行存货检查情况的随机抽样，要求在 1~12 月的区间内，借方发生额大于 5 000，凭证编号带有 10 的凭证进行抽取，将样本数为 5 的操作结果上传。

16. 在演示项目母公司中，采用分层抽样的方案，对商誉情况进行检查，涉及的科目有 1001 和 1002，时间是 1~12 月，业务说明含有"收入"，设置区间为小于 100、100~500、500~10 000，在每个区间的抽取样本数为 5、10、15 笔凭证，采用随机抽样的方式，将抽样结果截图上传。

17. 在演示项目母公司中，采用 PPS 抽样的方案，对商誉情况进行检查，涉及的科目有 1001 和 1002，时间是 1~12 月，业务说明含有"费"，凭证编号有 5 的贷方发生额进行抽样，其中可容忍错报为 2，可靠性系数为 0.7，预计错报 1，扩张系数为 0.02，随机起点为 1 的抽样，将抽样结果截图上传。

18. 在演示项目母公司中，增加一个抽样方案：抽样方案的名称为管理费用超支检查，检查内容为交际应酬的检查，会计科目根据检查内容自行选择，抽样方案的编号自己设定，涉及范围为管理费用，将以上抽样方案存在抽样库中，将这些操作截图上传为答案。

19. 在演示项目母公司 2023 年业务中，采用分层抽样的方法进行未入账的管理费用的抽样检查，按照 10 000、20 000、30 000 的不同数额进行分层，抽取样本数分别为 9、7、5，将以上抽样过程和结果截图。

20. 在演示项目母公司 2023 年 6~12 月的业务中，采用分层抽样的方法对应收账款账龄进行抽样检查，按照 20 000、40 000、60 000 的不同数额进行分层，抽取样本数分别为 9、7、5，业务说明中含有"收入"，应收账款借方发生额在 20 000 元以上的样本进行随机抽样，将以上抽样过程和结果截图。

第十二章 审计底稿

【知识目标】

- 了解鼎信诺审计软件审计底稿的基本功能。
- 掌握鼎信诺审计软件的审计底稿编制、修改、生成、打印等的日常操作。
- 熟悉鼎信诺审计软件的操作特点。

【技能目标】

- 能够熟练进行鼎信诺审计软件的审计底稿操作。
- 掌握鼎信诺审计软件的日常操作能力。

【思政目标】

- 培养学生对大数据审计的操作规范和工作职责,形成审计人员的正确人生观和职业价值观。

【案例】成本费用审计案例

审计目标:虚列销售费用、管理费用。

操作步骤:查询挤占销售费用。如图 12-1 和表 12-1 所示。

图 12-1 查询

表 12-1　　　　　　　　　　　　查询结果 1

凭证日期	凭证编号	摘要	科目名称	科目编号	借方金额	贷方金额
20231130	付\52	付职工超额奖金	产品销售费用	503	13 000.00	0
20231130	付\52	付职工超额奖金	现金	101	0	13 000.00
20231130	付\53	付职工加班费	产品销售费用	503	62 000.00	0
20231130	付\53	付职工加班费	现金	101	0	62 000.00

审计意见：职工加班费、奖金应计入应付工资。同时计算个人所得税。

饭费列入管理费用查询结果，如表 12-2 所示。

表 12-2　　　　　　　　　　　　查询结果 2

凭证日期	凭证编号	摘要	科目名称	科目编号	借方金额
20230124	付\41	喻旭报销餐费	管理费用——业务招待费	52113	1 130.00
20230919	付\23	涂世燃报销餐费	管理费用——业务招待费	52113	1 349.00
20230331	付\62	付上年春节职工餐费	管理费用——职工福利	52102	28 000.00

审计意见。

餐费应计入"应付福利费"。虚列费用，造成利润不真实。

通过上述案例，我们应把所有问题的审计意见汇总在一起，形成审计底稿的一部分，这一章我们就详细地学习什么是审计底稿，以及底稿的编制、管理等具体操作。

第一节　底稿管理

审计底稿编制是审计过程中的一个重要环节，它详细记录了审计师在审计过程中收集的信息、分析的过程和得出的结论。审计底稿编制的主要目的是支持审计报告，并提供证据来支持审计师的意见和建议。

一、审计底稿编制的基本步骤和要点

（1）了解审计目标和范围。审计师需要先明确审计的目标和范围，包括被审计单位的基本情况、审计的时间范围、审计的重点领域等。

（2）收集审计证据。审计师需要通过各种方式收集审计证据，如检查财务报表、询问被审计单位人员、观察现场情况等。收集到的证据需要真实、完整、可靠。

（3）整理和分析审计证据。审计师需要对收集到的审计证据进行整理和分析，以判断被审计单位的财务状况是否存在问题。这一过程中，审计师需要使用专业知识和技能，对证据进行充分的评估和分析。

（4）编制审计底稿。在整理和分析审计证据的基础上，审计师需要编制审计底稿。审计底稿应详细记录审计师在审计过程中的所有活动和发现，包括审计程序、审计证据、分析过程和结论等。审计底稿应清晰、准确、完整,方便后续审计工作的参考和复核。

(5) 复核和审核审计底稿。审计底稿编制完成后,需要进行复核和审核。复核可以由审计团队的其他成员进行,以检查审计底稿的完整性和准确性。审核则通常由审计机构的负责人或质量控制部门进行,以确保审计底稿符合审计准则和质量要求。

(6) 归档和保存。审计底稿是审计工作的重要记录,需要妥善归档和保存。审计底稿的保存期限通常根据相关法律法规和审计准则的要求来确定。

总之,审计底稿编制是审计工作中的一项重要任务,它有助于审计师系统地记录和整理审计过程,为审计报告提供有力支持,并确保审计工作的质量和效率。

二、审计底稿的格式通常包括的要素

(1) 被审计单位的名称。明确审计的对象。
(2) 审计事项及其期间或者截止日期。明确审计的具体内容和时间范围。
(3) 审计过程记录。详细记录审计的步骤、方法、程序和所获取的证据,包括具体项目或事项的识别特征。
(4) 审计结论、意见及建议。根据审计过程记录,提出审计结论、意见和建议。
(5) 审计人员姓名和审计日期。记录审计人员的姓名和进行审计的日期。
(6) 审计对象的反馈意见。如果被审计单位对审计结论有异议或反馈,应在此部分记录。
(7) 复核人员姓名、复核日期和复核意见。审计底稿需要经过复核人员的复核,以确保其准确性和完整性。此部分记录复核人员的姓名、复核日期和复核意见。
(8) 索引号及页次。为了方便查阅和管理,审计底稿应有索引号和页次。
(9) 审计标识与其他符号及其说明。审计底稿中可能包含一些特定的标识和符号,这些应在底稿中加以说明。

审计底稿的格式可能因审计机构和审计项目的不同而有所差异,但以上要素是大多数审计底稿的基本组成部分。审计底稿是审计工作的重要记录,对于审计工作的质量控制和审计报告的编制具有重要意义。

三、底稿管理

(一) 打开附注

选择"底稿管理\打开附注"菜单,系统会打开已刷新好的附注。

(二) 底稿项目维护

选择"底稿管理\底稿项目维护"菜单,系统弹出"底稿项目维护"窗口(如图 12-2 所示)。

图 12-2 底稿项目维护

在"底稿项目维护"中审计人员可以对底稿项目进行"添加""删除""打印"操作。审计人员也可以在该表页中修改底稿索引号。

(三) 底稿恢复

在使用导入底稿功能时,在整体导入底稿时系统会有默认的三次备份,可以在这里选择任意一次进行恢复。

(四) 批量签名

单击菜单"底稿管理"下的"批量签名"按钮,系统弹出"批量签名"窗口(如图12-3所示)。

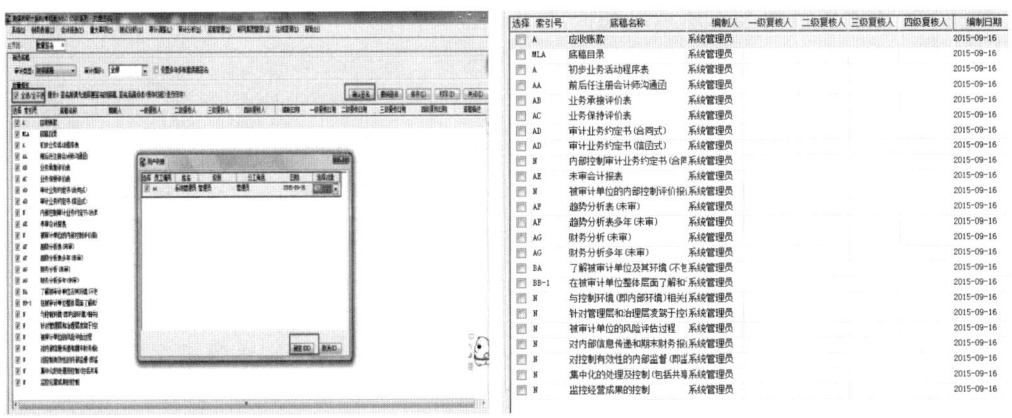

图 12-3 批量签名

审计人员可以在此窗口中进行签名。同样，选择底稿进行签名也支持 Ctrl 键、Shift 键进行多选。

批量签名主要用于没有对工作底稿进行签名，对所有的底稿进行签名，还可校正签名的正确与否。例如，对货币资金的编制人签名，先对货币资金打"√"，再单击编制人签名。也可多选几个报表项目进行编制人签名。

（五）导入导出底稿

导出、导入底稿是解决使用单机版的情况下，一个审计项目分给多个会计师一起完成的问题。具体过程是会计师各自先导入前端数据，然后完成负责部分的底稿（或某个业务循环）的审计工作。当每个会计师都完成后，将各自负责的底稿导出，最后在一台计算机上导入其他人导出的底稿，即可完成多个会计师合作一个审计项目的工作。导出或导入涉及的内容包括实质性工作底稿、科目余额、调整分录、抽样、附注项目、书签。

进入导出、导入底稿都是在菜单"底稿管理"下"导出底稿""导入底稿"。

1. 导出底稿。

导出底稿包括底稿数据文件显示框、底稿列表、浏览按钮、确定按钮和取消按钮。

（1）底稿数据文件显示框。单击"浏览"按钮，选择并输入要导出的报表项目数据文件的路径和文件名称。

（2）底稿列表。选择要导出的底稿（负责的底稿）。如果要选择全部的底稿，可选中"选择底稿"。

（3）确定按钮。选择底稿数据文件的路径、文件名及要导出的底稿完成后，单击"确定"按钮开始导出底稿生成底稿数据文件。

2. 导入底稿。

导入底稿包括底稿数据文件显示框、底稿列表、六个导入选项、浏览按钮、确定按钮和取消按钮。如图 12-4 所示。

（1）底稿数据文件显示框。单击"浏览"按钮，选择要导入的底稿数据文件。

（2）底稿项目列表。列示出底稿项目数据文件包含的底稿，选择要导入的底稿（负责的底稿）。如果要选择全部的底稿，可选中"选择底稿"。

（3）导入底稿数据。包括实质性工作底稿、科目余额、调整分录、抽样、附注项目、书签六个选项。审计人员可以全选也可以选择部分选项。

（4）确定按钮：选择报表项目数据文件的路径、文件名及要导出的报表项目完成后，单击"确定"按钮开始导出报表项目生成报表项目数据文件。

（六）审计工作底稿归档

审计人员在完成审计项目并出具审计报告后，可使用"底稿管理\审计工作底稿归档"功能（如图 12-5 所示），点击"底稿管理\审计工作底稿归档"按钮，弹出"导出路径"表页，审计人员可以选择目标文件夹将电子版底稿存储到计算机其他位置，准备归档（如图 12-6 所示）。

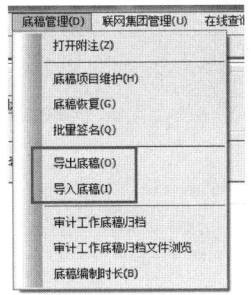

 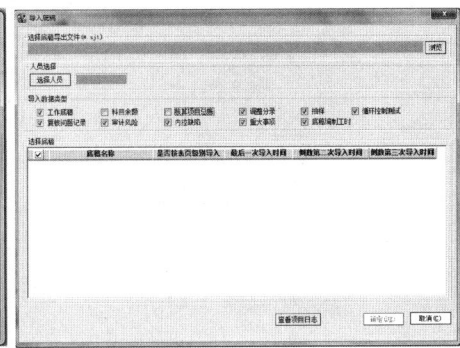

图 12-4 导出、导入底稿

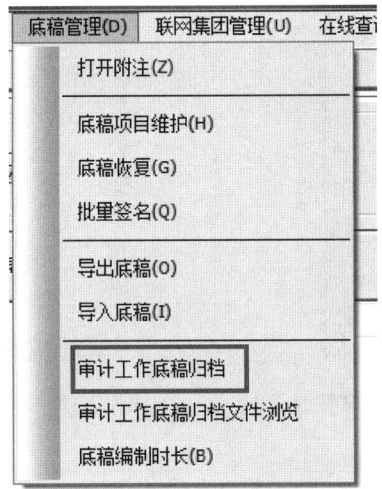

图 12-5 审计工作底稿归档-1

（七）审计工作底稿归档文件预览

"审计工作底稿归档文件预览"功能，可以在系统中查看"审计工作底稿归档"功能导出的 Excel 表格形式的底稿信息（如图 12-7 和图 12-8 所示）。

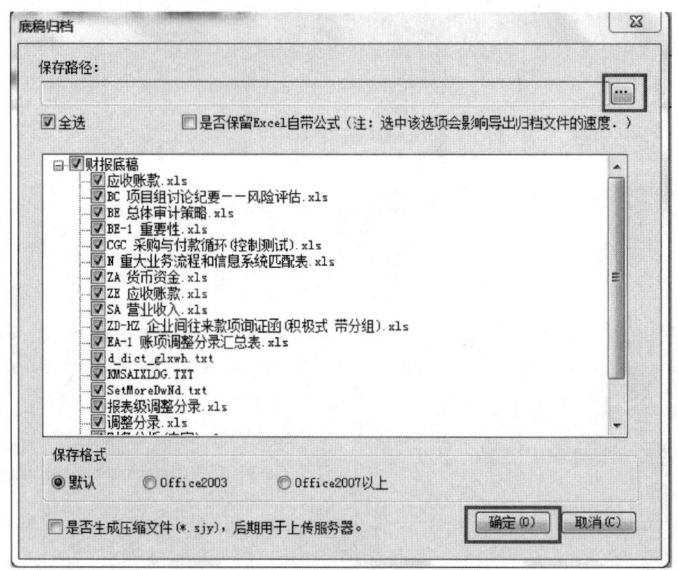

图 12-6　审计工作底稿归档-2

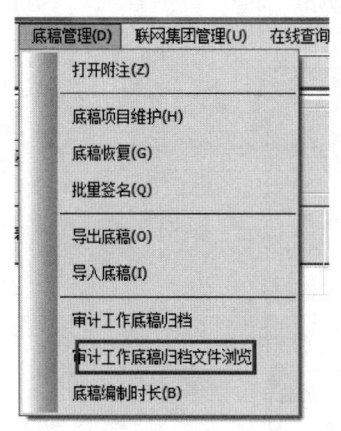

图 12-7　审计工作底稿归档文件预览 1

图 12-8　审计工作底稿归档文件预览 2

（八）底稿编制时长

打开底稿编制时长，单击详情，会有审计人员每一次打开底稿时间和登录用户的记录，同时记录编制底稿所用的时长。

（九）联网集团管理

联网集团管理功能，需配合"鼎信诺事务所项目管理系统"使用，必须先在浏览器中创建项目、复核底稿，作业时下载作业项目后在本机工作。

如果在审计系统先创建了作业项目，需要上传时，先要去管理系统中创建作业项目并提交审批，通过后将作业系统中的项目号修改为管理系统中的项目号，接着按作业项目号关联作业项目，就可以上传下载。

在使用此功能前，需要先对参数进行设置，如图12-9所示。

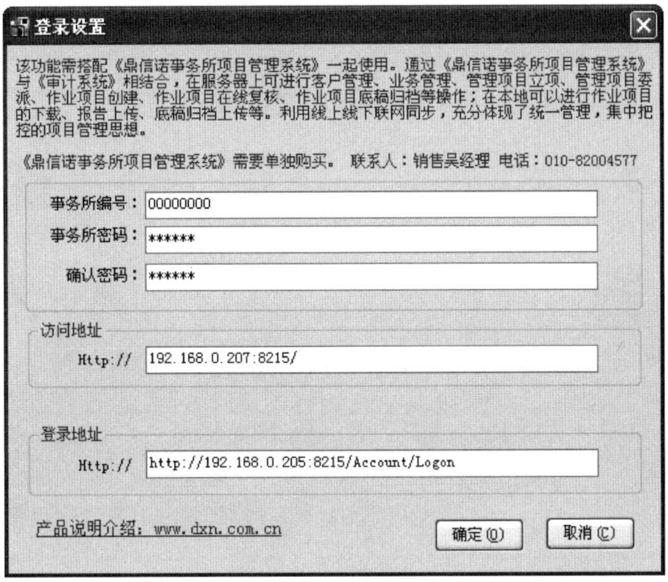

图 12-9　登录设置

（十）项目上传下载具体操作

（1）在项目管理系统中创建好项目后，打开"项目关联"，如图12-10所示。注意：必须是现场负责人及以上的项目角色才可以进行项目上传下载操作。

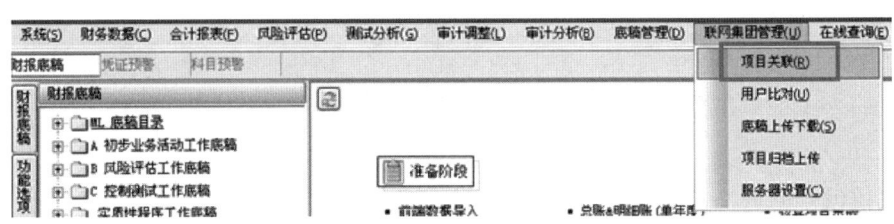

图 12-10　上传下载-1

（2）用户比对。用户以服务器上人员信息为准，如图12-11所示。

（3）底稿上传下载。本地的数据上传到服务器中。

注：底稿项目中，只列示出打开并保存过的底稿。

（4）下载数据。上传的数据完成后，复核人在项目管理系统中对底稿项目、复核问题等进行复核后，再登录审计系统进入数据同步界面，将复核的信息下载到本地，如图12-12所示。

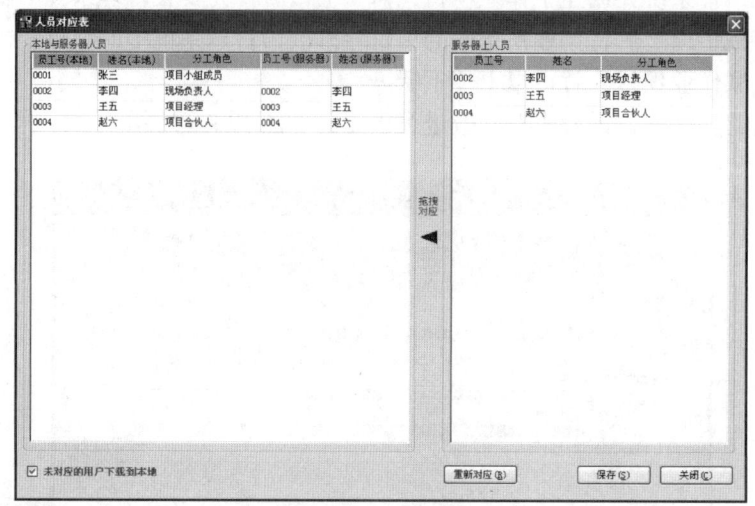

图 12 – 11　上传下载 – 2

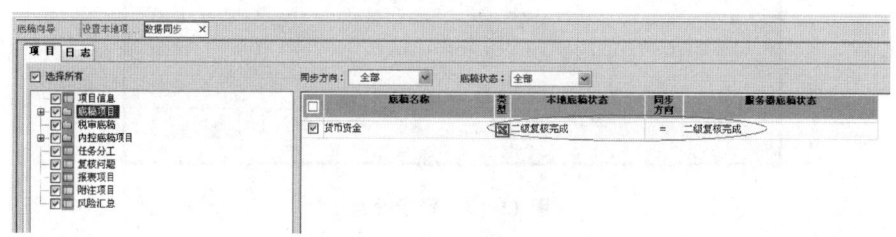

图 12 – 12　上传下载 – 3

（5）项目归档上传。

注：只有现场负责人的角色可以进行上传的操作，项目中其他角色都只能下载。如果在项目管理中标记项目已经完成后，审计系统中就不能再进行上传下载的操作。

第二节　底稿编制

底稿编制的意义主要体现在以下几个方面。

（1）证据记录。底稿记录了审计师对被审计单位财务信息的审查、分析和测试过程，这些记录成为审计师工作证据的重要来源，可以证明审计工作的可靠性和合规性。

（2）保持连续性。底稿记录了审计工作的全过程，包括审计师的工作安排、工作计划、工作程序等，这有助于审计师之间的沟通和协作，也有助于后续的审计工作延续。

（3）便于复核。底稿编制使得审计工作可以被其他审计师或内部复核人员进行审查和评估，以确保审计工作的质量和准确性。

(4) 提高效率。底稿记录了审计师的工作步骤和方法,可以帮助审计师在后续的审计工作中更加高效地进行,减少重复工作和浪费时间。

(5) 辅助编制审计报告。底稿中的审计发现、意见和结论等信息可以为审计报告的编制提供依据,确保审计报告的准确性和完整性。

总体来说,底稿编制有助于确保审计工作的准确性和效率,同时也为审计报告的编制提供了重要依据。在审计工作中,底稿编制是一项非常重要的工作,需要审计师认真对待。

鼎信诺软件在编制底稿时,审计的轨迹是全部留在审计底稿上的,下面我们介绍关于审计底稿的一些操作功能。

一、底稿向导

将鼠标指针放在要查看的工作底稿上,双击鼠标左键可以打开工作底稿。单击鼠标右键可以添加、删除和修改底稿,如图 12-13 所示。

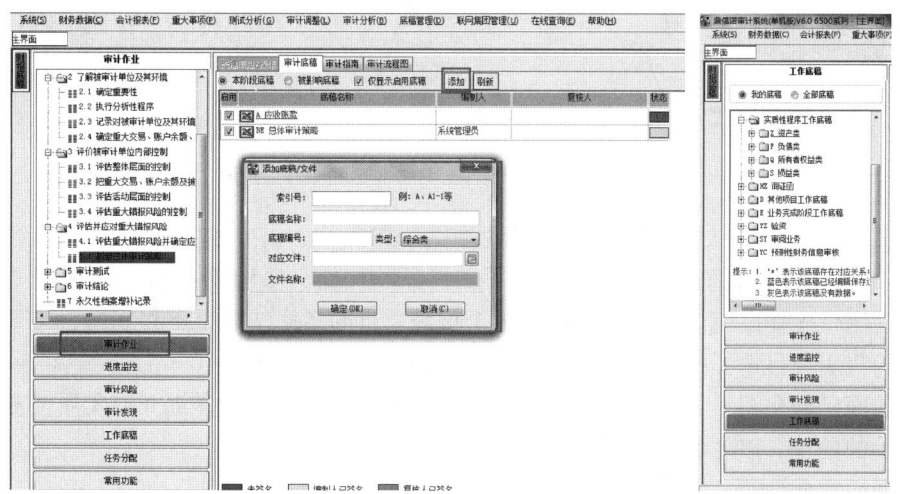

图 12-13 添加底稿

二、打开底稿

打开实质性测试底稿,有以下三种方式。

1. "未审会计报表""试算平衡表"中打开。

例如,在"未审会计报表"窗口中选中要打开的报表项目,单击鼠标右键弹出菜单,在弹出的菜单中选择"打开底稿",进入实质性测试底稿。例如,要打开"货币资金"的实质性测试底稿,在"未审会计报表"窗口中的"货币资金"上单击鼠标右键,弹出菜单。在弹出的菜单中单击打开底稿进入"货币资金"的实质性测试底稿。也可以在"报表项目"所在的单元格中单击鼠标右键弹出菜单,在弹出的菜单中选择"打开底稿"(详见未审会计报表\打开工作底稿)。"试算平衡表"中打开,操作步骤可以参照"未审会计报表"中打开底稿的操作步骤。

2. 通过"底稿向导"打开。

选择"系统\底稿向导"菜单。系统弹出"底稿向导"窗口单击窗口左边的"实质性底稿",然后双击下面所列的底稿即可(请参考"系统\底稿向导"操作说明)。

3. 通过"底稿管理\打开底稿""实施阶段\实质性测试"打开。

选择"底稿管理\打开底稿"菜单,系统弹出"实质性测试底稿"窗口,如图 12 – 14 所示(注意:必须要先生成未审会计报表才可以在报表项目列表中看到项目)。可以双击要打开的实质性测试工作底稿也可以把需要打开的底稿打"√",然后单击"打开"。

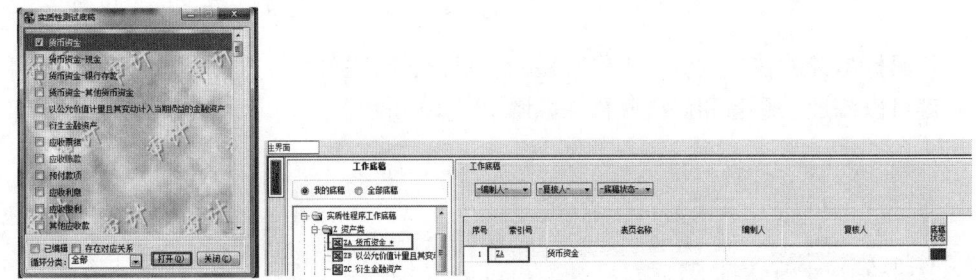

图 12 – 14 实质性测试 – 1

例如,要打开"货币资金"实质性测试工作底稿,可在实质性测试底稿窗口中单击"货币资金"的选择框,然后单击"打开"按钮,系统将弹出"货币资金"的实质性测试工作底稿。如果一次打开多个报表项目的实质性测试工作底稿,可单击要打开的报表项目选择框,然后单击"打开"按钮即可。

前面已经介绍了如何进入实质性测试工作底稿中,在这里详细介绍实质性测试工作底稿的使用。以"货币资金"的实质性测试工作底稿为例。

一般实质性测试底稿包括:识别出的风险及缺陷、审计程序、明细表、审定表、检查情况表等内容。可以在实质性测试底稿窗口中用鼠标单击标签 sheet 进行切换,查看各个表的详细情况。每个表页的窗口显示实质性工作底稿的内容。

首先,工具栏。

包含最常用的底稿操作功能(如图 12 – 15 所示)。

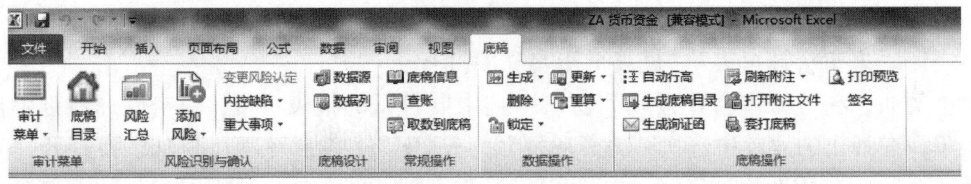

图 12 – 15 实质性测试 – 2

其次，菜单。

在工具栏的基础上增添了更多的功能（如图 12-16 所示）。

再次，鼠标右键。

在 Excel 的单元格上和行标上单击鼠标右键还会有一些相关的功能（如图 12-17 所示）。

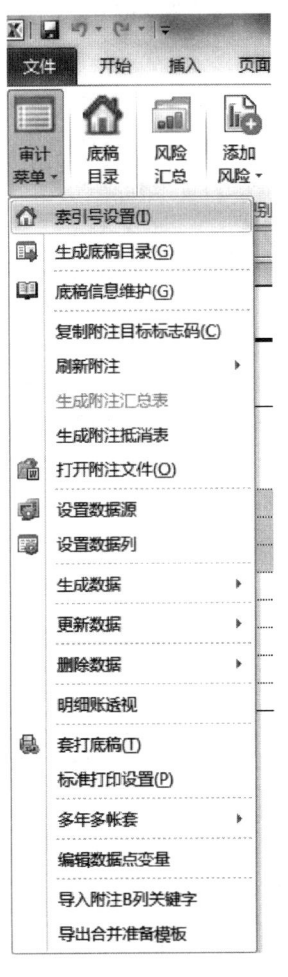

图 12-16　实质性测试-3

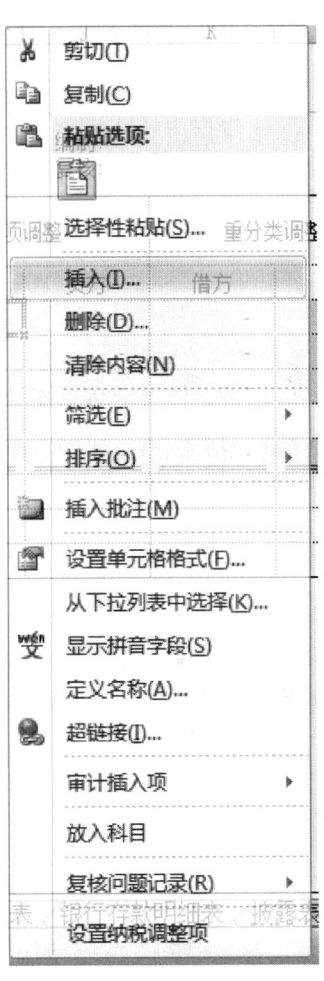

图 12-17　实质性测试-4

最后，Excel 的自定义函数。

在单元格中可以设置函数来完成我们需要的特定数值的取数，如图 12-18 所示。

三、设置数据源

设置数据源的功能是设定当前的实质性测试工作底稿的某一行从哪张财务数据表（包括科目余额表、科目月余额表、凭证表、核算项目总账、存货、固定资产卡片以及附加表）中取数以及取数的多种条件。例如，系统中提供了科目余额表、科目月

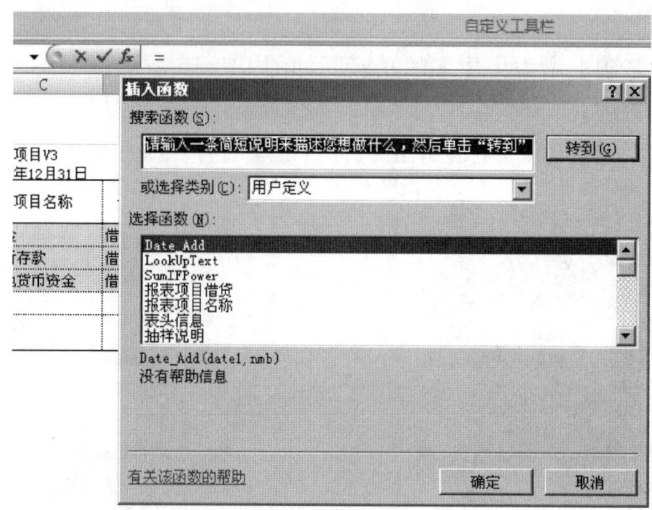

图 12-18　实质性测试-5

余额表、凭证表、核算项目总账等几个表，审计人员就可以通过"设置数据源"选择当前实质性测试底稿对应的数据表。默认的实质性测试底稿已经为审计人员设置好了相应的数据源，如图 12-19 和图 12-20 所示。

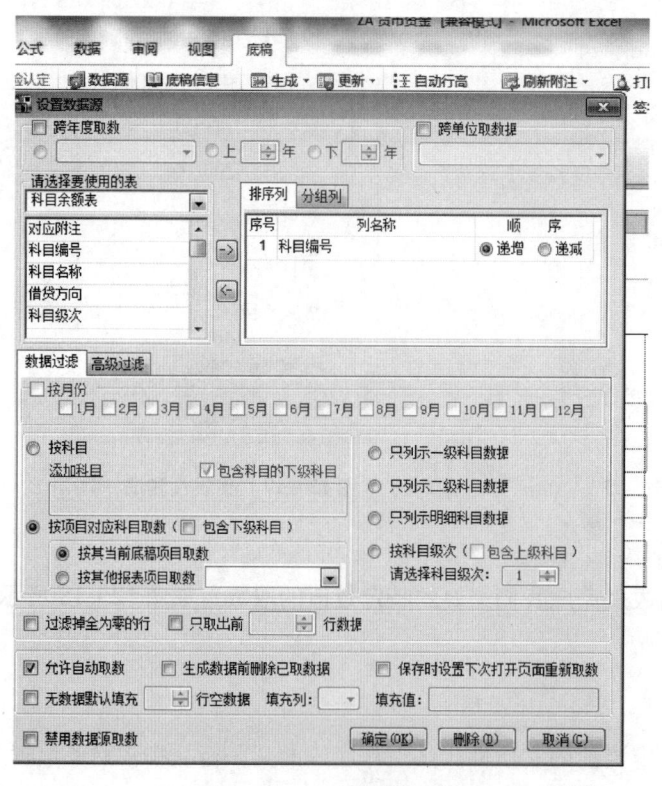

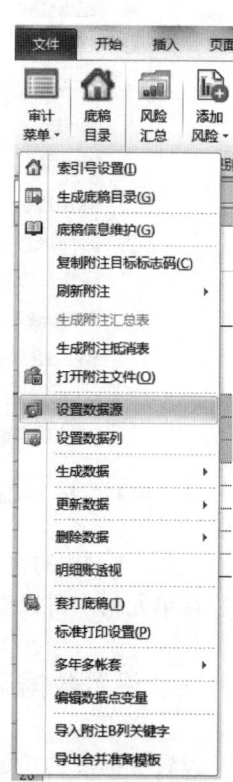

图 12-19　设置数据源-1　　　　　　图 12-20　设置数据源-2

"设置数据源"窗口显示的数据来源是科目余额表,数据排列顺序是按科目编号递增的顺序,提取数据条件是当前报表项目所属的明细科目数据。

在设置数据源窗口中审计人员可以进行如下操作。

1. 选择使用的表。

该下拉列表包括的数据表有科目余额表、科目月余额表、凭证表、存货、固定资产卡片以及附加表。当选择下拉列表中某个数据表时,下方的列表将相应列示出该数据表包含的列。如图12-19中的行号、科目编号、科目名称等就是"科目余额表"的列。

2. 选择排序列。

排序列的功能是使实质性测试底稿窗口中表页中的数据按相应列进行排序显示,在设置数据源窗口的右上角有"排序列",审计人员可以用鼠标从左面的"列"列表中(行号、科目编号、科目名称、科目类别等)拖拽到排序列中,审计人员想用哪个列进行排序就把哪列拖拽到排序列中。然后在"顺序"列中选择排序方式"递增"或"递减"。如果添加排序列后想删除所选择的排序列,可以用鼠标使用拖拽的方式将不需要的列拖拽到"列"列表中。

3. 选择分组列。

分组列的功能是使实质性测试底稿窗口中表页的数据按某列进行分组显示。例如,数据表中有两个或两个以上的"现金—人民币"这个科目,审计人员选择按科目名称分组后就只显示一条"现金—人民币"的数据,像发生额等取所有"现金—人民币"的和。选择分组列的操作和选择排序列的操作方式相同。

4. 数据过滤。

审计人员可以通过设置过滤条件,得到想要的数据。在设置数据源窗口的数据过滤页中包括按月份、按科目、按项目对应科目取数、科目级次4项过滤内容(如图12-21所示)。

(1)按月份过滤。在图12-21中"按月份"是不能使用的,这是因为所选择的表是科目余额表,而科目余额表中不存在月份信息,在其他表中像凭证表、科目月余额表中都可以使用按月份过滤,它们都包含月份信息。选中月份后可以在1~12月中随意选择月份,只要选中相应的选择框就行。例如,审计人员只选择1月和6月的数据就只将1月和6月的选择框选中,其他的都设为非选中状态即可。

(2)按科目过滤。必须先选中"按科目"这个选择框,然后单击"添加科目",系统弹出科目列表窗口。如图12-22所示,审计人员可以根据实际情况从科目列表窗口左侧的树型列表中选择要过滤的科目,单击"确定"按钮即可。所选择的科目名称就会被显示在设置数据源窗口的文本框中。在按科目过滤的条件中还包含"包括科目的下级科目"选择框,如果没有选中"包括科目的下级科目"就只取出在文本框中列出科目的数据,如果选中则文本框中所列科目的下级科目数据也被取出。例如,"现金"科目,"现金"包括"人民币""美元"两个明细科目,如果选择了"包含科目的下级科目"那么"人民币""美元"两个科目的数据也同时被取出,否则只有"现金"科目的数据,如图12-22所示。

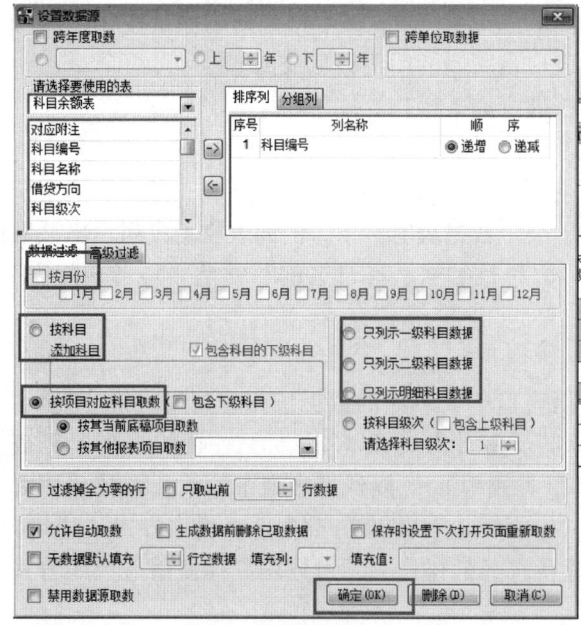

图 12 – 21　设置数据源 – 3　　　　　图 12 – 22　设置数据源 – 4

（3）按项目对应科目取数。在审计中一个底稿项目可能对应多个科目（像"货币资金"这个项目可能对应"现金""银行存款""其他货币资金"3 个科目，像"应收票据"可能对应"应收票据"1 个科目）。不同项目对应的科目也不同，实质性测试底稿窗口中的表页可以按某一个报表项目包含的科目进行取数，也可以不按底稿项目取数（将所有的科目数据都取出），如图 12 – 23 所示。如果没有选中设置数据源窗口"数据过滤"标签下的"按底稿项目"项（当前是选中状态），系统就会将所有的科目数据都显示出来。如果选中了按底稿项目如图所示状态，审计人员可以根据实际情况选择是按当前底稿项目出数还是按其他底稿项目出数，如果按其他底稿项目出数，应该先选中"按其他底稿项目出数"然后在其后的下拉列表中选择一个底稿项目。如果选中"包含底稿项目下级科目"，则所要显示科目及其下级科目的数据全部列出。

（4）按科目级次过滤。在财务科目表中各科目是有级次的。例如：101 现金、10101 人民币、10102 美元，现金就是 1 级科目，人民币、美元是 2 级科目。在这里，如果审计人员选择了按级次过滤就可以在选择级次的调整框中选出自己想要的级次。按科目级次过滤中还包括"包含上级科目"选择框，如果选中那么连同上级的所有科目都显示出来，例如，科目级次中选择的是 3 就将 1 级、2 级、3 级科目的数据都取出来，否则就只选择出第 3 级科目。

（5）高级过滤。也是为了审计人员通过设置过滤条件，得到想要的数据，例如，审计人员要得到"科目名称是人民币"的数据，如图 12 – 24 所示，可在"高级过滤"中，单击"添加"按钮添加新过滤条件，在新过滤条件的"字段名"下选择"科目名称"，"操作符"下选择"等于"，值下选择"人民币"。"高级过滤"可添加多个条件。如果想删除已经添加的过滤条件，可以单击"删除"按钮。

第十二章 审计底稿　261

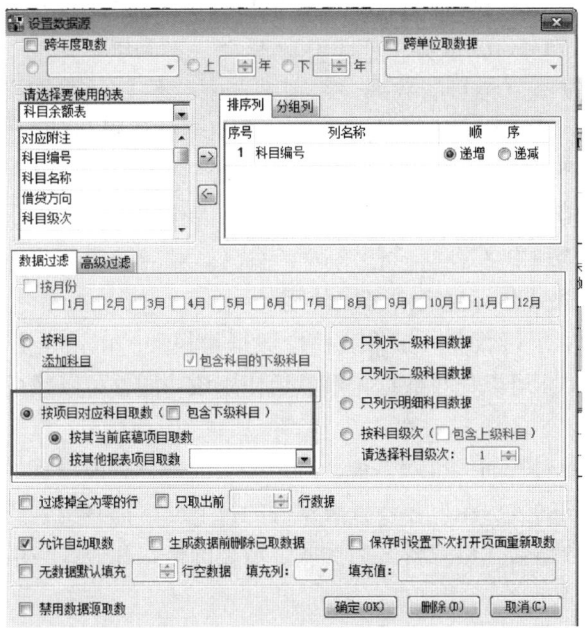

图 12－23　设置数据源－5

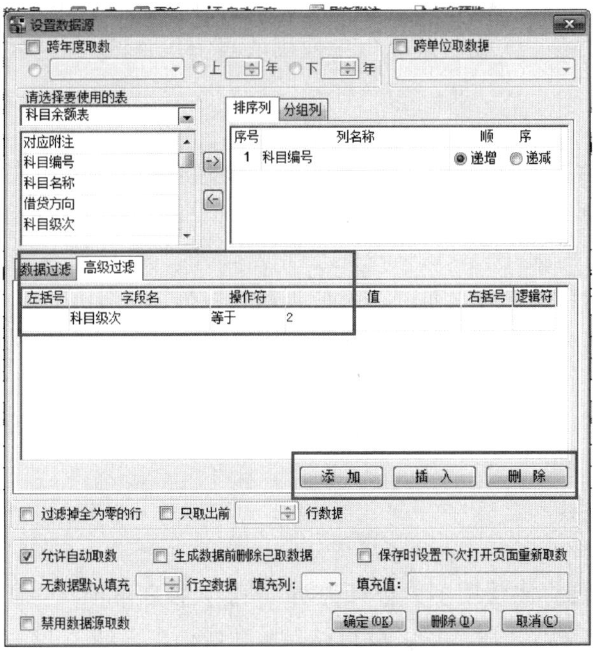

图 12－24　设置数据源－6

（6）只列示明细科目数据。在财务科目表中科目是分级次的，例如，"111 短期投资"下面有"111001 股票""111002 债券""111003 基金""111004 其他"。"111 短期投资"，就是一个非明细科目，其他 4 项是明细科目，如果选中"设置数据源"

窗口中的"只显示明细科目数据",那么在实质性测试底稿窗口的对应表页中就只显示"111001 股票""111002 债券""111003 基金""111004 其他"四个科目的数据,不出现"111 短期投资"科目的数据。否则不选中"只显示明细科目",那么所有的科目将都显示出来。"只列示二级科目数据"是只将二级科目的数据取出。

(7) 过滤掉全为零的数据。在实际的财务处理中可能有的科目根本没有用到,也就是它的期初、期末、发生额等数据都是零,就可以通过"过滤掉全为零的行"将那些科目去掉。否则就都在实质性测试底稿窗口对应的表页中显示出来了。注意:过滤掉全为零的数据只在科目表中可以使用。

(8) 只取出前××行数据。如果底稿中数据量很大,审计人员只希望将数据较大的数据列示在底稿中,可以先将数据排序然后使用该功能,可以减少底稿中的数据量。

【注意】

设置数据源是针对行的,也就是说,一个表页的一行只能设置一个数据源,但对不同的行可以设置不同的数据源。在设置数据源的行下面,都有相应的格式范例行。设置数据源后,插入的数据会在格式行之后插入,数据的格式和公式与格式范例行一样。

四、数据\设置列对应关系

实质性测试底稿设置数据源完成后,就可以开始"设置列对应关系"了。"设置列对应关系"是设定"设置数据源"中使用的表中包含的列与实质性底稿中的列对应关系。

操作如下。

(1) 单击"数据列"按钮,系统弹出设置列对应关系窗口(如图 12-25 所示)。

(2) 单击菜单"鼎信诺审计"下的"数据列"(如图 12-26 所示)。

实质性测试底稿窗口中对某一表页进行操作时因为某些原因使数据被修改或被删除,要恢复原来的数据就可以通过"生成当前表数据"来实现。

当数据源和列关系设置好以后,就可以用生成数据更新数据的功能来方便地完成底稿了,事实上我们的审计程序、审定表、明细表、检查情况表等就是给大家设置了数据源和列关系实现了数据和 Excel 之间的连接。

五、底稿信息

"底稿信息"图标主要用于"审计说明""建议披露事项""提请关注事项""审计结论"等信息的录入。录入后,会自动显示在底稿中,如图 12-27 所示。

六、数据操作

(1) 生成。针对当前激活的设置有数据源的表页(Sheet)取出需要的数据。

(2) 更新。针对当前激活的设置有数据源的表页(Sheet)更新已经取出数据的

第十二章 审计底稿 **263**

图 12-25 设置列对关系-1

行的数据，需要更新的列要通过列关系选中更新才能更新。

（3）删除数据（当前表单数据源）。针对当前激活的设置有数据源的表页（Sheet）删除当前行对应数据源已经取出数据，整行删除。

（4）删除数据（当前表所有数据源）。针对当前激活的设置有数据源的表页（Sheet）删除所有已经取出数据，整行删除。

（5）重算。针对当前填表的公式，重新计算表页。

（6）查账。单击"查账"，查看当前科目明细账。

（7）锁定。主要设定当前表的编辑状态。审计人员可选择"锁定当前表""标准编辑状态""无保护编辑状态""设置当前表的锁定单元格"四种状态。

（8）"生成"和"更新"的区别。"生成"数据只追加数据行，对于已经有的数据行不会重复追加也不再修改上面的任何数字，"更新"只对已经通过"生成"产生的数据行更新数据，不产生新的行。

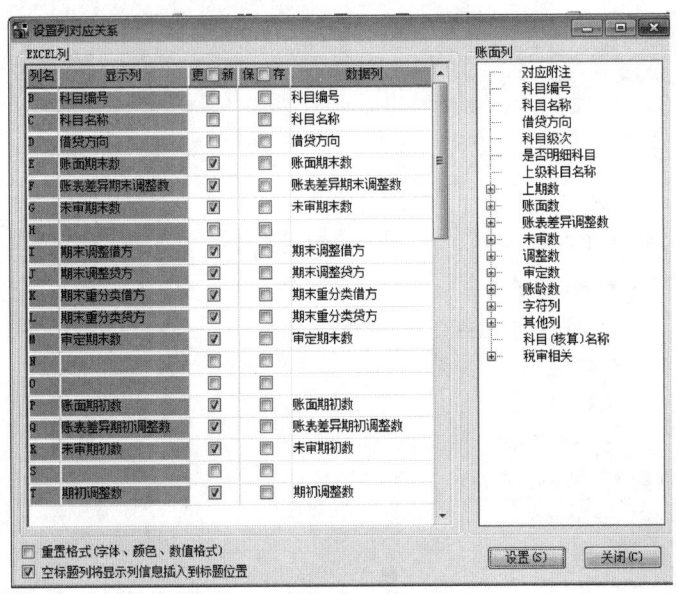

图 12–26　设置列对关系–2

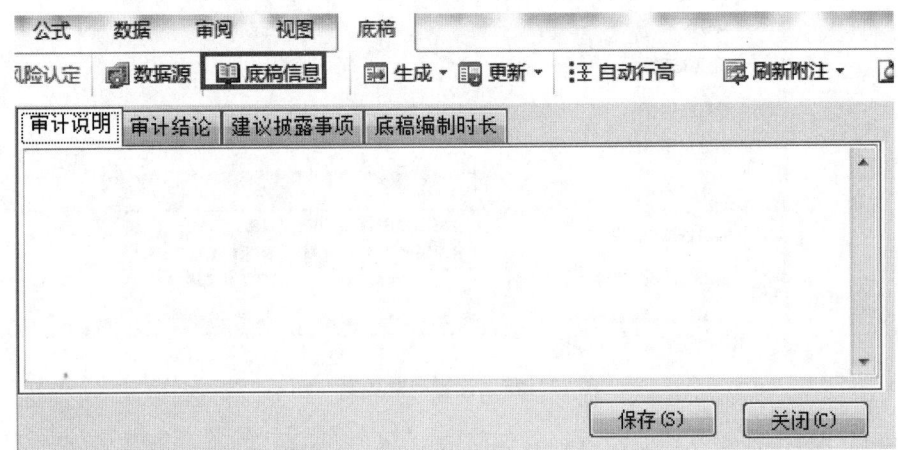

图 12–27　底稿信息

第三节　底稿生成

鼎信诺软件是一款常用的审计软件,用于帮助审计人员进行审计工作的自动化处理。生成底稿是审计过程中的一个重要环节,下面简要介绍在鼎信诺软件中如何生成底稿。

(1) 数据导入。首先,将需要审计的数据导入鼎信诺软件中。这通常包括财务数据、业务数据等。

(2) 审计程序设定。在软件中设定审计程序,包括审计的目标、范围、方法等。

(3) 数据抽取与分析。根据设定的审计程序，软件会自动抽取相关的数据进行分析。

(4) 底稿生成。分析完成后，软件会根据抽取的数据和设定的审计程序，自动生成审计底稿。

(5) 底稿审核与调整。生成的底稿需要进行人工审核，确保其准确性和完整性。如有需要，可以对底稿进行调整和修改。

(6) 导出与保存。审核无误后，可以将底稿导出为需要的格式（如 PDF、Excel 等），并进行保存。

需要注意的是，具体的操作步骤可能会因软件版本、审计项目的具体要求等因素而有所不同。因此，在实际操作中，建议参考鼎信诺软件的用户手册或相关培训资料，以确保操作的正确性和效率。

此外，审计是一项高度专业化和严谨性的工作，需要审计人员具备丰富的专业知识和经验。在使用鼎信诺软件生成底稿时，也需要审计人员对生成的底稿进行认真的审核和评估，以确保其质量和可靠性。

一、审计插入项

审计过程中会常用到一些审计标识、结论或执行情况的符号，为了审计人员使用方便，系统提供这些符号（如图 12 - 28 所示），审计人员可以在底稿的单元格中右击，在菜单中直接选择。如有公式的单元格插入标识、结论或执行情况的符号时会弹出提示。

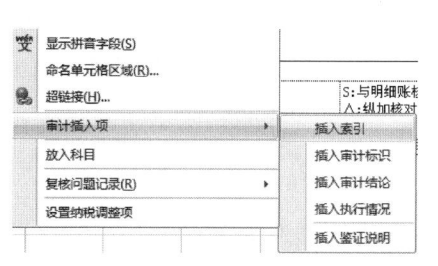

（a）插入审计标识等

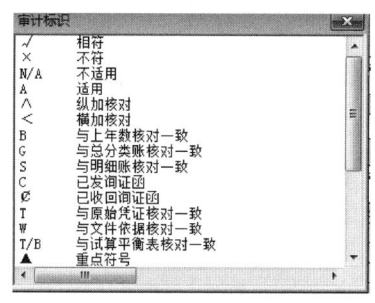

（b）插入审计标识

（c）插入审计结论

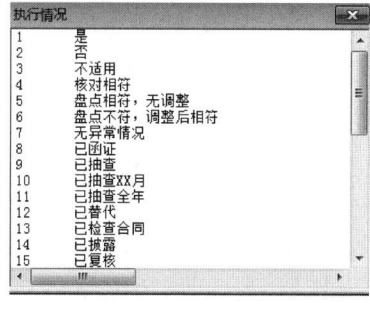

（d）插入执行情况

图 12 - 28　审计插入项

二、放入科目

在实质性工作底稿中,右击单元格,选择"放入科目"子菜单(如图 12 - 29 所示),放入类型可以选择"编号名称""科目编号""科目名称",同时可以进行"选择审计期间"的操作。单击确定就能在单元格中放入选中的信息,通常该功能会配合一些已经设置好公式的底稿联合使用,如替代测试表或者收入成本配比底稿等,选择科目后有公式的单元格就能自动取数。例如,右键放入"主营业务成本"科目(如图 12 - 30 所示),系统会自动取出数据。

图 12 - 29 放入科目 - 1

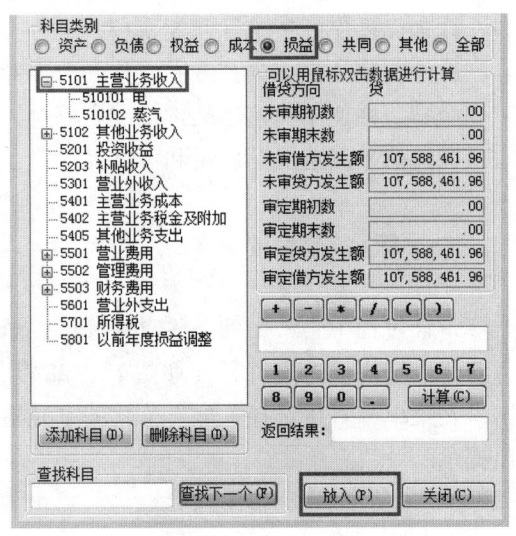

图 12 - 30 放入科目 - 2

三、生成账龄

账龄分析只有在当前项目具有多个审计年度的情况下才能准确生成账龄,如果只有一个审计年度,系统只能分析一年、一年以上两种情况。审计系统还可以将账龄按月份设置。设置账龄区间操作如下。

首先,单击"财务数据\数据初始化"按钮(如图 12 - 31 所示),进入财务数据初始化界面。

其次,在数据初始化界面单击"设置账龄区间"按钮,进入账龄设置表页(如图 12 - 32 所示)。在时间模式下用鼠标单击单元格,弹出下拉菜单(如图 12 - 33 所示),审计人员可选择"月"来设置账龄区间。

最后,在实质性的底稿的明细表中,先选择要生成的账龄的行,在行标上右击(如图 12 - 34 所示),即可生成账龄。

点击子菜单"生成账龄",弹出"生成账龄"对话框,生成两年及两年以上的账龄,要有多年的账套。

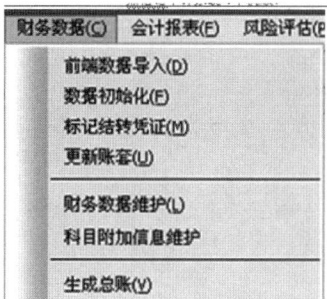

图 12-31　生成账龄-1

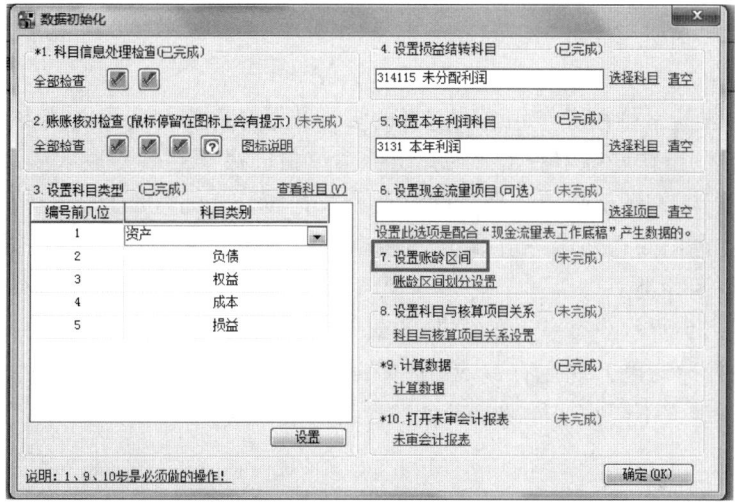

图 12-32　生成账龄-2

图 12-33　生成账龄-3

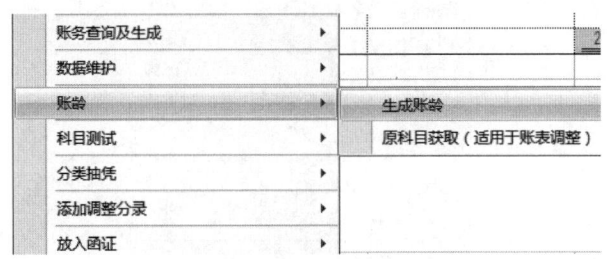

图 12-34　生成账龄-4

四、放入函证

"放入函证"是将在工作底稿中选择的多行数据合并到询证函文档中。

在实质性的工作底稿中右击，在弹出的菜单中选择子菜单"放入函证"，可以选择放入："银行间询证函、放入企业间询证函、存货、交易性股票、经销商保管的金融资产、证券经销商之外第三方保管的金融资产"等。审计人员可根据科目类别，自行选择询证函种类。

如图 12-35 所示，每一行的数据（或记录）都会生成一个单独的文档。例如：要给 50 个人发邀请函，现在有这 50 个人的名单和函件具体内容，函件内容是一样的，只是被邀请人不同，这样的情况就适合使用询证函。

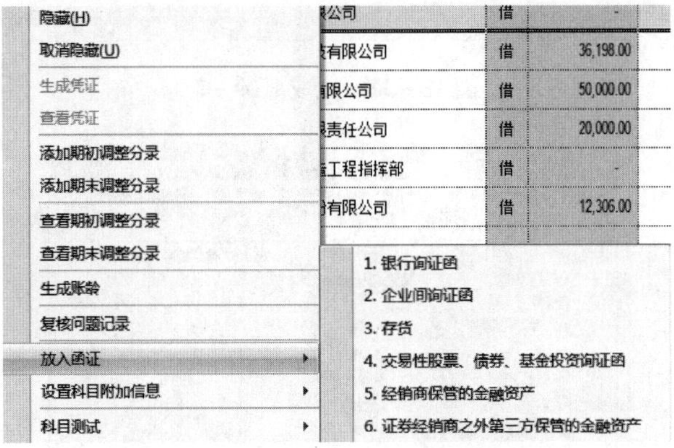

图 12-35　右击—放入函证

回到操作系统的主界面，在底稿向导中找到"询证函"文件夹（如图 12-36 所示），打开，找到相应的询证函的模板，双击打开。如图：询证函模板。双击进入"银行询证函表页"，审计人员可录入询证函各个项目数据，单击"生成询证函"（如图 12-37 所示），系统会自动将该函证放入 Word 中，审计人员查看无异议后，可以打印发函。审计人员若要查看发过多少函证，可在底稿中"应收账款函证汇总表"中查看。

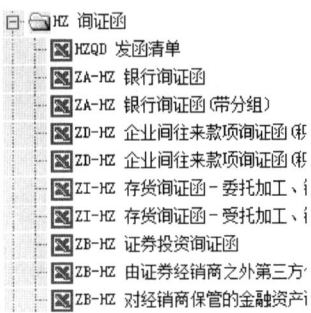

图 12-36 放入函证-1

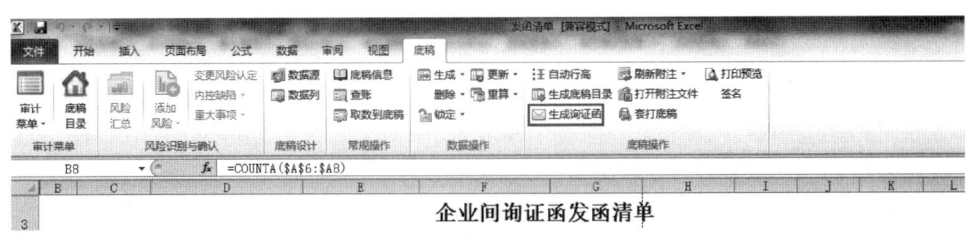

图 12-37 放入函证-2

友情提示：如果审计人员需要修改函证格式，可到鼎信诺系统文件安装目录下，找到函证模板进行修改。注意：修改时只能修改格式，模板中带公式链接的地方不要修改。

如果审计人员决定删除某笔函证，可在任意底稿表页中单击"查账"按钮，在快速查账页面单击"函证表"按钮（如图 12-38 所示），在这个表页中可以选中函证，单击"删除"按钮，即可删除函证。

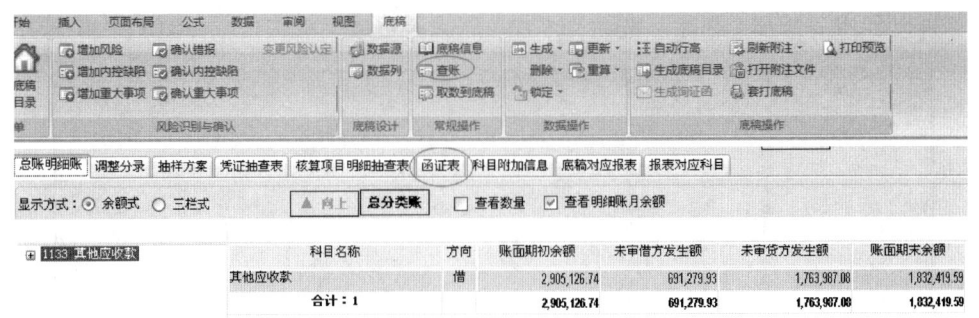

图 12-38 删除询证函

五、科目测试

如果发出函证未回，或是审计人员认为回函概率很小，审计人员需要进行替代测试。

操作方法：在明细表数据行的行标上右击，在弹出的菜单选择"科目测试"，如图 12-39 所示。

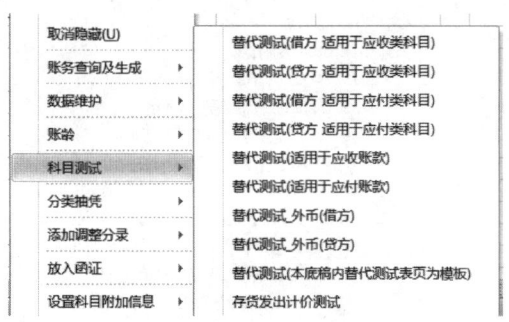

图 12-39　科目测试

可以选择你需要的方式对科目单独开一个 Sheet 完成工作，例如，选中一个科目进行替代测试，就会自动生成一个该科目的替代测试表。

六、打开明细账

在实质性底稿的审定表及明细表中，选中一行数据右键，在弹出的菜单选择“打开明细账”，可以直接定位到科目的明细账，方便查阅。

七、科目余额表维护

在实质性底稿的审定表及明细表中，选中一行数据右键，在弹出的菜单中选择“科目余额表维护”界面，默认显示与当前底稿关联的科目和核算项目的账面期初数、账面借贷方发生额、账面期末数。

可以利用“添加\删除”按钮，添加\删除科目或核算项目，如图 12-40 所示。

称	科目类别	借贷方向	科目级次	是否明细科目	账面期初数	账面借方发生额	账面贷方发生额	账面发生额	账面期末数
	资产	借	1	否	0	776,002.09	776,002.09	0	0
	资产	借	2	是	0	776,002.09	776,002.09	0	0
	资产	借	1	否	32,710,474.49	591,398,516.13	587,037,492.03	4,361,024.10	37,071,498.59
舌期)	资产	借	2	是	91,821.46	30,590,511.75	30,527,153.33	63,358.42	155,179.88
其他	资产	借	2	否	0	0	0	0	0
	资产	借	3	是	0	0	0	0	0
	资产	借	3	是	0	0	0	0	0
	资产	借	2	是	0	0	0	0	0
其他	资产	借	2	否	4,332,803.52	41,045,539.46	45,370,935.60	-4,325,396.14	7,407.38
	资产	借	3	是	0	0	0	0	0
	资产	借	3	是	4,332,803.52	41,045,539.46	45,370,935.60	-4,325,396.14	7,407.38
司	资产	借	2	否	28,285,849.51	519,762,464.92	511,139,403.10	8,623,061.82	36,908,911.33
	资产	借	3	是	380,849.51	284,562,464.92	276,934,403.10	7,628,061.82	8,008,911.33
	资产	借	3	是	20,000,000.00	108,700,000.00	101,700,000.00	7,000,000.00	27,000,000.00
	资产	借	3	是	7,905,000.00	76,500,000.00	82,505,000.00	-6,005,000.00	1,900,000.00
	资产	借	3	是	0	50,000,000.00	50,000,000.00	0	0
金	资产	借	1	是	0	0	0	0	0

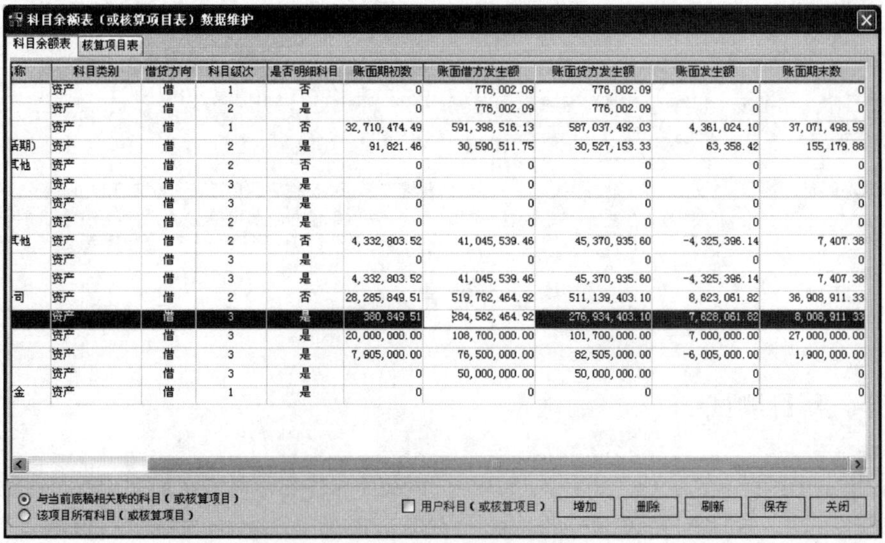

图 12-40　科目余额表维护

八、生成凭证

在实质性底稿的“检查情况表”表页数据行的行标上单击右键（如图12－41所示），在弹出的菜单中选择“生成凭证”（如图12－42所示），弹出对话框——生成凭证，在“附件”的空白处输入文字，最后形成抽凭的底稿。

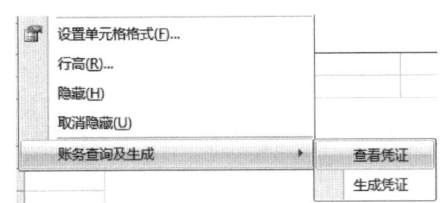

图12－41　右击行标

		凭证编号：222	
科目	借方发生额	贷方发生额	附件
原材料	645.30		rt
应交税金	109.70		
现金		755.00	
	755.00	755.00	

图12－42　生成凭证

九、查看凭证

在实质性底稿的“检查情况表”上的数据行的行标上右击，在弹出的菜单中选择“查看凭证”。在弹出的对话框“凭证信息”（如图12－43所示）有“显示外币”“显示数量”“显示抽样方案”，可以进行相应的显示，从而进行查看，同时可以进行“打印设置”“打印”等功能。

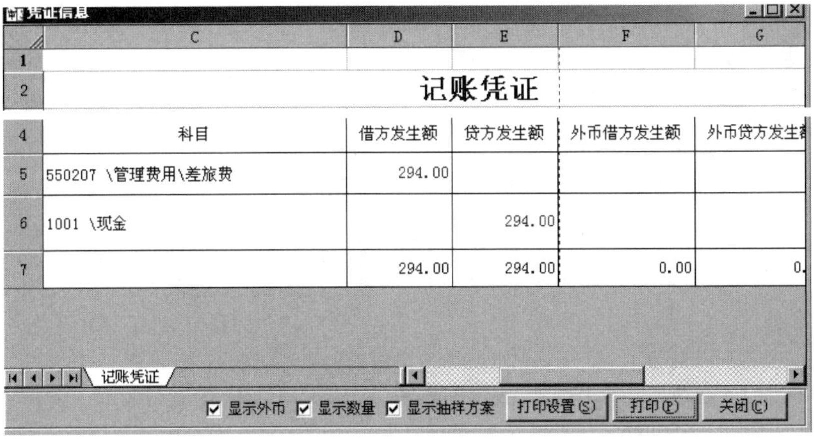

图12－43　凭证信息

十、附注功能

附注功能是系统提供了一个Excel附注内容生成到Word格式的功能，包含复制附注目标标志码、刷新当前附注、刷新全部附注、打开附注文件等功能，其功能是把实质性底稿中附注表页的表格和段落生成到 Word 中。一般系统提供了几种附注的模板，在创建项目时我们就进行了选择，当然，如果需要修改，还可以在菜单“系统\项目维护\修改项目”中进行修改。当选定了附注的种类后，打开一个实质性底稿就能看到在最后一个表页一般会有一个附注的底稿，如图 12－44 所示。

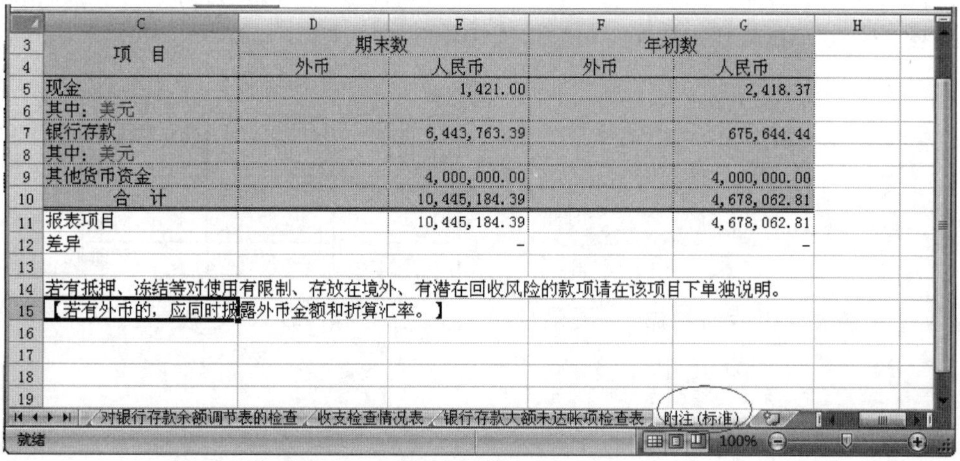

	C	D	E	F	G	H
3	项　目	期末数		年初数		
4		外币	人民币	外币	人民币	
5	现金		1,421.00		2,418.37	
6	其中：美元					
7	银行存款		6,443,763.39		675,644.44	
8	其中：美元					
9	其他货币资金		4,000,000.00		4,000,000.00	
10	合　计		10,445,184.39		4,678,062.81	
11	报表项目		10,445,184.39		4,678,062.81	
12	差异		-		-	
13						
14	若有抵押、冻结等对使用有限制、存放在境外、有潜在回收风险的款项请在该项目下单独说明。					
15	【若有外币的，应同时披露外币金额和折算汇率。】					
16						
17						
18						
19						

图 12－44　附注

附注数据一部分可以由系统来生成，一部分需要手工进行设置，还可以设置表格的格式和内容。A 列和 B 列是系统使用列，这两列的内容是不会刷新到 Word 中的，请不要随意地修改；系统会把有底色的当成表格生成到 Word 中，没有底色的会把 C 列的内容在 Word 中形成一个段落，隐藏的行和隐藏的列都不会刷新到 Word 中，如果这一行在 A 单元格有“不刷新”的字样，这一行也不会刷新到 Word 中，如图 12－45 所示。

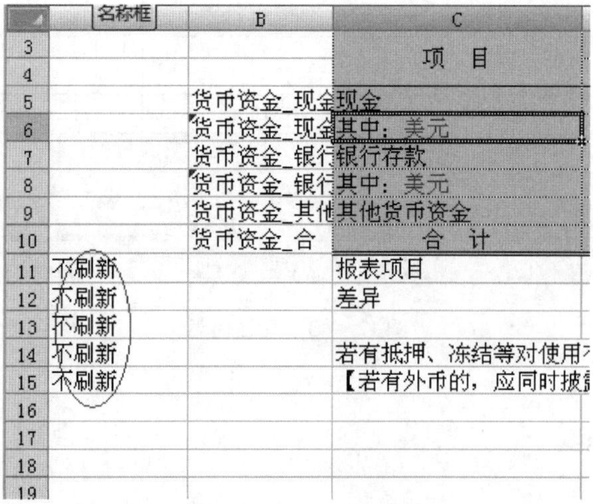

	A	B	C
3			项　目
4			
5		货币资金_现金	现金
6		货币资金_现金	其中：美元
7		货币资金_银行	银行存款
8		货币资金_银行	其中：美元
9		货币资金_其他	其他货币资金
10		货币资金_合	合　计
11	不刷新		报表项目
12	不刷新		差异
13	不刷新		
14	不刷新		若有抵押、冻结等对使用
15	不刷新		【若有外币的，应同时披
16			
17			
18			
19			

图 12－45　附注设置结果

十一、复制附注目标标志码

选择货币资金的底稿单击该功能,就会放一个目标标志码在剪贴板中,如(`货币资金/end`),把这个标志码粘贴到"审计附注.doc"中需要连接货币资金附注的地方,当刷新时就能在这个地方生成附注内容。默认情况下已经在提供的标准附注下设置好了一套目标标志码,但是审计人员希望定义自己的附注模板就可以使用该功能。

十二、刷新当前附注/刷新全部附注

只刷新当前底稿的附注内容到 Word 中。
刷新所有生成过附注的底稿的附注内容到 Word 中。

十三、打开附注文件

提供便捷的操作打开"审计附注.doc"。

此外,如果审计人员的 Word 软件中嵌入杀毒软件等程序,在将附注刷新到 Word 文档时可能会出错。此时,建议审计人员按照报错时系统的提示进行操作。

【思政扩展】

审计底稿的思政深化案例

一、案例背景深化

我们设定具体情境:某大型会计师事务所承接了一家能源企业的年度财务报表审计项目。该企业因涉及环保政策调整,其财务报表中的环境成本、碳排放补偿及可再生能源投资等项目的准确性和合规性成为审计的重点。审计团队在审计过程中,不仅要面对复杂的财务数据,还需深入理解和评估企业的环保政策和执行情况,这对审计人员的专业知识和职业道德提出了更高要求。

二、思政目标深化

本案例旨在:

(1) 强化环境责任意识。通过案例,使学生理解企业在环境保护方面的社会责任,以及审计在监督企业环保行为中的作用。

(2) 提升跨学科整合能力。引导学生思考如何将审计专业知识与环保政策、可持续发展理念相结合,提升解决复杂问题的能力。

(3) 深化职业道德理解。在面对企业可能的环保违规风险时,审计团队如何坚守职业道德,保持独立性和客观性,维护公众利益。

三、案例分析与讨论深化

1. 审计底稿中的环境风险评估。

（1）讨论点：审计团队如何在审计底稿中详细记录对企业的环境风险评估过程，包括识别潜在的环境合规问题、评估其对财务报表的影响，以及制定针对性的审计策略。

（2）反思：这要求学生思考，在环境风险日益突出的今天，审计人员应如何不断提升自身的环保知识和政策理解能力，以更有效地识别和评估企业的环境风险。

2. 审计证据收集的创新。

（1）讨论点：审计团队如何利用现代技术手段（如大数据分析、卫星遥感监测等）收集环境合规性的审计证据，这些证据如何体现在审计底稿中，以及它们对审计结论的影响。

（2）反思：鼓励学生思考技术革新对审计工作的影响，以及如何在保持审计独立性和客观性的同时，充分利用新技术提高审计效率和准确性。

3. 职业道德冲突与解决。

（1）情境设定。假设审计团队在审计过程中发现企业可能存在环境违规行为，但管理层试图通过调整数据或施加压力来影响审计结果。

（2）讨论点。审计团队如何在审计底稿中记录这一发现，以及如何坚守职业道德，拒绝不当干预，保护审计的独立性和公正性。

（3）反思。引导学生探讨在面对职业道德冲突时，如何保持冷静、理性，运用专业知识和职业道德准则作出正确判断，同时考虑如何有效沟通，维护审计职业形象。

四、案例启示深化

（1）跨学科学习的重要性。审计人员应不断拓宽知识面，掌握环保政策、可持续发展理念等跨学科知识，以适应日益复杂的审计环境。

（2）技术创新与审计实践。积极拥抱新技术，利用科技手段提高审计效率和质量，是审计行业未来发展的趋势。

（3）职业道德的坚守。在任何情况下，审计人员都应坚守职业道德，保持独立性和客观性，这是审计职业的基石，也是赢得公众信任的关键。

通过这样深化的案例分析与讨论，学生不仅能更深入地理解审计底稿在审计工作中的核心作用，还能在职业道德、跨学科整合能力和技术创新等方面获得更全面的提升，为成为一名具有社会责任感和专业素养的审计人员打下坚实的基础。

【理论与操作实训】

一、单项选择题

1. 应付账款函证最适当的方式是（   ）。

A. 积极式函证　　　　　　　　B. 消极式函证
C. 其他函证方式　　　　　　　D. 积极和消极式结合

2. 查找未入账的应付账款所使用的方法是（　　）。
   A. 审查决算日后货币资金支出的主要凭证
   B. 检查采购文件以确定是否使用预先编号的采购单
   C. 抽取购货合同、购货发票和入库单等凭证，追查至应付账款明细账
   D. 向供应商函证零余额的应付账款
3. 下列各项中，审计人员认为不属于财务报告舞弊行为的是（　　）。
   A. 以虚假发票入账　　　　　　　B. 滥用会计政策
   C. 误报或隐瞒交易　　　　　　　D. 对记账错误的会计凭证进行红字冲销
4. 要检查被审单位账务余额是否处于正常的借贷方向，可借助鼎信诺软件的（　　）功能。
   A. 期末期初结转一致性检查　　　B. 账表核对一致性检查
   C. 会计科目规范设置检查　　　　D. 账户余额异常方向检查
5. 下列有关信息系统审计技术方法的表述，正确的是（　　）。
   A. 调查了解信息系统不能采用询问、检查、观察等传统方法
   B. 描述信息系统的方法与常规审计中描述内部控制的方法不同
   C. 信息系统测试的方法是信息系统审计独有的
   D. 信息系统审计与常规审计在终结阶段有很大的区别
6. 正确分配给信息安全官员的职责不包括（　　）。
   A. 为公司开发信息安全政策　　　B. 维护并更新用户口令清单
   C. 评论新的应用程序的安全控制　D. 监测并调查不成功的访问企图

二、多项选择题

1. 下列情形中，适合人工控制的有（　　）。
   A. 存在大额、异常或偶发的交易
   B. 存在难以界定、预计或预测的错误的情况
   C. 存在大量、重复发生的交易
   D. 需要对自动化控制进行监督
2. 关于审计软件的发展趋势，以下选项说法正确的有（　　）。
   A. 商品化软件向着管理型及多元化方向发展
   B. 审计信息化的普及程度将进一步提高
   C. 软件开发商在提供软件时将不受任何约束
   D. 审计软件的功能、结构、适用范围向深度和广度发展
3. 审计人员发现的下列情况中，可能存在高舞弊风险的有（　　）。
   A. 资产负债表日后销售退回大幅度增加
   B. 毛利率与上年相比略有下降
   C. 销售收入和盈利能力很高，但经营活动的现金流量较低
   D. 年末销售收入大幅度增长

4. 下列关于计算机审计的表述，正确的有（   ）。
A. 计算机审计的审计内容与传统审计不完全一致
B. 计算机审计的审计对象既包括电子数据，又包括信息系统
C. 计算机审计不需要审查纸质材料
D. 计算机审计的基本过程与传统审计是一致的

5. 对信息系统组成部分的审计是信息系统审计的内容之一，其审计内容包括（   ）。
A. 计算机硬件   B. 系统软件   C. 安全控制   D. 应用软件

6. 根据审计适用的专业领域的不同，审计软件可分为（   ）。
A. 非联网审计软件   B. 专业审计软件
C. 联网审计软件   D. 通用审计软件

7. 对注册会计师而言，没有完全遵循专业准则的要求而造成的过失，属于（   ）。
A. 重大过失   B. 单方过失   C. 普通过失   D. 欺诈

三、实务操作题

资料：教师发放的演示项目数据。

操作要求：（将操作界面截图完成下面各项操作题）

1. 打开实质性测试底稿"货币资金"底稿。
2. 限制审计项目组成员"学生姓名"操作员修改货币资金实质性程序工作底稿。
3. 审计人员决定对5家应收账款的债务人执行函证程序（可以任意选择债务人）。
4. 将自己的操作截图完成如下业务。批量生产底稿，具体内容为：底稿目录、实质性测试底稿、询证函底稿和验资底稿，其他不生成。
5. 在演示项目中，找到应收票据1月的第19号记账凭证，进行冲销操作（选择冲销期初数），同时对应收票据业务进行凭证检查，生成应收票据的底稿，将刚才冲销的业务显示出来。
6. 在演示项目中打开其他应收款底稿，将审定表中的内容截图，并展开详细的项目内容，并核实内容后，进行其他应收款底稿的签名和审核，要求签名为自己的姓名。
7. 打开演示项目中2023年的底稿批注，并在编制基础上录入"企业会计准则"，其他不变。
8. 审计人员删除最后一笔函证。
9. 对上述生成的审计底稿进行批量签名。
10. 对所有的审计底稿进行归档。

第十三章 审计调整

【知识目标】

- 了解鼎信诺审计软件审计调整的基本功能。
- 掌握鼎信诺审计软件的审计调整、分录维护等的日常操作。
- 熟悉鼎信诺审计软件的操作特点。

【技能目标】

- 能够熟练进行鼎信诺审计软件的审计调整操作。
- 掌握鼎信诺审计软件的日常操作能力。

【思政目标】

- 培养学生对大数据审计的操作规范和工作职责,形成审计人员的正确人生观和职业价值观。

【案例】

一、案例背景

常光公司库存管理审计调整案例

审计发现问题

(1) 库存积压严重。审计过程中发现,该公司存在大量物资积压现象,这些积压物资占用企业大量资金,影响了资金的流动性和使用效率。

(2) 库存管理制度不完善。通过进一步调查,发现该公司的库存管理制度存在漏洞,缺乏有效的监督和执行机制,导致库存管理出现混乱。

二、审计调整措施

(1) 重新梳理库存管理制度。公司决定对现有的库存管理制度进行全面梳理,明确库存管理的职责、流程和控制点,确保库存管理的规范化和有效性。

(2) 加强库存管理的监督和执行。公司加强了库存管理的监督和执行力度,定期对库存进行盘点和清查,确保库存数据的准确性和完整性。同时,对库存管理人员进行培训和考核,提高其业务能力和管理水平。

（3）提高库存周转率。针对库存积压严重的问题，公司采取了一系列措施，如优化采购计划、加强销售预测、推广促销活动等，以加快库存周转速度，减少资金占用。

三、整改效果

经过一段时间的整改，该公司取得了显著的成效，具体如下。

（1）库存积压得到缓解。通过优化库存管理制度和加强监督执行，公司的库存积压现象得到了有效缓解，库存周转率得到提高。

（2）资金使用效率提升。由于库存积压得到缓解，公司的资金使用效率得到了提升，为企业的发展提供了更多的资金支持。

（3）管理水平得到提升。通过此次审计整改，公司的管理水平得到了提升，尤其是在库存管理方面，形成了一套科学、规范、有效的管理制度和监督机制。

四、案例总结

本案例展示了审计在发现企业问题、推动企业整改、提升企业管理水平方面的重要作用。通过审计发现问题、制定整改措施、加强监督执行等步骤，可以有效解决企业存在的问题，提高企业的竞争力和可持续发展能力。本章讲授审计调整的具体内容，让大家明白如何正确发现问题，如何进行审计调整的具体操作。

案例来源：福州审友软件有限公司，官网网址：www.yonyouaud.com，《中国软件优秀案例100精选》之：审计数智化解决方案。

第一节 负值重分类

一、负值重分类的作用

（一）确保财务报表准确性

负值重分类是财务报表编制中的一个重要环节，它确保了财务报表中科目的余额和发生额的正确性。在鼎信诺系统中，负值重分类可以自动处理一些特定科目的负值情况，避免人为错误或疏忽导致的报表错误。

（二）提高审计效率

通过鼎信诺系统的负值重分类功能，审计人员可以快速地识别并处理负值科目，无须手动进行烦琐的调整和计算。这不仅节省了审计时间，还提高了审计工作的效率和准确性。

（三）支持多种重分类方式

鼎信诺系统支持多种负值重分类方式，包括期初重分类、期末重分类以及与一级科目方向相反的正数、与一级科目方向相同的负数等。这些不同的重分类方式可以满足不同审计项目的需求，确保审计工作的灵活性和准确性。

（四）详细的重分类调整界面

在鼎信诺系统中，负值重分类的调整界面被分为不同的区域，包括过滤区域、调整分录类型区域、负值重分类调整明细选择区域以及下方区域等。每个区域都有其特定的功能，使得审计人员可以清晰地看到重分类的详细情况，并进行相应的调整。

（五）自动更新和调整

当审计人员根据审计工作实际情况录入调整分录时，鼎信诺系统会自动更新与调整分录相关的底稿、报表和附注等数据。这确保了数据的一致性和准确性，减少了因手动调整而产生的错误。

（六）易于操作和理解

鼎信诺系统的负值重分类功能设计得相对直观和易于理解，使得审计人员可以轻松地掌握其操作方法和步骤。此外，系统还提供了详细的帮助文档和培训资料，帮助审计人员更好地理解和应用该功能。

二、负值重分类的操作

选择菜单"审计调整 \ 负值重分类调整"（如图13-1所示），系统弹出"负值重分类调整"窗口（如图13-2所示）。做完负值重分类后，我们的账面数就可以通过账表差异调整分录，计算出未审数。这个时候鼎信诺生成的未审数应该能和企业提供的未审会计报表的数核对一致。

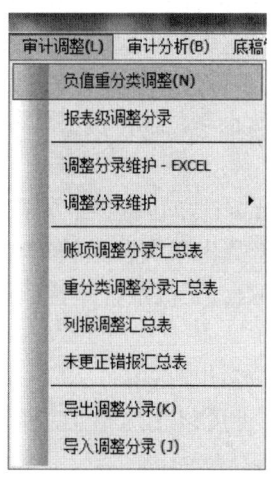

图13-1　负值重分类调整-1

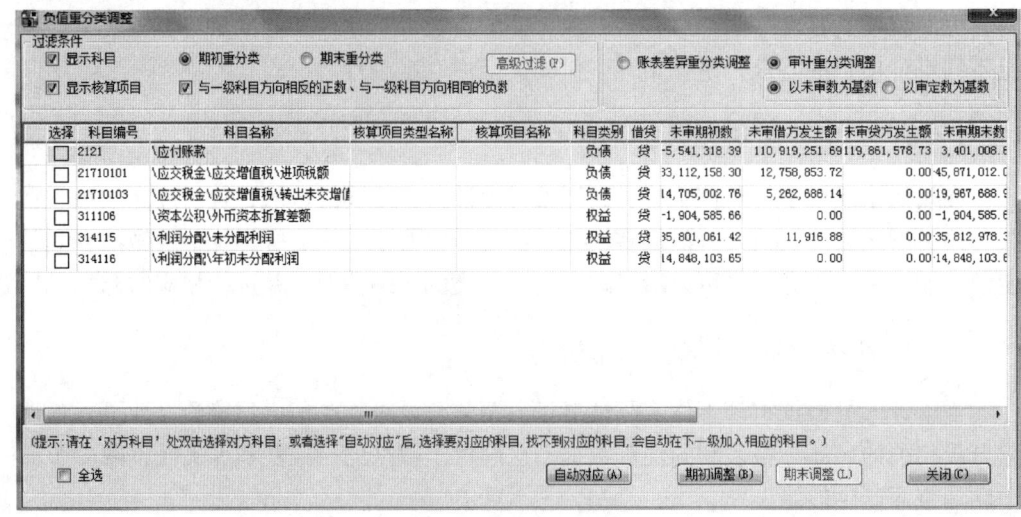

图 13 - 2　负值重分类调整 - 2

把负值重分类的整个界面分为左上角、右上角、中间以及下方四个区域。接下来一一介绍各个区域的功能。

1. 左上角，过滤区域。

（1）"期初重分类"，计算机就会把期初所有为负数的末级科目（包含核算项目）过滤放在中间区域。

（2）"期末重分类"，计算机就会把期末所有为负数的末级科目（包含核算项目）过滤放在中间区域。

（3）"与一级科目方向相反的正数、与一级科目方向相同的负数"，计算机就会把期初（期末）是负数的末级科目过滤的同时，还把与一级科目方向相反的正数过滤放在中间区域。

举个例子：应收账款是个一级科目，它的期末方向是借方，然而它的下级科目中有一个是期末方向为贷方的正数，这种科目我们也是要做负值重分类的。如果我们仅以"期初重分类""期末重分类"的条件过滤，这种类型的科目是过滤不出来的，有这种情况时，需要勾选"与一级科目方向相反的正数、与一级科目方向相同的负数"。

2. 右上角，调整分录类型。

（1）"账表差异调整"，是被审计单位提供的未审会计报表已经做过负值重分类的。

（2）"审计重分类"，以未审数为基数，是被审计单位提供的未审会计报表没有做过负值重分类；以审定数为基数，是被审计单位已经做过审计调整，调整完还有负数需要做负值重分类调整。

3. 中间区域，负值重分类调整明细选择。

选择这个区域的多个明细时，可以先选择第一个明细，然后按住 Shift 键，选最后一个明细。

4. 下方区域，"自动对应""期初调整""期末调整"。

（1）"自动对应"，选择调整明细的对应科目，选择科目的最末级就好，不用选择具体的核算项目。

(2)"期初调整",当过滤条件为"期初重分类"时,选择"期初调整"进行负值重分类。

(3)"期末调整",当过滤条件为"期末重分类"时,选择"期末调整"进行负值重分类。

第二节　分录维护

一、分录维护的作用

（一）确保数据准确性

分录维护是确保审计数据准确性的关键步骤。通过定期维护和更新分录,可以及时发现并纠正数据中的错误或不一致性,从而确保审计结果的准确性和可靠性。

（二）支持审计调整

在审计过程中,经常需要对企业的财务报表进行调整。鼎信诺分录维护提供了方便的审计调整功能,允许审计师根据审计发现的问题,对相应的分录进行调整,以反映真实的财务状况和经营成果。

（三）提高审计效率

通过使用鼎信诺分录维护功能,审计师可以更加高效地处理和分析数据。例如,软件提供的自动化工具可以帮助审计师快速识别异常数据或潜在问题,从而节省大量的人工检查时间。

（四）支持数据追溯和复核

分录维护功能还提供了详细的数据记录和追溯功能。审计师可以随时查看和调整历史分录,以便对审计过程进行复核和验证。这有助于确保审计工作的透明度和可追溯性。

（五）适应不同审计需求

鼎信诺分录维护功能具有灵活性和可扩展性,可以适应不同企业的审计需求。无论是大型企业还是中小型企业,都可以根据自身的实际情况,定制适合的分录维护方案。

（六）支持团队协作

在多用户环境下,鼎信诺分录维护功能支持团队协作。多个审计师可以同时访问和更新分录数据,确保信息的及时共享和协同工作。

(七）特定调整方式的支持

鼎信诺系统支持两种期末审计调整分录维护方式：冲红和手动调整。冲红方式适用于企业对于上一期未做的损益类调整分录在本期进行滚调；手动调整方式则适用于企业本期未按照上一期调整分录进行调整的情况。这两种方式确保了审计调整的灵活性和准确性。

二、分录维护具体步骤

选择"审计调整\报表级调整分录"子菜单（如图13-3所示），弹出"报表级调整分录"表页（如图13-4所示），"报表级调整分录"分为"期初报表调整分录""期末报表调整分录"两个表页。在表页中审计人员可以直接输入所有报表科目的调整分录，这里的调整分录会越过"实质性底稿"，而直接过入"未审会计报表"，最终形成"已审会计报表"。审计人员遇到很棘手的项目，可以使用此功能。快速编制调整分录，形成"已审会计报表"，出具审计报告。底稿级调整分录审计人员可以在出具审计报告后，在鼎信诺审计系统中编制。

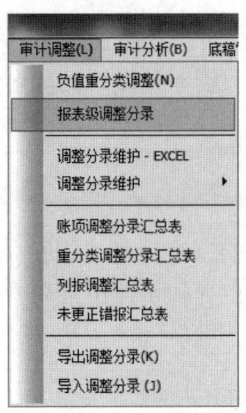

图13-3 报表级调整分录-1

操作方法如下。

审计人员自行录入"组号""序号""调整原因"，单击"报表项目"按钮，审计人员在下拉菜单中（如图13-5所示）左键选择需要调整的科目，在"借方金额""贷方金额"项目下录入调整金额，单击"调整分录类型"，在下拉菜单中（如图13-6所示）选择分录类型，复核无误后单击"保存"按钮。

（一）调整分录维护

调整分录维护功能系统提供两种方式，既可以选择"审计调整\调整分录维护-Excel"也可以选择"审计调整\调整分录维护\期初（期末）调整分录维护"来调整，这两种方式调整的效果是一样的，但是这两种方法不能同时打开。

第十三章 审计调整

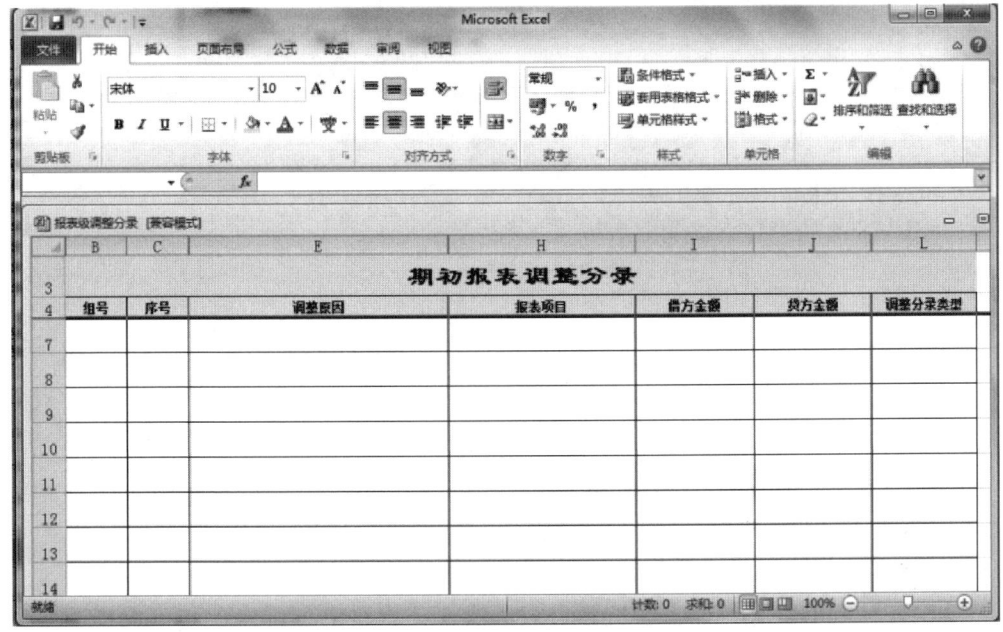

图 13-4 报表级调整分录-2

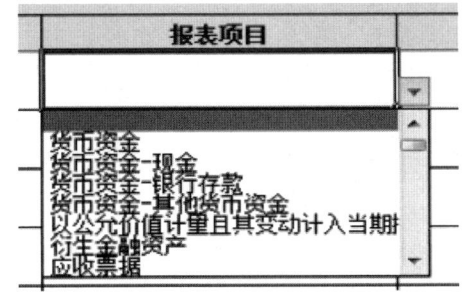

图 13-5 报表级调整分录-3

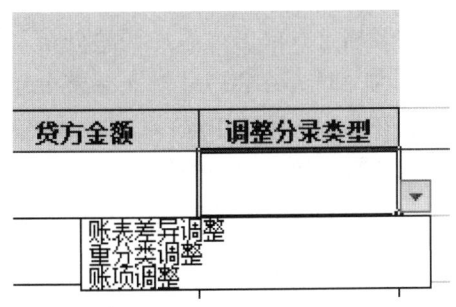

图 13-6 报表级调整分录-4

下面以 Excel 的调整分录维护为例，点击"审计调整\调整分录维护-Excel"弹出"调整分录"的 Excel 表，此表包含期初调整分录、期末调整分录、期初账表差异调整分录、期末账表差异调整分录。

1. 期初调整分录。

选择"期初调整分录"表页（如图 13-7 所示）。在表格上方单击"添加调整分录"按钮，表格自动添加 1 组调整分录，自动显示组号为"1"；在相应处输入调整分录。如果想输入多笔调整分录可以选中行右击鼠标，在弹出的菜单中选择"插入调整分录行"即可。调整分录是按"组"录入的，审计人员添加每一组调整分录后，可以在该组调整分录内"添加""插入""删除"调整分录，如果想继续分组，请重复上面操作。

图 13-7 期初调整分录维护-1

【组号】双击组号,弹出"调整分录"表页,在该表页中输入或是选择调整原因、所属底稿、所属表页、记录人、客户调整情况、未调整原因,未更正错报类型和错报性质,单击"确定"按钮,如图 13-8 所示。

在表格上方单击"添加调整分录"按钮,表格自动添加 1 组调整分录,自动显示组号为"1";在相应处输入调整分录。如果想输入多笔调整分录可以选中行右击鼠标,在弹出的菜单中选择"插入调整分录行"即可。调整分录是按"组"录入的,审计人员添加每一组调整分录后,可以在该组调整分录内"添加""插入""删除"调整分录,如果想继续分组,请重复上面操作。

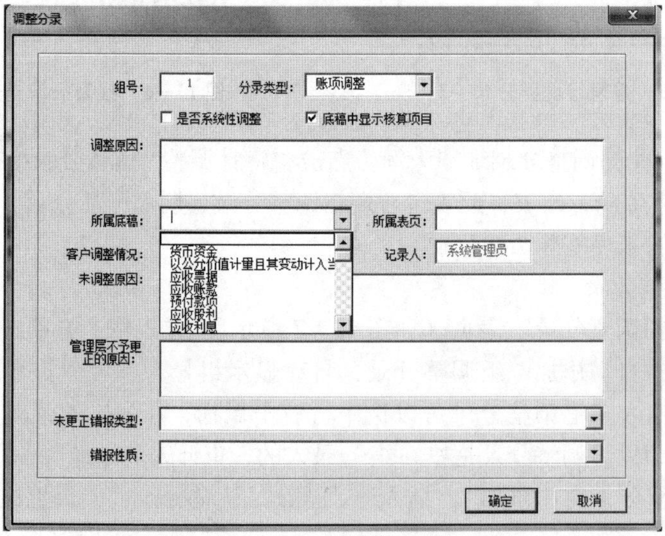

图 13-8 期初调整分录维护-2

"所属底稿"主要在导入导出报表项目时用到。例如,A、B 两个审计人员分做一个项目,A 负责资产类底稿编制,B 负责其他工作。A 完成编制工作后利用"底稿管理\导出底稿"将自己的项目导出(导出的文件类型为扩展名是 sjt 的文件),然后再将这个扩展名是 sjt 的文件复制给 B,B 通过"底稿管理\导入底稿"将此文件导入自己的项目,此时 B 的电脑中的项目就成为一个完整的审计项目。假设 A 做了一笔调整分录,如下:

借:应收账款 12 000.00
　　贷:其他应收款 12 000.00

如果 A 没有选择"所属底稿"中的应收账款或其他应收款,在把项目导给 B 后,完整的项目中将不会包含此笔调整分录;如果 A 选择了"所属底稿"中的应收账款或其他应收款,在把项目导给 B 后,完整的项目中则将包含此笔调整分录。

"客户调整情况"有"同意调整"和"不同意调整"两个选项(如图 13-9 所示)。如果选择了"不同意调整",那么此笔调整分录将被暂停,不起任何作用。

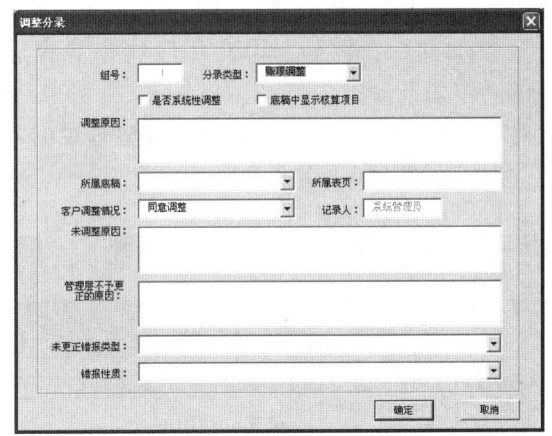

图 13-9　调整分录选项

【删除调整分录】

审计人员在实际的审计工作过程中,如果某一笔分录不要,或者说做的调整分录不正确,需要删除掉,可先选择组号,然后在表页上方单击"删除调整分录"按钮,此时这个组里的所有调整分录都将被删除,最后保存,再单击"刷新所有表页",确定后,明细表及审定表调整数和审定数的数据会发生变化。

【生成结转分录】

"生成结转分录"按钮是将审计调整的损益类科目对利润的影响额直接结转到"利润分配——未分配利润"科目中。例如,审计人员做了一笔审计调整(不考虑增值税):

借:主营业务收入 20 000.00
　　贷:应收账款 20 000.00

单击"生成结转分录"按钮后,系统将自动添加以下调整分录:

借:利润分配——未分配利润 20 000.00
　　贷:主营业务收入 20 000.00

【注意】

一笔调整分录只能结转一次。建议在调整分录全部录完后，再点击"将选中调整分录生成到期末"，系统会一次结转所有的损益类科目。此外，系统不支持自动结转利润的分配，审计人员需要根据被审计单位盈余公积的具体提取比例作调整分录。

"将选中调整分录生成到期末"按钮是将期初的调整分录生成到期末调整分录。

"将选中分录移至账表差异调整"是将调整分录移到账表差异调整。

说明：账表差异调整属于调表不调账，在未审会计报表中反映。

审计调整属于调账不调表，在工作底稿、试算平衡表中反映（这里的表指的是未审会计报表）。

2. 期末调整分录。

具体操作可参考"期初调整分录"。

滚调分录

如果有两年或两年以上的数据，需要将分录本年的期末调整到期初，系统可以将本年的期末调整到下一年的期初，例如，2020 年应收账款的调整分录，需滚调到 2021 年的期初，具体的操作如下。

第一步，选中"期末调整分录"表页，做添加调整分录的工作。先添加一笔调整分录，点击"保存"（如图 13-10 所示）。

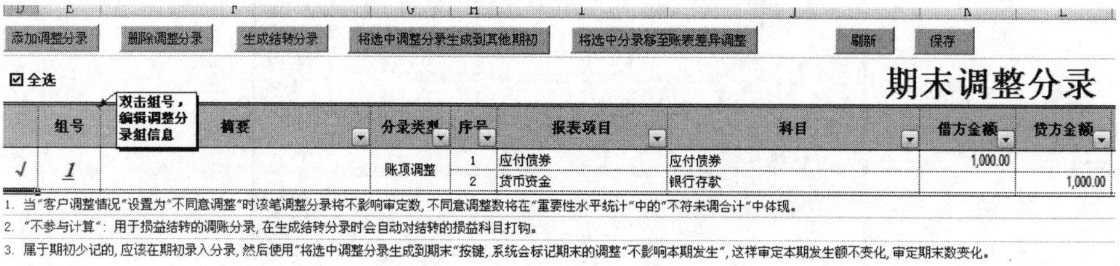

图 13-10 滚调分录-1

第二步，双击第一组的组号，再单击"将选中调整分录生成到期初"按钮，系统会弹出"选择要生成到的年度"子窗口，这时项目中有哪年的账套，该窗口就会显示哪年的账套，选择 2021 年，单击"确定"按钮。

第三步：系统弹出提示窗口（如图 13-11 所示），单击"确定"按钮，该工作即可完成。

图 13-11 滚调分录-2

3. 期初账表差异调整分录。

"期初账表差异调整"添加调整分录，具体操作参考"期初调整分录"。

说明：在"期初账表差异调整"窗口中有"将选中调整分录生成到期末""生成账表差异结转分录"。

"将选中调整分录生成到期末"按钮是将期初的调整分录生成到期末调整分录，用以确定期初调整对期末审定数的影响。

"生成账表差异结转分录"按钮是将审计调整的损益类科目对利润的影响额直接结转到"利润分配——未分配利润"科目中。例如，审计人员做了一笔审计调整（不考虑增值税）：

借：主营业务收入　　　　　　　　　　　　　　　　　20 000.00
　　贷：应收账款　　　　　　　　　　　　　　　　　　20 000.00

单击"自动生成结转分录"按钮后，系统将自动添加以下调整分录：

借：利润分配——未分配利润　　　　　　　　　　　　20 000.00
　　贷：主营业务收入　　　　　　　　　　　　　　　　20 000.00

注意：一笔调整分录只能结转一次。建议审计人员在调整分录全部录完后，再单击"将选中调整分录生成到期末"，系统会一次结转所有的损益类科目。此外，系统不支持自动结转利润的分配，审计人员需要根据被审计单位盈余公积的具体提取比例作调整分录。

"将选中调整分录生成到期末"按钮，是在做多年连续审计滚调时使用。

4. 期末账表差异调整。

具体操作请参考"期初调整分录"。

（二）账项调整分录\重分类调整分录\列报调整\未更正错报汇总表

（1）账项调整分录汇总表。在"审计调整"功能菜单下，单击"账项调整分录汇总表"，打开账项调整分录汇总表表页，期初、期末审计人员编制的账项调整分录都会显示在这个表页里。

（2）重分类调整分录汇总表。操作方法同账项调整分录汇总表。

（3）列报调整汇总表：操作方法同（1）、（2）。列报调整汇总表中第二个页面"注意事项"是一个对所有底稿的审计说明、建议批量事项、提请关注事项、审计结论归集的地方；在实质性底稿中使用"底稿信息"功能填写审计说明等内容都会归集的这个地方。第三个表页"未实施的审计程序"表页，会显示审计人员在做风险评估和控制测试底稿时，未打钩也就是未实施的审计程序。

【思政扩展】

案例名称：工程项目审计调整中的诚信与责任

一、背景介绍

某工程项目在市发改委立项批复的总投资为4 300万元，但在项目实施过程中，由于设计变更、人工及材料价格上涨等因素，竣工决算工程总投资增加至5 000万元。项目在实施过程中未重新进行审批,导致投资超过原批准动态概算的10%以上。审计部门在对此项目进行审计时,发现了这一问题,并要求进行调整。

二、审计过程与调整

(1) 审计发现。审计人员在审查项目资料时,发现项目投资总额超过原批准概算,且未按规定重新审批。这一行为违反了国家关于固定资产投资项目管理的相关规定。

(2) 审计调整。审计部门要求项目单位对投资总额进行重新核算,并按照规定程序报原概算审批单位批准。同时,对项目单位进行了批评教育,强调了遵守国家法律法规和规章制度的重要性。

(3) 后续跟进。审计部门对项目单位的整改情况进行了后续跟进,确保项目单位按照要求进行了调整,并加强了内部管理,防止类似问题的再次发生。

三、思政教育点

(1) 诚信意识。通过此案例,强调诚信在审计工作中的重要性。审计人员必须坚守职业道德,如实反映项目情况,不得隐瞒或歪曲事实。同时,项目单位也应遵守国家法律法规和规章制度,如实申报项目情况,不得弄虚作假。

(2) 责任意识。审计人员和项目单位都应具备强烈的责任意识。审计人员要认真履行职责,对项目进行全面、细致的审查,确保审计结果的准确性和公正性。项目单位则要加强对项目的管理和监督,确保项目按照批准概算实施,不得随意变更或超支。

(3) 法治观念。此案例还强调了法治观念的重要性。无论是审计人员还是项目单位,都应严格遵守国家法律法规和规章制度,不得违法违规操作。通过加强法治教育,提高审计人员和项目单位的法治意识,确保审计工作的顺利开展和项目的合规实施。

通过以上案例的分析和教学,可以帮助学生树立诚信意识、责任意识和法治观念,提升思政素养和综合素质。同时,也有助于培养学生的批判性思维和逻辑思维能力,提高其分析问题和解决问题的能力。

【理论与操作实训】

一、单项选择题

1. 以下不属于数据库管理软件的是( )。
   A. MS SQL B. Access C. Visual FoxPro D. PowerPoint
2. 利用审计软件的"编制调整分录"功能操作属于( )。
   A. 计划阶段   B. 实施阶段
   C. 完成阶段   D. 后续审计阶段
3. 要检查被审单位账务余额是否处于正常的借贷方向,可借助审计软件的( )功能。
   A. 期末期初结转一致性检查   B. 账表核对一致性检查
   C. 会计科目规范设置检查   D. 账户余额异常方向检查

4. 鼎信诺软件更新账套时的数据，不是（　　）数据，而是与前面已存的数据构成完整的被审计单位数据。

A. 部分　　　　　B. 全部　　　　　C. 全年　　　　　D. 全月

5. 调整分录只能生成结转（　　）笔分录。

A. 4　　　　　B. 3　　　　　C. 2　　　　　D. 1

6. 负值调整只能调整（　　）。

A. 是负数的科目　　　　　　　　B. 期初的科目
C. 期末的科目　　　　　　　　　D. 期初或者期末一项的科目

7. 在多用户环境下，鼎信诺分录维护功能支持团队协作。（　　）审计师可以同时访问和更新分录数据，确保信息的及时共享和协同工作。

A. 1个　　　　　B. 2个　　　　　C. 3个　　　　　D. 多个

8. 在某电子数据互换系统中，以下（　　）控制能够最好地保证所支付价格与协议价格保持一致。

（1）将订购单价格与发票上显示的价格进行电子匹配；
（2）保证只有经过授权的公司和员工才能访问系统中的价格文件；
（3）实施系统控制，就系统中进行的所有价格变化生成相关报告；
（4）要求在输入价格变化之前，必须就此类价格变化获得卖方和公司采购经理的授权。

A. 只有（1）是对的　　　　　　B. 只有（1）和（3）是对的
C. 只有（2）（3）（4）是对的　　D. （1）（2）（3）（4）都对

二、多项选择题

1. 在 Excel 中，哪些函数可以用于处理日期和时间？（　　）

A. DATE 函数　　　　　　　　　B. TIME 函数
C. DAY 函数　　　　　　　　　 D. MONTH 函数

2. 关于 Excel 的筛选功能，以下哪些描述是正确的？（　　）

A. 可以筛选出符合特定条件的记录
B. 可以使用自定义筛选条件
C. 可以将筛选结果直接应用于新的工作表
D. 可以同时筛选多列数据

3. 审计软件的种类有（　　）。

A. 现场作业软件　　　　　　　　B. 法规软件
C. 专用审计软件　　　　　　　　D. 审计管理软件

4. 鼎信诺审计软件的界面由（　　）组成。

A. 标题栏、正文区、状态栏　　　B. 标题栏、菜单栏、状态栏
C. 菜单栏、功能区　　　　　　　D. 底稿向导

5. 事先因为预审，提取了被审计单位1~3月的数据，并且经过审计，产生了工作底稿。现在又取到4~12月的数据，需要引入，但是之前的数据仍想保留，应使用

鼎信诺软件的（　　）功能。
A. 追加数据　　　B. 链接模块　　　C. 更新账套　　　D. 复制数据

6. 鼎信诺审计软件菜单界面中"财务数据"下的"数据初始化"，这是导入数据之后（　　）的工作。
A. 第三步　　　　B. 第二步　　　　C. 必做　　　　　D. 第一步

7. 鼎信诺审计软件的数据校对指的是（　　）。
A. 科目月余额的上下级校对　　　　B. 凭证校对科目余额表
C. 科目余额表的平衡校对　　　　　D. 凭证借贷平衡校对

8. 鼎信诺审计软件查账的内容包括（　　）。
A. 余额表平衡　　　　　　　　　　B. 科目借贷平衡
C. 调整分录平衡　　　　　　　　　D. 核算项目平衡

三、判断题

1. 鼎信诺软件的数据处理能力有限，无法处理大规模的审计数据。（　　）
2. 使用鼎信诺软件进行大数据审计时，需要手动进行数据清洗和整理。（　　）
3. 鼎信诺审计软件中，只要有上级单位项目存在，就可以在它的下面建立分公司。
（　　）
4. 鼎信诺审计软件中，只有具有修改项目权限的人才能进行修改项目的工作。
（　　）
5. 在鼎信诺软件中，导出项目是指将当前项目下的审计数据输出生成一个文件（后缀名.sjC）。该文件可复制到其他计算机。（　　）
6. 鼎信诺审计中，只有拥有"用户管理"权限的用户才可以进行添加用户和进行审计工作。（　　）
7. 鼎信诺审计软件的底稿分工在"待办事项"的菜单中。（　　）
8. 计算机技术的应用并不改变审计目标和风险评估的原则性要求。（　　）
9. 计算机审计取证的切入点是信息系统和底层电子数据。（　　）
10. 鼎信诺软件进行更新账套时，只识别*.SJC数据文件，在第一次导入项目时需要通过"前段数据导入"功能的"数据转换"完成。（　　）

四、实务操作题

1. 在演示项目中，进行负值调整，将应付账款的对应科目设置为银行存款，进行自动对应，并进行期初的调整，明细账中找到这笔调整的业务。
2. 通过检查发现演示项目公司中的重大内控缺陷是设计有风险，具体为设计缺陷，表现是在循环设计中，有遗漏的设计，请将这个问题添加在审计的重大缺陷中，受影响的内容为存货的完整性、权利和义务、计价和分摊，缺陷类别为当期缺陷，原因为设计原因，影响程度一般，内控要素为控制环境。
3. 通过审计发现演示项目公司中的重大事项——显示不正确的数据，受影响的内容为：工程物资的完整性、计价和分摊、权利和义务，事项的性质为重大交易，请将此事项设置为演示项目公司中的重大事项并保存在事项表中。

4. 对演示项目中 2022 年和 2023 年两年中的应收票据账户借方发生额的月余额进行图形分析，将图形结果截图并进行简略的文字分析。

5. 在演示项目中，图形分析 2023 年基本生产成本和主营业务收入，并用文字简略说明。

6. 在演示项目中，利用凭证分析功能，分析应付工资科目的各项比例是否合理。

7. 利用余额方向检查功能，将演示项目中问题最少的月份找出来，截图显示具体内容，并用文字指出有哪些会计科目是异常的，异常的原因是什么。

8. 利用科目对冲功能，在演示项目中，检查应收账款科目的对冲情况，截图显示具体内容。

9. 在演示项目中，找到其他应付款科目重复次数在 5 次以上的业务，限定条件为借方和贷方，结果截图显示。

10. 分析 2023 年演示项目母公司中的"库存商品"凭证中，发生额最大的业务，截图作为答案。

11. 在演示项目母公司中 2023 年的数据中，建立一个凭证预警树，一级条件为大额现金支出，二级条件为库存现金支出大于 10 000 元的所有业务，将最后执行结果进行截图。

12. 在演示项目中，利用凭证分析的功能，对生产成本这个科目的凭证张数和最大发生额进行分析，同时将最大发生额以及业务发生次数最多的内容截图。

13. 在演示项目中打开其他应收款底稿，将审定表中的内容截图，并展开详细的项目内容，并核实内容后，进行其他应收款底稿的签名和审核，要求签名为自己的姓名。

14. 在演示项目母公司中，选择其他应收款检查情况表方案，进行系统抽样，要求显示符合条件的总笔数，抽取样本数为 10 笔凭证，样本起点值为 4，请将抽取结果上传为答案。

主要参考文献

［1］孙永军．审计学理论、方法与案例［M］．北京：人民文学出版社，2022．

［2］李晓慧，孙龙渊．审计案例与实训［M］．3版．北京：中国人民大学出版社，2022．

［3］北京鼎信诺科技有限公司．鼎信诺审计系统7100系列操作手册［Z］．2021．

［4］朱锦余．审计案例分析与实训［M］．北京：高等教育出版社，2021．

［5］苟聪聪，李锐，胡玉娇．大数据审计［M］．北京：清华大学出版社，2024．

［6］陈伟．计算机辅助审计原理及应用（第四版）——大数据审计基础［M］．北京：清华大学出版社，2024．